EDUCATION LAW (THIRD EDITION)

Routledge
Taylor & Francis Group

美国教育法

（第3版）

[美] 米基·英伯 泰尔·范·吉尔 著
Michael Imber Tyll van Geel

李晓燕 申素平 陈蔚 译
申素平 王俊 校

教育科学出版社
·北 京·

作者简介

米基·英伯教授任教于美国堪萨斯大学教育学院，研究方向为教育政策与领导。他于 1980 年在斯坦福大学获得教育学博士学位，并就教育行政、政策与法律领域的各种问题撰写了大量专著、论文与学术报告。英伯教授在向学校董事会、教育工作者和律师提供教育政策与法律咨询以及研究残疾儿童与成人问题方面积累了丰富的经验。他曾经在美国的非裔和拉丁美裔学校担任咨询顾问，并在一所专门接收处于危险境况学生的学校中担任校长长达四年。

泰尔·范·吉尔教授任教于纽约罗切斯特大学教育研究生院。他获得西北大学法学院法学博士学位和哈佛大学教育研究生院教育学博士学位。范·吉尔教授曾获约翰·西蒙·古根海姆奖。他的著作包括《学校课程的控制权》、《法院与美国教育法》、《最高法院论见释义》（第 4 版）。他也是诸多法律与教育类学术期刊的撰稿人。

中文版序

能够有机会向中国的学生和学者介绍美国教育法是我的荣幸。我希望本书能够增进读者对美国教育、美国法律以及美国的教育和法律之间关系的理解。

2007年春天，我很愉快地在中国度过了一个月。我在武汉华中师范大学就美国教育法问题做了由三个报告构成的系列讲座，并在北京师范大学和中国人民大学与研究生及有关教师进行了座谈。我还有机会与对教育法感兴趣的大量学生和教师进行了交流。

在中国停留期间，尤其是在我讲座之后的提问与讨论之中，应学生们的要求，我不断地深入展开探讨。在我来到中国之前，我曾经担心学生可能会对美国教育法的话题没有兴趣，我想他们可能会认为这是与中国情况不相关的事。然而，事实却正好相反。我看到学生们踊跃出席并积极参与讨论，而且总是能够提出相关问题并将我所讲的内容应用于他们自己的实际。

由于有了这次经历，当我的中国同事——华中师范大学的李晓燕教授建议将我和泰尔·范·吉尔教授合著的这本书翻译成中文出版时，我非常高兴。我真诚地感谢李教授为翻译这本书所做的工作，感谢教育科学出版社为出版这本书所做的努力。

阅读本书的中国读者可能会感到惊奇，美国学生起诉他们的老师和学校、美国教师起诉雇用他们的学校是如此普遍。人们经常说美国是一个过度诉讼的社会，这一观点在某种程度上是真实的。由于这些诉讼，学校和教师个人有时会因为害怕学生可能到法院对其行为提起诉讼，而犹豫是否去做那些从教育需要角度而言应该去做的事情。

然而，我在极大程度上认为，当学生和教师认为他们的法定权利受到侵犯时，他们具有起诉其学校的权利，这是美国社会积极的一面，并且其结果是巩固了美国的教育制度。美国学校和教育者必须认识到其学生的法定权利并必须尊重这些权利，否则会面临一定的法律后果。本书阐述和解释了这些法定权利及法律后果的范围与限制。

我希望读者能够从本书中有所得且喜欢本书，在美国教育法研究方面学有所成并能有所回报。

米基·英伯
2009年4月于美国堪萨斯大学

目　录

11 集体谈判、工会及教师合同 354

12 侵权行为 384

第 3 版前言 【xvii】

本书的目的是向教育管理者和政策制定者提供其工作必需的法律知识。本书的编写反映了中小学校教育工作者实际上面临的各种法律问题，对于教育实践中容易引发诉讼、法律争议和错误的特定问题，本书进行了更为深入的探讨。

为使本书易于为较少或没有法律知识背景的读者理解，我们做了尽可能的努力。本书以教育工作者熟悉的方式进行写作。第 1 章的作用在于为理解本书内容打下基础，包括全面解释法律援引制度。对于书中出现的专门法律术语，均就其含义进行了解释。在讨论特定的复杂问题时，我们以整体论述为切入点，随后各节提供附加的详细资料。每一章的最后一节则对所讨论问题的主要观点和原则进行概括。注释作为相关的内容，置于同页的页脚，这样读者能够马上查明所讨论原则的权威出处。

理解法律的细节与原意离不开通读法院判决，但对于法律初学者而言，缺乏讨论与解释的案例可能是难以理解的。所以，本书解释教育法的重要概念和原则，陈述法院判决的内容，从而对这些概念和原则进行阐释与说明。通过采用这种结构，我们尝试综合传统的案例资料和法律专题论文两者的优势。我们也吸纳了一些对教育政策和实践的法律含义的讨论。

书中所呈的案例阐述突出了与教育工作者联系最为密切的问题，并尽可能地减少与教育管理者和政策制定者无关的司法判决和程序的讨论以及技术问题的讨论。许多法院判决原文的参考文献、引证和注释也被省略了。在案例中，省略号表示被删除的实质性内容，而在参考文献和引证被删除之处则未采用符号。在某些判例中，我们为文字很长的段落加了摘要 【xviii】
或者添加了一个词语或短语，以使逻辑更加清晰。括号中增加的内容代表作者的观点。

理解美国教育法的一个难点是法律原则和解释在各州之间存在显著差异。本书并不想详尽无遗地分析每个州的法律，而是着重于普遍适用的原理，指出各州法律具有不同之处的方面。在这些方面，读者可能需要补充各自所在州的法规和判例资料。

美国联邦和州两个层次的法院和立法机构都在不断发展与修订法律。特别是自1993年本教材第1版出版以来，美国教育法的许多方面发生了大量的变化。第3版针对这些变化做了大量的修订。此次新增的或者做了较大扩展或者修订的论题（在其他许多论题之中）主要是：《不让一个孩子掉队法》学生权利，尤其是言论自由、搜查和扣押；教育券、上私立学校和教会学校的政府资助；雇用歧视；学生和雇员的种族骚扰和性骚扰；积极性行动和学校自愿的种族融合；学校财政的平等和充足；互联网使用的有关问题；有关特别学生群体的法律；等等。案例表登录的案例条目也比第1版增加了约700条。

最后要注意的一个问题是，任何期望从本书中获得法律问题的确切答案的人是一定会失望的。某些法律问题的确得到了很好的解决，就像书中所阐述的那样。然而，由于其自身的特征，法律常常是复杂的和不确定的。新问题和对老问题的新观点不断被提出，随着政府与法律相关理念的演进，过去看似有定论的问题也会再次受到审查。即便是专家也无法就特定情况如何适用某一法律原则达成共识。所以，在某些情况下，我们只能提出问题，陈述一系列并非完全确定的答案，以供思考。

我们希望您能从本书中有所得且喜欢本书，并祝您对教育法的研究成功且有所回报。

米基·英伯

泰尔·范·吉尔

1

美国教育法导论

教育者在法律的框架内履行责任——包括授予权力和限制权力两方面的法律。法律创设了地方学区，赋予了学校董事会筹集税收、借贷资金、购买物资、建造房屋、聘任和解聘教师、补充供给、决定课程及惩戒学生的权力。同时，法律又限制这些权力的行使。法律保护学生和教师的言论自由，保障他们在被惩罚或被解雇时的程序保护，并禁止政策带有种族、民族、性别、残疾或宗教歧视。当学生、父母、教师和纳税人认为受到（学校的）不公正对待时，法律为其提供了寻求救济的有序途径。【1】

本章介绍了影响学校运作的法律形式，法院在制定和解释教育法方面的角色，以及联邦政府和州的司法系统。最后叙述了法院判决的要素，并解释了本书所采用的法律引证的标准格式，以便更好地理解本书后续的案例和评注部分。

1.1 法律的形式

教育法的体系由宪法条款、成文法、行政规章政策和普通法构成。这些法律形式相互补充，但有时它们也可能相互冲突。更为复杂的是，法律规则分别来源于联邦和州，有时来源于地方学校董事会。因此，在法律意义上，学校管理者要服务于许多主体。

联邦宪法 【2】

美国的宪法是国家的基本法律。宪法设立了联邦政府的三个分支——行政、立法和司法，阐述了三者之间的关系，形成了各州联合，指出了联邦政府与各州的关系，并提供了个人权利的保护。宪法规定了政府的合法行为，又限制了政府的行为，并控制了政府与公民个人之间的关系，但是并不规定私人之间的相互关系。因此，宪法规定了政府举办公立学校的行为以及政府与私立学校的关系。然而，除了在特定的非常情况下，宪法并没有限制私立学校的行为，或者控制私立学校与其学生及雇员的关系。

宪法虽然未提及学校和教育，但是会通过授权国会为教育筹集经费或采取某些立法类型来影响学校。然而，《联邦宪法第十修正案》限制了联邦管理教育的角色："宪法未授予合众国，也未禁止各州行使的权力，保留给各州或者人民。"由于宪法没有授予联邦或禁止各州设立与运作学校的权力，该项修正案允许各州选择行使这项权力。所以，美国是少数几个不具有中央集权的教育管理与决策体制的国家之一。州和地方控制教育的结果使得教育法的学习复杂化，因为州与州之间，甚至一州之内的各地之间的规则都是不一样的。

然而，联邦宪法的其他部分是与教育有关的，各州的教育法、学区政策或公立学校实践都必须与宪法的条款或修正案一致。教育中许多重要的法律冲突都涉及成文法、政策或实践对宪法条款的违背。在这些诉讼陈词中最经常引证的宪法条款，是那些通过限制政府对个人行为的控制权来保障公民特定权利和自由的条款，包括《联邦宪法第一修正案》保障的言论自由和宗教自由，《联邦宪法第四修正案》保障的反对无理的搜查和扣押，以及《联邦宪法第十四修正案》要求的各州不得侵犯公民的"正当程序"权利和"平等法律保护"权利等。

州宪法

根据《联邦宪法第十修正案》，控制教育发展的基本权力在各州。然而，美国宪法没有要求各州行使这项权力，而且在宪法实施后的几十年
【3】内，各州也没有行使它们固有的权力。不过，随着19世纪的进步，各州人民通过州宪法要求立法机构为所有儿童建立免费的公立教育制度。

典型的做法是，各州宪法中包含一些模糊的用语来陈述州应有学校和其他教育活动，并用概括的术语来说明学校被管理和资助的方式，或者学校存在的目的。如《印第安纳州宪法》第1章第8款规定：

> 知识和学问在社会群体中广泛传播，对自由政府的存在必不可少；代表大会的职责应包括采用适当手段，鼓励道德、智力、科学和农业进步；通过法律建立普遍统一的普通学校体制，该体制下的教育是免费的，并对所有人平等开放。

所以，像所有州一样，在印第安纳州由州议会负责建立和维持免费公立学校系统。许多州的宪法还创设了州教育董事会或州的监管机构，而且有几个州还给予这些机构独立于州议会的权力。

大多数州宪法包括了反映联邦宪法内容的条款，诸如不得确立国教和保证法律的平等保护。事实上，这些州宪法条款所保护的个人权利可能比联邦宪法更多。州宪法可以给予个人超出联邦宪法保护之外的权利，但是不能与联邦宪法相抵触或允许被联邦宪法禁止的政府行为。

州和联邦的成文法

美国国会和各州议会通过制定成文法来行使它们的权力和责任。联邦成文法必须与美国宪法保持一致，州成文法既不能与本州宪法相抵触，也不能与任何联邦法律相背离。州立法机构制定大部分规范公立学校运作的成文法，但联邦成文法中对学校提供援助并禁止各种形式的歧视的规定也是很重要的。

虽然各州有很多具体的不同，但大部分州立法机构都制定了以下成文法：

- 规定谁可以上学和谁必须上学；
- 设立地方公共学区和董事会，以及其换届和解散的方法；
- 确定公立学校教师和管理者的资格；
- 规定公立学校必须提供的课程； 【4】
- 设定高中毕业的最低要求；
- 建立教育经费筹措与分配制度；
- 确定学校管理学生和雇用者的权限；
- 确定地方教育董事会的选拔程序、责任、权力和限度；

- 规定私立学校课程计划的特定内容；
- 授予州机构和官员规范和监督教育某些方面的权力。

在各个州，管理教育的法律以专题形式呈现，并作为教育法典或州基本法的一个部分出版发行。

除了《联邦宪法第十修正案》，国会能够通过其控制联邦经费分配的能力和行使其规范州际贸易的权力对学校施加巨大的影响。联邦成文法具有重要的影响，因为与州法律不同，它对全美国适用。然而，与州立法机构不同，国会历来不会主动通过规范学校的法律。近年来，这种不情愿有所改善，国会对使用联邦经费附加了很多条件，并制定了通用于学校的法律，包括禁止雇用歧视和保护身心障碍者等。两个对地方公立学校产生重要影响的联邦成文法是《身心障碍者教育法》（参见7.3节）和《不让一个孩子掉队法》（参见3.7节）。

行政规章

行政规章不同于宪法和成文法。大多数行政规章的制定者，是成文法创设的公共部门、机构或政府机构。行政规章被用来实现立法目标，并且阐明立法的实施细则。一项行政规章必须达到三个方面的要求：必须按照成文法所规定的程序通过；其内容必须与意图实施的成文法一致；成文法自身必须符合宪法。

我们发现，涉及大量教育法具体内容的行政规章，是由州的教育部门、美国教育部或其前身以及其他州和联邦机构制定的。例如，根据《身心障碍者教育法》制定的大部分有关管理、对待身心障碍学生的规则都包含在教育部制定的行政规章中。各州还有进一步规定有关对待身心障碍学生的具体要求的大量行政规章。教育工作者如同受到成文法的约束一样，也合法地受到这些行政规章的约束。

【5】 普通法

宪法由人民通过，成文法由立法机构通过，行政规章由政府机构通过，而普通法由法院创设。因此，在普通法案例中，法院创制了有关法律规则，并将其适用于当下的案件。相反，在宪法和成文法的案例中，法院只是解释和适用由另一权威创制的法律。

最初，普通法从英国传到美国，包含两个分支：民法和刑法。现今，美国刑法的分支大部分已经被成文法所取代。对于教育者来说，普通法的民法分支更为重要。这一分支划分为合同法和侵权法。合同法设定条件，条件中互相交换的承诺产生约束性义务（见第11章）。侵权法处理各种不同的问题，包括导致伤害的疏忽行为、故意伤害、文字与口头诽谤以及由建筑物或场所的缺陷导致的伤害等（见第12章）。每个州都有自己的普通法体系，各州之间差别不大。

学校董事会政策

学校董事会可以在州议会授予的权力范围内制定自己的规则和规章。其制定的所有规定必须符合宪法有关条款、成文法、行政规章和普通法的限制。学校董事会按照这些要求制定的规定对其自身也起到约束作用。例如，如果学校董事会规定了一套处理学生停学的程序，那么学校董事会及其雇用者也被要求合法地遵循。

1.2 法院和教育法

不管学校管理人员是否卷入诉讼，法院都履行着三个相互重叠的重要功能。第一，法院通过适用宪法条款、成文法和行政规章于具体情况解决冲突。第二，法院裁定成文法、政策和行为的合宪性。例如，法院裁定成文法是否与宪法一致，或者开除学生是否侵犯了其宪法权利。第三，法院对联邦宪法、成文法、行政规章和普通法做出正式解释。

为了实现这些功能，法院必须经常处理语义广泛、有歧义甚至语义含糊的法律规则。法律含义经常是法律争议的核心问题。例如，《联邦宪法 【6】
第十四修正案》要求对所有人给予“平等法律保护”是一回事，而判断根据种族或性别而给予某些人优先权的积极性行动是否与这一要求相一致又是另外一回事。

解释法律规则引发了有难度而且未能解决的争端。有人认为宪法解释应该仅依据法律制定者和授权者的意图，与此相反，另一些人则认为宪法必须对新的情况和问题做出回应，适时演进。对有关成文法和普通法判例的解释也引发了类似的争论。

不管采用哪种解释理论，由法院诠释的判决构成了一种被称为判例法的法律类型。有些是宪法的判例法，有些是成文法的判例法，有些是普通法的判例法。教育法或另外一些主要法律领域的学习主要是判例学习，因为判例法提供了宪法条款、成文法和普通法的权威解释。我们研究判例以查明谁在特定的法律纠纷中取胜，并获悉其取胜之道。通过研究法院的判决，我们希望学会在相关情况中如何合法行事。

与当前正在审理的案件相似的过往判决被引用为**判例**。如果一个过往判例出自当前争议案件所属管辖区的法院，该判例被称为**法定**判例。如果是来自不同管辖区的过往判例，该判例被称为**法理**判例。法定判例构成法律并约束政府在特定司法辖区的行为，而法理判例仅仅显示其他司法辖区的法院是如何看待某个特定问题的。

即使存在一个法定判例，仍有可能无法影响当前纠纷的判决结果。因为实际上没有两个案例是完全相同的。先例只能提供部分指导，或者某个关键性的不同之处会使先例**显著不同**，不能适用于当前案例。一个在其他情况下具有约束力的判例是否显著不同，也是诉讼中经常争论的问题。出自上级法院的法定判例是必须遵循的，但法院可能拒绝遵循它们自己先前的裁决。虽然法院没有被限制去遵循法理判例，但它们也可以选择遵循，除非有一个与之完全矛盾的法定判例存在。

1.3 司法体系

司法系统包括联邦法院和州法院。两个系统均由三级构成：初审法院、中级上诉法院和一个（有几个州有两个）最高法院。联邦法院和州法院可判决的案件种类不同，但在两个体系中，所有级别的法院限于处理一
【7】定主体向它们起诉的案件。例如，一个法院不能宣称一个新制定的成文法是不合宪的，除非有需要证明这个成文法的合宪性的案件提交到法院。在大多数情况下，只有与纠纷结果有直接利害关系的个人才能提起诉讼。这

样的个人被认为是享有**诉权**的。

联邦法院

联邦司法系统几乎专门处理有关联邦宪法和成文法的案件。只有在特别限定和特殊条件下，联邦法院才会处理有关州宪法、州成文法或普通法解释的冲突。然而，联邦法院的判决对地方学校有着巨大的影响。

全美有95个被称为**地区**法院的联邦初审法院。每个州至少有一个联邦地区法院，人口很多的州可能有几个。每个具有司法权的法院管辖该州的不同地区。这些法院为了对提交给它们的案件建立起事实记录，要听取证据。当事实确定以后，初审法院的主要功能是适用宪法有关规定、联邦成文法和有关高等法院的过往判例。初审法官很少重新解释法律。

联邦系统中的中级上诉法院是**巡回上诉法院**。全美有13个巡回上诉法院——11个在几个州具有审判权，1个在哥伦比亚特区具有审判权，1个由3个联邦专门法庭组成。表1.1列出了每个巡回法院的管辖权。

中级和最高上诉法院的作用与程序同初审法院有很大不同。这些具有多种分支的法院并不进行审判和听取新的证据。它们唯一的功能是重新审查下级法院的记录，裁定是否有违反法律的错误。法律的错误以许多形式呈现，包括对陪审团的错误指示，错误地适用证据规则，程序错误，以及错误地解释宪法、有关成文法或其他法律规则。

在考虑案件双方的书面和口头辩论之后，各位法官投票，做出判决，并开始判决书写程序。这要求法官就有关判决依据和要宣布的法律规则及原则进行商榷。如果上诉法院裁定存在法律错误，就会有两种选择：做出新的终审判决，或者驳回案件，由下级法院按照上诉法院新的判决重审。

最高一级联邦法院，即**联邦最高法院**（Supreme Court），审理来自联邦巡回法院和各州最高法院有关联邦法律问题的上诉案件。（在极少数情况下，联邦最高法院也可以对通常与教育无关的案子进行初审。）最高法院没有责任审理每一件上诉案件，并且在每年上诉的7 000个案件中只对约100个案件做出具有完整观点阐述的判决。联邦最高法院有选择地挑选有关案件进行审理，因为它的主要目的不是简单地改正下级法院的错误。联邦最高法院作为唯一的、其判决作用于整个国家的法院，是联邦成文法和 【8】

美国宪法含义的最后裁决者。正因为如此，联邦最高法院尽可能地审理那些联邦各巡回法院之间判决不一致的案件。这些判例提出了特别重要或新的法律观点，并潜在地具有广泛的影响。

表 1.1　联邦上诉法院的司法权

巡回法院	司法权管辖地区
第一	缅因、马萨诸塞、新罕布什尔、波多黎各、罗得岛
第二	康涅狄格、纽约、佛蒙特
第三	特拉华、新泽西、宾夕法尼亚、弗吉岛
第四	马里兰、北卡罗来纳、南卡罗来纳、弗吉尼亚、西弗吉尼亚
第五	路易斯安那、密西西比、得克萨斯
第六	肯塔基、俄亥俄、密歇根、田纳西
第七	伊利诺伊、印第安纳、威斯康星
第八	阿肯色、艾奥瓦、明尼苏达、密苏里、内布拉斯加、北达科他、南达科他
第九	阿拉斯加、亚利桑那、加利福尼亚、瓜马岛、夏威夷、爱达荷、蒙大拿、内华达、北马里亚纳群岛、俄勒冈、华盛顿
第十	科罗拉多、得克萨斯、新墨西哥、俄克拉何马、犹他、怀俄明
第十一	亚拉巴马、佛罗里达、佐治亚
哥伦比亚特区	华盛顿特区
联邦	华盛顿特区（专门法庭）

联邦最高法院的法官和所有其他联邦法院的法官，是由总统经参议院同意而委任的，并且是终生任职，除非被指控犯罪而被撤职。最高法院有9位成员，因而采用5人以上同意的方式**形成法院多数意见**。只有在至少5位法官同意判决结果和判决依据时，才能创制判例。不同意判决的法官可以提出**反对意见**，但是只有多数意见具有法律效力。类似地，同意判决结果但是不同意判决依据的法官可以单独提出不具法律约束力的**附和意见**。

即使对判决结果的理论依据未形成多数意见，案件最终仍然通过多数人投票判决。这时可能会产生由多数人支持的相对**多数意见**以及一个或多个反对意见和附和意见。如果法院存在严重分歧，甚至可能不能形成相对多数意见，而仅仅存在未经法院签署的简要的法院意见以陈述案件结果和一组附和意见与反对意见。在任何案例中，当没有达成多数意见时，发布 【9】的任何意见都不可创设判例。当法院由于有一位法官未能参与而在一个案件的结果上形成僵局时，巡回法院的判决被维持但不能产生判例。

州法院

州法院审理有关州宪法、成文法和普通法的案件，也可能审理与联邦问题有关的案件。案件中同时包含州和联邦问题的，都在州法院审理。许多教育案例是由州法院判决的，因为这些案例未提出联邦法律问题。例如，指控学校管理人员失职的案子通常在州法院中审理。

州法院系统的结构反映了联邦的系统：初审法院、中级上诉法院和一般只有一个的最高法院。虽然所有不同级别的州法院以不同名称命名，但大多数州的最高一级法院被称为最高法院。州的初审法院一般管辖一个较小的地理区域，相应的中级法院则审理来自一个以上初审法院管辖区域的上诉案例。与联邦法院体系一样，中级法院的意见只在其司法权管辖区内具有约束力，因此在一个州的不同中级法院之间可能会产生相互冲突的法律结论。州的最高法院的作用之一就是统一下级法院的不同意见。州最高法院的判决对本州法院体系内其他所有法院都具有法律约束力，但不适用于联邦法院和其他州的法院。

1.4 司法判决的要素

初审法院有时，中等法院经常，而最高法院通常会通过写出书面意见对判例做出概括。司法判决书由一系列要件或要素构成，这些要件或要素提供了理解法院判决中谁胜诉以及为什么胜诉的必要信息。一个标准的判决书包括以下要素：案件的名称、事实回顾、双方主张和争论的重申、该案程序史的回顾、争议问题的陈述、对该问题的裁决、每次裁决的正当理由以及处置。

案件的名称

几乎所有案件都以双方对抗者或当事人命名。到初审法院提起诉讼的

人被称为**原告**或**起诉人**，与起诉案件的人相对的个人或管理部门是**被告**或
【10】**应诉人**。在初审法院的判决书中，案件的名称形式是原告诉被告（如麦克劳克林诉第21中心学区案）。如果是上诉案件，上诉的发起者（先一轮审理中的败诉者）被称为**上诉人**或**申诉人**，而另一方被称为**被上诉人**或**应诉人**。在联邦法院系统和大多数其他法院中，将上诉人的名字排列在前面，而把被上诉人的名字排在后面（如第21中心学区诉麦克劳克林）。

事实

法院对案件事实的陈述要重述谁对谁做了什么，什么时候，在哪儿，怎么做的，以及为什么这样做。法院对双方冲突的描述依审理时所呈的证据来确定。虽然这些描述可能有个人情绪的戏剧化成分，但通常事实仅仅是对政府部门所采用的法律或政策的描述及对其作用的讨论。

权利诉求

判决书下一步要陈述双方的诉讼对象或目的以及用以支持其权利诉求的论点。例如，如果双方对一个成文法的解释不一致，判决书将转述引起争议的成文法部分，并讨论双方有关该成文法含义的争论。

程序史

判决书通常要包括权利请求、反诉请求和双方其他法律步骤，还要包括下级法院先前对该案的判决。例如，最高法院的判决可以写明初审法院对原告所做判决及其原因和中级上诉法院推翻该判决及其原因。

争议问题

在每个案件中，诉讼双方对有关事实或对事实适用的法律存在分歧。由这种分歧引出的问题就是案件的争议点。案件的裁定取决于法院对这些问题的回答。有些案件既提出了事实争议，又提出了法律争议。例如，一个案件中可能会提出如下两个问题：当学生受伤时教师是否在教室里，法律要求教师给予什么程度的监管。有时判决书根据法院所见清楚地陈述争议的问题，但另一些时候却较为隐含，而是留待读者去弄清楚争论的

问题。

法院通常把较大而复杂的争论问题划分成一系列较小的问题，使分析易于进行。这些小的问题被按照逻辑顺序组织，类似于流程图。例如，法院可以先裁定原告的行为是否是受宪法言论自由条款保护的类型。如果答案是肯定的，那么下一步就必须裁定被告是否符合控制受保护言论的适当标准。 【11】

裁决和正当理由

判决书的主体部分包括对争议问题的回答和支持每个判决的依据或推理。判决书可能没有清楚地将裁决和正当理由分开，因此，可能有赖于读者将它们再分类。

裁决可以被称为**裁定**、**判决**或**法律结论**。一个对事实材料和主要法律结论进行了压缩的简要陈述，也可以作为案件的判决。解释宪法条款或其他法律的裁决可以提供**原则**、**规则**、**标准**或**原理**，指导相关情况下法律的适用。

法院以相关事实和法律规则为前提，通过演绎推理形成其裁决。推理论据也为判决提供了正当理由。以下是一个简单的例子。

> 前提 1（事实结果）：X 在梅因大街上以每小时 40 英里的车速行驶。
>
> 前提 2（法律规则）：梅因大街的车速限制是每小时 30 英里，并且超过这一限制是违法的速度。
>
> 结论（裁决）：X 具有超速行驶的违法行为。

不过，在本书中所讨论的案例没有如此简单，因为虽然可以清楚地了解事实，但相关法律规则、原则或检验的适用却不是清晰的。例如，如果法律规则要求驾车者保持一个合理的车速，而不是预先规定一个具体的车速限制，X 是否超速的争议就比较难以解决了。

处置

在决定法律争议的胜诉方及对其依据进行解释后，法院以判令结束判决，判令根据案件的裁定规定务必完成的事宜。如果被告胜诉，初审法院会驳回案件，并可以命令原告支付诉讼及其他法律费用。如果原告胜诉，初审法院会为原告遭受的不公正待遇确定救济赔偿。根据案件的类型，法律可以允许多种形式的补救办法，包括补偿金钱损失，发布禁止令或命令，要求公共官员停止被禁止的行为或履行其义务，或者停止错误做法等其他形式的法律救济。在某些案例中，法院可以命令采用更进一步的程序来裁定适当的赔偿。上诉法院能够通过如下方式判决案件：维持或支持初
【12】审法院的判决，对初审法院判决的某些方面做变更，或者推翻初审法院的判决。在后一类情况的案件中，法院既可以自己发布判令，也可以将案件发回初审法院，并要求初审法院依据与其裁定相符的附加程序进行重审，许多案件是因为程序原因被发回重审，其审理结果也不再悬而未决。

解释司法判决是一项微妙而模糊的工作。在后继案件中，律师和法官对过往判例含义的争论，恰如他们对成文法和宪法条款含义的争论。例如，虽然法院可以判决教学日不得以有组织的祈祷开始，但是这个判决就排除了（学校中的）静默时刻吗？

一个普遍易犯的错误是围绕判决的法官附带意见干扰法院的判决。法官的附带意见可以被界定为“**一派观点**”，是判决的一部分，但对结论而言不是必要的。判决意见常常包括对正在审查的案件的有关问题的评论和有关的假设。例如，超速方面案件的论点可以是：“虽然生死攸关的紧急状况可能证明超速合理，但是本案中并无紧急状况。”这是法官的附带意见，但如果据此推论出“可授权司机在生死攸关的紧急状况下超速行驶”，则是错误的。

1.5 法律引证

对法院观点的引证注释，是由一系列跟在案件名称后并表明其出处的数字和缩写形式构成的。报告法院判决的书籍被称为案例汇编，通常只能

在法律图书馆和其他专门场所内找到。另外，已出版的联邦和州法院的判决的完整内容及联邦和州的成文法、政府机构的行政规章都能在互联网上的各种网站中找到。查找案例和其他法律研究的好的入门网站是 www. findlaw. com。其他有用的网站包括：www. supremecourtus. gov；www. farislaw. com；www. ed. gov；www. law. cornell. edu；www. law. house. gov；www. law. stanford. edu/library；www. brennancenter. org；www. aclu. org。

案例引证注释都遵循同样的基本格式。标明所引证的美国最高法院观点出处的各要素的样本如下：

案件名称	卷号	案例汇编	页码	判决年份
基肖恩诉校董会	385	U. S.（美国）	589	1967

这个案例可在一套名为《美国最高法院判例大全》的丛书的第 385 卷第 589 页找到。在引用判例时，《美国最高法院判例大全》通常缩写为"U. S."（参见表 1. 2）。虽然引证注释给出了年份，但没有年份也可以查找到。《美国最高法院判例大全》是关于联邦最高法院判决的政府正式出版物。另外，几家私营案例汇编公司也出版联邦最高法院的判决书，其中最为普遍受到引证的是《联邦最高法院案例汇编》（S. Ct.）。例如，可将基肖恩案引证为 87 S. Ct. 675，表示其观点可以在《联邦最高法院案例汇编》第 87 卷第 675 页上找到。除非尚未出版，否则必须采用《美国最高法院判例大全》的引证。

表 1. 2　联邦法院判决报告的出版者 【13】

缩　写	名　称	报告法院	出版者
U. S.	美国最高法院判例大全	最高法院	美国政府
S. Ct.	联邦最高法院案例汇编	最高法院	西部出版公司
F. 3d	联邦案例汇编，第 3 辑	巡回法院	西部出版公司
F. Supp. 2d	联邦增补案例，第 2 辑	地区法院	西部出版公司

对下级法院的引证要像对最高法院的引证一样给出同样的信息，并在括号中的年份前给出具体巡回法院或地区法院的缩写（尽管这对于找到该案例并非必要信息）。一个由联邦第五巡回法院做出的联邦巡回法院的上

诉判决的引证注释样本是：

汤姆金斯诉维克斯，26 F. 3d 603（5th Cir. 1994）［意思是《联邦案例汇编》第3辑，第26卷，第603页（第五巡回法院，1994年）］。

对伊利诺伊州北方地区法院的观点的引证注释样本是：

奥利森诉教育董事会，676 F. Supp. 820（N. D. Ill. 1987）［意思是《联邦增补案例》第676卷，第820页（伊利诺伊州北方地区法院，1987年）］。

对下级法院判决的引证也可以包括有关上级法院后续行为的附加信息。例如：尤泽尔诉弗雷迪，《联邦案例汇编》第2辑，第547卷，第801页（第四巡回法院，1977年），拒绝签发复审令状，《美国最高法院判例大全》第446卷，第951页（1980年）。引证注释的最后部分“否认复审令状”是指联邦最高法院拒绝签发复审令状，意思是最高法院拒绝重审该案。正式的否认在《美国最高法院判例大全》中作为引证报告。（除非拒绝签发复审令状的引证特别重要，否则部分教材，包括本书均将其省略。）另一些引证可能包括判决随后被维持（aff'd）或被推翻（rev'd）的标注。

州案例的引证注释遵循同样的格式，但它们有自己的判例汇编。虽然大多数州出版它们自己的判例汇编，但是州上诉法院判决最容易获得的来源是西部出版公司出版的地方汇编。7个地方汇编覆盖了几组州（见表1.3）。括号中的信息是指在哪个州最高法院审理的案件及其年份，或者审理其他案件的较为完整的法院名称。某些来源也列出法定的州出版的汇编，采用了2个甚至3个引证（“并行引证”）。但是为与现行标准风格保持一致，本书只采用对地方报告者的引证注释。

成文法的引证与判例类似，不过是用节号（§）来代替页码。联邦成
【14】 文法可以引自《美国法典》（U. S. C.），这是优先的法源，或者引自《美国联邦法律总汇》（Stat.），或者引自《美国法典注释》（U. S. C. A.）。例如，42 U. S. C. §2000d（1981）是指《美国法典》1981年版的第42卷，

第2000d节。某些案例汇编和教材，包括本书，省略了成文法引证注释的年份，因为卷号和节号在成文法的每一版中是相同的。联邦成文法也可能被注上常用名称，如《身心障碍者教育法》。

表1.3 地方汇编

缩 写	名 称	州或地区名
A. 2d	大西洋汇编第2辑	康涅狄格、特拉华、哥伦比亚、缅因、马里兰、新罕布什尔、新泽西、宾夕法尼亚、罗得岛、佛蒙特
N. E. 2d	东北汇编第2辑	伊利诺伊、印第安纳、马萨诸塞、纽约、俄亥俄
N. W. 2d	西北汇编第2辑	艾奥瓦、密歇根、明尼苏达、内布拉斯加、北达科他、南达科他、威斯康星
P. 3d	太平洋汇编第3辑	阿拉斯加、亚利桑那、加利福尼亚、科罗拉多、夏威夷、爱达荷、得克萨斯、蒙大拿、内华达、新墨西哥、俄克拉何马、俄勒冈、犹他、华盛顿、怀俄明
S. E. 2d	东南汇编第2辑	佐治亚、北卡罗来纳、南卡罗来纳、弗吉尼亚、西弗吉尼亚
S. W. 3d	西南汇编第2辑	阿肯色、肯塔基、密苏里、田纳西、得克萨斯
So. 2d	南部汇编第2辑	亚拉巴马、佛罗里达、路易斯安那、密西西比

每个州都有自己的引证州成文法的表示法，但是大多数州遵循与联邦类似的格式。在有些州对同一成文法可能存在不止一个出处和引证。

联邦行政规章（regulations）以《美国联邦行政法典》（C. F. R.）和《联邦公报》（Fed. Reg.）为名出版。引证注释给出卷号、缩写、节号或页码，有时也给出出版年份，如34C. F. R. 106. 12（1996）或者62Fed. Reg. 12038（1997）。

有关法律引证的完整信息可以在《引证统一制度蓝皮书》（*The Bluebook: A Uniform System of Citation*）（第17版）中找到，该书由哈佛法律评论联合会于2000年出版。《引证统一制度蓝皮书》每5年推出一个新的版本。有关法律引证的信息也可在网站www. law. cornell. edu/citation中找到。

1.6 小结

法律在教育者所做的每件事中都起着作用。法律对实践活动提出要求，有些是被禁止的，而另一些是被允许的。教育法来自多种形式：宪法
【15】条款、成文法、行政规章、普通法和政策。有些法律出自联邦一级，有些出自州一级，有些政策则由州授权的地方学校董事会制定。

不论法律出自何处，最终是由法院对它进行解释并适用于具体纠纷。针对可能与上位法相冲突的法律的有效性，法院也要解决法律与规则之间的不一致性。最后，判例法提供法律的法定含义。

美国存在联邦的司法系统和各州自己的司法系统。两级司法系统的组织都由初审法院和中级与高级两级上诉法院构成。在联邦司法系统中，这些法院被称为地区法院、巡回法院或上诉法院以及最高法院。初审法院听取证据，确定事实，适用法律；与此相对，上诉法院纠正下级法院的法律错误。上诉法院，特别是最高法院，主要解决具有广泛重要性的问题。其多数意见在其司法管辖区范围内形成法律。

大多数书面判决包括确定的一般要素。案件的事实是被认为产生争议的事件或行为，而争议的问题是指对法律或事实的争论。法院的裁定对其结论进行解释并证明其合法性。裁定为以后的案件设立判例。已出版的判决和法律、行政规章按照法律注释的统一体系来引证。

2 义务教育

【16】

在每个州，法律都对父母和儿童有所规定，要求青少年必须进入公立学校或者选择经州批准的替代方式进行学习。这些法律详细说明了谁必须入学，强制性入学的年限，符合义务教育要求的学校类型和特点。在有些州，地方学校管理者要对有关义务教育法律的实施负责，其责任包括对长期逃学的学生及其父母进行调查和采取法律行动，以及按法律规定评估私人教育替代方式的可接受性。

当父母选择将他们的孩子送到当地的公立学校，正如许多人所做的一样，一系列法律问题就可能产生。州法律和学校董事会的政策将居住地及其他要求作为儿童进入某一特定公立学校的条件。地方学校管理者常常需要对此做出解释并执行这些要求。在法律和教育中，义务教育法引起的最棘手的问题是：一些儿童发现在公立学校所接受的教育与他们父母或自己的基本信仰发生了冲突，这种状况常引发宪法和道德争议，有时甚至导致诉讼。

本章探讨了与义务教育有关的法律问题，首先是对义务教育法及其存在的基本原理和正当理由做一个全面的概括。随后论述在哪些情形下，特定的学生个体或学生群体可以取得义务教育法和公立学校入学要求的豁免权。最后两节关注州政府通过管理私立学校推动义务教育目标实现的权力，以及州政府资助私立学校的权限。

2.1 义务教育法：概述 【17】

义务教育法是用来保证儿童接受州政府所保障的教育的法律，它对父母指导儿童成长的普通权利构成了最大侵犯，同时对美国人追求自由选择的权利构成了最大限制。然而，这些法律已被各种各样的论点证明了其合理性。殖民地时期，少数义务教育法的创立只是出于宗教上的原因：不能阅读圣经的人被认为是不能抵制恶魔撒旦诱惑的人。在共和国前期，实行全民教育的拥护者认为，缺乏受过教育的公民，民主政府也无法生存。19世纪后期，大部分州都通过了第一部强制执行的义务教育法，强制入学被认为可以在推进民主的同时通过限制童工来保护儿童和成年人的工作。现今，更多的争议都认同这样的观点：教育是有效参与现代经济的先决条件。

尽管强制入学的法律在州与州之间不尽相同，但多数法律都具有某些共同的特征。它们一般包含以下要素。

- 年龄。要求儿童接受某种形式的教育学习，通常是7—16岁。一些州要求6岁入学，一些州将年限延长到18岁，在此之前已经高中毕业的儿童除外。
- 用于满足义务教育法的教育类型。在所有州中都包括达到一定要求的公立学校和私立学校，大部分州还存在家庭辅导和私人教师等类型。
- 公立学校必须为之提供教育服务的学生的年龄。在许多州，法律要求学校为一些超过入学年龄要求的儿童提供教育服务；在一些州，法律同时也要求学校为一些低于入学年龄要求的儿童提供教育服务。
- 学年、教学日的长度和所要求的最短上学时间。这些数据在公立学校、私立学校和家庭教育中各不相同。
- 获得义务入学豁免的根据。在某些州中，其根据可能包括的情况有：住所的偏远使得学校教育不可能或不现实；对某些宗教团体的成员提供有限豁免。
- 关于入学管理员的任命规定，以及授予其在实施义务教育法上的特定权力。
- 关于对违法行为进行处理的刑事和非刑事司法程序及处罚的规定。未送其子女入学的父母可能面临罚款、监禁或以监护失职被起诉，进而丧失其对子女的监护权。拒绝入学的儿童可能被看作违法者或被宣布为需要
【18】监督的人，他们可能被要求试读，进入寄养家庭，被禁闭到一个特殊的青

少年机构，或者也可能被法院照看和监护。现在，一些州为实施其义务教育法，宣布对18岁以下没进入学校接受教育的儿童停发驾驶证。①

18世纪末期到19世纪早期，普通法事实上给了父母对儿童无限制的控制权。因此，当义务教育法开始实施，父母被剥夺了原先在法律上普遍承认的特权时，父母有时就会对法律的合宪性进行质疑。州法院通常驳回此类诉讼，认为州政府要强制性地保证国民受教育的需要，或者儿童有权接受由州法律所提供的教育服务，当然这一种理由比较少被引证。②

现在，毫无疑问，父母在抚养子女方面并不享有完全不受州法律约束的宪法权利。③ 同样，政府坚持儿童应该接受某种类型的教育，这也是不容置疑的。父母提出的有关强迫入学法令违反了正当程序、平等保护、言论自由、集会自由或隐私权的诉讼，都被法院驳回。④ 一起关于州义务教育法要求人们对儿童加以控制，以“保证该儿童按时上学的规定”是模糊违宪的诉讼请求也被法院驳回。⑤

然而，宪法仍然对州的义务教育法有明显的限制，其中最重要的是州不得对儿童是否进入公立学校做出要求。相反，就如下述案例所确立的，父母享有宪法权利，可以通过将自己的子女送入私立学校来履行使子女受教育的义务。

1922年，俄勒冈立法机构通过一项法律，要求所有儿童必须就读 (18~20)
于公立学校。联邦最高法院在1925年皮尔斯诉姐妹会一案⑥的判决中裁定该法律违宪，理由是该法律剥夺了父母控制其子女受教育的权利。这一判决除了确认私立学校可以存在，学生可以通过就读私立学校完成义务教育外，还规定任何一州都可以管理所有学校，并可规定

① Means v. Sidiropolis, 401 S. E. 2d 447 (W. Va. 1990).

② State v. Hoyt, 146 A. 170 (N. H. 1929); State v. Bailey, 61 N. E. 730 (Ind. 1901).

③ Prince v. Massachusetts, 321 U. S. 158 (1944).

④ Concerned Citizens for Neighborhood Sch. v. Bd. of Educ. of Chattanooga, 379 F. Supp. 1233 (E. D. Tenn. 1974).

⑤ State v. White, 509 N. W. 2d 434 (Wis. Ct. App. 1993).

⑥ Supreme Court of the United States, 1925, 268 U. S. 510. ——译者注

学校所教授的具体学科。

【20】皮尔斯案的审理法院根据《联邦宪法第十四修正案》中关于正当程序的条款做出了判决。这一条款禁止州政府未经正当程序而剥夺任何人的生命、自由或财产。正当程序是一个非常有弹性、有时较抽象的概念，被法院用来保护受到政府不适当或不正确行为侵权的多种个人利益。在皮尔斯案中，法院对私立学校财产利益给予了保护，从而确保其正常的商业运
【21】转，法院也保护了父母在子女抚养上的自由利益。尽管法院承认州政府需要确保所有儿童受教育，但有关政府要求儿童进入公立学校的辩护不足以压倒这些利益。

到1925年，法院对正当程序条款的解释发生了改变，对皮尔斯案的理解也变得混淆不清。现今，此条款不再用来对政府管理商业行为进行限制。因而存在一个疑问：今天的联邦最高法院是否会支持一项义务公立学校教育法？尽管这个问题尚未完全明确，法院却继续承认父母拥有合理的但非完全的对子女成长的监护控制权，这一行为可能足以再次确认皮尔斯案的判决结果。况且，法院也可能将唯公立学校而论的法律视为侵犯了父母、教师和私立学校的言论自由权。无论如何，私立学校有权利存在，而且父母在为其子女选择私立教育上拥有基本权利，这些在可以预见的将来都不可能受到严重的质疑。

然而，这并不表明，父母为履行让子女接受教育的义务，就可以把他们送到任意一所学校。相反，皮尔斯案的法院认为，州政府为了达成受教育公民群体的目标需求，针对私立教育制定的某些行政规章也是必需的。州依法强加于私立学校的行政规章的类型和范围一直都是争议的话题，这些问题会在2.4节中有所论述。

2.2 义务教育的豁免

获得义务教育的豁免有三种情况：第一种，宪法为一些学生给予了义务教育入学的豁免；第二种，某些州的成文法为某类儿童给予了豁免；第三种，州法院有时对未能遵守义务教育法的特殊理由给予了认可。每一种

豁免仅限于特定范围。

宪法要求的豁免

大量的案件都要求法院去处理为了促进义务教育目标而制定的州法律与宗教自由之间的冲突。提起诉讼的父母普遍都接受他们的子女应该受教育的观念，但他们诉称州政府迫使其子女接受教育的某些内容违反了《联邦宪法第一修正案》关于宗教自由的条款。关于这一类案件最有名的是威斯康星州诉约德案，这也是父母胜诉的少数案件之一。

> 威斯康星州诉约德案①是关于一群阿门宗派的家长，他们拒绝在8 (22 ~ 26)
> 年级之后把自己的子女送到学校，因为他们认为这样做会违背他们的宗教教义。（阿门宗派是基督教一个创办很久的分支，他们远离美国主流社会，过着传统农耕生活。）

《联邦宪法第一修正案》声明，政府“不得制定任何法律……禁止自 【27】
由信仰”宗教。约德案是一个典型案件，它指控政府的规定侵犯了宪法所保护的自由。约德案件中的原告寻求从一个普遍适用的法律即义务教育法中获得豁免。他们的理由是履行法律的要求会违背他们的宗教教义。

同其他涉及宗教信仰自由的案件一样，审理约德案的法院所采取的方法是平衡原告的宗教利益与该州执行此法律的利益。法院首先要求原告举证：他们的诉讼请求是出于宗教的原因而不仅仅是哲学或道德上的原因；他们的信仰是诚挚的，而不是逃避某一要求他们履行繁重义务的法律的计策；此法对他们的宗教活动产生了严重的影响。只有阿门宗派完成举证责任后，法院才会审查州所声称的政府利益，从而决定这些政府的利益是否足够为其侵犯自由信教权的行为进行无罪辩护。州政府如果能够说服法院相信，义务教育法的实施是实现州政府令人信服的利益的需要，那么政府就可能胜诉。然而在约德案中，威斯康星州没能做到。

尽管结果如此，约德案对义务教育的基本原则做出了坚定的确认。法

① Supreme Court of the United States, 1972, 406 U. S. 205. ——译者注

院不允许阿门宗派回避所有的学校教育，而只允许其回避最后两年的学校教育，而且法院做出这一决定部分是基于阿门宗派儿童享有充分发展的教育经历的事实，尽管阿门宗派的教育活动与公立学校的活动有着显著的不同。法院通过对判决意见的措辞使得这种豁免在实践中不适用于阿门宗派以外的其他人群，从而强烈地暗示出对义务教育的支持。

尽管如此，除阿门宗派外，其他宗教团体有时仍然可以针对某些强制义务教育获得部分豁免。在上帝教会诉阿马里洛独立学区案①中，法院考虑了这样一个问题：宪法是否要求学校宽容学生因履行宗教义务而缺课的行为。

这起案件由24名学生提起诉讼，他们都是“全世上帝教”的教徒。为了履行宗教义务，学生每年都有10—12天不能上学，其中包括连续7天的宗教集会。但是最近学区实行了一条新的政策：对由于宗教原因每年缺席时间超过2天的学生给予严肃的学业处罚。学生认为学校的新政策是不合宪的，已经侵犯了《联邦宪法第一修正案》中公民宗教信仰自由的权利。

首先，法院指出：一条法律或政策并不能仅仅因为它是公正的，也即公平地适用于所有宗教就可通过宪法审查。宪法中有关宗教信仰自由的条
【28】款被用于反对“形式上公平但执行中存在歧视”的法律。某条在其他情况下具备效力的法律在对某一特定宗教予以苛求的情况下会被认为违宪，除非州政府能够对其实施给出让人信服的理由。

其次，法院在运用上文所描述的宗教信仰自由的标准模式分析之后总结得出：（a）学生由于必须参加宗教仪式而不去上学是出于宗教信仰，因为它产生于教派的正式教义及其对圣经的解释；（b）学生的信仰是虔诚的，表现为学生宁愿接受严厉的学分惩罚，也不愿不履行他们的宗教义务；（c）学校政策的实施可能给学生的宗教行为带来严重的影响，因为他们无法在不损害学业成绩的同时履行其宗教义务。

最后，法院对此提出疑问，学区对其入学政策的理由是否足以证明该政策对上帝教学生成员苛以负担是合理的。学区对其政策给出了两条理

① 511 F. Supp. 613（N. D. Tex. 1981）.

由："在公立学校中进行常规学习对学生学业的发展是必要的"和"变通不同宗教团体的各种宗教节日会给教师带来不合理的工作负担"。为分析第一条理由，法院依据了约德案判决。

> 学区在"入学政策"方面的利益没有达到在威斯康星州诉约德案中州政府利益的程度。这里，我们并不涉及坚持不让子女上学的宗教派系，而是关注一段时间的缺课对原告学业发展的影响。撇开其他因素，这种利益不能证明对宗教信仰自由苛以负担是合理的。

对于第二条理由，法院指出，没有一名教师抱怨由先前宽松的入学政策而导致的工作量，而且教师按常规对因生病或运动而缺席的学生提供补习和考核。由此，法院认为，学区的入学政策是违宪的，侵犯了学生参加宗教活动的自由。

尽管法院驳回了学区的主张即入学政策对于教育目标的完成是必需的，但像约德案一样，法院也对强制入学的重要性做了坚定的申明："州政府对公民教育所负的责任在政府职能中居于首要地位。"因此，上帝教的案件判决似乎表明学校对由宗教原因导致的缺课应有容忍的限度。但该案对这个限度并没有做出任何指导。如果上帝教的教义要求一个月的集会或因为参加宗教仪式要求每周一天的假期，那么学生是否仍然能够在法庭上获胜？这似乎不太可能，但我们也不太肯定，就如我们不知道如果教师和管理人员强烈地抱怨由学生缺席而导致的额外的工作，结果是否会有所不同。一定量的缺席或者给学校带来的某种程度的额外负担想必足以重于对宗教信仰自由的诉求。

这个问题在被提出后，并没有通过约德案和上帝教案进一步得到解决，反而因随后联邦最高法院的诉讼而变得更加复杂。在俄勒冈州人力资源部诉史密斯案①中，法院对宗教信仰自由的判决采取了比上帝教案更为严格的方法。史密斯案件的法院宣判：普遍适用的法律如果偶尔无意地对宗教信仰自由产生了影响，并不因此违背宪法的精神。这似乎表明，学区 【29】

① 494 U. S. 872 (1990).

和州可以自由实施譬如在上帝教案中被否定的政策或者在约德案中遭受反对的义务教育法。然而，史密斯案进一步表明，如果宗教信仰自由的诉求与宪法所保护的其他权利——比如在皮尔斯诉姐妹会一案中承认的父母在指导子女教育中的权利——结合起来，就会显得更加有分量。法院赞成地引用约德案就是对这个原则或规则的最好例证。所以只要在由宗教原因造成的缺课中引入了家长和子女的意愿，上帝教会的判决可能仍然具有法律效力。

法定豁免

州的义务教育法可能让某些特殊类型的学生从法律要求中得到豁免。有些州的成文法对具备下列条件的学生给予豁免：居住地离最近学校超过指定距离的学生、在特殊年龄被雇用的儿童、未成年父母、不能给孩子提供恰当照料的未成年父母、某些特定种类的身心障碍儿童。有些州明确准许阿门教派的儿童在一定年级之后获得豁免，或者更宽泛地豁免那些因为真正的宗教原因而被反对入学的儿童。① 在豁免权范围内的儿童不能被迫使入学，而且他们的父母也不能因未送子女入学而受到处罚。通常，父母负有表明可适用豁免的举证责任。

相反，某一学生适合某一豁免条件并不表明如果这名儿童选择入学，州或学区没有为此儿童提供教育服务的义务。对于身心障碍儿童，即使儿童和父母不想入学，联邦和州法规也要求州为其提供教育（参见第7章）。

司法要求的豁免

在少量案件中，愿意全职在家的已婚女孩②已经成功地从法院获得了义务教育的豁免权。这些案件显得相对过时而且富有争议。③ 在另外一些
【30】案件中，父母和儿童通过对当地公立学校的条件进行责难，以使他们免受违反义务教育法的指控。如果拒绝入学的理由仅仅只是学校内某一种族比

① Johnson v. Prince William County Sch. Bd., 404 S. E. 2d 209 (Va. 1991).
② 为义务教育适龄对象，有的可能未成年。——译者注
③ *In re* Rogers, 234 N. Y. S. 2d 172 (N. Y. Fam. Ct. 1962).

例不均衡或者笼统地对学校教育课程质量不满，法院已经基本上驳回了这些申诉。① 然而，儿童有时也能通过证明其学校环境对于他们的健康和安全有着极大的威胁而获得胜诉。

在伊恩·D.案件②中，一个男孩因在一学年中缺课100多天而被家庭法院指控违反了所在州的义务教育法。在进行审判时，伊恩证明了其不上学的原因是同学不断的辱骂和嘲笑，而且“他反复地寻求学区的保护和帮助，但学校方面却没有采取丝毫有意义的行为”。法院被他的证词感动，而且对他表示支持，引用了所谓的“数恶中选择”（Choice of Evils）原则③，该原则在紧急情况下允许违反刑法的行为。法院同时命令教育董事会将伊恩转入另外一所学校，在那里他可以重新开始学习生活。

伊恩·D.案除了是义务教育中一次特殊的豁免之外，也引发了另一个重要问题，即学校保护学生免受欺凌和骚扰的法律义务应该到何种程度。法院观点的隐含前提似乎是，州政府有义务为伊恩提供一个安全的学校（见6.9节和12.4节）。在宣布免除伊恩的过失时，判决意见对未能代表其利益的学校和州官员给予了批评：“……如果说谁要背负这个耻辱，那应该是那些看到伊恩的泪水而转身离开的人。”同时，法庭并没有免除伊恩父母为其提供教育的责任，并表示法院将会以监护失职起诉他们。

2.3 入学要求和学校分配

州法律曾普遍地排斥某类身心障碍儿童进入公立学校就读。早先的判例都支持这些法律的规定，其理由是这些儿童不能从教育中获利或是这些儿童的存在会妨碍其他儿童的学习。④ 今天，将身心障碍儿童拒于学校之外会被认为不仅违反了联邦宪法和州宪法给予的平等保护，也违反了数项联邦和州的成文法（参见第7章）。

---

① Janet Boeth Jones, Annotation, *Conditions at School as Excusing or Justifying Nonattendance*, 9 A. L. R. 4th 122 (1981).

② 439 N. Y. S. 2d 613 (N. Y. Fam. Ct. 1981).

③ “数恶中选择”原则，相当于我国的紧急避险原则或“两害相权取其轻”原则。——译者注

④ State v. Bd. of Educ. of Antigo, 172 N. W. 153 (Wis. 1919).

【31】 公立学校准入条件的三类标准可以在州法律中找到：年龄、健康状况和居住地。

年龄要求

所有法律对有资格接受公立学校教育的儿童的最大和最小年龄做出了限制。一般地，在规定日期年满 5 周岁的儿童可以进入学前班，年满 6 周岁的儿童可以进入 1 年级，达到规定年龄，通常为 21 岁，可能不被允许进入公立学校学习。父母们有时对年龄要求提出质疑，认为其违反了《联邦宪法第十四修正案》中关于平等保护的条款，但法院驳回了这一质疑。① 得克萨斯州的一个法院驳回了一起家长起诉，该家长认为校方在拒绝其低于入学年龄要求的孩子入学前，有责任对孩子是否能进入 1 年级学习举行一次听证会。②

有关健康要求

许多州将体检和采取某种特别的免疫措施作为公立学校入学的条件。一些父母认为这种强制性的免疫措施是对宗教信仰自由的侵犯，但是法院一致认为，在防止传染性疾病上，州的利益是令人信服的，并优先于学生父母的利益。③

尽管事实上宪法并未要求在有关免疫接种问题上以宗教理由变通，但有些州的法律仍允许部分父母提出宗教豁免。内布拉斯加州允许这种豁免的存在，不过在应对麻疹流行时，内布拉斯加州法院还是对学区的权力给予了支持，让一些没有接受免疫的儿童离校一个星期。儿童离校的这段时间被看作可原谅的缺席，学校在这段时间为儿童提供家庭教师。④ 这一判决意见在教育法律判例中表明了一个基本的思想：保护学生的健康和安全是最为重要的。

---

① Hammond v. Marx, 406 F. Supp. 853 (D. Me. 1975); *see also* Section 7.5.

② Wright v. Ector County Indep. Sch. Dist., 867 S. W. 2d 863 (Tex. Ct. App. 1993).

③ Zucht v. King, 260 U. S. 174 (1922); Jacobson v. Massachusetts, 197 U. S. 11 (1905); Brown v. Stone, 378 So. 2d 218 (Miss. 1979).

④ Maack v. Sch. Dist. of Lincoln, 491 N. W. 2d 341 (Neb. 1992).

在强制性的疫苗接种中，因宗教原因而主动给予豁免的行为引发了三个问题。第一，以这种方式迁就宗教是否意味着对宗教的认可，这是否违反了《联邦宪法第一修正案》中的不得确立国教条款？法院认为并没有违反，而且允许这种豁免的存在。① 第二，只对一些公认的教会或宗教派别的儿童进行豁免，是否违背了不得确立国教条款中关于政府对待不同信仰要保持中立的要求？不同法院对此存在分歧，最近的案件表明不允许此种限制。② 第三，在哪种特殊情况下的豁免才能被允许？这里，法院通常依照一定的分析方法，这个方法与运用于宗教信仰自由案件中分析以宗教为基础的诉讼案件的方法类似。③ 【32】

在另一个这类案件——刘易斯诉索贝尔案④中，法院坚持将一条州法律适用于一个非主流宗教信仰的家庭拒绝接受预防性用药的案件，这条法律的内容为：如果儿童父母的宗教信仰与免疫活动发生抵触，这个儿童应获得豁免。运用标准的宗教信仰自由条款进行分析，法院认为，即使儿童的父母不属于一个有组织的教派，儿童的信仰仍然是宗教性的；儿童父母的信仰是真挚的，因为这些信仰已经渗透到他们生活的方方面面；免疫给他们的宗教信仰带来了很大的压力，尽管有时他们也会接受免疫接种。法院除了命令学校允许儿童入学外，还会采取并不常见的措施，如对因子女受到学区非法拒绝入学而遭受精神痛苦的家庭给予损害赔偿。

居住地要求

由于教育、价值观、社会和其他原因，父母有时希望他们的子女转到其他的学区。许多州要么禁止学区接收学区外的学生，要么对学区间的转学进行明显的限制。在马丁内斯诉拜纳姆案⑤中，联邦最高法院在宪法许

---

① Brown v. City Sch. Dist., 429 N. Y. S. 2d 355 (Sup. Ct. 1980), *aff'd*, 444 N. Y. S. 2d 878 (N. Y. App. Div. 1981).

② Davis v. State, 451 A. 2d 107 (Md. 1982); Maier v. Besser, 341 N. Y. S. 2d 411 (N. Y. Sup. Ct. 1972).

③ *See* Sherr v. Northport-East Northport Union Free Sch. Dist., 672 F. Supp. 81 (E. D. N. Y. 1987).

④ 710 F. Supp. 506 (S. D. N. Y. 1989).

⑤ 461 U. S. 321 (1983).

可范围内支持了居住地的要求。在学生被允许转校的情况下，父母或者学生所居住的地区可以被要求支付学费。在有些州，无论父母反对本地学校的理由是什么，如果派送和接受地区双方没有许可，就不允许转走儿童。然而，有一些州允许学生进入任何对其辖区外的学生开放的学区，除非法院发出种族隔离废止令的学区的种族平等受到不利影响。

居住地问题非常重要，它不仅关系进入学区学校入学的途径，而且决定了对依据法院命令被安置于身心障碍儿童特别居住项目或青少年照管机构的儿童进行教育的财政责任。在这些情况下，大多数州坚持应该由儿童
【33】居住地负担教育经费，但是决定居住地的标准各州又有所不同。在大多数州，除非未成年人脱离父母管束，一般根据其父母的居住地推定该未成年人的居住地。若父母离婚则推定未成年人的法定监护人的居住地为其居住地。① 父母的居住地，一般情况下是指其实际生活的地方。

对于那些没有和父母生活在一起的儿童来说，决定其居住地的问题就更加复杂。通常，即使一个儿童生活在其他地区，也推定其父母所在的居住地为其居住地。② 但是这种推定可能被反驳，例如，儿童和法定监护人生活在一起，在这种情况下，儿童的居住地是监护人所在的居住地。养父母和寄宿机构都可以作为法定监护人。但是一些法院认为，如果监护人仅仅有代理权而和儿童没有实际的监护关系，则儿童不符合居住地要求。③ 密歇根州最高法院有不同的观点，为了在州法律下保护儿童的免费公立教育权，该法院规定与享有代理权的成年人居住在一起的儿童有资格拥有该地区的居住权。④ 如果一个有法定监护人的儿童与亲生父母生活在一起，这个儿童的居住地仍然是其亲生父母的居住地。⑤ 州法律对因制度化而形成的不同类别儿童进行了区别对待，并可能对为实现招生目标与财政责任（划分）目标的居住地标准做了辨别。

在大多数州法律中，儿童可以居住在父母生活地区以外的地区，甚至

① State *ex rel.* Frasier v. Whaley, 234 N. W. 2d 909 (Neb. 1975).

② *In re* Bryan L., 462 A. 2d 108 (N. H. 1983).

③ Joshua C. v. Western Heights Indep. Sch. Dist. No. 1 – 41, 898 P. 2d 1324 (Okla. Ct. App. 1995).

④ Feaster v. Portage Pub. Sch., 547 N. W. 2d 328 (Mich. 1996).

⑤ School Dist. No. 3 of Maricopa County v. Dailey, 471 P. 2d 736 (Ariz. 1970) (en banc).

和不是其合法监护人的人一起居住。某法院规定儿童由于健康原因居住在远离监护他的父母的地区符合学校对于居住地的要求。① 然而，学校并不经常被要求接收为了入学目的而居住在本地区的学生。②

居住地的要求成为美国流浪儿童接受教育的障碍。这一问题在纽约最为突出，政府官员规定流浪儿童的居住地是其以前的学区，但法院规定流浪儿童现在的收容所为其居住地。③ 在这个不确定性中间，国会介入并颁布了1988年《麦金尼无家可归者援助法》（简称麦金尼法）④，这个法案为各州处理无家可归者问题提供联邦援助，并要求各州必须采取措施保证流浪儿童接受免费公立教育。哥伦比亚特区巡回法院规定，麦金尼法允许流浪儿童向政府机关提出诉求并获得该法保障的教育权。⑤ 纽约州允许流浪儿童父母自己决定就读学校。其他州则采取了不同的方案。在没有关于流浪儿童居住地具体管理法律和规定的情况下，居住地应该被认为是儿童通常生活的地方。 【34】

学校在学区内的分配

学校董事会被要求向居住在该地区或者经法律认可转学的儿童提供教育。但是，由于法律约束较少，学校董事会可以分配它们的学生加入由它们选择的其他任何学校或课程计划。其中，最重要的法律约束是不得基于种族或其他违反《联邦宪法第十四修正案》的平等保护条款或联邦民权法律的标准分配学生（参见第6章）。尽管如此，宪法并没有要求赋予儿童在该地区内选择学校的权利。⑥

另一个不太相关的限制是学区不能滥用其分配学生的自由裁量权。例如，法院禁止将学生从离家近的学校再次分配到离家超过40英里的学校，即使学区为其提供校车接送。⑦ 但是一般而言，父母通过诉诸法院而要求

① Luoma v. Union Sch. Dist. of Keene, 214 A. 2d 120 (N. H. 1965).

② School Dist. No. 1 in Milton v. Bragdon, 23 N. H. 507 (1851).

③ Orozco v. Sobol, 674 F. Supp. 125 (S. D. N. Y. 1987), 703 F. Supp. 1113 (S. D. N. Y. 1989).

④ 42 U. S. C. § § 11301-11489.

⑤ Lampkin v. District of Columbia, 27 F. 3d 605 (D. C. Cir. 1994).

⑥ Palmer v. Bloomfield Hills Bd. of Educ., 417 N. W. 2d 505 (Mich. Ct. App. 1987).

⑦ Bartlett v. Bd. of Trustees of White Pine County Sch. Dist., 550 P. 2d 416 (Nev. 1976).

将其子女分配到离家较近的学校的案件很少能胜诉。①

最近几年，许多学校董事会为了回应父母对更大的教育选择权的呼声，允许学生通过自愿的方式进入本学区内的任何一所学校。一些州颁布了成文法，要求学校在所在学区开放式招生。

正如3.7节所述，为了确保所有儿童都能取得学业进步，联邦成文法，如人们熟知的《不让一个孩子掉队法》（NCLB）对州和学区提出了一系列复杂的要求。② 对于连续两年没有达到“适当年度进步”的学校的学生，根据NCLB，必须给予其权利去选择转到本学区其他已经过NCLB确定不需要改进的公立学校，包括州法律许可的已达到NCLB要求的特许学校。
【35】学区必须为到新学校上学的学生提供交通服务或支付交通费。③ 需注明的是，该法并不是允许学生选择本学区的任何学校，而是只能在所提供的定点学校中选择。

2.4 有关私立学校和在家教育的政府行政规章

对各州规定以私人方式代替公立学校教育的合宪性评估常常由法院承担。为了实现州确保所有儿童受教育的利益与父母对子女成长指导权利的平衡，法院提出了一些要求。正如皮尔斯案的法院所确认的，如果州不能管理私立学校，就不能确保义务教育目标的实现。私立学校的学生可能接受局限于某一特殊内容或技术的课程，也可能什么都没有被教授。然而，如果州对私立学校的控制权力不受到任何限制，父母对子女是否接受公立教育的选择权就将变得毫无意义。州自由地对私立学校强加过多的要求和限制，也会使得私立学校与公立学校无法被区分开来。这样一来，在皮尔斯案件中被保护的权利将不再存在。

第一次世界大战之后，一些州通过了旨在促进社会化或通常所说的使本州的多样性人口美国化的法律。一些法律试图通过规范私立学校的课程

---

① Hootch v. Alaska State-Operated Sch. Sys., 536 P. 2d 793 (Alaska 1975); Deerfield Hutterian Ass'n v. Ipswich Bd. of Educ., 468 F. Supp. 1219 (D. S. D. 1979).

② 20 U. S. C. § 6311-6322.

③ 20 U. S. C. § § 6316 (b) (1) (E), 6316 (b) (9).

来树立大多数美国人的信仰和价值并促进英语的使用。1923 年，也就是皮尔斯案的前两年，联邦最高法院审议了内布拉斯加州的一条法律，该法律要求所有私立学校的授课必须使用英语，在 8 年级之前禁止用其他外国语言教学。

> 在迈耶诉内布拉斯加州一案①中，内布拉斯加州法律禁止向年幼儿童教授外语。法院宣布，虽然州能要求必须用英语向所有学生授课，但是州不能阻止学生用另一种语言来学习。 (35~38)

审理迈耶案的法院认为州有权对私立学校强加有关课程要求以促进学生体能、心智、道德和公民意识的发展。同时，法院认为父母有权让他们的子女接受与他们的期望和信仰一致的教学。在迈耶案之后的法林顿诉托库西奇案件②中，联邦最高法院否决了夏威夷州一条规范学生在公立学校以外参与私立学校的法律。这条法律禁止学生在 2 年级之前就读私立学校，并限制学生每星期只能入学 6 个小时而且完全规定了私立学校的课程。【38】

将皮尔斯案、迈耶案和托库西奇案放在一起可以看出，法院阻止州禁止私立学校的运行及其课程，除了皮尔斯案的审理法院明确指出的“有损于公众福利”的情况之外。州可以要求私立学校教授一定的科目甚至一定的主题，但是州不能禁止其引入一些额外的科目，即使是为了保证更多的时间被投入到州所要求的法定科目当中。

现今，大多数州指定私立学校开设包括 3R 课程③在内的核心课程以及诸如美国历史等其他科目。有些州进一步要求私立学校进行“爱国主义”和“良好公民”教育。至少有一个州（密歇根州）要求私立学校使用能使学生了解各民族和种族形成及其成就的教科书。其他的州也有它们自己明确的规定。

但是，目前还没有一个州禁止私立学校讲授一些特殊的科目或主题。例如，州能够被允许禁止私立学校将什么样的有损公众福利的教学内容纳

① Supreme Court of the United States, 1923, 262 U. S. 390. ——译者注

② 273 U. S. 284 (1927).

③ 3R 课程分别是阅读（reading）、写作（writing）和算术（arithmetic）。——译者注

入教学，此问题仍然没有结果。私立学校有宪法权利宣扬为政府政策所明确反对的信念吗？父母有宪法权利送子女去主张无政府主义的学校吗？由于现在的法院非常强调父母的权利和言论自由，所以这些问题的答案可能正如他们所要做出的行为一样。的确，联邦最高法院的一项判决意见中包含这样的声明："……父母具有送他们的孩子去那些倡导种族隔离信念的教育机构的《联邦宪法第一修正案》权利，并且……儿童有进入这些机构的平等权利。"①

【39】 州管理私立学校面临的挑战主要是基于宪法对父母权利、言论自由和最常见的宗教自由的保护。在1976年俄亥俄州诉惠斯纳案件②中，一个正统派基督教会的附属学校反对州教育董事会公布的一系列条款。尽管条款的标题是"俄亥俄州公立学校的最低标准"，但是它却对私立学校运营的几乎每一个方面进行了严格的标准限制，正如法院注明的，包括"课程的内容……授课的方式、授课的人选、建筑物的实际布局……授课的时间以及试图达到的教育方针……"，最严苛的是要求"每周的授课时间应当如下：4/5——语言艺术、数学、社会学科、健康教育、公民以及相关的辅导学习和自学；可选择的外语（和）1/5——有指导的体育、音乐、艺术、特殊的活动和可选择的应用美术"，因此该条款有效地禁止了宗教或者其他方面的科目教学出现在其所制定的目录中。

在分析中，法院指出这种规定给学生、父母、教师的信仰自由权利和父母"用一种……他们认为可取的、必不可少的且（法院）不能称其为有害的方式去引导子女的成长和教育"的权利都施加了很重的责任。这种责任只有在州能证明此种管理之举是迫切需要的情况下才能被容忍，例如，这种管理是唯一能确保所有学生享有高质量大众教育的方法。但是因为州不能做到这一点，所以这种规定仍是违宪的。

惠斯纳案指出，宪法对州管理私立宗教学校课程计划的权力应有所限制。一些专断的、对完成州法定教育目的没必要的行政规章可以不执行。然而，这个主张不能理解成禁止所有私立学校基于宗教理由反对州的行政

① Runyon v. McCrary, 427 U. S. 160 (1976).

② 351 N. E. 2d 750 (Ohio 1976).

规章。事实上，虽然惠斯纳案原告胜诉，但是大多数基于宗教原因而对州管理私立学校的行政规章提出的抨击并未成功地获得法院支持。

在俄亥俄州的一个案件中，第六巡回法院驳回了一个诉讼请求。该诉求表示，州在阅读、写作、数学、科学和公民教育等科目上制定了有关能力测试的强制方案，其方案未经允许地迫使私立学校改变课程并消除公立与私立教育之间的差别。① 其他法院同样支持了这些要求对私立学校学生进行标准化测试②、州对私立学校的课程计划进行事前审查③、地方教育委员会对私立学校进行调查④以及私立学校向州报告注册和入学情况⑤的法律。如果惠斯纳案中遭到反对的"最低标准"仅仅要求教授特定科目， 【40】
同时允许在其他科目中的额外教学，那么可能也会获得法院的支持。

皮尔斯案的判决意见同意州有权要求私立学校的授课者必须是合格的教师。虽然大多数州对私立学校教师没有具体的要求，或者仅仅要求其"合格"或拥有学士学位，但一些州仍坚持要求私立学校的教师具有教师资格证。这个要求引起了争议，尤其是在宗教学校。⑥ 在谢里丹路浸礼会教堂诉教育部的案件⑦中，教会学校以自由信教为由反对密歇根州要求教师具有教师资格证的规定。那些可能成为教师的人员为了获得资格证书必须从密歇根州一所经"认可"的大学或者其他地方获得学士学位。学位要求候选人修完在教育、文科和他们希望任教科目方面特定数量的学分。法院与学校虽然达成一致，认为这些要求会通过限制可以接受的候选人范围的方式而潜在地对其宗教活动增加一些压力，但法院仍然认定这个州的规定有其合理性。

> 州在教育上的利益有必要扩展到对教师的关注，因为一种好教育

---

① Ohio Ass'n of Indep. Sch. v. Goff, 92 F. 3d 419 (6th Cir. 1996).

② Murphy v. Arkansas, 852 F. 2d 1039 (8th Cir. 1988); Johnson v. Charles City Cmty. Sch. Bd. of Educ., 368 N. W. 2d 74 (Iowa 1985).

③ Blount v. Dep. of Educ. & Cultural Serv., 551 A. 2d 1377 (Me. 1988).

④ New Life Baptist Church Acad. v. East Longmeadow, 885 F. 2d 940 (1st Cir. 1989).

⑤ Fellowship Baptist Church v. Benton, 815 F. 2d 486 (8th Cir. 1987); State v. De LaBruere, 577 A. 2d 254 (Vt. 1990).

⑥ *See* State v. Melin, 428 N. W. 2d 227 (N. D. 1988).

⑦ 396 N. W. 2d 373 (Mich. 1988).

> 的基本的和必要的元素就是好教师。
>
> 因此，在一定程度上教师的资格认证促进了教育的发展，它被认为是州的一项令人信服的利益。这些资格要求包括：获得一个特别重要领域的专门知识，选修整体或文科教育项目，教学实习，听取教育方面的基本课程。这些要求明显旨在实现并紧密联系培养有能力的教师的目标。

与自由信教分析标准一致，判决结果取决于双方迫切利益的相对重要性。

> 遵守资格证的要求可能意味着学校将有一个较小的选择范围去挑选它们的教师，而且也没有证据证明无法雇用到可接受的、有资格的教师。父母们宣称只要教师在宗教上能够接受他们，他们就没有宗教上的异议让有资格的教师教他们的孩子。宗教学校的教师为了合格可能必须接受更多的训练，但是这个规定并没有要求他们去参加与其信仰相悖的课程。教师能够参加一个宗教或非宗教团体，能够达到所有州的资格证要求。由于这些原因，我们发现这一要求对自由信教权的损害是很小的，州的利益胜过其对自由权的损害。

【41】 因为州在确保所有学生能被合格教师所教的利益重于其对学生父母宗教自由造成的潜在轻微负担，因此，该州教师资格证的要求得到了支持。

有关私立学校的联邦行政规章

因为私立学校不是政府机构，它们通常不被宪法对政府的限制所束缚。例如，私立学校可以自由要求它们的学生去参加一个特殊的教派。然而，一些联邦成文法禁止私立学校在招生和招聘过程中带有种族及其他形式的歧视。一条被称为“1981条款”的成文法①禁止在合同订立中带有种

① 42 U. S. C. § 1994.

族歧视。在鲁尼恩诉麦克拉里案件[1]中，联邦最高法院禁止私立学校基于种族而拒绝接受学生入学。[2] 私立学校在任何政策或实践中涉及种族歧视就可能丧失其免税地位，即使歧视是源于宗教信仰也不例外。[3]

另外，如果一所私立学校接受联邦资助，那么它将受制于 1964 年《民权法案》第 6 章（参见 6.8 节），该条款禁止学校在接受联邦资金援助的项目中存在种族歧视。[4] 根据国会对援助“项目”的规定，参与联邦援助午餐项目的私立学校在其所有规划中都必须符合第 6 章之规定，而不仅仅是午餐项目。[5] 如果做不到就意味着联邦资金的丧失。类似地，根据《教育修正案》第 9 章，接受联邦资金的私立学校[6]（参见 6.8 节）禁止存在性别歧视，如果法律与宗教教义相冲突，那么接受教会资助的学校可豁免《教育修正案》第 9 章（但不是《民权法案》第 6 章）的规定。[7] 加入“全国学校午餐计划”的私立学校必须符合农业部有关无歧视的要求。[8] 在一些州，适用于私立学校的反歧视成文法可能比联邦的要求更严厉。

根据 1973 年《康复法》[9]，禁止接受联邦经济援助的私立学校歧视 【42】
“其他方面符合资格”的身心障碍学生。这些学校“不能由于残疾将一个合格的残疾人从一个只需小的调整即能为其提供合适教育的项目中排除……”[10]（参见 7.2 节）。“只需小的调整”的条件意味着私立学校不像公立学校，私立学校可以拒绝为身心障碍学生提供教育服务，但根据美国《身心障碍者教育法》（ADA）的要求，私立学校只有在教育设备很差而无

---

① 427 U. S. 160 (1976).

② *See also* Patterson v. McLean Credit Union, 491 U. S. 164 (1989); Brown v. Dade Christian Sch., Inc., 556 F. 2d 310 (5th Cir. 1977).

③ Bob Jones Univ. v. United States, 461 U. S. 574 (1983).

④ 42 U. S. C. § 2000 (d); Guardians Ass'n v. Civil Serv. Comm'n, 463 U. S. 582 (1983); Flanagan v. President of Georgetown Coll., 417 F. Supp. 377 (D. D. C. 1976).

⑤ 20 U. S. C. § 1687.

⑥ 20 U. S. C. § 1681.

⑦ 34 C. F. R. § 106. 12.

⑧ 7 C. F. R. § 15. 1.

⑨ 29 U. S. C. § 794.

⑩ 34 C. F. R. § 104. 39; Hunt v. St. Peter Sch., 963 F. Supp. 843 (W. D. Mo. 1997).

法提供合适的教育的情况下才可以拒绝身心障碍学生。美国《身心障碍者教育法》①（参见 7.2 节和 9.6 节）规定，无论是否接受联邦的援助②，私立学校的实践和政策中都要做出合理的调整来提供一些附加的援助和服务，以适应身心障碍者的需要，除非这样的修改将从根本上改变服务的本质或导致过度负担。法律要求，如果这种克服是“容易达到的”，学校应消除现有设施中的结构、建筑及沟通障碍，并且消除现有校车中的交通障碍。宗教组织与实体控制下的教会学校可以免受《美国身心障碍者教育法》条款中关于身心障碍学生歧视的约束③，但是不能免受关于身心障碍雇员的条款的约束。④

在有些州中，通过州成文法给予补充的联邦法律也规范着私立学校与其雇员之间的关系。前述讨论中涉及学生的法律同样适用于雇佣关系。除此之外，1964 年《民权法案》的第 7 章也禁止在私人雇佣中存在性别、种族、肤色、宗教或出身国别的歧视（参见 9.4 节和 9.5 节）。⑤

然而，第 7 章中禁止对宗教的歧视不能适用于教会学校。该法的一个款项明确允许宗教组织，包括教会学校只雇用信仰特定宗教的人员。⑥ 另一个款项也规定，学校、学院和大学如果被特定宗教拥有、支持或者控制，又或者如果其专业课程是用来“传播”一种特定的宗教，法律允许其在雇用时考虑宗教信仰。⑦ 基于这些特例，法院允许天主教学校开除一名非天主教徒并且之前离过婚的教师，因为她与天主教徒的婚姻违反了教会的教义。⑧ 然而第 7 章中关于禁止种族、性别以及出身国别歧视的条款适用于宗教学校⑨，其中对牧师的雇用除外。⑩

---

① 42 U. S. C. § § 12101-12213.

② Thomas v. Davidson Acad., 846 F. Supp. 611 (M. D. Tenn. 1994).

③ 28 C. F. R. § 36. 104.

④ 42 U. S. C. § 12112.

⑤ 42 U. S. C. § 2000 (e).

⑥ 42 U. S. C. § 2000e-1.

⑦ 42 U. S. C. § 2000e-2 (e) (2).

⑧ Little v. Wuerl, 929 F. 2d 944 (3d Cir. 1991).

⑨ Whitney v. Greater N. Y. Corp. of Seventh-Day Adventists, 401 F. Supp. 1363 (S. D. N. Y. 1975); EEOC v. Pac. Press Publ'g Ass'n, 676 F. 2d 1272 (9th Cir. 1982).

⑩ EEOC v. Southwestern Baptist Theological Seminary, 651 F. 2d 277 (5th Cir. 1981); McClure v. Salvation Army, 460 F. 2d 553 (5th Cir. 1972).

除了1964年《民权法案》第7章之外，私立学校也要服从一定的州民事权利和劳工关系的法律。① 然而，《全美劳工关系法》并不适用于私立学校。② 【43】

在家教育③

尽管许多有关州管理在家教育的问题与先前讨论的私立学校问题相似，但仍有一些问题是在家教育管理所独有的。皮尔斯案反对州禁止私立学校教育，然而，联邦最高法院并未明确州禁止在家教育是否合宪的问题。下级法院的一致看法是在家教育或许可以被禁止。例如，在州诉埃丁顿案中，新墨西哥州法院允许州禁止在家教育，以实现确保儿童能与其父母以外的人交往的目标，从而或许可以接触"至少一系列的（额外的）观点、价值、道德、生活方式以及智力"④。其他法院已经接受了该观点，认为州可以强制儿童参加家庭以外的学校，以达到社会化的目标以及培养与其他人交往的能力。⑤ 即使父母声称他们的宗教信仰要求在家教育其子女，他们也常常在法院中败诉。⑥

在少数案件中，父母成功地使法院相信，在特定的环境下，在家教育是一项合宪的权利且服从合理的州行政规章。在一个案件中，法院总结，联邦宪法禁止州因为任何并不严密的学术理由而对已设定的在家教育进行管理。⑦ 这一观点明确地禁止因为在家教育未能充分提供与其他儿童交往的机会而对其予以反对。

不管在家教育在宪法上是否可能被取消，所有州仍选择了允许它的存

---

① Dayton Christian Sch. v. Ohio Civil Rights Comm'n, 766 F. 2d 932 (6th Cir. 1985), *rev'd on other grounds*, 477 U. S. 619 (1986); Catholic High Sch. Ass'n of Archdiocese v. Culvert, 573 F. Supp. 1550 (S. D. N. Y. 1983), *rev'd*, 753 F. 2d 1161 (2d Cir. 1985).

② N. L. R. B. v. Catholic Bishop of Chicago, 440 U. S. 490 (1979).

③ 在家教育是指义务教育适龄学生在家中接受义务教育。——译者注

④ 663 P. 2d 374 (N. M. Ct. App. 1983).

⑤ Stephens v. Bongart, 189 A. 131 (N. J. Super. Ct. 1937).

⑥ Burrow v. State, 669 S. W. 2d 441 (Ark. 1984).

⑦ Perchemlides v. Frizzle, Case No. 16641 (Sup. Ct. of Hampshire County, Mass. 1978).

在。① 尽管在1980年之前，大多数州的法律要么禁止在家教育，要么对这个问题保持沉默，但今天大多数州的法律都明确地允许在家教育的存在。甚至在少数的州，尽管其本质上不合法，但在家教育仍以一种方式继续存在，如通过将自身命名为私立学校的方式。有关起诉在家教育的父母违反义务教育法的案件，已经变得极其稀有。

【44】 大部分州确实对在家教育施加限制与规范，尽管州对这些规定的执行往往是参差不齐的。而已经选择不管理在家教育的州，要么不设定在家教育的规定，要么不执行这些规定，实际相当于不执行义务教育。在一些州，管理在家教育的规定与针对私立学校的规定相比是不同的，甚至更广泛。例如，在家教育者或许要持有教师资格证，而私立学校教育者并不需要。法院通常驳回以宪法名义反对州给予在家教育和私立学校不同待遇的意见，不同的对待之所以被允许是因为：对在家教育质量的评估比对私立学校质量的评估更困难，因为在家教育者没有管理者，而且没有可以使“他们保持诚实”的竞争。②

在许多州，公立学校管理者要承担执行部分或者全部在家教育的法定限制的责任。③ 一些州的举证责任即要求在家教育者证明他们符合州的法律要求，但是在其他州，州承担举证责任，证明在家教育不能满足法律要求。④

这里有4类在家教育的规定。

1. 教育者资格要求。一些州要求进行在家教育的父母具有施教的资格。少数州要求家庭教师拥有学士学位或者州教师资格证书。在一起诉讼

---

① For a review of state statutory provisions regarding home schooling, see, Brad Colwell and Brian D. Schwartz, *Implications for Public Schools: Legal Aspects of Home Schools*, 173 ED. LAW. REP. 381 (March 27, 2003).

② Blount v. Dep't of Educ. & Cultural Serv., 551 A. 2d 1377 (Me. 1988); Hanson v. Cushman, 490 F. Supp. 109 (W. D. Mich. 1980); People v. Turner, 263 P. 2d 685 (Cal. App. Dep't Super. Ct. 1953), *appeal dismissed*, 347 U. S. 972 (1954).

③ Blackwelder v. Safnauer, 689 F. Supp. 106 (N. D. N. Y. 1988), *aff'd*, 866 F. 2d 548 (2d Cir. 1989).

④ State v. Moorhead, 308 N. W. 2d 60 (Iowa 1981); Scoma v. Chicago Bd. of Educ., 391 F. Supp. 452 (N. D. Ill. 1974); State v. Vaughn, 207 A. 2d 537 (N. J. 1965); State v. Cheney, 305 S. W. 2d 892 (Mo. Ct. App. 1957).

中，父母声称其宗教自由权因在家教育教师资格的要求而被侵犯，被北达科他州最高法院驳回。①

2. 学生评估要求。超过一半的州要求接受在家教育的学生参加考试或学习进展评估。西弗吉尼亚州联邦地区法院驳回了指证法规违反平等保护的诉讼，该法规禁止标准考试分数低于第40个百分点且在家教育得以改进后分数仍然没有增加的学生接受在家教育。②

3. 巡视要求。一些州要求家庭学校允许州教育官员观察它们的计划，检查由学生完成的作业。联邦地区法院驳回了基于信教自由而对马里兰州一项法律提起的诉讼，其原告求父母保存一大堆教育材料并允许学校官员家访以观察教学并审阅其材料。③ 另一个联邦地区法院驳回了一项起诉，其原告认为被要求接受家访侵犯了由从《联邦宪法第四修正案》禁止无理搜查规定所保护的父母的隐私权。④ 【45】

4. 课程要求。州法律可以要求在家接受教育的学生接受同公立学校相当的、实质上相同的或可以相提并论的教育。这些要求通常得到法院的支持，质疑这些要求违宪的诉讼也被判败诉。⑤

裁定在家教育是否满足了"等同"要求的问题需要慎重处理。在新泽西州的一个案件中，州政府反对由一名高等学校毕业生任教的在家教育。⑥父母出示了一项详尽的与教育有关的教学计划，以证明该儿童有着优秀的学术成就。州政府最初反对在家教育是因为其没有为儿童的"社会发展"提供同等的机会，"社会发展"的提议已经被许多法院认同。⑦ 然而其中最

---

① State v. Patzer, 382 N. W. 2d 631 (N. D. 1986).

② Null v. Bd. of Educ. of Jackson County, 815 F. Supp. 937 (S. D. W. Va. 1993).

③ Battles v. Anne Arundel County Bd. of Educ., 904 F. Supp. 471 (D. Md. 1995), *aff'd*, 95 F. 3d 41 (4th Cir. 1996).

④ Blackwelder v. Safnauer, 689 F. Supp. 106 (N. D. N. Y. 1988), *aff'd*, 866 F. 2d 548 (2d Cir. 1989).

⑤ Mazanec v. North Judson-San Pierre Sch. Corp., 763 F. 2d 845 (7th Cir. 1985); Blackwelder v. Safnauer, 689 F. Supp. 106 (N. D. N. Y. 1988), *aff'd*, 866 F. 2d 548 (2d Cir. 1989); Bangor Baptist Church v. Me. Dep't of Educ. & Cultural Serv., 549 F. Supp. 1208 (D. Me. 1982); *but see* State v. Newstrom, 371 N. W. 2d 525 (Minn. 1985).

⑥ State v. Massa, 231 A. 2d 252 (N. J. 1967).

⑦ Knox v. O'Brien, 72 A. 2d 389 (N. J. 1950).

初不同意此项提议的法院是因为州政府的义务教育法包含了这样的规定："或者接受除学校之外所提供的同等的教育"。当立法机关写下这些论述时，法院推断：必须考虑到在家教育即使不能与其他学生交流，也可以被期望达到这个目标的可能性。但在一个完全不同的情形下，艾奥瓦州法院根据州成文法裁定，一名具有教师资格的家长的行为已经构成了"过失"，该教师坚持在家教育她"精神发育中度迟缓"的儿子，而其儿子的学习毫无进展。法院命令父母必须将其孩子送往学校，否则会面临孩子被带离其家庭的风险。①

私立学校和在家教育学生参与公立学校课程计划

私立学校和在家教育的学生父母有时候希望他们的孩子参与公立学校
【46】的课程或课外活动。少数州的成文法，如爱达荷州，允许非公立学校学生和在家教育的学生参加任何一所公立学校的课程、课外活动以及使用公立学校设备。② 密歇根州法律允许非公立学校的学生，包括在家教育的学生，注册学习公立学校的非核心课程。③

由于缺乏这样的法律，父母没有法定的权利要求准许他们的孩子在其没有注册或者部分注册的公立学校，参加选修课程的学习或活动。在马里兰州的一个案件中，法院驳回了一所私立学校学生父母的起诉，他们诉称，基于宪法上的平等保护和宗教自由保护，公立学校应该允许他们的子女参加其课外活动。④ 一些学校董事会可能采纳有关允许私立学校或在家教育学生在业余时间参加学习特殊课程或活动的政策，但是这些学区通常不能获得州对这些学生的资助。在大多数州，与学校代表队的体育活动和其他校际竞争性活动相关的规则，排除了非全日制学生的参与。在纽约州的一个案件中，法院根据《联邦宪法第十四修正案》裁定，学区不允许一名在家教育的学生参加该地区的运动项目并没有侵犯其享有同等保护的权利。⑤

---

① In the Interest of B. B.，440 N. W. 2d 594（Iowa 1989）.

② IDAHO CODE § § 33-203.

③ Snyder v. Charlotte Pub. Sch. Dist.，365 N. W. 2d 151（Mich. 1984）.

④ Thomas v. Allegany County Bd. of Educ.，443 A. 2d 622（Md. Ct. Spec. App. 1982）.

⑤ Bradstreet v. Sobol，630 N. Y. S. 2d 486（N. Y. Sup. Ct. 1995），*aff'd*，650 N. Y. S. 2d 402（N. Y. App. Div. 1996）.

2.5 政府对私立学校的援助

尽管存在上一节所讨论的种种法律纠纷，但是州并不总是与私立学校对立。事实上，许多州鼓励学生进入私立学校，或是因为政治的、哲学的、教育的原因，或是作为节省经费的一种方式。尽管如此，有关私立学校资助的问题已经引起了法律上的争论，因为大多数私立学校都同教会相联系，并且教授宗教教义，提倡宗教信仰。本节讨论的基本问题即是州政府对私立教会学校及其学生提供的各种资助是否侵犯了《联邦宪法第一修正案》的不得确立国教条款。

在美国早期，政府对私立学校的资助相当普遍，私立学校被当作培养有知识的公民的切合实际的方式之一。州政府对私立宗教学校的支持并不被认为是违反美国联邦宪法，因为《联邦宪法第一修正案》规定“国会”，也就是联邦政府，“不得对宗教的建立制定任何法律”。直到 1925 年，联邦最高法院解释了 1868 年采用的《联邦宪法第十四修正案》，对州政府的行为强加了约束，如同《民权法案》对国会的强制作用一样。① 直到 1940 【47】
年，不得确立国教条款才适用于各州。②

尽管如此，19 世纪后期，州对宗教学校的资助仍是有争议的。一些州通过为学生提供免费的交通或课本来继续支持私立学校，而其他州却舍弃这些方式，甚至通过制定法律鼓励学生不要进入私立学校。1876 年曾考虑通过提议联邦宪法修正案，禁止利用任何政府的税款资助教会学校，但是以失败告终。

在许多州，最有价值的，但在政治上和法律上也是最有争议的州政府资助教会学校的方式，是对用于宗教的或教育的资产豁免征收财产税。1918 年，14 个州的宪法要求其立法机关授予财产税豁免，另有 19 个州予以授权。后者中的许多州的豁免权被反复授予和废除。1970 年，在华尔兹诉税务委员会案③中，纽约州法律对于私立的宗教、教育和慈善机构授予

① Gitlow v. New York, 268 U. S. 652 (1925).

② Cantwell v. Connecticut, 310 U. S. 296 (1940).

③ 397 U. S. 644 (1970).

财产税豁免，该法律获得联邦最高法院的支持。

从1947年开始，联邦最高法院审查了一系列基于不得确立国教条款而对教会学校及其学生获得各种更为直接的资助提出质疑的案件。在埃弗森诉学校董事会案件①中，法院裁定了有关州为私立学校学生提供免费交通计划的合宪性。在判决这个案件时，法院第一次引用了托马斯·杰斐逊（Thomas Jefferson）的比喻，《联邦宪法第一修正案》竖起了"隔离教会和政府的墙"。这意味着政府不能制定法律来资助一种宗教，或者资助所有宗教，又或者选择一种宗教甚于其他。然而，在这个案件中，法院得出了结论，被指证的项目事实上并没有支持私立宗教学校，被争论的资助项目是一项"帮助父母使其子女，不论其宗教，安全迅速地得到合格学校的一般项目"。不过，法院仍警告，该项目已经触及了州政府权力的"极限"。

一年之后在麦克隆姆诉教育董事会案②中，法院裁定，该项目是不合宪的，因为它让伊利诺伊州香槟城的宗教教育委员会在公立学校的场所向公立学校学生提供宗教课程。课程由牧师免费教授，学生每周上课时间为30—45分钟，且学生的父母签订了书面委托书。没有参加的学生被要求在学校里的其他地方补习非宗教课程，且参加非宗教和宗教课程是被严格执
【48】行的。根据埃弗森的"非资助"原则，法院认为，这项安排给"教会组织提供了非常宝贵的资助"。

在接下来的主要相关案件——佐拉克诉克劳森案③中，法院裁定一个项目没有违反宪法，该项目允许公立学校学生在父母的允许下，在正常上学时间里离开自己学校而去私立宗教中心接受宗教授课，并且学生在宗教中心的出勤也得到公立学校的认可。审判中，法院抛弃了在埃弗森案和麦克隆姆案中运用的严格区分原则。法院认为，《联邦宪法第一修正案》并没有要求"在每一个和所有的方面，教会与政府应该有区分"。被禁止的是"共同行为、联合行为或者相互依赖行为"。而该时间安排仅仅只是调整公立学校的日程来适应校外宗教教育的课程时间。

① 330 U. S. 1 (1947).
② 333 U. S. 203 (1948).
③ 343 U. S. 306 (1952).

随后的1968年，在教育董事会诉艾伦案①中，法院支持了州的一个项目，即把非教会课本借给到私立宗教学校上学的学生。在裁定这个案件时，法院援引了一项标准来分析州对教派学校的资助项目，并裁定此项目无论从其目的还是从主要效果来看都不是为了资助宗教。

1971年，莱蒙诉库兹曼案的审理法院在考虑州对教派学校教师给予补贴的项目②时，第一次采用了起诉违反不得确立国教条款的案件的分析框架，该框架自此成为裁定的标准。结合佐拉克案和艾伦案中运用的法律原则，三段式的"莱蒙检验"裁定，政府的政策或行为在下列情况下即违反了不得确立国教条款：(a) 其目的是为了赞同或反对宗教信仰；(b) 其主要结果是促进或抑制了宗教；(c) 其要么造成了教会与政府之间的过度行政牵连，要么促进了宗教基础上的政治分裂（第3章更好地解释了在公立学校的课程与实践中使用"莱蒙检验"）。

对政府资助的教派学校项目适用"莱蒙检验"，已经产生了一些不尽一致的判决。如下的援助形式可以被看成是允许的。

- 提供政府准备的标准测试和评分服务③
- 无论在教会学校还是在中立的场地都提供谈话、听证以及心理服务④
- 在教会学校提供诊断性的语言、听力和心理服务⑤
- 在由州筹备的但由教会学校人员评分的考试中，对涉及州强制的考试与报告的标准的费用，予以现金报销⑥ 【49】
- 抵免所得税，以供公立和私立学校家长用于学费、书本费以及交通费的开销⑦
- 对宗教和非宗教组织提供的未成年少女怀孕关怀和预防服务给予联

---

① 392 U. S. 236 (1968).
② 403 U. S. 602 (1971).
③ Wolman v. Walter, 433 U. S. 229 (1977).
④ Wolman v. Walter, 433 U. S. 229 (1977).
⑤ Wolman v. Walter, 433 U. S. 229 (1977).
⑥ Committee for Pub. Educ. & Religious Liberty v. Regan, 444 U. S. 646 (1980).
⑦ Mueller v. Allen, 463 U. S. 388 (1983).

邦资助①

然而，最高法院已经发现以下资助教会学校的项目是不合法的。

• 教师工资津贴②
• 非宗教课程津贴③
• 除课本以外的教学材料与设备的借与，例如地图和视听教具④
• 为实地考察旅行提供的交通补贴⑤
• 维持学校设施的补贴⑥
• 拨付生均经费以维持注册和其他档案记录⑦
• 在教会学校场地内提供用于补救和提升的教学服务、引导、咨询、测试，以及语言和听力服务⑧
• 上学期间在教会学校提供以及扩充的课程⑨
• 在教会学校的场所内提供的用于弥补教育（处境）不利学生的联邦资助项目⑩（被后来的联邦最高法院判决推翻了⑪）
• 非上学期间在教会学校内提供社区教育项目⑫
• 部分学费的退还只适用于送子女上私立学校的父母⑬
• 为学费开销减税只适用于送子女上私立学校的父母⑭

---

① Bowen v. Kendrick, 487 U. S. 589 (1988).
② Lemon v. Kurtzman, 403 U. S. 602 (1971).
③ Lemon v. Kurtzman, 403 U. S. 602 (1971).
④ Wolman v. Walter, 433 U. S. 229 (1977).
⑤ Grand Rapids Sch. Dist. v. Ball, 473 U. S. 373 (1985).
⑥ Committee for Pub. Educ. & Religious Liberty v. Nyquist, 413 U. S. 756 (1973).
⑦ Wolman v. Walter, 433 U. S. 229 (1977).
⑧ Meek v. Pittenger, 421 U. S. 349 (1975).
⑨ Grand Rapids Sch. Dist. v. Ball, 473 U. S. 373 (1985).
⑩ Aguilar v. Felton, 473U. S 402 (1985).
⑪ Agostini v. Felton, 521 U. S. 203 (1997).
⑫ Grand Rapids Sch. Dist. v. Ball, 473 U. S. 373 (1985).
⑬ Committee for Pub. Educ. & Religious Liberty v. Nyquist, 413 U. S. 756 (1973).
⑭ Committee for Pub. Educ. & Religious Liberty v. Nyquist, 413 U. S. 756 (1973).

1985年，在阿圭勒诉费尔顿案件①中，联邦最高法院考虑的一个议题是不得确立国教条款是否允许公立学区对教会学校提供“第一权益”服务②，学区使用联邦资金送教师去宗教学校，对具有一定资格的学生给予联邦授权的、附加的补偿教育。采取这样的程序是为了保证以公共名义支付工资的教师不会卷入宗教活动，并且他们上课的教室可以避免宗教饰物。然而，法院主要依赖于不得确立国教条款中的交叉牵连，裁定这个项目是不允许的。法院发现教师在学校范围内的工作以及在公共监督人员创办的项目管理中，“在学校中接受资助是持久而广泛存在的情况”，所以，“准确规定不得确立国教条款的行为在根本上与禁止过度牵连具有同等的意义”。 【50】

12年之后，紧随大笔公共资金被提供给教会学校运送学生离开校园接受“第一权益”服务，以及重要的公共和政府部门反对阿圭勒案件的判决，联邦最高法院重新考虑了这个问题。在阿戈斯蒂尼诉费尔顿案③中，联邦最高法院开始做出相反的判决。法院表示，教会学校中具有资格的学生参加“第一权益”服务项目。

> 不会引起“过多”的牵连，推动或抑制宗教……阿圭勒案件审理法院得出的“过多”牵连的结论依赖于三个方面：（ⅰ）这个项目要求“公共主管当局进行全面普遍的监督”来保证“第一权益”服务的雇员没有灌输宗教思想；（ⅱ）这个项目需要董事会和教会学校“行政上的合作”；（ⅲ）这个项目可能会增加“政治分歧”的危险度。在我们对不得确立国教条款的现有理解中，最后两个考虑是不足以产生“过度牵连”负担的。不管“第一权益”服务在哪里提供，它们都会表现出来，没有法院会不准在校园外提供“第一权益”的服务。第二点，在第一个考虑下产生的假定已经被削弱。在阿圭勒案件中，法院假设，教会学校的全日制公共雇员将会灌输宗教，尽管他们被要求秉

① 473 U. S. 402 (1985).

② “第一权益”服务源自美国《初等与中等教育法》（Elementary and Secondary Education Act）中的Title I，是指由美国联邦教育部制定的，旨在向低收入家庭学生占较高比例的学校和学区进行经费分配的一系列计划，目的是为低收入家庭学生提供教育。——译者注

③ 521 U. S. 203 (1997).

持伦理标准。在这种情况下，全面普遍的监督是必需的。但是……我们不再假设公立学校雇员们会灌输宗教仅仅是因为他们恰好在一个宗教环境中。当我们摒弃了合适的、具有指导性的公共雇员将不会忠心耿耿地履行他们的义务这样一个假设时，我们也必须摒弃从事“第一权益”服务的教师需要全面普遍的监督的假设。在我们之前，没有任何记录表明，未曾每月来访的公立学校监督员不足以防止或觉察到公立学校雇员灌输宗教思想的行为。再者，在这个州中，我们还没有在这些案件中发现过度牵连，这些案件中州强制要求宗教机构比在这个问题上的监管体制承担更为繁重的义务。

【51】 综上所述，纽约市的“第一权益”服务项目与三项基本标准无一冲突，我们现在衡量的是政府援助是否有推动宗教发展的作用：这不会导致政府的灌输行为，不会根据宗教信仰确定接受者，或者不会引起过度牵连。所以，我们认为，联邦资助项目提供额外补救性辅导并非在不得确立国教条款下无效，只要该辅导是由政府雇员根据包括预防措施在内的计划（如本案中）在教会学校场地中提供的。同样，要证明这一判决的合理性，也需要我们指明这一谨慎限制的项目不可合理地视作对宗教的支持。

联邦最高法院推翻其最近做出的判决看上去非同寻常，然而，从20世纪80年代至今，阿戈斯蒂尼案与多数法院处理有关不得确立国教条款案件的路径是非常一致的。这个路径——被称为“中立原则”——已经被重新定义，但它没有代替法院运用的“莱蒙检验”。“中立原则”主张教堂或其他宗教团体，如教派学校，接受从政府项目中得来的援助，只要这个项目是中立的。这就意味着，项目的受益人不应根据宗教来界定，而应面向所有人或建立在非宗教标准的基础上。如果受益个体能够自主决定在宗教机构和世俗机构之间转移，则大多数情况能够满足这一要求。因此，在过去的20年，法院规定：

- 审定的公立学校经费可以支付给视力受损者用于职业性服务，甚至接受者可用这笔资金来支付他在基督教学院的学费，以为自己成为一个牧

师、传教士或者年轻的指导者做好准备①

• 支持联邦资助体系为公立和非公立组织，包括宗教组织，提供咨询服务并研究涉及婚前青少年性关系以及怀孕的相关问题②

• 虽然学区可以限制将其财产用于学校活动，但一旦学区允许其设备在课后可供社会、公民以及娱乐项目使用，学区就不能仅仅因为该团体的宗教思想而拒绝其使用学区设施③

• 公共资金资助的手语翻译依照《身心障碍者教育法》帮助失聪学生参加宗教学校学习，并没有违反不得确立国教条款④

• 禁止州为了创造宗教同一的学校而重新划定学区界限⑤ 【52】

与私立学校的公共基金和教育政策中的中立性相关的案件包含了深远的隐含意义，它们实际上早在阿戈斯蒂尼案发生两年前就被审判过。1983年，在米勒诉艾伦案⑥中，联邦最高法院维持了明尼苏达州的法律条文，允许纳税人从州所得税中减免为其子女提供教育的相关费用，包括在教派学校就读的学费。法院判决这个案件运用了“莱蒙检验”中的三个标准：目的、主要结果和牵连。关于该法律是否具有世俗教育的目的，法院这样写道：

> 州决定支付由父母承担的一些教育费用，不管他们的子女上的是什么样的学校——州的决定证明了世俗的和可理解性的目的。受过教育的人民大众是任何集体政治以及经济健康发展的关键，而且州的努力是在父母面对日益上涨的教育费用时公平地服务于世俗教育，以保证州的公民都能受到良好的教育。同样，明尼苏达州，就像其他州一样，能够得出结论，在保证私立学校持续的财政最佳状态方面，该州存在强大的公众利益，包括宗教性的和非宗教性的私立学校。

---

① Witters v. Wash. Dep't of Serv. for the Blind, 474 U. S. 481 (1986).

② Bowen v. Kendrick, 487 U. S. 589 (1988).

③ Lamb's Chapel v. Center Moriches Union Free Sch. Dist., 508 U. S. 384 (1993).

④ Zobrest v. Catalina Foothills Sch. Dist., 509 U. S. 1 (1993).

⑤ Bd. of Educ. of Kiryas Joel Village Sch. Dist. v. Grumet, 512 U. S. 687 (1994).

⑥ 463 U. S. 388 (1983).

在调查中，明尼苏达州有关抵免教育税的法律并没有产生促进宗教的主要结果，法院解释，所有的父母都可以得到税款的减少，包括公立学校和非教派私立学校学生的父母。法院承认，给予父母财政上的援助相对于直接给予教派学校财政上的援助来说会产生一定的经济影响。然而，对不得确立国教条款的涉及也将减少，因为这种援助是通过父母而形成的，因此没有州许可给予宗教学校援助。法院认为，不得确立国教条款的历史性目的是避免我们的民主进程受到显著的宗教或者教派的控制以及沿着宗教界限产生深刻的分歧。“这个条文的历史性目的只是没有包括减少的财政利益种类，它让每个个体的父母私人选择，最终中立的税收优惠流入了教会学校。”

原告认为，该法律对促进宗教有着重要的影响，因为进入私立学校的儿童中有96%就读于宗教学校。法院写道：“我们不必在细节上考虑这些
【53】争议。我们不愿勉强引用不同阶层普通公民声称在此法律下受益几何的年度报告作为判决基础，裁定该表面上中立的法律的合宪性。”

关于“莱蒙检验”的第三个标准，法院指出，税收抵免项目并不能造成宗教和州之间的过度牵连。州政府可能不得不拒绝为用于教授宗教的教科书免税，这与审查书本是否符合教科书借贷项目的要求一样不会构成问题。最后法院认为，如果直接的财政补贴被给予了教会学校，而不是通过公民个人被给予，那么以宗教为基础的政治分歧仅仅是一个议题。

2000年，联邦最高法院的四名大法官接受了中立原则，他们的相对多数意见都记录在米切尔诉赫尔姆斯案件中。① 该案驳回了对一项联邦资助项目违反不得确立国教条款的质疑，该项目购买了电脑、书本、教材和教具，并借给公立和私立学校，包括宗教学校。判决意见依据的前提是，不考虑宗教信仰而给予广泛群体或个人援助是可允许的。“假如宗教、非宗教、无神论的学校都有资格得到政府的援助，那么没有人会认为，任何教义的传授、任何专门的接受行为都是按照政府强制命令做出的。”法院的宣判也驳回了对宗教学校的援助永不“转变为宗教用途”的任何要求。

《不让一个孩子掉队法》（参见3.7节）要求公立学校在公平的基础上

① 530 U.S. 793 (2000).

对就读于私立学校的“有资格”的儿童提供一定的利益和服务。在与儿童所在的私立学校磋商的基础上提供给儿童的利益，包括特殊的教育服务以及各种有关教育技术的入门课程。① 有资格的儿童是指被学校证明达不到或差一点儿达不到州合格专业标准的儿童。②

教育券以及不得确立国教条款

大多数教育改革讨论的提议是设定一个家庭的选择或教育券计划，允许父母运用州提供的费用送他们的子女到公立或私立学校去上学。围绕着这个项目的问题之一在于不得确立国教条款是否允许州付给宗教学校一定的学费。联邦最高法院在下述案件中对这一问题进行了探讨。

> 在泽尔曼诉西蒙斯-哈里斯案③中，州给学校提供学费上的资助，让儿童自己拥有自由选择的权利，联邦最高法院裁定，教育券项目在不得确立国教条款下是被允许的。这个项目不能重点提供援助给宗教学校或者有一定结构规模的学校，以免鼓励父母在宗教学校里花费他们的教育券。 (54 ~ 58)

泽尔曼案指出，符合宗教中立标准的教育券项目根据不得确立国教条款是允许的。很多先于泽尔曼案的案件也达成了共同的结论。④ 然而，有些州法院裁定，州宪法禁止州在宗教学校支付学费。⑤ 教育券项目允许州对非宗教的私立学校付费但是排除宗教学校的参与，很容易受到基于自由信教条款⑥或不得确立国教条款的攻击。教育券项目仅服务于一些学生（例如，低的社会经济地位）或者限制在州的一个主要城市而排除其他地 【58】

---

① 20 U. S. C. § 6320.

② 20 U. S. C. § 6315.

③ Supreme Court of the United States，2002，536 U. S. 639. ——译者注

④ Campell v. Manchester Bd. of Sch. Dirs.，641 A. 2d 352 (Vt. 1994)；Jackson v. Benson，578 N. W. 2d 606 (Wis. 1998)；*see also* Minn. Fed'n of Teachers v. Nelson，740 F. Supp. 694 (D. Minn. 1990).

⑤ Weiss v. Bruno，509 P. 2d 973 (1973)，*modified*，523 P. 2d 915 (Wash. 1974)；Opinion of the Justices (Choice of Education)，616 A. 2d 478 (N. H. 1992).

⑥ *See* Davey v. Locke，299 F. 3d 748 (9th Cir. 2002).

区的学生，这也会引起平等保护的争议。州因反对课程内容而排除私立学校的项目，会引发自由言论的议题。在泽尔曼案件中，克利夫兰教育券制度要求参与的学校必须同意不“倡导或扶持不合法行为或者讲授基于种族、民族、出身、国别或宗教而对某人或团体的敌意”。宪法自由言论的要求虽然没有在泽尔曼案件中被提及，但是其一定会成为被排除学校提出控告的基础，因为，例如，州官员认定学校课程讲授了“这种敌意”。

【59】 2.6 小结

所有50个州的成文法都要求儿童必须入学而且父母必须送他们的子女入学。对受教育的公民而言，义务教育法是社会的需要。虽然在所有州都可通过进入公立学校而完成义务教育法的义务，但这并不是严格要求的。父母拥有宪法权利通过送子女进入私立学校来控制儿童的养育和教育。

根据宪法规定，阿门宗派的儿童可以豁免8年级之后的学校教育，但是该豁免被严格限制适用于其他宗教。在一些州，也有少量的法定的义务教育豁免。有些州允许特定年龄受雇的儿童、有子女的未成年人、离最近的学校也有很远距离的学生免除义务教育。有些州也允许具有特定身心障碍的儿童免除义务教育，但其他联邦或州法律都要求所有身心障碍学生必须接受教育。少数法院允许在被认定为不安全的学校里上学的学生免除义务教育。

州法律可能会对公立学校的入学资格提出要求。最小和最大的年龄要求，与健康相关的要求，比如强制的医学检查和免疫，以及居住要求，这些都已经通过了宪法审查。然而，有些州正在改变基于居住学区的入学限制的立场。同样，虽然大多数州允许学区安排学生参与区内任何学校或项目，但某些地方的发展趋势是允许父母选择任何他们喜欢的学校。

虽然就读私立学校是宪法权利，但是州仍保留了规范私立教育的权力，以保证强制性学校教育目标的完成。州可以要求教授一些特殊的课程或主题，但通常不会禁止附加课程的提供。州也可能规定私立学校教学日和教学年的持续时间，要求报告入学注册名单以及成绩数据，施加标准测试的要求，以及设立私立学校的教师标准。尽管如此，州不会将不合理的规定强加给私立学校，以免私立学校不能与公立学校清楚地区分开来。联邦法律禁止私立学校入学和雇用中的种族歧视。联邦法律禁止性别和身心障碍歧视的规定适用于某些私立学校，而其他的则不适用。

与私立学校不同，按照大多数法院的看法，在家教育并不是宪法权利。然而近年来，所有州——不论是明晰陈述还是默许——都已选择了允许在家教育的存在。虽然大多数州对在家教育提出相当详尽的要求以保证在家上学的儿童能够接受充分的教育，但是这些规则的强制执行常常是不稳定的。通常，这些要求与适用于私立学校的规定相类似，而前者在某些情况下更为广泛。【60】

有些州已经选择给私立学校及其学生提供援助。任何向教会学校提供公共资金的方案几乎肯定都以违反了不得确立国教条款而受到起诉。联邦最高法院已经禁止了很多对私立宗教学校直接或间接资助的形式，不过，规定资助往返学校的交通服务，非宗教课本的贷款，对州命令的测试予以经费援助，在宗教学校里由公共财政支付薪水的教师向有困难的或身心障碍学生提供法律规定的服务，对公立和私立学校学生的父母提供平等的税收减免，以及教会学校财产税的减免等是宪法允许的。最近，联邦法院裁定的趋势表明法院将会支持使私立学校受益的政府项目，作为整体项目的一部分，这种项目的受益者不是以宗教来界定的。有些教育券项目，如果包括宗教学校，根据不得确立国教条款是被允许的，但是某些州的宪法却禁止包括宗教学校的教育券项目。

【61】

3

课　程

第 2 章审视了州在规范私立学校中的权力。本章主要探讨州在控制其公立学校教育课程中的权力限制。

公立学校的课程是社会构建其未来的首要途径。由于学校在促进文化、政治、意识形态乃至宗教的态度和行为上有着明显的潜力，因此围绕课程设置的争论一直不曾中断而且异常激烈。对课程的控制决定了对儿童如何进行教导，决定了我们要让他们知道和珍视什么，最终要让他们相信什么。

随着美国社会多元化的发展，不断产生的压力促使公立学校必须确保能为不同的人群提供共同的教育经历。同样强烈的要求是学校能够尊重甚至促进这种多元文化融入本土文化中。总之，社会正面临着许多问题，比如：公立学校的课程应该像自助式餐厅还是熔炉？公立学校能否提供一系列让家长和学生可以选择的文化、政治、意识形态、教育和语言学等不同的经历？是否有独立的学校和课程专门为黑人、西班牙裔儿童、正统基督教徒以及渴望学习艺术的儿童而设置？学校能否给予所有的孩子们共同的经历？如果提供了相同的经验，那么它是属于多元文化，还是仅集中于主流文化？哪种观点会被选择，谁来制定课程，如何制定课程？最终目标应该是促进多元化，还是创造出一个统一的美国文化和信条？

本章探索了这些问题及由此产生的法律问题。首先，讨论学校教学项目在产生及控制中涉及的共同的法律权力。其次，探讨州和地方教育董事会在设置公立学校课程、选择教材、安排学校活动等方面的权力上受到的
【62】各种法律诉讼。大部分诉讼都是基于《联邦宪法第一修正案》中关于言论自由的条款、不得确立国教条款或其他宪法条款而产生的。

3.1 对公立学校课程的控制：概述

尽管有些州宪法对必须传授的课程有所规定，但详细规定公立学校课程的主要合法权力取决于州立法机构（根据各州宪法条款，在一些州，对课程的控制权由各州立法机构和教育董事会共同享有）。如果州立法机构愿意，它可以规定学习的基本课程及其更详尽的内容，指定全部的课本和教学材料，确立准予毕业的要求，规定标准化的测试要求，甚至教学方法。

在实践中，没有立法机构对此有很大作为。所有的立法机构在不同的程度上都自愿与州教育董事会，最为重要的是与当地学区分享对课程的控制权。在立法机构允许的范围内，学校课程的细节由当地学校董事会设置。近年来，有些地方的公立学校课程内容的合法权力已转移到各个学校，这种转移或是通过建立以学校为基础的管理委员会来实现，或是通过特许学校来实现。在肯塔基州，学校管理委员会享有广泛的权力，包括对课程、教学活动、课本和教学材料的控制权。①《芝加哥学校改革法案》批准成立地方学校委员会，该委员会享有如下权力：任命校长、批准学校的发展项目以及就课本及其他课程相关事宜提出建议。②

特许学校是法人实体，在大约40个州由立法机构创立。在某些州，特许学校由地方政府批准，是非营利性、非宗教性的私立学校。学校决定自己的课程内容，接受政府对每一个所招学生的资助。在一些州，在当地父母和教师的要求下，政府也允许公立学校申请成为特许学校。特许学校不受地方政府和当地学校董事会所制定的许多条款的约束，因而可自由推行自己的政策和发展项目。比如康涅狄格州允许特许学校中一半的教师可以没有教师资格证。③ 但是特许学校还必须遵守其他的规章，比如反对种族

① KEN. REV. STAT. ANN § §160. 345 (2) (I) I, 160. 345 (2) (I) (6), 160. 345 (2) (g).

② Ill. COMP. STAT. ANN. §5/34-2. 1 et. seq.

③ CONN. GEN. STAT. § 10-66dd.

歧视、遵守劳工法、新闻报道甚至公众集会的法律要求。①

【63】 联邦政府也参与了学校教育的管理，尽管存在《联邦宪法第十修正案》（参见1.1节），联邦政府在学校课程计划的制订上仍然发挥着重要的作用。联邦政府首要的调控机制分为两类：一类是附带项目要求，提供经费的分类资助；另一类是规范面向少数族裔和特殊人群教育的反歧视成文法（参见第5章和第6章）。最后，司法部门主要通过自己的宪法解释，对公立学校课程也有着重要的影响。

在正式的教育管理过程之外，许多非法律上的影响也作用于学校的课程，比如课本的出版商、教师工会和专家协会、父母和各种各样的特殊利益群体。教师和学校的管理者对自己的班级和学校也拥有巨大的控制权。这种权力或由学校董事会明确授予，或者因为州和地方政府的“不作为”而拥有。本章侧重于论述课程控制的合法权力，而不是论述课程发展的政治和教育机制。

制定最低标准

设立所有公立学校学生获得教育的最低标准，是由各级政府共同执行的一项任务。州法律和政策要求某些课程和内容面向所有学生并设定最低的课程任务和学业要求。地方学区在不违背州要求的情况下可以另行制定自己的最低标准。联邦成文法和资助项目也明确确立了额外的最低标准，这些标准多数是针对身心障碍学生和其他特殊学生的（参见第7章）。联邦最高法院认为，仅仅给予部分学生最低限度的、适当的教育的条款违反了《联邦宪法第十四修正案》中的平等保护条款，但这并非其正式判决。②一些州的最高法院已经宣布，各州在法律上有责任为所有学生提供最低限度的适当的教育。

创造优先权

学校优先发展项目和教育目标的确立依赖于州政府规定的毕业、升级和考试要求，或者至少会受到这些要求的影响。联邦援助项目同时也对地

① *See*, *e.g.*, MICH. COMP. LAWS ANN. § 380.501 et. seq.

② Plyler v. Doe, 457 U.S. 202 (1982).

方学区确立教育优先发展项目有着重要意义。最具影响力的联邦法律是2001年颁布的《不让一个孩子掉队法》，它促使许多学校将教育优先发展的重点重新放到培养学生的基本读写能力和应试技能上来。在这些约束下，许多设定目标都得到了地方学区的支持。 【64】

限制地方选择权

在许多州，其成文法明令禁止了一些课程或主题，比如旨在宣扬敌对政治信仰的课程。在有些州，其成文法允许家长甚至学生自己督促学校开设一些州并没有做出要求的课程和项目。在采用全州通用课本的地方，比如加利福尼亚州、得克萨斯州，州政府官员对限制教学内容又多了一条途径。联邦和地方法院的有关规定也对学校课程做出了限制，特别是针对宗教教学领域。此外，对于州和学校董事会在课程中排斥或者剔除某些科目和课本的权力，司法也有一定的限制。

规定毕业要求

各州成文法和行政规章规定了毕业的最低学分要求。许多州同时也详细指定了毕业所要学习的一套课程，比如四年的英语学习，尽管在一些州这些权力已经完全交给了地方。无论州政府规定了什么样的最低毕业标准，地方仍然可以自由地设置更为严格的标准。一些州也要求学生为了毕业必须参加最低要求的能力测试。这些测试引发了歧视和平等保护等问题。

决定课程内容

州立法机构有时对课程内容做出了具体的规定。比如，一部州成文法可能会明确规定，健康课程应包括吸烟、酗酒及其他毒品使用的危害。州行政规章可能有更具体的要求。一些州教育董事会对某些课程做出规定性或推荐性的教学大纲。各州实行的考试要求，比如纽约州实行全州范围的期末考试，也成为一种隐含的大纲。采用全州通用的课本是州政府影响课程内容的另一种途径。联邦成文法和行政规章也影响着课程的内容，特别是在身心障碍儿童教育方面。在这些限制范围内，某些特殊课程内容的其他细节则由当地学校董事会及其雇员决定。

选择教学方法

除了规定教学语言用英语外，州法律通常不对教学方法进行规定。因
【65】 此，地方学校董事会有更多灵活性选择，而且经常将此授权给各个学校和教师。相对而言，在这方面争议较少（参见9.2节关于学术自由的讨论）。

选择教材

一半以上的州都有全州范围通用的课本。其中，大多数州的立法机构或董事会都指定了州教材委员会，州教材委员会有权限制学校使用的教材内容。在被允许使用的教材中，地方学区有从中进行选择的权力。在一个没有教材选用系统的州，选择教材是地方的事务。教育工作者参与教材选用的程度与方式都有很大的不同。

决定课程的政治和文化观点

州立法通过排除或要求开设某些学科或主题从而对课程所含的观点产生影响。比如说，许多州要求课程内容包含爱国主义思想，有一些州则强调少数族裔在美国发展历史中所做出的贡献。采用通用课本为学校政治和文化观点的形成提供了另一条途径。在审查和形成课程及大纲的思想观点时，司法扮演了中立的角色，特别是涉及言论自由的案例。迄今为止，地方学校董事会对学校课程的政治和文化观点影响最大。事实上许多人对此有争议，认为地方对教育控制的存在就是允许社区在学校宣扬他们自己的价值观念。

创设学生分类系统

州成文法和行政规章对将学生按照年龄和学业水平进行分类做出了规定，并为划分需要非标准教育课程的学生建立了复杂的系统。联邦和州的行政规章经常通过分类的援助项目对有特殊需要的儿童的分班产生影响（参见第7章）。地方政府仍保留着基本的权力来确立学生的分班项目，从而满足分轨和能力分组。但是，宪法和反歧视成文法对学校的这种权力进

行了明确的限制（参见第 6 章）。

豁免学生课程

根据州法律，学生父母以宗教为理由让某些学生免于学习某种课程的情况并不少见。以宗教为由免修某些课程、教材内容，是否被法律所允许？在何种情况下法律能允许？这些问题会在 3.4 节讨论。

3.2 学校董事会控制课程的法定限制 【66】

有一系列较早期产生但依然有效的判例法涉及这样的主张，即地方学校董事会缺少由州授予的权力来推行特定的课程或项目。学校董事会几乎在所有相类似的案件中获得胜诉。比如 1886 年，印第安纳州最高法院宣判地方董事会有权要求学生对音乐进行学习和练习。① 与此相似的是，亚利桑那州最高法院在 1927 年宣判课程项目中可以包含体育教育。② 最近，加利福尼亚州的法院对当地学校董事会与一家私营企业签署的一项合同表示支持。根据合同要求，学校学生每天要收看十分钟的时事新闻（专为吸引青少年而设计），以此作为接受企业捐助录像设备的条件。原告对于这份合同表示抗议，因为该节目中包含两分钟的商业广告。然而，法院驳回了这一起诉，法院认为合同和项目中包含着明显的教育目的，而且每个学生都可以随其意愿拒绝观看这个节目。③ 即使没有自愿退出条款，这个项目仍有可能获得批准，因为当地学校董事会在课程提供或要求上享有的选择权在法律中有明确表述。

州法律要求或授权地方学区提供特定课程时，通常会将教学大纲制定和教学方法选择的权力授予学校董事会，但也未必一贯如此。有些州的成文法仍要求在教学过程中只能使用英语④，这些法律会认定进行双语教学是不合法的，除非联邦法律对此有所规定（参见 7.4 节）。加利福尼亚州

① State *ex rel.* Andrews v. Webber, 8 N. E. 708 (Ind. 1886).

② Alexander v. Phillips, 254 P. 1056 (Ariz. 1927).

③ Dawson v. East Side Union High Sch. Dist., 34 Cal. Rptr. 2d 108 (Cal App. 6 Dist. 1994).

④ CAL EDUC. CODE § 305; ARIZ. REV. STAT. ANN. § 15-751.

在只能使用英文教学的法律中特别授权父母可以提起诉讼，父母可以起诉要求实行该法律，并对所遭受的损失和律师费用请求给予赔偿。对于频繁违反法律的学校董事会成员、管理者和教师要追究其个人责任。

许多州的成文法要求和授权学校开展性教育，但同时也对地方学校董事会的权力给予限制。许多州，包括俄克拉何马州，授予了父母对性教育材料的检查权。① 爱达荷州呼吁父母和社区都参与到性教育课程的制定中来。② 在一些州，比如亚拉巴马州和得克萨斯州，父母有权要求自己的子女免于接受性教育课程。③ 许多涉及性教育的州成文法都要求课程中包含禁欲的教育。④

【67】 路易斯安那州授权地方学区开设性教育课程的成文法是相当严格的。该法将“性教育”定义为有关人类繁衍的“生理或病理知识普及”的科学，并明确地指出这种教学“不得涉及宗教的信仰、人类的性行为和教授者或其他人在道德、伦理上主观的判断”。该法还要求不能在“个人或家庭信仰、性行为、道德或宗教等问题上对学生进行考试、测验或调查”。此项目的重点在于对未婚者鼓励禁欲，同时也不能建议或提倡流产。⑤ 依据这条成文法，父母们曾成功地对路易斯安那州一所学校的性教育项目提出了诉讼。法院同意父母的看法，认为在课程材料中有不少章节违背了法规的要求。比如，下面的这段话就违背了禁止进行宗教评价或主观评价的规定：“生殖性爱带来的充分愉悦，与人们性行为中的心灵的、情感的、精神的元素不可分割。”⑥

当父母的诉称得到明确的州的成文法支持时，其也能成功地通过诉讼迫使学校开设某门特别的课程或活动项目。某些州要求学校董事会在特定数量父母或者学生提出请求的情况下，应当保留幼儿园或者提供外语或其他课程。如在马萨诸塞州，一所高中只要有20个学生或达到注册人数的

① OKLA. STAT. tit. 70, § 11-1-5.1.

② IDAHO CODE § 33-1610.

③ ALA. CODE § 16-40A-2.

④ R. I. GEN. LAWS § 16-22-18.

⑤ LA. REV. STAT. ANN. § 17: 28 1.

⑥ Coleman v. Caddo Parish Sch. Bd., 635 So. 2d 1238 (La. Ct. App. 1994).

1/5 的学生——即便人数少——就可以请求开设一门课程。① 在有些州，父母具有审查学校的课程的法定权利。②

3.3 对公立学校中宗教仪式的反对意见

在过去的50年中，没有一起宪法诉讼案是针对州或学校教授基础课程的权利的。虽然出于心理上、教学上或自己喜好的原因，一些父母可能会反对教授语法、音乐或体育课程，但父母们似乎满足于现状，他们或是接受地方当局对学校课程的控制权，或是倾向于选择课程更易被接受的私立学校或者在家教育。［回顾已述内容，尽管如此，州可以也必须规范私立学校的课程（参见2.4节）。］

这并不意味着州和学校在提供或要求开设课程上享有绝对的自由，而不必考虑父母的意见。当学校某些课程所包含的价值观没有得到社会的一致认同时，一些父母肯定会提出反对。如果这种反对借助宪法条款的框架，就会产生诉讼。如果学校的课程被发现违背了联邦或州的宪法原则，法院就会禁止它的使用。 【68】

到目前为止，宪法诉讼最常出现的情况是学校课程未能尊重教会与国家的隔离之墙。在早期美国的公立学校教育中，教会和政府常常是混为一体的。在大部分地区，阅读圣经、有组织的祷告、宗教庆典还有各种各样的宗教仪式是学校课程项目的典型特征。此外，学校通常会开设泛新教徒的课程，而这些课程都会使得许多天主教徒和非基督教徒感觉受到了侵犯。事实上，许多天主教学校的建立都是源于对学校强烈新教风格的反对，最终形成了美国最大的私立学校体系。

20世纪中叶，为反对公立学校中公开的宗教活动，许多人开始求助于法律的途径。1962年，在恩格尔诉维塔尔案③中，为了避免触怒任何宗教

① Johnson v. Sch. Comm. of Brockton, 358 N. E. 2d 820 (Mass. 1977); *see also* State *ex rel.* Mueller v. Common Sch. Bd. of Joint Sch. Dist. No. 2 of Princeton, 242 N. W. 574 (Wis. 1932); State *ex rel.* Thayer v. Sch. Dist. of Neb. City, 156 N. W. 641 (Neb. 1916).

② *See*, *e. g.*, MINN. STAT. ANN. § 15. 141137.

③ 370 U. S. 421 (1962).

团体，联邦最高法院禁止州组织非教派性的诵经祷告活动。后来，学校中有组织的阅读圣经活动也曾被起诉到法院。

(68～73) 如阿宾顿学区诉谢姆普案①中，法院同时对两起案件进行了受理，一起是学生和他们的父母拒绝阅读没有评注的圣经诗词，另一起是针对学校将圣经祷文作为学生早读的一部分。原告们认为学校的早读活动违反了《联邦宪法第一修正案》中的条款，即宪法禁止政府建立某一宗教组织。学校在为自己的行为进行辩护时指出，阅读项目不是用来宣扬任何宗教信仰的（不同版本的圣经都在同时使用），而且学生也不是被迫参加这个活动的，他们随时可以离开。校方还指出，取消这个阅读活动会侵犯一些学生的宗教自由权，因为他们希望参加这些祷告。

审理谢姆普案件的法院基于对不得确立国教条款隐含意图的理解，支持原告们的起诉。援引先前的判决，法院宣布：《联邦宪法第一修正案》并不仅仅禁止官方建立某一教派、信条或教义的行为，而且禁止一些官方联系，即使这种官方联系曾在英国和它的一些殖民地中盛行。它是要将所有的联系铲除。狭义上，宪法的目标并不是要简单地分开教会和政府，它的目标要宽广得多。它是要通过全面地禁止政府资助和支持各种形式的宗教，从而建立起一个完全的、永久的政教分离的体制。

基于上述理解，审理谢姆普案的法院建立了一个评价体制，在学校的有关项目、课程与不得确立国教条款相抵触时被用来对诉讼进行评价。法院指出，学校的课程项目免予起诉，它的目的和主要结果必须是非宗教性的。这两条准则和所称的牵连准则组成了一个三维的评价标准。（牵连准则是禁止政府和宗教的行为混淆不清，不论是确有其事还是仅为表面现象。）

【73】 谢姆普案为“莱蒙检验”前两个部分解释了其理论原则：目的和主要

① Supreme Court of the United States，1963，374 U. S. 203. ——译者注

结果（参见2.5节）。这种检验被用于指控违反了不得确立国教条款的学校项目案件。法院将条款解释为禁止任何政府在比较两类宗教后促进或抑制其中之一，或者全部。政府资助的祷告和源于圣经的读物，尽管其带有争议性的非教派性，但总体看来其目的和主要结果在于宣扬宗教。即使是自愿参加，法院也认为州对宗教活动的资助就意味着许可，而且在公立学校的背景下，就是倾向于鼓励学生对主流的活动和信仰表示顺从。

法院驳回了如下观点：认为将有组织的祷告活动从学校中移除是对宗教的敌视，或者认为其实际上建立起了世俗主义的宗教。禁止学校组织和支持祷告活动没有侵犯自愿祷告者所享有的自由信教权。没有任何规定禁止学生在上学前或放学后自愿进行祷告，学生甚至可以在教学日中安静地祷告。

从20世纪60年代起，联邦法院依赖谢姆普案和维特拉案的分析以及“莱蒙检验”裁定了许多涉及校内祷告和宗教教材的案件。1980年，在斯通诉格雷厄姆案①中，联邦最高法院否决了肯塔基州的一条法律，该法律要求学校张贴以个人资金购买的基督教的十大戒律。尽管州试图做出以下辩解，但法院认为张贴戒律的行为并没有起到教育的作用，也没有其他世俗的目的。 【74】

> 联邦坚持质疑该法是否合乎世俗的立法目的，立法机构要求将如下的注释用小字体放置在每一个十大戒律的底部：“十大戒律作为西方文明和美国普通法的基础，其非宗教性的运用在立法法典中清晰可见。”初审法院发现该法公开宣布的目的是世俗性的，甚至标榜为自我服务。但法院认为，这种目的并不足以避免与《联邦宪法第一修正案》的冲突……在学校墙上张贴十大戒律的突出目的从本质上看是宗教性的。不可否认，十大戒律在犹太人和基督教教义中是神圣的文本，而且没有一个假想的世俗性目的的立法引用能阻止我们发现这个事实。

① 449 U. S. 39 (1980).

相似地，1993年密歇根州的一个案件，联邦地区法院认为在学校走廊繁忙的交叉处张贴2×3英尺大小的耶稣画像违反了不得确立国教条款。①

在卡琳·B. 诉特里恩案②中，第五巡回法院否决了一个公开活动的合法性，该活动允许学生自由选择和朗读祈祷文。同样，在柯林斯诉钱德勒统一学区案③中，第九巡回法院禁止某个学生在学校集会中带头祷告，即使学生参加集会是出于自愿。法院进一步裁定，对这些活动的禁止并不侵犯想要祷告的学生享有的信教自由权。

1985年，密歇根州联邦法院否认教师因为享有学术上的自由而有权在教学中祷告和宣读圣经。④ 1989年，第十一巡回法院禁止教练在运动赛事前带领运动员进行祷告。⑤ 1992年，在李诉威斯曼案⑥中，联邦最高法院解决了地方法院的一个分歧，裁定毕业典礼上公开的祷告是违宪的。法院指出，像这种"政府资助和指导的宗教活动"对参与和归从信仰产生了"微妙的强制性压力"。

为应对李诉威斯曼案的判决，一些学区试图通过将祷告包含在学校赞
【75】助的公共活动之中，比如足球赛、毕业典礼等，而避免触犯不得确立国教条款。这些努力都是依据学生享有的《联邦宪法第一修正案》所赋予的言论自由保护权（参见第4章）。因此，如果某一祷告活动被认为是学生的个人言行，而不是学校支持的演讲，它就可能免于以不得确立国教条款为依据的起诉。

为达到这一目的，圣菲独立学区修订了它先前的政策，即在足球比赛中安排一名"学生牧师"进行祷告。在新的政策中，学生团体每年在校长的建议和指导下，有权通过投票来决定是否推选出一名学生在足球赛上"进行简短的祷告和（或）诵读祝词从而使足球活动显得庄严"。如果大多数人同意，就会进行第二轮选举，从一系列自愿者中选出学生发言者。被

① Washegesic v. Bloomingdale Pub. Sch., 813 F. Supp. 559 (W. D. Mich. 1993), *aff'd*, 33 F. 3d 679 (6th Cir. 1994).

② 653 F. 2d 897 (5th Cir. 1981), *aff'd*, 455 U. S. 913 (1982).

③ 644 F. 2d 759 (9th Cir. 1981).

④ Breen v. Runkel, 614 F. Supp. 355 (W. D. Mich. 1985).

⑤ Jager v. Douglas County Sch. Dist., 862 F. 2d 824 (11th Cir. 1989).

⑥ 505 U. S. 577 (1992).

选中的学生就能“决定演讲什么样的内容和（或）祷告，并保证与这项政策的目的和意图一致”。

在圣菲独立学区诉多伊案[①]中，联邦最高法院否决了这条新政策。法院驳回了这项关于祷告是在政府设立的公共集会场所进行的“个人言论”的主张。法院认为，祷告是由政府的政策授权，而这个政策的目的在于保留过去的活动，即在活动开幕式上进行祷告。这个过程不可避免地会导致所挑选的学生选择构成祈祷的祷告文。事实上，“invocation”（祷告）这个单词本身就暗示着使用祷告者。法院得出的结论是，在这种情况下，“圣菲独立学区任何持反对态度的学生无疑会将这一惯常的赛前祈祷理解为是其学校官方认可的”。足球赛中许多人并没有被要求参加这个祷告活动的事实并不能改变上述结论。

在科尔诉奥罗维尔联合高中学区案[②]中，第九巡回法院对圣菲案判决又增加了新的含义。在科尔一案中，有两名学生被挑选出来，其中一名为祷告者，另一名是致告别辞者之一，他们想利用这个机会在学校的毕业典礼上分别进行某教派的祷告和劝说皈依基督教的演说。学校的校长拒绝他们演讲已准备好的材料。对此，学生指证他们的言论自由受到了侵犯。法院宣判，两个演讲准备的情况就像圣菲案件（校长有权对所有的演讲和祷告内容进行审查，而且对演讲的内容有最终的决定权），如果学生被允许使用其演说词，那么学校就会违反不得确立国教条款。换言之，学校不仅有权禁止学生随心所欲地宣传，而且也负有这样做的宪法义务。

在李诉威斯曼案发生后不久、圣菲案之前，第五巡回法院重新审议了一起诉讼，这起诉讼是针对学校的一项政策，该政策允许高年级的学生挑 【76】
选自愿者在他们的毕业典礼上进行“非教派性、非规劝性”的祷告。法院认可了这条政策，并认为它的目的只是在于“使活动场合庄重”，几乎没有宣扬宗教的可能性，而且也没有官方对宗教的支持活动，因为是否进行祷告的决定是由学生做出的。[③] 然而，第三和第九巡回法院在圣菲案之前

① 530 U. S. 290 (2000).

② 228 F. 3d 1092 (9th Cir. 2000). *See also* Lassonde v. Pleasanton Unified Sch. Dist., 320 F. 3d 979 (9th Cir. 2003).

③ Jones v. Clear Creek Indep. Sch. Dist., 977 F. 2d 963 (5th Cir. 1992).

的案件中却做出了相反的判决：在毕业典礼上由学生发起的祷告活动违反了“莱蒙检验”中目的和主要结果的两项标准，因此活动是违反宪法的。①

在圣菲案之后发生的阿德勒诉杜瓦尔郡学校董事会案②中，第十一巡回法院认为由学生发起的毕业祷告活动可能是法律所能允许的。法院认为阿德勒的政策和圣菲的政策有很大的不同，因为演讲者的挑选过程或演讲的内容都没有官方的监督，而且政策只是允许“开幕和闭幕的演说词”，并不涉及祷告或者祈祷。阿德勒案主审法院拒绝将圣菲案判决理解为只要演讲是由政府政策授权并发生于政府所有地之上，就将其认定为政府支持的演讲。只有政府控制了演讲的内容，才能将个人演讲变为政府的演讲。

针对禁止在学校进行有组织的祷告的规定，一些州和学区将“静默时刻”纳入了学校的活动项目。在华莱士诉贾弗里案③中，联邦最高法院审查了这个问题，即亚拉巴马州的法律授权公立学校加入“用于‘默祷或者自愿祈祷’的静默课是否在《联邦宪法第一修正案》不得确立国教条款的含义范围之内”。根据静默时刻法律的具体措辞和通过该法律的立法历史，法院判定其不存在世俗的目的。这条法律的发起人曾说过，这只是“一个让自愿的祷告重回校园的努力”。该法律专门提到祈祷，这意味着州意图将祷告形容成为一项受欢迎的活动。法院写道：“像这样对宗教的支持与明文法典的准则是相违背的，政府对宗教的态度应该是完全中立的。”尽管如此，法院在上述的表述中暗示，一项州法如果纯粹地允许静默时刻这个活动而不提及祷告，它就有可能是合乎宪法的。

【77】其他的联邦法院认为正式并有组织的静默时刻，如果其目的在于鼓励祷告活动，是不合宪的。④ 然而，第四巡回法院对弗吉尼亚州的一条成文法表示支持，该法要求学校安排“短暂静默”，从而使得“每个学生可以

---

① Am. Civil Liberties Union of N. J. v. Black Horse Pike Reg'l Bd. of Educ., 84 F. 3d 1471 (3d Cir. 1996); Harris v. Joint Sch. Dist. No. 241, 41 F. 3d 447 (9th Cir. 1994), *vacated*, 515 U. S. 1154 (1995).

② 250 F. 3d 1330 (11th Cir. 2001).

③ 472 U. S. 38 (1985).

④ Doe v. Sch. Bd. of Ouachita Parish, 274 F. 3d 289 (5th Cir. 2001); May v. Cooperman, 780 F. 2d 240 (3d Cir. 1985), *appeal dismissed*, 484 U. S. 72 (1987); Walter v. W. Va. Bd. of Educ., 610 F. Supp. 1169 (S. D. W. Va. 1985). *But see* Gaines v. Anderson, 421 F. Supp. 337 (D. Mass. 1976).

根据自己的选择去参加静默、祷告或其他自省活动，且这些活动不会干扰、分散或妨碍其他孩子的选择”。[①] 尽管在该法中涉及祷告，但法院认为它并没有宗教性的目的，因为其内容是中立的。该法包含允许非宗教性的自省以及对宗教的容纳等世俗性的目的。法院说道：“这种世俗性的目的让宪法所保护的自由被充分地享有。”这条成文法立法的历史暗示了其世俗的目的，并且只是给学生一个过渡的时间让学生镇静，以集中精神面对新一天的生活。

在谢姆普案件中最高法院裁定，“当圣经的学习是作为非宗教性的教育课程项目的一部分被客观地呈现时”是被允许的。这条判决促使一些学校以此作为宣扬宗教的理由。法院一致认为，当聘任和监督教师、选择教材都由某一个宗教组织所控制时，这种环境下进行的圣经教学是违宪的。雇用传授圣经的教师不能以他们的宗教信仰为基础，而且也不能在课程中过于宣扬宗教的教义。如果宗教性的题材只是被用作某一文献类型的示范或者世俗历史、世界文化、宗教比较的学习，那么这种学习并没有违背宪法。[②] 因此，新泽西州的联邦法院驳回了一起诉讼，其原告指证学校张贴的月历中写有全国的、文化的、民族的和宗教的节日。[③] 实际上，如果系统地将所有宗教性内容从课程中清除，也会引发是否敌视宗教的宪法问题。

学校的管理者有时允许甚至鼓励校外的组织，比如基甸国际会成员（Gideons），在学校内向学生免费发放圣经。1977 年，第五巡回法院通过引证其他三起相同判决的案件来禁止一项圣经赠送项目。在判决结论中，法院强调学校赠送圣经的项目并不是中立的，总体上是对基甸运动和宗教的支持。[④] 在最近的一次类似判决中，第七巡回法院禁止在学校 5 年级课

---

① Brown v. Gilmore, 258 F. 3d 265 (4th Cir. 2001).

② Herdahl v. Pontotoc County Sch. Dist., 933 F. Supp. 582 (N. D. Miss. 1996); Hall v. Bd. of Sch. Comm'rs of Conecuh County, 656 F. 2d 999 (5th Cir. Unit B Sept. 1981), *modified*, 707 F. 2d 464 (11th Cir. 1983); Doe v. Human, 725 F. Supp. 1499 (W. D. Ark. 1989), and 725 F. Supp. 1503 (W. D. Ark. 1989), *aff'd*, 923 F. 2d 857 (8th Cir. 1990); Crockett v. Sorenson, 568 F. Supp. 1422 (W. D. Vir. 1983); Wiley v. Franklin, 474 F. Supp. 525 (E. D. Tenn. 1979).

③ Clever v. Cherry Hill Township Bd. of Educ., 838 F. Supp. 929 (D. N. J. 1993).

④ Meltzer v. Bd. of Pub. Instruction of Orange County, 548 F. 2d 559 (5th Cir. 1977), *rev'd in part*, 577 F. 2d 311 (5th Cir. 1978) (en banc).

堂中进行圣经赠送活动。[①] 然而，在其他案件中，法院允许其他外界组织（例如童子军）成员进入学校的走廊或操场赠送圣经，学生可以自由地接
【78】 受或不接受赠送。[②]

法律是否允许学校因为宗教节日而放假？尽管在圣诞节前后普遍存在的休假还没有引起诉讼，但看起来似乎在法律上它会被裁定为允许。因为除了其所含的宗教意义外，圣诞节在美国和世界上的许多国家已成为重要的非宗教性节日。[③] 在圣诞节，学校也不可能提供安定的校园环境，因为许许多多的教师会缺席，这也为放假提供了一个额外的正当理由。同样的理由也可用于复活节，但好像又无实际意义，因为学校在星期天都会放假。因其他的宗教节日而设定的校园日历会引发更多的问题。安全环境的观点可以被用于任何一个节日，因为许多教师在这一天都会休假。当然，学校在国家法定的节日放假是被允许的。夏威夷的联邦法院支持一个州法律，该法律规定耶稣受难日（Good Friday）为法定（学校）节日，认为耶稣受难日具有与感恩节和圣诞节相同的宪法地位。[④] 然而，第七巡回法院却做出了相反的判决，并明确地否定了耶稣受难日与感恩节和圣诞节相似的说法。法院认为："耶稣受难日对基督教信徒而言是举行庄严宗教仪式的日子，无关他事，也无关他人。"[⑤]

尽管圣诞节也许具有宗教性和世俗性的双重地位，但圣诞节在学校的庆祝活动仍引发了棘手的法律和政治问题。对于圣诞节和圣诞季，什么样的象征意义可以被学校表达出来？在阿勒格尼县诉美国公民自由协会大匹兹堡分会一案[⑥]中，宪法性规则的困惑是很明显的，联邦最高法院禁止在法院大楼内放置基督诞生雕像，与此同时又允许在另外一个公共建筑外摆放烛台和圣诞树。对于圣诞节，认可什么样的起源和意义在学校中是被允

---

① Berger v. Rennselaer Cent. Sch. Corp., 982 F. 2d 1160 (7th Cir. 1993).

② Peck v. Upshur County Bd. of Educ., 941 F. Supp. 1465 (N. D. W. Va. 1996); Schanou v. Lancaster County Sch. Dist. No. 160, 863 F. Supp. 1048 (D. Neb. 1994), *vacated*, 62 F. 3d 1040 (8th Cir. 1995).

③ Koenick v. Felton, 190 F. 3d 259 (4th Cir. 1999).

④ Cammack v. Wahihee, 673 F. Supp. 1524 (D. Haw. 1987), *aff'd*, 932 F. 2d 765 (9th Cir. 1991).

⑤ Metzl v. Leininger, 57 F. 3d 618 (7th Cir. 1995).

⑥ 492 U. S. 573 (1989); *see also*, Capitol Square Review Bd. v. Pinette, 515 U. S. 753 (1995).

许的？什么时候一个“节日盛会”变得太像一个宗教仪式而被允许？接下来是仅有的一个联邦上诉法院对这个问题的观点。大多数意见和直接的反对意见都被呈现出来，这也再次说明了这些问题的复杂性。

在弗洛里诉西奥克斯瀑布第49-5学区案①中，第八巡回法院审议了一套政策和行政规章的合法性，这套政策和行政规章被学校当局用来管理学校课程和节日庆典中的宗教性内容。原告对其中的某些制度进行了抵制，比如唱基督颂歌和其他一些宗教节日仪式。法院对该政策通过的历史背景进行审议后同意了学校当局的观点，即实施该政策的目的是“源于宗教遗产以及宗教曾在社会、文化和历史文明发展中的作用，我们要传授给学生这一方面的知识，提高学生在这一方面的欣赏水平。法院指出，这些政策与行政规章明确地禁止任何祷告性的活动并要求任何宗教性的内容都应客观地成为世俗教育一部分的内容”。此后，法院进一步支持了学校当局的观点，即该政策的主要结果在于实现政策既定的目标，而并非宣扬或禁止宗教。最后法院认为学校政策并不会滋生非正常的政校关系。在对“莱蒙检验”理解的基础上，第八巡回法院判定，案件中被评价的政策和被允许的活动并没有违反不得确立国教条款。绝大多数法官同意：宪法并没有要求将所有与宗教庆典有联系的活动一律从学校活动项目中清除，但如果这些活动的目的或主要结果在于宣扬某一宗教信仰，那么学校和教师将会被禁止举行某些活动。 (79~84)

对于宗教音乐的学习和表演引发了特别棘手的问题。许多公立学校中经常采用的音乐最初都是用来宣扬宗教的，现在也继续在宗教仪式上起着重要作用。尽管如此，某些音乐同时也是美国世俗文化的一部分。当然，正如弗洛里案中的观点所述，一所学校的音乐课程不能带有宗教仪式的迹象，即便是非特定教派的仪式也不允许。然而，学校课程也不需要将所有涉及宗教节日或带有宗教象征意义，甚至起源于宗教礼拜仪式的音乐一并 【84】

① United States Court of Appeals for the Eight Circit, 1980, 619 F. 2d 1311. ——译者注

加以拒绝。

1997年，第十巡回法院驳回了一起针对盐湖城高中的诉讼，该诉讼指证学校开展了许多宗教音乐的演出而且将音乐会放在教堂和其他宗教场所进行。① 在另外一起案件中，第五巡回法院同意将一首名为《上帝保佑你，上帝与你同在》的歌曲作为一所高中合唱团的主题曲。② 这些案件都表明，使用宗教音乐是被允许的，只要它们是作为世俗音乐教学和表演项目的一

【85】部分。

3.4 宗教上和道德上对课程内容及教材的反对态度

上一节讨论了对学校中祷告及其他传统宗教活动的反对意见。这一节阐述的问题都产生于课程、理论或主题教学过程及其教材的使用被指宣扬或者贬低宗教信仰或宗教活动。原告根据不得确立国教条款禁止学校根据宗教教义来安排课程，例如，禁止进化论的教学或要求传授神创论。其他的原告则依据自由信教条款来豁免学习自己所不愿意学习的主题和教材。

以对圣经的解释忠实贴切为显著特征的正统派基督教，是美国社会和政治生活中的一股显著的力量。一些正统派基督徒不断地寻求机会在公立学校中构建与其宗教教义一致的课程。在埃珀森诉阿肯色州的案件③中，联邦最高法院审议了阿肯色州一条法律的合宪性，该法认为公立学校教师“传授人类起源于低等动物的理论”，也就是进化论的观点，是不合法的。该案是由一名处于两难境地的生物教师提起的，她所在学校采用的生物课本中包含了一章进化论的知识，因此她既被要求讲授书本内容但同时又被法律禁止。法院指出，虽然该州确实拥有“制定公立学校课程”的基本权力，但州对于课程的权力要受到不得确立国教条款的制约。为了判定该法是否违反了《联邦宪法第一修正案》，法院对其制定的缘由和目的进行了

---

① Bauchman v. West High Sch., 132 F. 3d 542 (10th Cir. 1997).

② Doe v. Duncanville Indep. Sch. Dist., 70 F. 3d 402 (5th Cir. 1995).

③ 393 U.S. 97 (1968); *see also* Scopes v. State, 289 S.W. 363 (1927) (for historical background).

审查。

> 在此案中，显而易见，阿肯色州试图阻止教师探讨进化论，其原因在于进化论与一些人将《创世纪》作为人类起源唯一教义来源的信仰相违背。没有迹象表明此法的出台是依照政府政策而不是依照其部分公民的宗教信仰。很明显，正统基督教的教义才是该法规过去和现在存在的原因……
>
> 阿肯色州的这条法律不能被判定为对宗教保持着中立态度。阿肯色州并没有试图将所有人类起源的论述从学校和大学的课程中删除。法律的努力只是局限于试图去阻止一个特殊的理论，因为这个理论和圣经在字面上可能有着冲突。【86】

法院在这条反对进化论的法律中未能发现其非宗教性的目的，从而通过判决该法律不合宪解决了教师的两难窘境。

埃珀森判例已经成为一些下级法院审判的基础，它们依此禁止学校董事会为顺应父母的宗教偏好而将某些内容、主题或学科从课程中删去。[①] 但是，至少有一个巡回法院的判决确认允许所有的人，甚至是怀有宗教动机的人影响教育政策机会的合法性。另一个案件是针对学校董事会禁止将学校设施用于舞会的规则，这条规则是在当地教堂禁止社交性舞会的背景下提出的。原告认为不得举行舞会的规定有着宗教动机，但法院最终认为没有足够的证据证明此规定的出台有着宗教目的。

> 仅有的事实是政府机构的行为恰好与某一特殊宗教团体的教义和愿望相一致，但是政府并未将此行为转为对宗教的允许……只不过我们不相信选举产生的政府官员在根据规则行事之前，会扪心自问自己带有（或缺少）怎样的宗教背景，这样在既定的“莱蒙准则”之下便无可非议。当然，除了这种不现实的因素外，每当那些宗教组织对某些世

① Pratt v. Indep. Sch. Dist. No. 831, 670 F. 2d 771 (8th Cir. 1982); Hopkins v. Hamden Bd. of Educ., 289 A. 2d 914 (Conn. C. P. 1971).

> 俗的准则成功地产生影响的时候，这种对合法性的分析方法便会使那些宗教组织失去权利。①

因为埃珀森判例成功地阻止了立法委员会对进化论教学的禁令，一些正统派基督教组织试图用司法手段来禁止进化论教学。在赖特诉休斯敦独立学区案②中，原告指证学校对进化论不加分辨地传授，忽视了圣经中《创世纪》的描述，建立了世俗论的宗教。地方法院驳回了上诉，认为政府无权去禁止对特定宗教教义进行事实上的或假想的攻击。公立学校科学教师都无法避免不去对每一个科学问题进行讨论，即便是某些宗教声称拥有更多专业知识的问题。③

将进化论从公立学校课本中删除的努力虽然没有成功地得到立法或司法的许可，但也促成了一项不同的策略，也就是要求州立法机构将创世纪理论作为可以选教的理论。“平衡待遇”法律做出要求：如果进化论被传授，那么创世纪的理论也必须被教授。但是多个法院最终宣判此法无效，正如联邦最高法院在爱德华兹诉阿癸拉德案④中所述，他们的目的在于宣
【87】扬一个超自然物创造了人类的宗教观点，最终宣扬了宗教。法院做出了如下总结。

> 《创世纪法》的目的在于对科学课程进行改编从而符合某一特殊宗教的观点。在许多可能在公立学校讲述的科学科目中，立法机构只选择了对某一科学理论的教学加以干涉，而这种理论在历史上被某一宗教教派反对过。正如在埃珀森案中一样，立法机构通过该法将优先权给予了那些将神创造了人类作为其教义之一的宗教团体……因为《创世纪法》的主要结果是推崇某一特定宗教信仰，它违背了《联邦宪法第一修正案》。

---

① Clayton v. Place, 884 F. 2d 376 (8th Cir. 1989).

② 366 F. Supp. 1208 (S. D. Tex. 1972), *aff'd*, 486 F. 2d 137 (5th Cir. 1973).

③ *See also* Daniel v. Waters, 515 F. 2d 485 (6th Cir. 1975).

④ 482 U. S. 578 (1987); *see also* McLean v. Ark. Bd. of Educ., 529 F. Supp. 1255 (E. D. Ark. 1982).

> 我们并不是暗示立法机构永远不能要求科学家批判所教授的流行的科学理论……对学生教授各种关于人类起源的科学理论应带有提升科学教学有效性的清晰的世俗化的意图。但是因为《创世纪法》的主要结果是宣扬了某一特定教义，因此违背了不得确立国教条款。

由于对爱德华兹案件的判决结果感到失望，路易斯安那州一个学校董事会又制定了一项政策：每次在教学中提及进化论时，教师都被要求朗读以下的“弃权书”。

> 根据坦吉帕霍阿董事会的规定，可以明确，在对生命和物质起源的课程进行讲解讲述时，我们应该意识到这是科学的进化论理论，它是用来传授给学生科学的思想而不是有意去影响或劝阻他们接受圣经中的神创理论以及其他观点。
>
> 教育董事会进一步认识到，在生命和物质起源这个重要问题上，每个学生都有基本的权利或者特权形成自己的观点或是维持父母传授的信仰。学生被鼓励去运用批判性的思维，收集所有可能的信息并深入考察每一种选择，然后形成自己的观点。

在弗赖勒诉坦吉帕霍阿教区教育董事会案①中，第五巡回法院判定，弃权政策违背了不得确立国教条款。法院认为教育董事会制定的这项政策的目的和意旨不在于学校所认为的促进批判性思维，而在于保护和保持宗教的信仰。

有些正统派基督徒指责公立学校促进世俗人文主义宗教的课程违反了不得确立国教条款。在史密斯诉莫拜尔县学校董事会案②中，原告指证，一些中小学历史、社会研究和家政的教科书推动了世俗主义宗教。地区法院支持这个观点并接受了宽泛的宗教定义，认定宣扬无神论信条的世俗人文主义仍是宗教，并认为被质疑的课本促进了世俗的人文主义，因此违背 【88】

---

① 185 F. 3d 337 (5th Cir. 1999).

② 655 F. Supp. 939 (S. D. Ala.), *rev'd*, 827 F. 2d 684 (11th Cir. 1987).

了不得确立国教条款。在上诉中，第十一巡回法院推翻了这个判决。

(88 ~91) 在史密斯诉莫拜尔县学校董事会案①中，有些父母对使用当地经济学课本的合法性提出质疑，因为课本隐含的观点认为人们做出的道德决策与上帝的存在无关，父母们也指责历史课本对美国文化中宗教的地位置之不理。原告认为这些课本的主要结果在于宣扬世俗和无神论的观点。他们要求学校给学生提供与其宗教教义相一致的可选择教材。

法院在驳回原告的申诉请求后指出：学校课程中几乎所有的内容都不可避免地与某个宗教思想相一致或相违背。比如说，教授谋杀是邪恶的这一观点和许多宗教思想相一致，然而，不得确立国教条款并不要求学校因此而避免对有些宗教支持的观点发表评论或者表示赞同。不得确立国教条款只要求学校对宗教保持独立和中立的态度。

【91】 由史密斯案件引发的一个密切相关的问题是，法律是否允许学校去张贴虚构或假设的超自然生物的图像与标志，或者要求学生阅读一些关于魔法、幻想和超自然的材料？法院曾一致驳回了父母们提出的如下主张：在学校张贴万圣节的象征物，将“蓝色魔鬼”作为学校的吉祥物，阅读关于女巫和巫师的小说，这些行为都是违反不得确立国教条款的。② 尽管有这
【92】 些判决，有些学校董事会和学校还是采纳了禁止在课堂中提及超自然的政策。如果这条禁令的目的在于使课程和宗教信仰相一致，那它有可能是违法的。

如果要求学生不仅仅去阅读而且要参与宗教庆典或宗教仪式，那么问题将变得更为复杂。一个联邦地区法院认为，以下情形已经违反了不得确立国教条款：作为“地球日仪式”的一部分，学生被要求搭建一个建筑并

---

① United States Court of Appeals for the Eleventh Circuit, 1987, 827 F. 2d 684. ——译者注

② Kunsehnan v. W. Reserve Local Sch. Dist., 70 F. 3d 931 (6th Cir. 1995); Brown v. Woodland Joint Unified Sch. Dist., 27 F. 3d 1373 (9th Cir. 1994); Fleischfresser v. Dirs. of Sch. Dist. 200, 15 F. 3d 680 (7th Cir. 1994); Guyer v. Sch. Bd. of Alachua County, 634 So. 2d 806 (Fla. Dist. Ct. App. 1994).

参加庆典仪式（法院认为这个建筑物等同于宗教中的圣坛）；在庆典仪式上教师提到，“我们来自地球，我们是地球的一部分，我们都处于这个循环中。有一天我们将会死去；然后再重回地球”。地方法院认为这个宗教仪式宣扬了盖亚宗教①。然而第二巡回法院推翻了这个判决，认为地球日仪式仅仅是为了促进人类对地球的保护与敬意。法院同时也指出，州法律要求学校组织学生参加活动的目的，在于提高学生对地球的兴趣，增加学生关于地球的知识，增强学生保护地球的意识。地球日仪式并没有宣扬地球拥有超能量或者应该被崇拜的信仰，所说的“圣坛”只不过是一个圆锥形帐篷。基于联邦最高法院的判决先例，法院宣布，学校没有违反不得确立国教条款，因为上述说辞并没有赞同或反对任何宗教的教义。②

并非所有对学校项目的宗教抵制都是基于不得确立国教条款。在莫扎特诉霍金斯县教育董事会案件中③，第六巡回法院对一起诉讼进行了审议，该诉讼认为学生被强迫参加某些课程，比如传播和自己宗教教义相违背的批判性思考、容忍、道德培养、阅读等课程内容，都侵犯了学生宗教信仰的自由权。原告指证，学校有责任为其子女提供与他们宗教信仰相一致的选择性课程，但是法院认为原告并没有证据证明学校的课程和内容对他们的宗教活动或信仰增加了负担。法院认为接触不相一致的观点并不等同于强迫相信该观点。

【原告的证词】她不愿意让她的孩子在圣经已经做出回答的领域去做批判性判断和选择。但没有任何证据说明霍金斯县学校的任何学生被要求做出这样的判断。学校系统的目标鼓励这种训练，但没有一处显示出是被要求的。当学生被要求评论阅读任务时，学生可以自由对材料给予圣经式的解释或从不同的价值基础去解释。学生唯一被强迫的行为是阅读和讨论在阅读系列中的材料，并听取其他学生对其他材料的解释。这是原告所反对的。案件中不存在的关键要素是，没有强迫学生确认或者否认某一宗教信仰，也没有强迫学生参与或者禁止参与原告所持宗教禁止或者要求的行 【93】

① Gaia 也作 Gaea，为希腊神话中的大地女神。——译者注

② Altman v. Bedford Cent. School Dist.，245 F. 3d 49（2d Cir. 2001）.

③ 827 F. 2d 1058（6th Cir. 1987）.

为……

正如莫扎特案中所指出的，法院不会授予以宗教为基础的豁免，并对旨在传授或容忍其他世俗社会价值观的课程给予免除。由于宗教信仰的缘故，性教育已时常成为父母们攻击的目标。在康韦尔诉州教育董事会一案①中，父母们认为一项与“家庭生活和性教育”相关的教育项目违反了不得确立国教条款。但法院并不这样认为，法院指出：“该项目的目的和主要结果不是为了建立任何宗教教义或训诫，而且州也没有直接或实质性地卷入宗教活动或者给予宗教或某一特定的宗教支持。”然而，当康韦尔案的原告们要求将有关性教育的知识从学校的课程项目中彻底删除时，其他父母也竭力让自己的子女免修此课程。在瓦伦特诉新泽西州教育董事会一案②中，法院驳回了原告的指证，原告认为学校所要求的性知识教学侵犯了原告的自由信教权。

1995年一个案例中的“警惕艾滋病项目”对各种性器官和其他的身体功能展开了坦率、生动的讨论，并强调了安全性生活而不是禁欲。父母以侵犯自由信教及对学生开展活动并没有征得父母同意为由提出上诉，认为其侵犯了《联邦宪法第十四修正案》中父母对子女成长所具有的监护权。但法院驳回了此观点，认为“如果每一个父母都有权去个别地规定学校的教学内容，那么当父母对学校所选课程有真正的道德不一致时，学校就要为每一个学生创造课程”。③

即使对于避孕套发放项目，父母们也有所质疑，他们认为该项目侵犯了自由信教权。尽管如此，当父母指控避孕套发放项目侵犯了父母对子女成长的指导权或父母对孩子接受健康护理的知情权时，他们有时也会获胜。④

* * *

---

① 314 F. Supp. 340 (D. Md. 1969), *aff'd*, 428 F. 2d 471 (4th Cir. 1970).

② 274 A. 2d 832 (N. J. Sup. Ct. Ch. Div. 1971); *see also* Leebaert *ex rel.* Leebaert v. Harrington, 193 F. Supp. 2d 491 (D. Conn. 2002).

③ Brown v. Hot, Sexy & Safer Prod., Inc., 68 F. 3d 525 (1st Cir. 1995).

④ Curtis v. Falmouth Sch. Comm., 652 N. E. 2d 580 (Mass. 1995); Alfonso v. Fernandez, 606 N. Y. S. 2d 259 (N. Y. App. Div. 1993).

有没有一种方法可以衡量出本节讨论的案件的实际效果？这些判决是否要求必须在公立学校中传授世俗人文主义观点？这些判决是否要从公立学校中删除所有美国宗教传统的痕迹？对后两个问题的回答是否定的。一方面，学校不会为了顺应宗教信仰而对教育项目进行修改、提供宗教性的教学或对有神论者进行道德的培养，也不会将圣经作为唯一真实的知识来源。另一方面，学校也不会系统地清除以下内容：所有涉及宗教的课程或与宗教信仰相一致的观点，赞同无神论，或者宣称科学知识是唯一真正的知识来源或圣经并不是真实的。由此，宪法让学校免于宗教支持者的偏见和世俗人道主义者反宗教情绪的影响。 【94】

允许学校自由教授批判思维和推理以及个人质疑和抉择是十分重要且必要的。学校可以教给学生容忍、思想开放和对多样文化与价值观的接受。（虽然有些人认为这些观点是世俗性的，但是请注意这些观点和许多宗教教义是一致的。）学校也可以自由传播许多传统宗教群体的内容，比如爱国主义、家庭价值观、公民遵守法律的义务。对于性教育，宪法允许有多种选择：各州可以要求学校对学生进行避孕和预防艾滋病的教育，开设劝阻婚外性行为的课程，或者教育每一个人对性行为应做出自己的选择。在缺少州指导的情况下，地方学校可以自由采纳其中任一方式或者从课程中免除性教育。

公立学校的有些课程内容不可避免地会违背某些父母的个人信仰和道德信仰。一部分公立学校课程会与一些宗教的信仰相一致而另一部分却相抵触。在法律上，父母不享有坚持让其子女不参加与他们的个人信仰或宗教信仰相违背的教育课程的宪法权利，但是，不可选择赞同或反对任何宗教或反宗教信仰的课程。

3.5 言论自由与对课程和政策的相关异议

不仅宗教的不得确立国教条款已成为学校课程内容诉讼案的主要根据，而且《联邦宪法第一修正案》中保护言论自由条款也成了几个重要诉讼案的基础。在这些案件中，言论自由条款以非常规方式被使用。原告除了申明他们有表述自己思想的权利之外，也认为自己有权不表述某一思想

（即有缄默权）或获得别人的思想和观点（即有知情权）。（见第4章对学生表达自由和第9章关于教师言论自由的讨论。）

【95】 ## 缄默权

在皮尔斯案件（参见2.1节）中，联邦最高法院肯定了州的权力，确信“学习对一个好公民的教化是至关重要的……没有任何东西明显对公共福利是有害的”。1940年，法院适用这个原则驳回了宗教反对意见，支持对学生向国旗敬礼并背诵《效忠宣言》的要求。① 仅仅两年后，法院重新审理了在西弗吉尼亚州教育董事会诉巴尼特案件②中相同的问题。

巴尼特案件由耶和华见证人团体提出诉讼，他们反对学生在被学校开除和刑事控告的威胁下背诵《效忠宣言》的州法律。虽然原告以宗教理由为依据，但法院的宣判是基于言论自由的。法院指出州有权采用以传统的教育方法如讲述宪法保证的公民自由去“激发学生的爱国主义和对国家的热爱”的课程。但是，法院认为：“我们正在处理强迫学生去表明信仰的案件……若要维持强制性的对国旗敬礼，我们只能说，保障个体思想表达的《权利法案》，却纵容政府当局强迫个体说出并不存在于其思维中的内容。”法院更进一步指出：“这种强制权力的实施没有任何的理由，以致在升旗仪式中存在的消极情绪产生一种明显的现实危险……”法院判决指出，尽管州要求对国旗敬礼的意图是合乎规范的，但方法却超过了宪法的界限。

> 如果相信爱国仪式是自愿和自觉的而非强迫性的仪式，爱国主义就不能盛行，那么这是对我们呼吁自由思想却又不讨好的评价。我们拥有理性的个人主义和丰富的文化多样性，这归功于以偶尔的反常和超常态度为代价的非凡思想。如果这些思想对其他人或是对州没有危害，就像在此处理的案件一样，那么其代价并不是很大。但是自由不同，它不在重要性不大的事宜之列。那可能只是自由的影子。对自由

① Minersville Sch. Dist. v. Gobitis, 310 U. S. 586 (1940).

② 319 U. S. 624 (1943).

本质的检验是区分触及现存秩序核心的事物的权利。

在宪法法典的星空中如果有一颗永恒的星，那就是任何官员，无论身居高位还是职位卑微，都不能在政治、民族主义、宗教或其他事物的看法中规定什么才是正统的，或强迫公民用言语或行为坦白自己的信仰。如果有例外的话，那么直至现在尚未发生。

法院认为，思想和言论自由的原则如此重要，因此在民主决策过程以外的其他方面该原则也被赋予了特殊的地位。

《权利法案》的根本目的在于使特定的事物从政治斗争的盛衰变迁中脱离开来，将这些事物放置在大众和政府官员都不能达到的位置，使其成为法院运用的法律准则。一个人的生存权、自由和财产权、言论和出版自由、信仰自由、集会自由，还有其他一些基本的权利不能用投票的方式认定；这些权利不是选举的结果…… 【96】

最后，法院否认了这种思想，即因为其所面对的对象是未成年的学生，学校和教师应该免于《权利法案》的限制。“如果我们不想从源头上去遏制思想自由，并教会年轻人不相信我们政府仅仅像陈词滥调般的重要原则，那么他们是在对学生进行公民教育，这也就是对个体享有的法定自由进行谨慎保护的原因。”

从巴尼特案件之后，学校被禁止强迫学生参与升旗仪式或其他爱国主义仪式。学生也不能在他们选择不参加活动的时候被强迫在仪式中保持肃立或离开教室。① 在最近的几年里，正如许多学校所做的和一些州所要求的，将升旗仪式确立为学校的日常活动是否被允许成为颇具争议的问题。有些法院表示支持由学校发起的宣誓活动，反对认为提及上帝（在巴尼特

① Lipp v. Morris, 579 F. 2d 834 (3d Cir. 1978); Goetz v. Ansell, 477 F. 2d 636 (2d Cir. 1973); Banks v. Bd. of Pub. Instruction of Dade County, 450 F. 2d 1103 (5th Cir. 1971).

案判决中上帝并没有在誓词中）是违反了不得确立国教条款。[1] 但第九巡回法院判决学校采用的誓词确实违反了不得确立国教条款。法院认为“上帝之下”一词的目的和主要结果都是为了宣扬宗教。在学校这样的环境下，学生会不可避免地被迫参加到升旗仪式中。法院指出艾森豪威尔总统在签署法案时将“上帝之下”这个词补充到宣誓词中，并说：“从今天开始，将会有千万个孩子在每一个城市、城镇，每一个乡村、农村校舍进行宣誓，将我们的国家和人民都奉献给万能的上帝。”[2]

巴尼特判例后来经常被联邦最高法院引用来禁止政府活动，如政府强迫民众拥护某一政治信仰，支持某个候选人，或者展示违背他们的意愿的政治标语。[3] 然而，除了禁止强迫性背诵宣誓词外，缄默权对学校的其他教学项目没有效力。

【97】 在1993年的一起案件中，第三巡回法院根据巴尼特案件驳回了一起上诉，该诉讼是针对学校活动项目中的社区义务服务，它要求学生对利他主义的价值观表示接受和信仰。法院认为：

> 没有证据表明参与活动的学生是被迫在口头或书面上表述对社区服务活动的信仰。也没有证据表明社区里的人将会把参与项目中的活动理解为对社区服务和利他主义信仰的一种委婉的表达。[4]

社区服务的要求也成功驳回了以下观点，即认为社区服务侵犯了父母对孩子的抚养权，违反了《联邦宪法第十三修正案》中禁止非自愿劳役的条款。[5]

---

① Sherman v. Cmty. Consol. Sch. Dist. 21, 758 F. Supp. 1244 (N. D. Ill. 1991), *modified*, 980 F. 2d 437 (7th Cir. 1992); Smith v. Denny, 280 F. Supp. 651 (E. D. Cal. 1968), *appeal dismissed*, 417 F. 2d 614 (9th Cir. 1969).

② Newdow v. United States Congress, 292 F. 3d 597 (9th Cir. 2002); *cert. denied*, 124 S. Ct. 383 (2003); *rev'd on other grounds*, Elk Grove Unified Sch. Dist. v. Newdow, 2004 WL 1300159.

③ Abood v. Detroit Bd. of Educ., 431 U. S. 209 (1977); Wooley v. Maynard, 430 U. S. 705 (1977).

④ Steirer v. Bethlehem Area Sch. Dist., 987 F. 2d 989 (3d Cir. 1993).

⑤ Herndon v. Chapel Hill-Carrboro, 89 F. 3d 174 (4th Cir. 1996); Immediato v. Gironda, 73 F. 3d 454 (2d Cir. 1996).

富有争议的是巴尼特案件也禁止教师在考试中坚持让学生对某个问题做出“意识形态上正确”的回答。对用于支持持相反政治立场的报纸或演讲者的费用，学生可拒绝支付。尽管在公立学校还未发生针对这些问题而提起的诉讼，但在公立学院中发生的相似案件表明后者的观点可能获得法院的支持。①

尽管有巴尼特判例的限制，学校仍然可以自由地宣扬爱国主义信仰和社会价值观念。虽然宪法中没有任何条款禁止学校鼓励学生支持祖国或拥护其政策，但是学生不能被要求或者被强迫说他们愿意这样做。

知情权

宪法能否或者在多大程度上可以限制学校董事会否决或清除课程或图书馆的书籍和其他材料的权力？法院对此有着不同的观点。加利福尼亚州法院为避免做出宪法裁决，转而判定当地学校董事会没有法律授予的权力，清除其认为不被社会接受的书籍。不过，法院认为学校有权清除不适合未成年人的淫秽书籍。② 在总统委员会诉第 25 社区学校董事会案③中，第二巡回法院判定，学校将一本被认为富有“攻击性”的书从学校图书馆清除并没有引发实质性的宪法争议。法院认为，将一些书清除是一种学术上的决定，尽管有时候这一行为会引发争议，但法官应该避免介入学校内部事务。尽管如此，在米纳西尼诉史壮斯维尔市学区案④中，第六巡回法院判定：《联邦宪法第一修正案》中对公民知情权的表述可以禁止学校董 【98】事会成员根据自己的社会或政治观点清除书籍。

在齐肯诉沃索社区学校联合会一案⑤中，第七巡回法院建立了一套标准来决定学校董事会对课程内容的清除是否超越了法律所允许的范围。法院认为，尽管学校董事会在学校使用教材的选择上普遍享有广泛的自主

① Uzzell v. Friday, 547 F. 2d 801 (4th Cir. 1977); Galda v. Rutgers, 772 F. 2d 1060 (3d Cir. 1985).

② Wexner v. Anderson Union High Sch. Dist. Bd. of Trustees, 258 Cal. Rptr. 26 (Cal. Ct. App. 1989).

③ 457 F. 2d 289 (2d Cir. 1972).

④ 541 F. 2d 577 (6th Cir. 1976).

⑤ 631 F. 2d 1300 (7th Cir. 1980).

权，但是学校不可以“用僵化和排他的教条代替它们仅存的特权，来做出与法律争议事项有关的教学法选择”，向学生强加所谓“正统的宗教、科学思想，或者要求普遍地将对某一类问题的研究进行清除”，并“排斥某种类型的思想，或者甚至……某种明显的意识形态偏好”。

1981年，在教育董事会诉比科一案①中，联邦最高法院提出了学校董事会对校图书馆图书拥有审议权的观点。该案由一群学生提起诉讼，他们认为自己的言论自由权遭到了侵犯，因为学校董事会在一个政治上保守的游说组织的强烈要求下清除了图书馆内的九本书。虽然学校董事会召集的委员会建议保留大部分书籍，但是学校董事会在为其行为申辩时仍坚持所清除的图书是“反美国的、反基督教的、反犹太人的，简直就是一堆垃圾”。

比科判例不是产生于法院的多数意见。虽然9名法官中有5名赞同宪法对学校从图书馆清除书籍的权力应有所限制，但他们不赞成为了明确这些限制进行一项适当性检验。相对多数意见寻求学校董事会试图通过向学生灌输民主的价值观来为学生的成年公民生活做准备的权力，与学生接受思想的权利之间的平衡。他们认为学生接受思想的权利是“由《联邦宪法第一修正案》所赋予的”。相对多数法官强调，与参与班级课程不同，学生使用图书馆完全是自由的，并且是向学生提供自我教育和个人完善的机会。相对多数意见认为，图书馆的独特作用要求其包容种种观点的范围，应当比课程其他的内容所需更为广泛。但持反对意见的法官则认为学校应该能够自由地将违背社会、政治或道德观点的书籍从学校项目的任何方面清除，包括图书馆。

【99】 法院相对多数意见（联邦最高法院的多数意见可以创设判例，但相对多数意见不可以）提议做动机测试。

> 【学校当局】无疑在决定学校图书馆内容上有着很大的决断自由，但是这种决断自由不能以一种狭隘的党派或政治的方式来实现。如果一个民主党的学校董事会，受党派隶属关系的驱使，命令清除由共和

① 457 U. S. 853（1981）.

党人编写的或对共和党有利的书籍，就会让很多人质疑这项禁止学生接触那些书籍的命令是否侵犯了学生的宪法权利。同样的结论也可以适用到下列情况中：如果全白人构成的学校董事会，受种族仇恨鼓动而决定清除所有由黑人或者提倡种族平等和融合的人写的书籍。我们的宪法不允许官方对思想意识进行压制。要判定上诉人将书从图书馆清除的行为是否违背了应诉人享有的《联邦宪法第一修正案》中的宪法权利，则要根据上诉人的行为动机。如果上诉人有意识地将不同于自己思想的书目进行清除，从而阻止学生接触到这些思想，如果类似于此的考虑在上诉人的决定中起着确定性的作用，那么由此可以判断，上诉人行使自由决断权行为违反了宪法。允许这种控制官方行为的意图恰恰鼓励了在巴尼特案中出现官方指定正统思想，而该案中的官方指定正统思想已经被法院坚决裁定违法。另一方面，应诉人也含蓄地承认，如果证明上诉人因为引发争议的书籍充斥庸俗低级内容而将其清除，那么就不存在违宪的动机。再者，应诉人承认如果证明清除决定仅仅是基于对这些书的“教育适合性”有疑问而做出的，那么，他们的这种清除是“完全允许的”。换句话说，在应诉人的观点中，这些动机如果对上诉人的行为具有决定性，就不会带来官方镇压思想的危险，从而不会侵犯应诉人依据《联邦宪法第一修正案》享有的权利。

正如前面提到的，在我们今天的判决中没有以任何方式影响地方学校董事会为学校图书馆选择**增加**书籍的自主权。因为在此案中我们关心的是压制思想，我们的判决仅影响**清除**书籍的自主权。简而言之，我们认为地方学校董事会不可以只是因为他们不喜欢这些书中的思想内容，就寻求通过清除行为来“说明在政治、民族主义、宗教或者其他事物的看法上什么是正统的”。这种目的不可避免会被我们的过往判例裁定为违法。

除了未能形成判例外，比科案的有用之处仅限于多数法官坚持的观点，即其推理只适用于从图书馆清除书籍这一行为，并不适用对书的购买或课堂教材的清除。此外，近来在一些相似问题上的判决表明，联邦最高法院的立场越来越接近比科案中持反对意见的人，即学校董事会在控制所有课程方面应享有比比科案中多数法官所允许的更广泛的自由决断权。(参见4.3节中对黑兹尔伍德学区诉库尔迈耶案的讨论)。

(100~102) 这一提议反映在弗吉尔诉科伦比亚县学校董事会案①中，第八巡回法院支持学校董事会将一本诗集从人文科学课程中清除，学校董事会否决了当地课本审查委员会的建议，因为他们认为在一些作品的节选中对性有过于直白的描述并过于粗俗。尽管法院对学校董事会的行为是否明智表示怀疑，但仍然认为学校有权做出这一行为，因为将诗集清除是“合法的，是出于教学方面合理的考虑”。

【102】 如果学校董事会是因为诗集中的政治和社会观点与他们不同而清除书籍，弗吉尔案的审理法院是否会做出相同的判决并不是很清楚。无疑，学校董事会在对课程项目的控制上有很大的回旋余地，只要他们的行为是出于教学上的合法考虑。特别是，只要这些书被认为是淫秽、粗俗、性侵犯的，它们都能从课堂、图书馆中清除，法院会同意弗吉尔县的决议。同理，学校只要认为剧场节目是粗俗的或与学生年龄不相适宜而予以禁止，
【103】 这些都是允许的。② 但是，至今没有一家法院否认比科案中的相对多数意见，即“如果一个属于民主党的学校董事会在政党机构的鼓动下，命令将所有支持共和党的作品或共和党人著写的作品清除，这个决定无疑侵犯了学生的宪法权利，因为学生有权接触到不同的思想”。事实上，在比科案中持主要反对意见的人雷因奎斯特（现在的首席大法官）对此声明也表示认同。

有几个法院要求学校董事会在审查书本的过程中遵循正当程序。有一个法院认为，学校董事会只有遵循预先制定的、表述清楚的准则才可以将

---

① United States Court of Appeals for the Eleventh Circuit，1989，862 F. 2d 1517. ——译者注

② Seyfried v. Walton，668 F. 2d 214（3d Cir. 1981）；Bell v. U－32 Bd. of Educ.，630 F. Supp. 939（D. Vt. 1986）；*but see* Bowman v. Bethel-Tate Bd. of Educ.，610 F. Supp. 577（S. D. Ohio 1985）.

图书从图书馆中清除。[1] 另一个法院裁定，如果学校在清除书籍时没能遵循自身的程序，那么它就违反了《联邦宪法第十四条修正案》的正当程序条款。[2] 然而，并不是所有的法院都同意这样的判决。[3] 无论所做出的要求是否符合宪法，在审查书籍的过程中建立并遵循一套明确的程序似乎是一个正确的政策。

教育者和立法者在学校为学生提供互联网接入却又限制他们对某种类型的内容进行访问的要求引起了新的法律争议。如果学校同意采用合法地阻止登录淫秽内容和儿童色情内容的过滤软件，并禁止儿童登录对未成年人有害的内容，《儿童互联网保护法》（CIPA）[4] 允许学校在取得互联网资源的时候获得联邦政府的资助。在美国诉美国图书联合会案件[5]中，联邦最高法院宣判，将这些条件作为获取联邦经费的要求，并没有侵犯言论自由。该判决进一步指出，学校和公共图书馆有权对其收集的印刷材料采取相同的限制。尽管有此判例，学校也不能因为网站的某些观点与官方冲突而强行对某些网站（或者印刷材料）进行限制，除非有《儿童互联网保护法》的认可。对网站登录的控制必须基于合法的教育学理由。

3.6 对歧视性教材的反对意见

只有少数几个法院受理过的起诉案件是涉及课程项目制定方法、内容选择，或者课程本身因性别或种族偏见而违反了平等保护条款等问题的。在洛温诉特尼普西德案[6]中，原告对全州教材委员会的教材挑选政策进行质疑。尽管委员会有权批准五本书作为教材，但它仅仅只选择了一本《你 【104】
的密西西比》用于按要求教授的本州历史课程。随后，另一本参与竞争的图书《密西西比：冲突与变化》的作者、出版商连同父母、学生和地方官员一致指控挑选的书籍诋毁了黑人并宣扬了白人至上论，该委员会所做出

① Sheck v. Baileyville Sch. Comm., 530F. Supp. 679 (D. Me. 1982).

② Salvail v. Nashua Bd. of Educ., 469 F. Supp. 1269 (D. N. H. 1979).

③ Bicknell v. Vergennes Union High Sch. Bd. of Dir., 638 F. 2d 438 (2d Cir. 1980).

④ 47 U. S. C. § 247.

⑤ 123 S. Ct. 2297 (2003).

⑥ 488 F. Supp. 1138 (N. D. Miss. 1980).

的选择是源于种族观点。地区法院判定其选择过程含有种族动机。投票结果因种族界限而分为两类，尽管该书曾受到普遍赞誉，委员会中的五名白人成员拒绝将《冲突与变化》一书列为被选书目，而两名黑人成员则支持采用。委员会白人成员发表评论指出，他们也是出于种族理由而反对使用《密西西比：冲突与变化》一书的。法院最后裁定将两本书同时列为被选书目，都具有被地方学区采用的资格。

洛温案的审理法院避免遭遇在这种案件中产生的最棘手的问题，即特定的书籍或课程自身是否包含种族、性别、道德的偏见。如果是的，那么宪法是否禁止公立学校提供反对某个种族和性别群体的课程？以什么样的标准来处理这些问题还远远没有得到清晰明了的界定。例如，马克·吐温的经典小说《哈克贝利·弗恩历险记》中反复地使用“nigger”（黑鬼）这个单词。在公立学校中使用这个隐含着种族劣等论的单词是否违背了平等保护条款，成为司法审查的一个原因。再看另外一个例子，威廉·莎士比亚在其剧本《威尼斯商人》中对夏洛克的描写。事实上，采用该剧和查尔斯·狄更斯的小说《雾都孤儿》都是法律诉讼的对象，因为这些书创造了令人厌恶的犹太人形象。[①] 在一个非宪法的判决中，法院裁定，这些戏剧和小说都可以被使用，因为没有证据表明作者有反犹太人的意图。如果作品被发现了反犹太人的意图，法院是否会禁止这些作品？

那些只有男性英雄的作品和戏剧是否隐含着对妇女的歧视？或者美国历史书中对本土美国人几乎没有提及？或者有些黑人作品对白人的批判，女权作家对男性的批判——它们是否都应因为歧视某一类人而受到法律的禁止？除了最具影响力的案件外，法院对此是否会关注是值得怀疑的。法院判决，学校使用的教材含有种族偏见的观点不违背联邦宪法平等保护条款，也不违背1964年《民权法案》第6章（参见6.8节），除非在教材的选择中带有种族歧视。[②]

在缺少司法指导原则的情况下，提供毫无偏见和正确的课程的责任落到了州和地方教育决策者的身上。例如，由于法院很有可能既不禁止使用

① Rosenberg v. Bd. of Educ. of N. Y., 92 N. Y. S. 2d 344 (N. Y. App. Div. 1949).

② Grimes v. Cavazos, 786 F. Supp. 1184 (S. D. N. Y. 1992).

《哈克贝利·弗恩历险记》，也不阻止将其从学校清除，所以教育管理者们就面临多种选择，要么要求学生阅读这本书，要么在不做要求的情况为希望阅读的学生提供这本书，要么根本不在学校里提供这本书。尽管没有法律或教育理论对这个抉择特定课程的过程有所规定，但所有课程决定的做出都应该从各方面进行慎重的考虑，包括书籍、材料和相关主题在文学、社会和历史上的重要性，而不是慌忙地答应一小群父母、学生或者赞助者的要求。【105】

3.7 联邦对学校课程的法定限制

许多联邦法律规定，州和学区必须对身心障碍儿童和那些英语水平有限的儿童提供教育。有关这些法律的详细探讨将在第7章进行。

另外有四个联邦成文法直接涉及学校控制自己课程和教材的权力：《不让一个孩子掉队法》、《版权法》、《平等使用法》和《哈奇修正案》。

《不让一个孩子掉队法》与课程

联邦成文法《不让一个孩子掉队法》（NCLB）① 是1965年首次通过的《初等和中等教育法》（ESEA）2001年的修订版。《不让一个孩子掉队法》内容非常复杂，包括一项针对贫困学生高度集中的学校的资助项目（前第1条款项目），一个新的评价、问责和改革体制，以及其他许多影响学校运作的条款。资助项目和问责制相结合以促进高度贫困学校的改革，确保所有学生能够接触到“具有科学基础的教学策略”和具有挑战性的学术内容。最终的目标是到2014年使所有学生能够达到政府确定的水平。本节探讨《不让一个孩子掉队法》对大多数学校课程的影响，该法其他方面的内容在本书中也有探讨（参见索引）。

新的评价、问责制和学校改进体制已经成为根据《不让一个孩子掉队法》接受资助的一个要求，这意味着联邦政府对公共教育的控制进一步扩大。评价和问责制包括对州和学区的以下要求。

① 20 U. S. C. § 6311-6322.

• 关于儿童必须知道什么和能够做什么，采用“有挑战性的学术内容标准”和“有挑战性的学生学术成就标准”。

• 为所有学生建立“年度进展”（AYP）目标，并且为处境不利学生、
【106】主要族裔和民族群体的学生、身心障碍的学生和英语水平有限的学生单独建立可测量的年度目标。

• 每年对3—8年级的所有学生进行与政府标准相一致的测试。对高中学生在数学、阅读或语言艺术方面至少进行一次“年度进展”评估。自然科学知识也必须在3—5年级至少测一次，6—9年级测一次，10—12年级测一次。对于任何进入美国学校连续三年或三年以上的学生进行评估必须使用英语（特殊情况的个别学生可以除外）。英语表达能力有限的学生也必须每年进行英语水平测试。

• 提交具有详尽评价结果的各种报告，包括：给父母和教师的关于每个学生的报告；根据性别、主要种族和文化群体、英语水平、移民身份、残疾和经济贫苦状况不同而分别进行的评价的结果，以及学校、学区和州的成绩单。

• 继续参加两年一次的针对4年级和8年级学生阅读和数学的教育进展国家评估。

《不让一个孩子掉队法》中的学校改进规定包括以下要求：核心学术科目的教师必须是符合州标准的“高质量”的教师，贫困学生和少数族裔学生不能由太大比例的不合格、无经验或其他学科教师授课。必须采用职业化发展项目，来增加高质量教师的数量。学区必须确保所有的准教师在高等教育机构完成两年的学习。如果父母提出要求，他们享有合法的权利获取关于其子女的教师资格的信息。

一所学校如果连续两年没达到年度进展目标，必须被定为需要改进的学校。学区和州必须向学校提供技术援助，而该校的学生在第二年必须被允许参加选择公立学校的项目。连续三年没达到年度进展目标的学校必须向低收入家庭提供可供他们选择的“额外服务提供者”指导的机会。连续四年未达到年度进展目标的学校必须采取一项或者多项具体的整改措施，包括更换学校职员、实行新的课程、减少学校层面的管理权力、委派校外

专家给学校提出建议、延长学日或学年、改变学校的内部组织结构等。连续五年未达到年度进展目标的学校必须进行“重建”。重建可能包括把学校作为特许公立学校重新开设，替换所有的或大部分的学校职员或者由州接管运行。类似的要求同样适用于未达到年度进展目标的学区，其中包括四年以后允许学生转到成就较高的学区。

《不让一个孩子掉队法》第 7906 节①指出，法律授权的经费不可以用于以下活动：【107】

（1）以制作或散发材料、开设指导项目或课程等方式，向年轻人宣传或鼓励同性恋或异性恋性行为；

（2）在学校散布或帮助任何组织散布法律上认为对未成年人是淫秽的内容；

（3）在学校进行性教育或预防艾滋病的教育，除非这些教育适合学生的年龄，并包括节制欲望的有益的健康教育；

（4）在学校分发避孕用具。

《不让一个孩子掉队法》的第 7904 节②规定，学区必须“向有关州教育机构书面证明，当地教育机构没有任何政策阻止或拒绝在公立中小学中参与受宪法保护的祈祷”，就像教育部长写的“指南”中详细论述的那样。不遵守指南可能意味着将失去联邦经费。该指南在法律上指的是教育部长在 2003 年 2 月发布的一项声明，阐述了教育部对本章前述联邦最高法院观点的解释。③

该声明指出：

• 学生在未参加学校活动或教学时可以祈祷，但需遵守同样适用于其他个人发起的表达行为的规范。这些规范的目的是为了防止对教育课程的

---

① 20 U. S. C. § 7906.

② 20 U. S. C. § 7904.

③ Guidance on Constitutionally Protected Prayer in Public Elementary and Secondary Schools, 68 Fed. Reg. 9, 648 (Feb. 28, 2003).

重大扰乱。在其他方面，学生可以阅读圣经或其他的经文，在饭前祷告，在休息期间和同学们一起祈祷或学习宗教读物，在同种程度上学生可以在午饭时间或其他非教学时间参加宗教活动。

• 学生可以组织祈祷小组和宗教社团，这些组织必须可以和其他组织一样使用学校设施。

• 当教师、学校管理者和其他学校职员作为政府代表参加官方活动时，不得确立国教条款禁止他们鼓动或者劝阻祷告者，并且禁止他们与学生一起积极参加祈祷活动。但是，当宗教活动的整体背景清晰地证明他们没有以官方身份出现时，教师们可以参加一些宗教活动。

【108】 • 如果一所学校在教学期间有自省或其他静默的时间，学生可以在这段时间内祷告或不祷告。教师和其他的学校职员不能在这段时间内鼓励或劝阻学生们祷告。

• 长期以来已经确定的观点是，学校可以自主决定是否允许学生离校参与宗教学习，只要学校不鼓励或劝阻学生参与此类教学，也不因是否参加而给予学生惩罚。类似地，学校可以允许学生离课以便消除宗教活动对其产生的显著负担，在这样做的同时，也不应该给其他学生增加重大负担。例如，学校在伊斯兰教的斋月期间允许穆斯林学生短时缺席，去完成他们祈祷的宗教义务，这种做法是合法的。

• 学生可以在家庭作业、艺术作品和其他书面或口头作业中表达他们的宗教信仰，而且不能因其信仰的内容而被歧视。教师应该按通常的学术标准来判断这样的家庭作业和课堂作业，还可以与其他学校认为合法的教学内容相比较。因此，如果一个教师布置的作业是写一首诗，学生以祈祷文的形式交上一首诗（如一首赞美诗），这首诗应以学术标准（比如文学质量）进行评价，不能因为它的宗教内容受到惩罚或得到奖励。

• 在学生集会或课外活动如运动会上的学生发言者，不能以是否喜欢或不喜欢宗教的演说作为选择基础。在这种场合，选择学生发言者要基于真正的中立、公平，以及能够控制其言论的基本内容的标准。然而他们的言论不代表学校，因此不可以因为其宗教（或反宗教）内容而受到限制。

• 学校管理者不可以在毕业典礼这样的场合命令或组织祷告，也不能在这种场合以偏好宗教演说（例如祈祷）的方式选择演讲者。学生或其他毕业演讲者的选择要以坚持真正中立、公正标准和对他们表达的内容能保持基本控制为基准。然而，他们的言论不代表学校，所以不可以因为表达的宗教（或反宗教）内容而受到限制。

• 学校管理者不可以命令或组织宗教典礼（毕业班临别宗教仪式）。但是，如果一个学校将其设施和相关的服务提供给其他的民间团体，它也必须以同样的形式把它的设施和服务提供给民间资助的毕业班临别宗教仪式的组织者。

《版权法》

1976 年的《版权法》① 对教师是极为重要的，因为它规定了用于课堂教学的资料的复制问题。一项版权给予了其所有者该版权资料的所有权利益，正如一个人拥有房子或车一样。一个版权所有者拥有一系列“专有权”，包括复制作品权、出售拷贝以及公开表演或展示著作。因此，不经允许而过量复制拥有版权的资料就会触犯法律。然而，在特定情况下，法律允许教师因教学需要而复制拥有版权的资料，在这种特定情况下复制被认为是“合理使用”。 【109】

《版权法》指出：“有版权作品的合理利用……用于批评、评论、新闻报导、教学（包括由于教学需要进行的多次翻版）、学术或研究等目的，不被认为侵犯了版权。”决定版权在特定情况下的利用是否合理，可以从以下四个方面考虑。

1. 使用的“目的”和特点，包括这种利用是商业性质还是非营利性的教育目的。对带有商业目的的复制比用于教育目的的复制进行更为严格的控制。

2. 版权作品的“性质”。一些类型的资料，例如已不再印刷的新闻作品、材料和印刷品适合于合理复制。

3. 从整体上看有关作品“被引用部分的数量和价值”。从版权作品上引用得越多，引用的部分越代表作品的核心，侵犯版权的可能性就越大。

① 17 U. S. C. § § 101–1101.

（这一方面将在后文进一步论述。）

4. 利用后对版权著作的“潜在市场或价值”造成的影响。

为了解释这些方面，一个国会委员会提出了补充指南，尽管没有约束力，但已引起法院的关注。① 该指南指出，为了研究或教学的目的，教师可以对书中的某一章、期刊或报纸中的某一文章，某一短篇故事、散文、诗歌，某一表格、图表、图解、漫画进行单次复印。只要复印符合简短、自发和累积效应的检验要求，教师可以为课堂教学需要进行多次复印。

“简短”被定义为250字的诗或不超过两页的诗集，不超过2 500字的完整文章、故事或论文，一本著作的10%或1 000字的摘录，一个图表或一个卡通片。“自发”是指在某个教师的启发下进行的复制，或者因急需利用作品，以致期望教师获得允许后再去复制是不合情理的。违背“累积效应”的限制体现在：如果复制是为了学校里的一门以上的课程；从同一个作者那里复制不止一首诗、一个故事、一篇文章或两篇摘录；在一个学期内从选集作品或期刊中引用三篇以上文章；一个教师在一学期内在同一
【110】门课上使用复制品超过九次。

所有版权作品的复制必须符合以下规则：(a) 复制品不可以用于创作诗篇或其他选集；(b) 消费性作品如练习册、测试卷、答案卷不可以复制；(c) 复制不能替代购买，并受高一级权力部门监督，或者相同的材料由同一教师每学期重复复印；(d) 学生可以只支付复制品的实际费用；(e) 每一次复制必须包括一个著作权的警告。

另外一套补充指南适用于对音乐的复制。如果音乐制品在适当的时候能被复制，只能是在为了一个紧急的表演而不能购买到音乐制品的情况下。如果复制品不能组成一个“可表演单元”，为了学术目的而不是为了表演，每个学生最多允许复制整个作品的10%。教师为了听力训练或考试可以复制一张音乐唱片。学生为了评估或排练可以复制一首版权作品。最后，只要作品的基本特征不被歪曲或歌词不被修改或增加，原版制品或打印品可以被剪辑或简化。

---

① Marcus v. Rowley, 695 F. 2d 1171 (9th Cir. 1983).

《平等使用法》

《平等使用法》(EAA)① 的部分陈述如下。

> 对于任何接受政府资助、拥有有限开放的公共活动场所的公立中等学校而言，拒绝给予平等使用或平等使用机会，或者歧视那些想在该场地组织会议进行宗教、政治、哲学或其他内容演讲的任何学生都是不合法的。

《平等使用法》有几个重要的限制。它只适用于学生群体，不适用于教师、赞助人甚至由学生和外部成员共同组成的组织。该法只适用于中等学校，规定学生在校园里自发组织聚会不需要经学校批准。该法并没有赋予学校决定学生社团何时何地可以聚会的权力。但是，如果一个学校决定建立一个有限开放的公共活动场所（例如，如果它有意选择允许任何与课程无关的学生自发社团在校园聚会），它必须给所有不引发混乱的、合法的学生团体提供平等的机会。在西部社区学校教育董事会诉默根斯案件②中，联邦最高法院定义“与课程无关的学生社团”是指：

> 任何与学校提供的课程内容不直接相关的学生社团。从我们的观点来看，如果社团的主题内容按常规的课程正在教授或即将被教授，如果社团的主题总体上看与课程主体相关，如果参加社团是为了特定的课程或参加这个社团能获得学分，那我们认为这个社团与学校课程直接相关。我们认为直接与课程联系的狭义定义是对《平等使用法》的一般理解，这一定义与国会为了促成该法所要求内容的最低门槛相一致。【111】
>
> 例如，如果一个学校按照常规课程要教法语或在不久的将来准备教法语，这个法语俱乐部将直接与课程相关。一个学校的学生会发表关注的问题，征求意见和形成适合学校课程内容的建议，在某种程度上通常会被认为与课程直接相关。如果是被乐队或管弦课要求参加的

① 20 U. S. C. § 4071.
② 496 U. S. 226 (1990).

学校的乐队或管弦乐队，并且这种要求与学分相关，那么这些社团也将与课程直接相关。在学校里这些社团的存在将不会产生该法所规定之义务。

另一方面，除非一所学校能够说明如象棋俱乐部、集邮俱乐部或社区服务社等组织符合与课程直接相联系的团体的特征，否则根据该法，这些组织就被认定为“与课程无关的学生社团”。这些社团的存在将会在该法允许下形成“有限开放的公共活动场所”，将会禁止学校以某个组织的演讲内容为基础拒绝给予平等使用的权利。因此一个具体的学生组织是否是“与课程无关的学生社团”，将取决于特定的学校课程，但是这些都由审判法院根据讨论的实际结果做出决定。

基于这个定义，法院判定，一个承认其他“与课程无关的学生社团”但拒绝承认学生自发的“基督教组织”的学校是违背《平等使用法》的。法庭同样驳斥了关于《平等使用法》本身违背了不得确立国教条款的争论。

在赫苏诉罗斯林第3联合自由学区案①中，一个宗教团体创立时的章程规定该团体的组织者必须是基督教徒，学区据此拒绝承认该宗教团体，第二巡回法院裁定学区的行为违反了《平等使用法》。学区拒绝承认是建立在非歧视性政策基础上的，它禁止因宗教或其他因素把学生排除在课外活动之外。但法院认为该宗教团体只允许基督徒担任其三个组织者职位的决定是为了在组织会议上做特定类型的演讲，实现的是被《平等使用法》保护的权利。

【112】 在另一个《平等使用法》案例中，联邦地区法院判决，学校不能把要求一个同性恋学生组织改变其名称（其自称为“同性恋—异性恋联盟俱乐部”）或以不准谈论性作为他们在校内集会的一个条件。② 在另一个问题上，第九巡回法院判决，当学区允许各种自愿的、与课程无关的组织在午饭期间利用学校设施开会时，学校必须在《平等使用法》的规定下创设一个有限开放的公共活动场所。作为其结果，学校也必须给予宗教组织在午

① 85 F. 3d 839 (2d Cir. 1996).

② Colin *ex rel.* Colin v. Orange Unified Sch. Dist., 83 F. Supp. 2d 1135 (C. D. Cal. 2000).

饭时进行聚会的机会。① 第九巡回法院随后又判决由《平等使用法》保护的组织必须能平等地使用设施、学生出版物如年鉴、设备、服务甚至经济支持。但是，法院也判定《平等使用法》不适用于学生被要求上课的期间。②（参见4.2节和4.5节相关宪法的规定。）

《哈奇修正案》

《哈奇修正案》③ 即《学生权利保护法》，主要有两个方面的规定。第一，要求所有被学校使用的与调查和实验有联系的教材必须能够接受父母检查。第二，当主要结果是为了获得关于政治立场、心理问题、性行为或态度，或者非法的、反社会的、自我贬低行为的相关信息时，禁止任何学生受到精神或心理上的测试或治疗的影响。一个学校不遵守法律可能导致失去联邦资金的资助。该法中也包括许多不明确的条款，这使其解释起来很困难，不过，实践中它似乎对大多数学校影响很小。

3.8 小结

州对公立学校课程项目的控制权要比对私立学校的大得多。简单地说，州可以对公立学校强加任何要求，除非有合法的原因限制，但是对私立学校却需要一个合法的好的理由才能控制课程。在实践中，州已经选择将其课程控制权部分移交给当地的学校董事会。在某种程度上，联邦政府大部分通过某种项目援助和附加在联邦资金上的限制进行干预。因此，关 【113】
于标准、毕业要求、必修科目、课程内容和观点、教学方法和教材的决定要通过包括多层政府的复杂过程才能形成。

州和地方学校董事会对公立学校课程的控制遭到的大多数起诉是基于《联邦宪法第一修正案》的宗教条款。这些案件包括两种类型：第一种类型，起诉者根据不得确立国教条款反对有组织的祷告、圣经的阅读、自省、宗教作品的散发和学校里的宗教典礼。许多原告已经胜诉。通过“莱

① Ceniceros v. Bd. of Trustees of San Diego Unified Sch. Dist., 106 F. 3d 878 (9th Cir. 1997).

② Prince v. Jacoby, 303 F. 3d 1074 (9th Cir. 2002).

③ 20 U. S. C. § 1232h.

蒙检验”，法院禁止任何其目的或主要结果是宗教的而非世俗的课程项目。

第二种类型，原告反对课程内容或教材，宣称其抑制或促进了宗教。当联邦最高法院废除禁止教授进化论的阿肯色州法律时，有些原告已经胜诉。法院发现这个法律的唯一目的是去阻止一种科学理论的教学，这种理论与正统基督教信仰对立。然而，大多数以不得确立国教条款反对课程内容和教材的原告都失败了。只要课程有一个世俗的目的，仅仅在教学中同意或不同意任何特定宗教或整个宗教并不违背不得确立国教条款。特别要指出的是，原告关于课程没有宗教内容、不提及上帝或反对宗教教学就会建立世俗主义宗教或世俗人文主义宗教的主张并不会胜诉。类似地，当原告要求根据自由信教权而不应接受与他们宗教信仰或道德信仰相矛盾的教学时，法院一般会驳回他们的诉求。

以言论自由权对学校课程进行反对的有两种类型。第一种情况，原告主张享有不被强迫去支持违背他们意愿的政治观点的权利。在公立学校里这个原则主要应用于禁止要求学生参加升旗仪式。这一原则同样也可以用于禁止要求从意识形态上纠正作业或考试中做出的回答。第二种言论自由权案例的类型是关于所谓的知情权。这种情况大多数涉及学生原告反对学校董事会决定把书从班级或图书馆清除。当法院发现学校董事会唯一的目的在于压制一种不利的政治思想或理论时，原告会获得胜诉。但是，从总体上说，法院给予学校董事会在选择或舍弃教科书，特别是那些已被断定为淫猥、低俗、性侵犯的或与学生年龄不相宜的教科书时有较大的自由。一些法院要求按照已存在的、明确的程序审查课本。学校对学生使用互联网的管理受到宪法和联邦成文法限制。

以宪法权利对学校课程进行反对的最后一种情况是诉称学校项目所涉及的课程和材料对一个或多个种族、民族或性别群体有歧视。很少有判例法适用于这个领域，法院也不可能干涉，除了一些影响重大的案件，如使
【114】用歧视性教材的意图是为了歧视一个少数种族或民族。通常，涉及课程政治和社会观点的决定，与其说是法律问题不如说是教育政策问题。

有几个联邦法律限制了州和地方政府对学校课程的控制。这些法律中最具有潜在重要性的是《不让一个孩子掉队法》，这个法律包括了可能对许多学校产生深远影响的评估、问责制和改进要求。

4 【115】

学生的言论自由权

第 4 章和第 5 章讨论了有关学校管理学生行为的法律问题。贯穿这两章的主题是学校维持有序环境的需要与学生作为公民和人所具有的权利之间的张力。本章特别审视了根据学校维持秩序和实现其任务的需要，学生享有的自由表达的宪法权利的程度及限制。第 5 章讨论了学校对行为不当学生的正确处理。

在不久以前，学校对学生的管理几乎没有限制。法院通常将学校视为父母的角色（即代理父母的地位，In Loco Parentis），在这一原则下学校的任何管理方式——就像亲子关系具备广泛的权利一样——都被认为是合法的。直到最近，儿童，更不用说学生，除了在几种特定的情形之下，仍然没有受到《权利法案》和《联邦宪法第十四修正案》的保护。因而只有成文法和普通法限制了教育者的权限。其中，与学生行为相关的法律很少，而且主要规定了允许的惩罚类型和严厉程度以及允许教育者决定禁止哪些行为。

因此，在麦德林·雷姆雷 1962 年著的一本 364 页的畅销教育法学教科书中，只有 10 页是有关管理学生行为的内容。① 书中指出：“学生有义务遵守州和地方行政官员所制订的学校法律、规章和规则”，并且“有义务服从教师和其他学校当局的命令”。该书仅仅讨论了对学校权力的两个限制：成文法和普通法限制了体罚的严厉性，以及开除学生必须建立在合理的规则之上，尽管在判例法中没有呈现任何反对不合理学校规则的判决。【116】
除了在西弗吉尼亚州教育董事会诉巴尼特案（参见 3.5 节）中联邦最高法院禁止被学校要求的升旗仪式之外，雷姆雷未提及关于学校对学生管理权

① MADALINE REMMLEIN, SCHOOL LAW (2d ed. 1962).

的宪法限制。

虽然雷姆雷在当时对该主题的处理是充分的，但是在过去40 多年出现了两方面的发展，使其已经过时。首先，法院已经认识到，尽管儿童的法律地位不同于成年人，然而儿童已被授权得到宪法的保护。① 现今，人们期待国家为儿童提供被证明为非常正当的压制对待，尤其是涉及基本权利时。其次，学校代理父母地位的观念几乎被抛弃了。法院认识到出于学校的大部分目的，学校与其说是父母的替代，还不如说是国家的手臂更为确切。因此，法院希望把《权利法案》和《联邦宪法第十四修正案》的保护范围也扩及至学生。

这并不意味着学校再也没有管理学生的权力（和义务）。相反，雷姆雷的基本前提仍然成立：学生有义务服从法律、学校规章和教师的要求。不过，对于这一部分，法律对州管理其公民的限制同样适用于学校。人们希望学校像法院所界定的那样，为学生的宪法权利提供全面的保护。

4.1 言论自由：概述

《联邦宪法第一修正案》有关言论自由的条款规定："国会不得制定法律……限制言论自由或出版自由；剥夺人民和平集会和向政府诉冤请愿的权利。"正如已经讨论过的，由于《联邦宪法第十四修正案》正当程序条款的存在，前述限制适用于州政府的行为。

言论自由是个人自由和民主的基础。关于为何要坚定地保护言论自由，法官们和政治理论家们论述了多方面的原因，而其中的四点最为主要。

1. 言论自由对于一个自治政府系统的有效运转十分重要。人们若不能自由地讨论其所面对的问题，就不能做出正确的决定。

2. 没有言论自由，将不可能揭露和质疑错误观点，因此会大大减少获知真相的可能性，阻碍个人和政治的发展。

① *In re* Gault, 387 U. S. 1 (1967).

3. 言论自由可以促进自我实现和取得成就。

4. 言论自由是社会和政治安全的阀门，允许人们不借助暴力来发泄被压抑的情绪。

法院明显地扩大了对言论自由权的有力保护。同时，法院也认识到，没有任何权利是绝对的。有些言论的形式是有害的，保护这些有害的言论弊大于利。可能最好的例子就是国家禁止在拥挤的剧院里谎报火警，因为这对公民生命财产存在潜在的巨大伤害。因此，在解释言论自由条款时，法院发展了广泛的原则来保护《联邦宪法第一修正案》中包含的基本价值和其他言论可能损害到的合法利益。在界定这两者的过程中，产生了一系列涉及复杂定义、检验和规则的案件。 【117】

“言论”的定义

几乎每一项行为都可以被认为拥有一定的表达内容。但是由于《联邦宪法第一修正案》特别禁止政府限制“言论”自由的行为，因此产生了许多涉及一项特定的表达行为是否属于言论范畴的案件。例如，拳打别人的鼻子当然能被视为一种表达形式，但它是言论吗？即使不是所有情形，但在大多数情形之下，答案是否定的。因此，国家对拳打别人鼻子这一行为的管制——尽管无可争辩地要服从宪法的其他限制——并不受《联邦宪法第一修正案》的限制。

分清言论和其他形式的表达方式的界限并不总是那么简单。例如，在公园里睡觉是言论吗？有一个案件，人们睡在公园里作为抗议无家可归困境运动的一部分，联邦最高法院认为这是言论。① 同样，法院认为与政治示威运动联系在一起的焚毁国旗的行为是言论，但是其必须遵守《联邦宪法第一修正案》的限制。② 法院写道：“决定一项特定的行为是否包含足够的交流因素以适用《联邦宪法第一修正案》，我们要问该行为是否具有传达特定信息的意图以及这些信息是否能被看到的人所理解。”这就是判断

① Clark v. Cmty. for Creative Non-Violence, 468 U. S. 288 (1984).

② Texas v. Johnson, 491 U. S. 397 (1989).

一项行为是否是《联邦宪法第一修正案》所确定的言论的标准。

学校期望规范学生的外表经常引发的问题是学生的发式或服饰是否属于《联邦宪法第一修正案》中的言论。有些法院认为学生的发式是言论，而另一些法院却认为不是。①

关于服饰，法院有时不认为普通款式的服饰或选择一种装饰就是言论。因此，有法院裁定佩戴一只耳环并不是言论，即使这个耳环是某个帮
【118】派的标志，而另一家法院却裁定身着垮裤不是言论，尽管它也是表明帮派归属的标志。② 然而并不是所有的法院都这样认为。第五巡回法院裁定，学区要求学生穿统一制服确实引发了言论自由的问题，因为学生选择服饰包含了“交流的内容”，它可以标志民族传统、宗教信念和政治与社会观念。法院尽管这样认为，却仍然支持学校统一制服的政策，原因在4.2节中有所讨论。③ 法院一致认为，学校因为服饰上的信息或标志而规范着装的意图会引发言论自由的相关争议，这些案件的判决应根据4.2节和4.3节所讨论的宪法原则来裁定。④

言论的种类

有些言论的种类并不受《联邦宪法第一修正案》的保护。不受保护的言论包括猥亵、挑战性语言、威胁以及诽谤他人的言论。在法律上，猥亵性言论符合三个条件：（a）正常人运用所处社会的标准从整体上可以发现，它刺激了淫欲；（b）出版物是否以一种明显令人生厌的方式形容或描绘州法律具体界定的性行为；（c）作品从整体上看缺少严肃性的文学、艺术、政治或科学价值。⑤ 挑衅性言语是指可能会造成伤害或直接导致扰乱

---

① Bishop v. Colaw, 450 F. 2d 1069 (8th Cir. 1971); Gfell v. Rickelman. 441 F. 2d 444 (6th Cir. 1971).

② Olesen v. Bd. of Educ. of Sch. Dist. No. 228, 676 F. Supp. 820 (N. D. Ill. 1987); Bivens v. Albuquerque Pub. Schs., 899 F. Supp. 556 (D. N. M. 1995).

③ Canady v. Bossier Parish Sch. Bd., 240 F. 3d 437 (5th Cir. 2001); *see also* Long v. Bd. of Educ. of Jefferson County, 121 F. Supp. 2d 621 (W. D. Ky. 2000).

④ Sypniewski v. Warren Hills Reg'l Bd. of Educ., 307 F. 3d 243 (3rd Cir. 2002); Boroff v. Van Wert City Bd. of Educ., 220 F. 3d 465 (6th Cir. 2000).

⑤ Miller v. California, 413 U. S. 15 (1973).

治安的言语。① 威胁可以被合理地认为是出于故意伤害的目的的恶劣言语。② 诽谤是一个复合概念，在当前可以被定义为向第三方做出错误陈述，从而导致他人受到歧视、嘲笑或类似的伤害。这些表达形式不受《联邦宪法第一修正案》的保护，所以，政府如果愿意，可以禁止这些言论并惩罚发表这些言论的人。因此，第八巡回法院允许学校开除一名学生，因为这名学生的前女友将他撰写的一篇文章合理地解释为是在威胁要强奸和谋杀她。③

有些言论类型，包括商业言论、冒犯性或猥亵性言论和诋毁公众人物的言论只受《联邦宪法第一修正案》有限的保护。为了寻求保护，以广告 【119】
为代表的商业言论必须不是有关非法活动的或易产生误导的。为了使商业言论符合这一标准，政府在以下情况仍然可以对其施以规制：（a）规范所保护的利益是重大的；（b）规范直接促进了该项利益；（c）该规范为了达到这一目标从严限缩适用范围。④ 有关冒犯性言论——用一种下流或不合时宜的方式讨论排泄或性行为的言语——的法律并不是完全确定的，当这些言语能被儿童理解的时候，对其予以规范显然是允许的。⑤

上述类型之外的言论将受到最高层次的保护。法院在保护政治言论以及公众争论或关注的言论时特别谨慎。但是，即使是这些受最高层次保护的言论，如果有足够的正当理由，也可以被控制甚至禁止。

受保护言论的规范

政府可能基于以下原因控制言论：（a）不认同言论的内容（如提倡毒品合法化）；（b）担心其内容潜在的影响（如担心言论会导致听众反对政府的政策）；（c）担心言论的形式（如不论言论的内容是什么，在学校外面通过喇叭播音，扰乱学校里面的学习）。与不论言论内容而仅规范言论

① Chaplinksy v. New Hampshire, 315 U. S. 568 (1942).

② Lovell v. Poway Unified Sch. Dist., 90 F. 3d 367 (9th Cir. 1996).

③ Doe *ex rel.* Doe v. Pulaski County Special Sch. Dist., 306 F. 3d 616 (8th Cir. 2002); *compare*, J. S. *ex rel.* H. S. v. Bethlehem Area Sch. Dist., 807 A. 2d 847 (Pa. 2002).

④ Bd. of Trustees of State Univ. of N. D. v. Fox, 492 U. S. 469 (1989); Central Hudson Gas & Elec. Corp. v. Pub. Serv. Comm., 447 U. S. 557 (1980).

⑤ FCC v. Pacifica Found., 438 U. S. 726 (1978); *but see* Cohen v. California, 403 U. S. 15 (1971).

形式相比，政府要证明其规范言论内容的合理性更为困难。① 而最难证明其合理性的规范是对不赞成意见进行压制。

总的来说，为了证明禁止不赞同的言论是合理的，政府必须证明该项禁令是"实现极重要的国家目的和利益所必需的……并且仅仅是为了达到这样的目标"。为了证明控制言论的合理性是因为其涉及的潜在的影响，政府可能会试图说明这项被禁止的言论行为会"直接引发或导致非法的行为和可能引发或导致非法的行为"。② 众所周知，这个标准的老版本允许禁止会制造明显的，且是政府有权阻止的当前具有灾难性的危险的言论。③ 如果这项控制能促进政府重要的、实质性的利益，而且仅仅是促进这项利益所必需的，则内容中立的控制是被允许的。④

将这些相关的言论自由的法律运用到特定的情形并不总是容易的。以"诘问者的否决"（heckler's veto）为例，假如发言者的观点不受人欢迎，
【120】以致听众以暴力相威胁该怎么办？这些言论能被视为挑衅性言论吗？它引发了即刻的非法行为吗？发言者能因此受到惩罚吗？如果能，那么一个有敌意的听众可以否定自由演说的权利吗？这些问题未得到完全的解决。⑤

另一个言论自由问题涉及个人进入政府场所演说的权利。联邦最高法院已经认可，特定的"传统公共论坛"，如公园，在历史上供演说之用。在这些地方，演说受到严格的保护。如果政府自愿开放或指定特定的地方供公众演说，则这些地方也受到最高限度的保护。在其他情形下，政府可提供其场地供特定和有限的自由演说使用。如学校董事会议，每个被邀请的公众成员可以在有限的时间里就特定的主题表达自己的观点。在这种情况下，"只要控制是合理的，而且并不仅仅是因为行政官员反对发言者的观点而试图压制其言论"⑥，这种控制就是被允许的。

在政府场所进行的言论，不论是在传统的公众论坛还是在其他地方，

---

① United States v. O'Brien, 391 U. S. 367 (1968).

② Brandenburg v. Ohio, 395 U. S. 444 (1969).

③ Schenck v. United States, 249 U. S. 47 (1919).

④ United States v. O'Brien, 391 U. S. 367 (1968).

⑤ *Compare* Edwards v. South Carolina, 372 U. S. 229 (1963), *with* Feiner v. New York, 340 U. S. 315 (1951).

⑥ Perry Educ. Ass'n v. Perry Local Educators' Ass'n, 460 U. S. 37 (1983).

都可以受到合理的时间、地点和方式的限制。这些限制仅仅是为了完全合法地利用设施或促进安全。例如，官员可以要求在机场散发图书资料的人必须远离出口以维持通道顺畅。在宪法上，这种控制必须符合四项标准：(a) 该项控制在内容上是中立的（即控制不是建立在言论主题或内容之上）；(b) 该项控制必须是为了实现重要的政府目标；(c) 该项控制必须从严限缩适用范围（即不能显著超越达成该目标所必需的程度）；(d) 该项控制为了达到目标必须给听众留下足够的选择方式。①

当涉及学生言论自由的问题时，法院首先要看以上所列的言论自由的总的原则。然而，由于下面所讨论的原因，法院不能简单地遵循这种先例，并将其直接适用于学生。有关学生言论自由的有些法律是建立在言论自由的总的原则上来考虑的，但也会根据学生和公立学校的特殊法律地位而加以调整。

4.2 学生的独立言论

根据言论发生的地点、时间和言论的发起者，学生的言论可分为三种类型。第一种是独立的学生交流，是学生在学校但不是作为参加课程或学校控制的其他活动所进行的交流。法院通常将独立的学生言论界定为私人 【121】
言论，因为它完全出自言论者，并不是由学校发起或倡导的。在学生餐厅或走廊里的谈论以及印在衣服上的信息一般都属于这一类。第二种学生言论通常是作为学校课程的一部分，如课堂讨论，为学校的官方报纸撰写的文章，在学校集会上发表的言论。第三种学生言论是在完全不受学校控制的公共集会场所发表的言论，通常不是发生在校园里或学校主办的活动中。这一章节将讨论有关学生在校独立言论的权利问题。4.3 节和 4.4 节分别讨论第二种和第三种学生言论。4.5 节讨论结社自由以及与学生和非学生社团相关的自由言论问题。

1969 年以前，联邦最高法院仅仅将不诵读忠诚宣誓的权利作为唯一适

① Ward v. Rock Against Racism, 491 U. S. 781 (1989); Clark v. Cmty. for Creative Non-Violence, 468 U. S. 288 (1984).

用于学生的言论自由权（参见3.5节西弗吉利亚州教育董事会诉巴尼特案中的讨论）。那一年，法院首次审查了学生是否以及在何种情况下在学校享有进行自主选择的言论的权利。这个案件具有特别重要的意义，因为它标志着联邦最高法院首次全面地考虑是否将《权利法案》适用于公立学校的学生。

(121~124) 汀克诉德莫尼耶独立学区案①是一群学生决定与他们的父母一起佩戴黑色袖章来表达对越战的反对。学校当局在学生抗议之前知道了这一事件，所以通过了一项规定，禁止在学校佩戴袖章，否则处以停学。但是学生佩戴袖章来到学校，不听从校长的要求，拒绝去掉袖章，结果被处以停学，直到抗议结束，他们不再佩戴袖章来到学校。

为了裁定学校是否侵犯了被停学学生受《联邦宪法第一修正案》保护的权利，法院不得不考虑一系列的问题。第一个问题是宪法上言论自由的权利是否适用于在校学生，法院几乎没有提出疑问就对这个问题做出了决定。因为宪法是美国的基本法，它适用于任何情况，尽管我们对它的理解会由于特殊情形而做出修改。法院宣布，“毋庸置疑，学生和教师在学校受宪法言论自由权的保护”。同时，法院认识到，“学校的特殊之处”会“产生特别的情形，需要对理解和运用言论自由的方式做出修改”。法院写道：“我们的问题在于考虑学生受《联邦宪法第一修正案》保护的权利与学校当局制定的规则之间的冲突。”

法院不得不考虑的第二个问题是学生事实上是否发表了言论。学生不是因其言论而是因佩戴黑色袖章而受到处罚。这里，法院还是没有提出疑问，认为这种行为是一种表达方式，法院认为它与“单纯的言论一样”，同样受《联邦宪法第一修正案》的保护。言论自由不仅保护事实上的交谈，也保护一系列为了表达观点而开展的活动。

汀克案中下一个并且更加困难的问题是学校当局根据学校的特殊情形可以控制学生言论的程度。法院认为，公立学校被授权教育广大

---

① Supreme Court of the United States, 1969, 393 U.S. 503. ——译者注

儿童，这一角色对社会的健康发展是至关重要的，不受限制的学生言论有时会干扰学校完成其教育任务。但是法院也认识到表达任何一种不同于他人的观点都有可能导致混乱。但是言论自由是如此重要，即使学校要冒受到干扰的危险，也应该保护言论表达。根据这些原则，法院认为只有控制言论并且其控制程度是为了防止对教育过程产生“实质而重大”的破坏，或者是为了在学校保护其他人的权利，学校控制学生的言论才是合法的。

根据这些原则，法院最后的任务是将这些分析应用于该案件。尽管学校当局认为其禁止佩戴袖章是为了避免对学校产生破坏，但法院很清楚其真正的动机是不同意学生所表达的观点。毕竟，学校是在产生破坏之前事先禁止佩戴袖章。也有证据表明学校允许其他有可能产生破坏的标志性言论，包括佩戴纳粹袖章。而且，与佩戴袖章相联系的破坏只是极少数。因此，法院认为学校当局超越了其宪法权限，并做出了支持学生的判决。

通过宣告学生在学校并未丧失言论自由的权利，汀克案打开了学校允许表达各种观点的大门，甚至是一般学校管理者或社会不赞同的观点。尽管法院并不禁止学校向学生灌输政治价值和社会观念（参见第3章），但法院仍认为联邦宪法要求学校作为一个思想汇集之地，在这里，学生应享有保留不同意见、形成自己的观点以及在独立言论中表达不同于其他人观点的权利。在汀克案中，法院将学校看成民主社会的缩影，学生与社会中的公民一样，最大限度地享有言论自由的权利。同时，汀克案的法院认识到，学校当局有权维持有序的环境以完成学校的教育任务，因此，他们有时必须限制言论。 【125】

为了在学生的言论自由和学校的合法需要之间达到平衡，法院形成了一项检验规则来决定学校管理者何时能合法地控制学生的言论。该项原则是上述明确但具有现实危险的原则的修正形式。“汀克案原则”认为，学校管理者只能禁止以下言论：会对学校秩序引发或合理地预测会引发实质而重大的破坏，或是侵犯到他人的权利的言论。

该项检验原则最重要的是暗示了学校管理者不可以因为不同意所发表

的观点而处罚或禁止言论行为，也不可以因对其破坏秩序的泛泛担心而压制和处罚言论行为。然而，他们可以运用合理的规则来限制学生言论的时间、地点和方式，只要这些规则是学校实现其教育功能所必需的。例如，在数学课上，禁止学生发表政治言论是非常合法的，甚至可能还是必需的，但是，除了在非同寻常的情形下，学校是不允许禁止学生发表政治言论的，如午餐时段学生自由讨论他们自主选择的主题。

"汀克案原则"对私人学生言论的所有表达方式有相应的规定：非官方（地下）报纸；具有政治信息的徽章；包括帮派成员和宗教团体的标志或信仰在内的所有象征物，如念珠①；学生的示威运动。所有这些言论，全部或部分，只有当其严重地破坏了学校的教育任务或侵犯了他人的权利时才能被限制。有一个法院甚至认为一个同性恋男生带另一个男生参加舞会也是一种表达行为，按照"汀克案原则"，也可以对其加以控制。②

无论何种形式，私人言论只有在其本身会对教育任务产生明显的破坏或侵犯他人权利的时候才可以被限制。下级法院对"汀克案原则"的使用引发了一系列具有混合结论的案例。大多数情况下，有关独立（非学校主
【126】办）出版物的出版自由被有效地保护。当传发地下报纸并不产生破坏，并且报纸的内容不侵犯他人权利的时候，法院一致保护学生免受处罚。当学生的文章公开地批评学校管理者和学校政策，鼓励学生反对这些政策，或者讨论诸如流产之类有争议的问题时，也会受到保护。③ 第七巡回法院根据"汀克案原则"裁定学校禁止在学校里传发不是由学生、教师或学校职工所写的文学作品、匿名出版物以及销售文学作品的规定是无效的。④

最近几年，至少在部分判决中，法院似乎在重新思考独立言论和学校发起的言论之间的界限，因此在某些情形下学校比以前更多地控制学生的

---

① Chalifoux v. New Caney Indep. Sch. Dist., 976 F. Supp. 659 (S. D. Tex. 1997).

② Fricke v. Lynch, 491 F. Supp. 381 (D. R. I. 1980); *but see* Harper v. Edgewood Bd. of Educ., 655 F. Supp. 1353 (S. D. Ohio 1987).

③ Scoville v. Bd. of Educ. of Joliet Township, 425 F. 2d 10 (7th Cir. 1970); Sullivan v. Houston Indep. Sch. Dist., 307 F. Supp. 1328 (S. D. Tex. 1969); Shanley v. Northeast Indep. Sch. Dist., Bexar County, 462 F. 2d 960 (5th Cir. 1972).

④ Jacobs v. Bd. of Sch. Comm'rs, 490 F. 2d 601 (7th Cir. 1973); *compare* Frasca v. Andrews, 463 F. Supp. 1043 (E. D. N. Y. 1979).

言论是被允许的。一个法院甚至在缺乏任何产生破坏的证据的情况下，也允许学校禁止学生穿“玛丽莲·曼森”T恤，因为这件T恤代表了一种暗含的攻击学校教育使命的信息。① 同时，最近的一些判决扩展了学生独立言论的种类，包括在学校主办的活动中学生也可以自由地发表他们的言论。第十一巡回法院裁定学生的毕业演讲是私人言论，当学生被同学推选出来发表言论时，学校应允许其决定想说什么而免受学校的监督。既然这种言论被认为是私人言论，那么即使言论中包括宗教内容，也并未违反不得确立国教条款。②

法院总是对学校控制种族、民族和政治紧张局势中的言论持同情态度。在这些情形下，法院支持学校为了预防暴力而规定，禁止佩戴具有挑衅性的徽章、帮会成员标志或种族优越标志。例如，在梅尔顿诉扬案③中，法院允许学校禁止穿戴南部联邦旗帜和相关标志，因为这些标志会导致学校严重的种族关系紧张和混乱。法院很谨慎地表明这个裁定并没有与汀克案不一致：

> 在汀克案中，法院并没有发现事实的或者潜在的破坏行为，只是担心或认为会导致骚乱。而这个案件不同于汀克案，这个案件中的记录非常明确地反映了在1969—1970学年度，布雷恩高中（Brainerd High School）存在着严重的混乱，这种混乱实质性地破坏了学校的运作，以致学校事实上两次被迫关闭。前一年争论的焦点集中在南部联邦旗作为学校的标志上。因此，学校当局有权预测到继续存在的种族紧张局势，就像学校1970年9月刚开学时一样。 【127】

与梅尔顿案一样，法院更多地认可那些限制可采用的表达方式的规定，而不是认可那些限制表达观点的规定。④ 因此，在卡斯特里纳政府代

---

① Boroff v. Van Wert City Bd. of Educ., 220 F. 3d 465 (6th Cir. 2000).

② Adler v. Duval County Sch. Bd., 250 F. 3d 1330 (11th Cir. 2001).

③ 465 F. 2d 1332 (6th Cir. 1972).

④ *See* Guzick v. Drebus, 431 F. 2d 594 (6th Cir. 1970); Olesen v. Bd. of Educ. of Sch. Dist. No. 228, 676 F. Supp. 820 (N. D. Ill. 1987); Hernandez v. Sch. Dist. No. 1, Denver, 315 F. Supp. 289 (D. Colo. 1970).

理律师鲁特诉麦迪逊县教育董事会案①中，第六巡回法院在学区允许其他学生穿戴崇拜马尔科姆·艾克斯衣服的同时，裁定学区在未能证明其会产生破坏的情况下不能禁止学生穿戴印有南部联邦旗图案的T恤。但是如果情况与此不同，有证据表明印有南部联邦旗图案的T恤会导致破坏情形，那该如何？在那种情形下，学区能够在允许其他学生继续穿马尔科姆·艾克斯服装的同时，采取措施禁止穿印有南部联邦旗图案的T恤吗？换句话说，假如表达一种观点会导致实质且重大的破坏而相反的观点则不会的情形下，学校是在实行观点歧视吗？在汀克案所阐述的观点中，明确表明了观点歧视是不允许的。然而在这一点上，法院的阐述是模棱两可的："很明确，禁止表达某一特定的观点，至少是在没有证据表明是为了防止其对学校活动和纪律产生实质且重大的破坏的情况下，这种禁止在宪法上是不允许的。"

不论是言论还是标志，在有敌意的听众中表达任何不受欢迎的观点，都会产生破坏。因此，问题就产生了：学校管理者是否应该保护有争议言论的表达者或穿戴具有挑衅性标志服饰的个人并限制观众？学校管理者是否可以通过审查言论来限制破坏？进而言之，一个有敌意的听众能够通过威胁其会制造破坏来寻求废止言论者的言论自由权吗？汀克案和其他学校案例都没有对"诘问者的否决"做出阐述。推而论之，学校管理者首先应该保护言论者，但是，如果要确定将该保护视作无用或确定采取措施使言论者保持沉默，则必须等待进一步的诉讼加以确认。

当学校管理者可以合理地预测到学生言论可能会产生暴力破坏时，他们可以适当地惩罚言论者，以防止暴乱。在拉文诉布莱恩学区案②中，第
【128】九巡回法院裁定校长在紧急情况下开除一名学生并未侵犯该学生的言论自由权，这名学生向教师递交了一首充满暴力死亡、自杀以及在学校枪杀同学等意象的诗。法院指出校长除了考虑这首诗以外，还考虑了这名学生以前有过的自杀念头、被处罚的经历、家庭状况、最近的失恋并随后跟踪其前女友，以及最近在附近城市发生了校园枪杀。法院进一步指出，只要该生经心理医生评估，得出其对自己或其他人不存在威胁的结论，学校就应

① 246 F. 3d 536 (6th Cir. 2001).
② 257 F. 3d 981 (9th Cir. 2001).

允许其返校。

然而，有时候法院并不允许学校管理者仅仅因为担心会产生破坏而控制言论。在塞利弗克斯诉新卡利独立学区案①中，得克萨斯州的一个联邦地区法院认为学校当局不能提供会产生破坏的充分证据，来证明其拒绝学生单纯为了宗教目的而佩戴念珠的合理性。学区认为念珠对一些学生来说是帮会的标志，不论出于什么原因规定禁止佩戴念珠都是合理的。法院驳回了学区的辩解，并发现其实学校操场上佩戴念珠的学生宣称自己是帮会成员这种情况只出现过一次，而且在这个案件中，也没有证据表明原告佩戴念珠吸引了其他同学的注意。法院判定学校反对与帮派相关着装的规定是违反宪法的做法（参见5.1节）。

在形成“实质而重大破坏”的标准时，汀克案的审理法院主要关注的是有形破坏。有一些法院扩充了这一概念，将言论引起的令人不悦的后果也包括在内，如言论对其他学生造成了潜在的心理压力。例如，在特拉赫特曼诉安克案②中，法院允许学校禁止高中记者分发引出“关于某些学生在性态度、性取向、性知识和性经验方面相当个人的和直白的信息”的调查问卷。学校管理者做出这项规定是因为担心其会对被要求填写调查问卷的学生造成心理伤害。在初审中，一些心理学家支持学校的立场，而另一些心理学家则表示反对。

特拉赫特曼案表明很多法院不愿否决学校管理者的行政决定。即使在汀克案中法院解释学校为了保护学生免遭心理伤害可以限制言论，但特拉赫特曼案并未提供任何足以认定学生会受到伤害的理由。没有一个人是被强迫填写调查问卷的，而且学生在阅读调查问卷之前都被提示了调查问卷的主要事项。

与拉文案、特拉赫特曼案和塞利弗克斯案一样，许多汀克案后的诉讼涉及实质而重大破坏的标准的运用。但是汀克案也授权学校可以禁止侵犯他人权利的言论。虽然这一标准的范围并未很好地界定，但是可以推断，

① 976 F. Supp. 659 (S. D. Tex. 1997).

② 563 F. 2d 512 (2d Cir. 1977).

它允许限制那些侵犯学校其他成员隐私的言论（参见12.3节）。[①] 同样根据汀克案，直接针对学生或其他私人的诽谤材料也可以被禁止，因为诽谤
【129】不受《联邦宪法第一修正案》的保护。然而，材料只有做出或暗含了虚假的事实陈述才是诽谤性的，而不是因为其表达了对他人的否定看法（参见12.2节）。

规范学生独立言论的其他依据

汀克案标准并不是控制学生独立言论的唯一依据。学校当局可以禁止在学校内传发淫秽材料，因为淫秽材料并不是受法律保护的言论。尽管法院对传发给未成年人的淫秽材料有一个更广泛的定义[②]，但在淫秽与性挑逗或性冒犯之间的界限并不容易确定。即使如此，联邦最高法院最近表达了意愿，支持学校至少在学校发起的集会上禁止淫秽的、具有性暗示的讯息。[③] 然而多数下级法院仍然保护地下报纸不因其粗俗的言语而遭到取缔。[④] 在一个高等教育的案件中，联邦最高法院禁止学校因为传发一份首页包含攻击性但非色情的政治卡通画以及标题为"M……f……无罪"的独立性报纸而开除一名学生。这幅卡通画描绘了一个警察强暴自由女神像。[⑤] 如果在高中学校的背景下，法院做出这样的判决就会令人质疑。

根据挑衅性言论不受保护的总原则，很清楚，如果侮辱可能造成伤害或引发一般人进行攻击，学校可以禁止种族主义者和性别主义者对特定个人的侮辱言论。[⑥] 这项原则与汀克案中的判决相一致。学生也同样被禁止威胁其他学生或教师或者威胁在学校内施行暴力或不法行为。[⑦] 但是，我们并不清楚不符合法律定义的攻击性言论或威胁的辱骂是否能被禁止。

---

① Kuhlmeier v. Hazelwood Sch. Dist., 795 F. 2d 1368 (8th Cir. 1986), *rev'd*, Hazelwood Sch. Dist. v. Kuhlmeier, 484 U. S. 260 (1988).

② Ginsberg v. New York, 390 U. S. 629 (1968).

③ Bethel Sch. Dist. No. 403 v. Fraser, 478 U. S. 675 (1986).

④ Scoville v. Bd. of Educ. of Joliet Township, 425 F. 2d 10 (7th Cir. 1970).

⑤ Papish v. Bd. of Curators of Univ. of Mo., 410 U. S. 667 (1973).

⑥ Chaplinsky v. New Hampshire, 315 U. S. 568 (1942); Gooding v. Wilson, 405 U. S. 518 (1972).

⑦ Lovell v. Poway Unified Sch. Dist., 90 F. 3d 367 (9th Cir. 1996); LaVine v. Blaine Sch. Dist. 257 F. 3d 981 (9th Cir. 2001).

学校在多大程度上可以禁止冒犯某一民族、种族、宗教或性别群体的“**憎恨性言论**”，也并不清楚。在一个非教育案件即 R. A. V. 诉圣保罗市案①中，联邦最高法院裁定，政府不可以仅因为不赞同其憎恨性观点就禁止该言论。同样，汀克案允许制定旨在防止实质而重大的破坏的规定，而不能制定旨在防止不赞同甚或冒犯性观点的规定。在实际中，特别是在种族多元化的学校中，有时对这种区分很难界定。基于这一情况，加之对学【130】
校反对种族歧视的合法目标的赞同态度，一联邦地区法院裁定 R. A. V. 案的判决原则不适用于规范独立的学生言论。②

更复杂的是联邦《民权法案》——例如第 6 章和第 9 章——强加给学校管理者防止在学校内发生种族骚扰和性骚扰的责任（参见 6.8 节和 6.9 节），而且 R. A. V. 案审理法院在司法意见书中也表明禁止此类骚扰的法律是合宪的。无论如何，禁止憎恨性言论的规定必须尽可能地精确和严密。不论出于怎样良好的意图，用模糊不清的语言限制言论的内容或压制合法的异议将不能通过宪法的审查（参见 5.1 节关于模糊和过于宽泛的规定）。

为了与调整**商业言论**规范所使用的法律一致，学校可以禁止在校园里传发香烟、酒和其他禁止向未成年人销售的物品的广告。尽管如此，学校对由学生发起的不具有破坏性的校园广告的控制程度并不明确。在一个案件中，第四巡回法院，尽管不是依据商业言论的原则，允许学校禁止一份报纸的传发，该报纸刊登了一家名为“迷幻商店”的商家的广告，而这家商店专营用于非法毒品的便携式磅秤。③

学生的**宗教言论**给学校管理者提出了难题。当然，如果学生们在自由时间内愿意彼此间探讨宗教观点，那么他们的确享有此权利。但是如果学生希望在同学当中宣传和推广他们的宗教观念该怎么办？言论自由应保护在学校传教的权利吗？不得确立国教条款要求学校禁止这种形式的言论吗？其他学生有在学校免于被传教的权利吗？言论自由和信仰自由之间存在冲突吗？

---

① 505 U. S. 377 (1992).

② Sypniewski v. Warren Hills Reg'l Bd. of Educ., 307 F. 3d 243 (3d Cir. 2002).

③ Williams v. Spencer, 622 F. 2d 1200 (4th Cir. 1980).

在汤普森诉韦恩斯博罗地方学区案①中，法院判决支持学生在学校的过道里传发由校外团体撰写的宗教材料。学校辩称他们有责任保护其他学生不接受有可能与他们自己信仰相反的宗教材料，以避免出现学校认同材料所表达的宗教观点的表象。然而，法院依据该校校长的证词，指出“限制……至少在一定程度上是以内容为基础”，判决其侵犯了学生的言论自
【131】由。学校已经允许传发其他的即使是由校外团体撰写的材料，而且学生传发材料的时间、地点和方式并不具有破坏性。在运用“莱蒙检验”之后（参见2.5节），法院进一步宣布，允许传发宗教材料并不违反不得确立国教条款。

其他一些法院做出了类似汤普森案的判决。② 在阿德勒诉杜瓦尔学校董事会案中③，第十一巡回法院认为，在由学生团体推选出的学生代表发表的宗教性毕业演讲中，允许学生不受学校管理者的监督，自己决定演讲内容并不违反不得确立国教条款，因为这是私人性的学生言论，而不是学校官方组织的宗教活动。这一裁定暗示私人性的宗教言论只受汀克案标准的限制。然而，要注意的是，如果学校在选择毕业演讲者或决定演讲的内容方面充当了主要角色，这种宗教性的毕业演讲就违反了不得确立国教条款。④ 就像教育部根据《不让一个孩子掉队法》（参见3.7节）所制定的指导准则阐述的那样，学校不可以根据内容禁止学生私人的宗教性言论。

然而，并不是所有的法院都保护学生的宗教言论活动。一个法院裁定学校禁止学生在学校的过道里传发宗教传单和其他传教材料是允许的。法院认为，避免任何宗教认可的目的是非常重要的，这种限制并没有严重侵犯学生权利，因为学生可以在校外传发他们的宗教传单。⑤ 这种立场存在的危险是，所有学生的言论自由权可能由于学生可以经常在校外进行言论活动而被排除。

---

① 673 F. Supp. 1379 (M. D. Pa. 1987).

② Slotterback v. Interboro Sch. Dist., 766 F. Supp. 280 (E. D. Pa. 1991); Rivera v. E. Otero Sch. Dist., R-1, 721 F. Supp. 1189 (D. Colo. 1989); Nelson v. Moline Sch. Dist. No. 40, 725 F. Supp. 965 (C. D. Ill. 1989).

③ 250 F. 3d 1330 (11th Cir. 2001).

④ Cole v. Oroville Union High Sch. Dist., 228 F. 3d 1092 (9th Cir. 2000).

⑤ Hemry v. Sch. Bd. of Colo. Springs Sch. Dist. No. 11, 760 F. Supp. 856 (D. Colo. 1991).

在允许对表达言论的时间、地点或方式进行控制方面，汤普森案与汀克案是一致的。时间、地点和方式的规定就像是交通规则：其制定的目的不是妨碍受规范的活动，而仅仅是确保有序使用拥挤的场所。将某场所用于特定用途是合理的，但不得被用作审查不赞同言论的借口。例如，学校管理者可以对学生集会和示威游行限制其地点和时间，以确保有序地使用学校设施①，而不是去压制与学区或政府政策不一致的表达。

汤普森案的判决部分地取决于法院对学校地位的分析，特别是对学校的过道作为交流论坛的分析。根据对言论发表、材料传发和其他交流活动限制的合宪性，政府场地被分为三种不同的类型：传统的公共或开放论坛，指定的或受限制的公共论坛，非公共论坛。三种类型的论坛都允许政府实行时间、地点和方式的限制。然而，在传统的公共论坛，如公共公园或人行道，政府如果是为了服务于极重要的国家利益并且从严限缩适用范围，才可以对言论内容进行限制。指定的公共论坛是政府自愿开放用来进行交流活动的政府场地，如市政大厅，传统上任何人都可以要求利用。对于指定的公共论坛，不论是由官方政策还是由习俗与惯例指定，政府都必须遵守与开放论坛相关的规定，除非明确决定将其转变为非公共论坛。非公共论坛是出于特别原因而被指定的场所，如一个礼堂仅供莎士比亚作品表演时使用。在这里政府可以对交流实行不以压制不赞同观点为目的的合理限制。必须指出的是，在任何政府控制的论坛，压制观点都是不允许的。 【132】

包括汤普森案在内的众多案件都判决诸如学校过道和咖啡厅之类的地方是指定的公共论坛，这对学校想在这些地方限制交流强加了更多的负担。② 这种判决似乎与许多学校的实际情况相一致，在这些学校里，学生通常在吃饭或去上课的路上自由选择交流的问题，这种判决也与汀克案的精神相一致。与此同时，上课时的课堂、集会时的学校礼堂和供特定课程使用的场所更多地被视为非公共论坛，允许不必因令人信服的需要而施加合理规范。而且，一些在学校周边的场地也具有公共论坛的地位，至少在

① Lipkis v. Caveney, 96 Cal. Rptr. 779 (Cal. Ct. App. 1971).

② Slotterback v. Interboro Sch. Dist., 766 F. Supp. 280 (E. D. Pa. 1991).

非上学时间里。尽管如此，有一个法院裁定整个校园都是非公共论坛，因此，它将合理性标准用于检验限制在学校场所传发材料的学校规定。[1]

汤普森案也讨论了尤其敏感的《联邦宪法第一条修正案》争议——**事前审查**和取缔印刷品。学校管理者可以坚持在允许其在学校场地上散发之前审查由学生发起撰写的书面材料吗？学校管理者可以禁止传发那些达不到特定标准的印刷品吗？如果可以，在哪些情况下可以？有一个案例，即艾斯纳诉斯坦福教育董事会案[2]，法院认为事先审查制只有符合以下标准才是合法的：决定印刷品可以或不可以传发的标准不能是含糊的或涵盖过广的（参见5.1节）；必须明确说明要求何时进行事前批准，向谁递交出
【133】版物；必须建立明确而短期限（如2—3天）的审查时间段，并明确规定假如学校未能在规定的时间里答复，则说明可以进行传发；而且，当学校对学生做出不利决定时，学生应当被告知申诉程序。

在另一个案件伯奇诉巴克案[3]中，法院特别否决了艾斯纳案审理法院的判决，禁止学校实行任何事前审查制度。这一案件是关于学校处罚违反事先审查要求而传发非学校主办的报纸的学生。学校管理者"证明在他们看来，事先审查制是为了学校的安全运行以及避免分心、伤害教师的情感和产生职业伤害，并且是为了父母和社区的期望以及避免可能产生的学校责任"。然而，法院指出，至今还没有出现由在学校中传发报纸或其他印刷品所带来的破坏事件，甚至"被告的专家也承认，他知道没有研究和统计表明不具有事先审查制度和没对学生作品交流进行审查的学区发生过由地下报纸造成的教育破坏"，并且"也没有证据表明熟悉独立性报纸的人会将其与学校主办的印刷品混淆，或者认为其内容反映了学校行政管理层的观点"。

因此，法院裁定，事前审查的规定仅仅建立在"无区别地担心或认为会造成破坏"之上，审理汀克案的法院也拒绝将这一点作为限制言论的理由。法院认为，学校没有更多的必要事先知道有独立主见的学生作品的内

---

① Muller v. Jefferson Lighthouse Sch., 98 F. 3d 1530 (7th Cir. 1996).

② 440 F. 2d 803 (2d Cir. 1971).

③ 861 F. 2d 1149 (9th Cir. 1988); *see also* Fujishima v. Bd. of Educ., 460 F. 2d 1355 (7th Cir. 1972).

容，就像没有必要事先知道独立的学生谈话的内容一样。“学生间的交流，不会干扰学校的教学，”法院写道：“它会丰富学校的环境……”法院谨慎地指出，在开始散发诽谤、淫秽及会产生重大和实质性破坏的印刷物后，学校保留阻止进一步散发和惩罚散发这些印刷物的学生的权利。但是，法院解释，事后惩罚制度比事前约束制度的危险性要小得多。

> 事前约束制度比事后惩罚制度在很多方面具有更多的抑制性：这可能会使众多的言论置于政府的审查之下；会使表达在进行之前就被禁止；更有可能会采取全面压制的方式……这个系统提供了更少公开表扬和批评的机会，就像所有审查历史所表明的那样，这一制度的动力使其超出了必要的界限。

一些法院可能采纳伯奇案的判决，而另一些法院也可能遵循艾斯纳案或形成自身限制事先审查的原则。至少可以说，因为事前审查有压制言论的可能，因此学校在表明其使用的制度符合《联邦宪法第一修正案》的要求时要承担更多的责任。【134】

校服

像在4.1节中所讨论的那样，一些法院认为服装的选择是一种隐性的言论。这一观点的逻辑结果是要求学生穿统一制服（或任何限制性的着装规定）的政策是事前约束的另一种形式，因为它阻碍了学生通过衣服表达自己的观点。第五巡回法院在处理两个有关根据言论自由对学校统一校服的政策提出诉讼的案件中采取了这一立场。尽管如此，法院拒绝采用汀克案的标准，因为统一制服的要求在内容上是中立的，它并没有禁止任何特别观点的表达，只是对表达时间、地点和方式做出了规定。

相反，法院所采用的检验标准，是用于检验不以内容规范言论的规定是否合宪。这些行政规章是否出于重要的政府目的，而且是否从严限缩适用范围以达成这一目的。在支持学区的决定方面，法院认为统一制服的政策是为了促进仪表、缓解紧张状态、减少帮派相关的活动、减少违纪问题、降低学生将枪支隐藏在衣服内带进学校的可能性。这一规定是从严限缩适用范围的，其违反《联邦宪法第一修正案》只是暂时的，因为学生在放学后可以选择服饰。一个学区的政策还包括为因虔诚的宗教或价值观而提出反对的学生及父母提供选择退出的条款。①

4.3 学校支持的言论

在4.2节中讨论了汀克案、其他一些判例和处理有关学校控制学生独立或私下言论问题的原则，正如汀克案审理法院所认为的属于“学生间的个人交流”。这部分讨论了在学校主办或控制的学校课程或其他活动中出现的学生言论。就像接下来的案件所显示的，学校管理者在这种背景下对学生言论的限制有了更大的回旋余地。

(135~139) 在1988年的黑兹尔伍德学区诉库赫梅尔案②中，联邦最高法院进一步确定了两年之前在弗雷泽案③中所暗含的学校主办与非学校主办的言论之间的区别。这个案件中，一所中学的校长在报纸出版之前，删除了学校报纸中有关“学生怀孕经历”与“离婚对在校学生的影响”的文章。这份报纸由学生创办，作为定期的普通课程的一部分，基本上由学区资助。平常的做法是新闻学教师向校长提交每一主题的报刊的校样，供其在出版之前进行审查。校长删除这两篇文章的原因是，文章内容有可能对其中被指名或未被指名的学生及其父母产生困扰。校长认为谈论“性行为和控制生育对一些在校的青年学生是不适当的”。学生记者未采取正确的新闻出版程序，因为在有关离婚的文章中提及的父母并没有被给予机会做出回复。而学生编辑和作者则认为校长的行为侵犯了其出版自由的权利。

上诉法院在做出支持学区的判决中引用了汀克案。但是最高法院

① Littlefield v. Forney Indep. Sch. Dist., 268 F. 3d 275 (5th Cir. 2001); Canady v. Bossier Parish Sch. Bd., 240 F. 3d 437 (5th Cir. 2001). *See also* Long v. Bd. of Educ. of Jefferson County, 121 F. Supp. 2d 621 (W. D. Ky. 2000).

② Supreme Court of the United States, 1988, 484 U. S. 260. ——译者注

③ 见本书第117-118页。——译者注

推翻了这一判决。基层法院认为学生报纸是公共论坛，“想成为和作为学生观点表达的渠道”。因此，法院认为学校只能审查报纸以避免对教育产生实质而重大的破坏或防止侵犯他人的权利。但是，下级法院认为并不包含这种情形，文章不可能导致对教育的破坏。而且，在法律意义上，文章也未构成诽谤或侵犯他人隐私或其他的权利。

联邦最高法院不同于上诉法院的一个基本之处，是联邦最高法院认为该报纸不是一个公共论坛，尽管学校通常都允许学生控制报纸的内容。然而，法院发现报纸的主要目的是向学生提供正确的新闻出版理论的实验场所。因此，法院认为，库赫梅尔案提出了一个不同于汀克案的问题。法院将其不同之处解释如下。

《联邦宪法第一修正案》是否要求学校容忍学生言论的问题——这个问题我们在汀克案中讨论过——不同于《联邦宪法第一修正案》是否要求学校坚定地鼓励特定的学生言论的问题。前一个问题说明教育者在学校使学生的个人言论保持沉默的能力，后一个问题关注教育者对学校主办的出版物、戏剧作品和其他表达活动的权利。学生、父母以及公众人员可以合理地认为学校具有出版许可的权力，该出版活动可以认为是学校课程的一部分，不论其是否出现在传统的课堂，只要学生在教职员工的监督之下，而且向被指定参与的学生和听众传授知识和技能。

明确这一区别之后，法院继续解释了与学校报纸或学校戏剧相关的学校功能并不仅仅是作为举行这些活动的地方，而是类似于报纸的出版者或戏剧的创作者角色。因此，学校可以通过因一系列的原因而承担的“学校出版许可”而合理地限制学生的言论。这些也包含了想传授教育信息的愿望，例如，剔除一些写作或研究得很差的或具有偏见的材料，或者保护其他学生免于接受与其年龄特征不适宜的信息，使学生与一些不受赞同的信息隔离，如在小学中存在圣诞老人和中学中出现学生发生性行为的情节。事实上，法院认为，任何指出特定的学校合法的教育目标的理由都是充分的，“教育者通过编辑控制学校主办的表达活动中学生言论的风格和内容，并未违反《联邦宪法第一修正案》，只要其措施与合法的教育目标相关”。

【139】 在黑兹尔伍德案之后，学生言论自由案件转向以下问题：言论是作为课程的一部分出现，还是在可能被视作受到学校支持的情况中出现？如果不是，则由汀克案原则和4.2节中解释的原则来加以解决。如果是，那么学校的政策，不论是明示的还是暗示的，在长期的实践中，是否将学校主办的印刷品或活动设计成公共论坛？如果是（例如一份由学校主办的报纸，传统上是作为学生的一个论坛，在这里，学生可以自主地选择主题并予以讨论），则又一次适用汀克案原则。例如，发生在黑兹尔伍德案之前
【140】 的朱克诉帕尼茨案中①，也是按照这一原则进行判决。法院禁止校长阻止出版反对越战的广告。因为该报纸是公共论坛，歧视性地取消异议观点是不被允许的。在另一案件中，学校报纸在宣传军队的同时，却拒绝为提倡服兵役替代方式的组织做广告，对此法院也做出了同样的判决。②

若第二个问题的答案是否定的，如果学校出版物一直以来的运作方式并非一个公共论坛，那么应该适用黑兹尔伍德案中的原则。与此相关的问题是，学校采取的限制学生言论自由的措施是否“与合法的教育考虑合理相关”，只要审查认为该措施“没有正确的教育目的”，则学生在《联邦宪法第一修正案》中的权利即被侵犯。另外，一些法院认为即便是在学校支持的非公共论坛中对学生作品进行审查，也必须以事先制定的规则为依据。在一个案件中，法院认为学校管理者不能禁止学生发表对限制级电影的影评，因为学校事先并未制定明确的有关限制级电影影评的政策。③

作为对黑兹尔伍德案判决的回应，一些州的立法机关通过了《学生出版自由法》，要求学生获得对本校报纸的编辑控制权，免除学校、行政人员和指导教师对学生作品的责任。有了这些法律，教育者可以不用审查学校报纸的内容，只是对学生作品中可能存在的法律的、道德的和新闻出版的问题提供建议。

黑兹尔伍德判例保证了学校有足够的权力通过控制学生在课堂中的言论来达到其教育目标。有几家法院在确认教师有权禁止学生选择宗教作为

① 299 F. Supp. 102 (S. D. N. Y. 1969).

② San Diego Comm. Against Registration & the Draft v. Governing Bd. of Grossmont Union High Sch. Dist., 790 F. 2d 1471 (9th Cir. 1986).

③ Desilets v. Clearview Reg'l Bd. of Educ., 647 A. 2d 150 (N. J. 1994).

学期报告的主题时，引用了黑兹尔伍德判例。① 然而，黑兹尔伍德案的审理法院强调“正确教育”目的，并没有授予学校管理者以个人喜好或主观偏好行事的权力。美国联邦教育部关于学校作业中宗教内容的立场与这一原则一致（参见3.7节）。

> 学生可以在家庭作业、手工作业和其他书面或口头作业中表达自己的宗教信仰，免受以其宗教内容为理由的歧视。这些家庭和课堂作业应该由实质性和相关性的常规学术标准来评定，而不得根据学校确定的其他教育目标来评定。 【141】

当主题与布置的课程和作业相关时（例如，写一篇文章描写你生命中最有意义的事件），则教师不可以禁止学生选择宗教（或非宗教）的主题。但是无论主题内容是否涉及宗教，教师都可以惩罚那些选择主题与所布置作业无关的学生（例如，一名学生被布置写一篇关于“达尔文进化论”的论文，但他坚持写有关圣经创世论或拉马克的生物遗传理论的论文）。

公立学校的核心教育目标是为公民能理解和行使言论自由权做准备。要最好地达成这一目标，就要让学生在不违背学校其他教育目标的同时，最大限度地在校园行使言论自由权。

> 贝瑟尔第403学区诉弗雷泽案②涉及一名被惩罚的学生，该学生 (141～144)
> 因在一次学校集会上面向同学的竞选提名演讲中使用“性暗示”的语言而被惩罚。该学生曾预先被教师警告过不能做此演讲，而且部分听众在演讲中叫喊，“形象地模拟弗雷泽在演讲中提到的性行为”，或者表现出“不知所措和尴尬”。
>
> 初审法院引用汀克案判决学校的行为侵犯了学生言论自由权，但是最高法院找到了两个案件中的重要差别。汀克案中学校管理者的行为是为了压制一个不赞成的观点，而弗雷泽案中的学校管理者仅仅只

① Settle v. Dickson County Sch. Bd., 53 F. 3d 152 (6th Cir. 1995); Duran v. Nitsche, 780 F. Supp. 1048 (E. D. Pa. 1991), *vacated*, 972 F. 3d 1331 (3d Cir. 1992).

② Supreme Court of the United States, 1986, 478 U. S. 675. ——译者注

是反对弗雷泽的演讲方式。法院认为，这对学校是完全合适的，学校可以执行规定，禁止“在公共演讲中使用粗俗和攻击性的语言”。事实上，法院相信，此类规定是服务于教育学生的教育目的的，“即使是民主社会最激昂的政治演讲，也要考虑其他参与者和观众的敏感性”。同时，法院也提到跟汀克案不同，弗雷泽的演讲属于受“学校支持的活动”的一部分。

法院总结判决如下。

我们认为，学区上诉人的行为完全是在允许的权限之内，对弗雷泽具有挑衅性且下流和猥亵的演讲强加制裁。与汀克案中对佩戴袖章的学生强加制裁不同，这个案件中的处罚是与任何政治观点不相关的。《联邦宪法第一修正案》不禁止学校管理者做出此类决定，如果允许一个粗俗和下流的演讲，正如案件中的学生那样，将影响学校基本的教育使命。一个高中的集会或教室不是一个适合对缺乏分辨能力的中学生听众表达明显性独白的地方。因此，对于学校而言，让学生相信粗俗的语言和下流的行为是与公立学校教育的基本价值观完全不相适应的，学校的做法是非常适当的。

【144】 根据弗雷泽案和黑兹尔伍德案，学校管理者禁止在学校主办的活动中使用“猥亵”性言语的权力被确定下来。不止一个法院根据弗雷泽案允许学校禁止穿着展示性暗示信息的T恤或其他服饰。① 尽管有了这些案件，根据弗雷泽案是否授权禁止所有的猥亵性言论，即使其不具有破坏性（例如，在学生间主动进行的私人谈话），还不明确。

法院根据弗雷泽案和黑兹尔伍德案，也允许审查在学校集会中的学生言论，只要这些措施是根据“合法的教育考虑”。因此，在波林诉默菲案②中，法院支持了学校处罚一个在竞选演说中使用粗鲁和不礼貌的言语评论

① Pyle v. S. Hadley Sch. Comm., 861 F. Supp. 157 (D. Mass. 1994), *modified*, 55 F. 3d 20 (1st Cir. 1995). *See also* Heller v. Hodgin, 928 F. Supp. 789 (S. D. Ind. 1996); Broussard v. Sch. Bd. of Norfolk, 801 F. Supp. 1526 (E. D. Va. 1992); Gano v. School Dist. No. 411 of Twin Falls County, Idaho, 674 F. Supp. 796 (D. Idaho 1987).

② 872 F. 2d 757 (6th Cir. 1989).

一名助理校长的学生。法院认为，地方官员在确定学校合法的教育目标时，应享有较大的自由。这个案件中，期望传授“在不沉迷于人身攻击和不伤害他人的情感的情况下来阐述自己的观点的艺术”的诉讼得到支持。

在另一个案件中，第八巡回法院根据黑兹尔伍德案判决学校可以否决一名学生担任学生事务职务的权利，因为该生散发避孕套，并以此强调自己的竞选口号——“安全的选择”。学校为了避免给人留下“已经对十几岁学生的性行为表示认可”的印象，可以合法地禁止散发避孕套。法院驳回了认为允许其他人散发糖果而处罚散发避孕套的学生的做法是不当的压制行为的辩解。【145】

> 散发避孕套在本质上不同于散发糖果或口香糖，前者可以被认为是赞同或鼓励十几岁学生的性行为，其他的散发则是以最低标准赠送物品的传统，并无任何社会或政治的信息。①

在避孕套案中，法院回避了黑兹尔伍德案中关于是否允许教育者对于由学校赞助的言论以观点为依据做出决定这一问题。在这个关键问题上，巡回法院存在分歧。第一、第三和第十巡回法院认为黑兹尔伍德案允许观点歧视，只要限制是与合法的教育目标合理地相联系②，但第六、第九和第十一巡回法院认为黑兹尔伍德案要求观点中立③。

有几个法院愿意超出案件的背景来扩展弗雷泽案和黑兹尔伍德案判决的适用范围。一个法院依据弗雷泽案允许校长禁止展示对黑人学生及其父母具有冒犯性的学校标志。法院认为，在本质上，“学校的吉祥物或标志

---

① Henerey *ex rel.* Henerey v. St. Charles, 200 F. 3d 1128 (8th Cir. 1999).

② Fleming v. Jefferson County Sch. Dist. R-1, 298 F. 3d 918 (10th Cir. 2002); C. H. *ex rel.* Z. H. v. Oliva, 195 F. 3d 167 (3d Cir. 1999), *vacated*, 197 F. 3d 63 (3d Cir. 1999) (en banc), *aff'd in part and rev'd in part*, 226 F. 3d 198 (3d Cir. 2000) (en banc); Ward v. Hickey, 996 F. 2d 448 (1st Cir. 1993).

③ Kincaid v. Gibson, 191 F. 3d 719 (6th Cir. 1999), *rev'd on other grounds*, 236 F. 3d 342 (6th Cir. 2001) (en banc); Planned Parenthood v. Clark County Sch. Dist., 941 F. 2d 817 (9th Cir. 1991); Searcey v. Harris, 888 F. 2d 1314 (11th Cir. 1989). *Compare* Downs v. Los Angeles Unified Sch. Dist., 228 F. 3d 1003 (9th Cir. 2000).

具有学校本质上赞同的含义"，避免侮辱一部分学生的愿望是合法的关心。[①] 亚利桑那州法院引用黑兹尔伍德案，同意学校强制学生穿统一的服装，根据稍有新意的理论，学生的服装可以被外人视为经学校认可的。[②] 根据库赫梅尔案的推理，佐治亚州联邦地区法院判决学校管理者可以要求学生为其行为公开道歉，这并未侵犯学生的缄默权。"如果'学校董事会'能决定'哪些言论方式'在课堂中是不合适的……那么它也能指出当它在实现学校'承担的培养公民的习惯和举止的职责'时，什么言论是合适的……特别是它所发表的意见并未损及学生其他受保护的自由权。"[③]

【146】 第六巡回法院的裁决强调了黑兹尔伍德案所具有的潜在可能性，即在实际上推翻汀克案有关学生个人言论的判决。在伯克弗诉范·温特市学校董事会案[④]中，法院支持了学校管理者禁止穿"玛丽莲·曼森"T恤的权力，因为T恤所传达的信息与学校基本的教育使命不一致。法院写道，T恤所呈现的标志和所倡导价值的言语（如使用毒品）显然与学校的教育使命相悖，学校有权禁止它们，即使没有出现破坏性的证据。

然而并不是所有的法院都愿意扩大黑兹尔伍德案和弗雷泽案的含义。1992年，第九巡回法院判决了一个案件，该案中学校管理者要求学生摘掉意在批评在正式在编教师罢课期间雇用代课教师的徽章，学生认为学校侵犯了其言论自由的权利。学校管理者认为徽章是破坏性的，但是一位代课教师却表示在她的课堂上没有出现破坏性影响。为了对这个案件做出判决，法院拒绝援引弗雷泽案，因为该徽章上的口号"我不听从拒不罢工的教师"与"拒不罢工的教师会流血吗?"并不是淫秽、粗俗或明显冒犯性的言语。法院说道，没有运用黑兹尔伍德案的原因，是因为该言论不是一种公众可能认为其经过学校认可的言论。因此，仅仅根据汀克案，法院裁定支持学生，因为学校管理者不能证明徽章是具有破坏性的："以身上佩戴徽章的形式消极地表达一种观点，并不当然是属于那些内在分散学生的

---

① Crosby v. Holsinger, 852 F. 2d 801 (4th Cir. 1988).

② Phoenix Elementary Sch. Dist. No. 1 v. Green, 943 P. 2d 836 (Ariz. Ct. App. 1997).

③ Kicklighter v. Evans, 968 F. Supp. 712 (S. D. Ga. 1997), *aff'd*, 140 F. 3d 1043 (11th Cir. 1998).

④ 220 F. 3d 465 (6th Cir. 2000).

注意并破坏班级组织管理的活动。"①

同时，对汀克案、黑兹尔伍德案和弗雷泽案的文字和精神给予尊敬是完全可能的，事实上，这正是法律所要求的。不管怎样，继续将汀克案作为对学生的言论自由给予强大保护的法院，与那些认为黑兹尔伍德案和弗雷泽案为更多地限制学生言论自由提供了合法根据的法院之间似乎还存在张力。最近几年，很多法院更多地支持学校管理者控制学生言论的努力。将来法院是否会更多地同情希望在学校表达他们观点的学生或是更多地同情希望控制学生言论的学校，仍有待进一步的观察。

4.4 校外言论

当学生在校外的言论对学校履行其教育功能的能力产生直接的危害时，对学生的惩罚是被允许的。在芬顿诉斯蒂尔案②中，联邦法院支持学校对一名学生实行停学的决定，这名学生在当地一家餐馆高声朗读对一名教师的侮辱性评价。最近，在 J. S. 政府代理律师 H. S. 诉贝瑟勒赫姆地方学区案③中，宾夕法尼亚州最高法院支持开除一名学生，这名学生在校外的网站上撰写侮辱且可能是诽谤教师和校长的文字表述，描述一名教师被砍头，并愿意花 20 美元雇用职业杀手将其杀害。虽然法院认为这一陈述并未构成真正的威胁，也有资格受到保护，但是，它发布在网站上，使教师出现心理紧张，这种存在破坏的充分证据证明，学校开除这名学生是合理的。 【147】

尽管如此，在大多数情况下，学校管理者都没有权力因为学生的校外言论而惩戒学生。至于为什么，法院在托马斯诉教育董事会案中解释了其原因。

托马斯诉教育董事会案④涉及一群学生出版和传发名为《艰难时 (147～149)

① Chandler v. McMinnville Sch. Dist., 978 F. 2d 524 (9th Cir. 1992).

② 423 F. Supp. 767 (W. D. Pa. 1976).

③ 807 A. 2d 847 (Pa. 2002).

④ United States Court of Appeales for the Second Circuit, 1979, 607 F. 2d 1043. ——译者注

代》（*Hard Times*）的讽刺杂志而被学校处罚。杂志被学校形容为“道德冒犯、不合时宜和淫秽”。这份杂志在校外撰写、出版和销售，并且被要求不能带到学校。然而，一些复印本在学校里被发现了。法院认为学校惩罚杂志的撰稿者超越了宪法权限。法院认为学校不具有使这种侵犯学生校外表达权利成为合法行为的合法教育目的。法院的立场是，一旦学生离开了学校，不论他们说什么，写什么，都与学校无关。否则，学生的言论自由权就会被学校管理者和学区负责人因其喜好或观点而加以严重的且不加许可的限制。

虽然托马斯案在黑兹尔伍德案之前做出判决，但它们的结果是一样
【149】的。可以商榷的是，黑兹尔伍德案可能允许学校管理者控制某一独立报纸或网站的内容，即便是这些报纸或网站的产生方式在社区看来似乎获得了学校的许可。然而，在托马斯案中，《艰难时代》杂志的学生编辑采取措施使其作品与学校分离，并采纳了学校管理者关于此问题的建议。学生有权出版——不论是以传统还是以电子的方式——他们就读某一学校的信息和宣传他们学校的事项与信息，除非他们是通过学校主办的方式或对学校产生实质而重大的破坏。总的来说，学校管理者被禁止控制学生校外的行为，除非这些行为对学校的运转产生了直接的影响，不过当涉及诸如言论自由等宪法权利的时候，这种禁止要特别有力（参见5.1节）。

【150】 4.5 结社自由与学校设施的利用

通过组织社团和利用集体说话，个人能够扩大其声音。尽管《联邦宪法第一修正案》并未明确表述要保护结社自由，但最高法院已经承认结社自由是言论自由的必然结果。由此法院认为，公立学院除运用“汀克案原则”进行检验外，不能拒绝承认学生政治组织或禁止其在校园进行活动。①其他几个案件已经强迫公立大学认同同性恋学生组织。②

① Healy v. James, 408 U. S. 169 (1972).

② Gay Lib v. Univ. of Mo., 558 F. 2d 848 (8th Cir. 1977); Gay Student Serv. v. Texas A&M Univ., 737 F. 2d 1317 (5th Cir. 1984).

这些案子并不能很清楚地告诉我们，在初等和中等学校里面，学生是否享有结社自由的权利。法院通常都认为初等和中等学校比高等学校具有更大的管理学生的权力和保护学生的责任。这些原则使得在某些情形下禁止学生组织是合法的，而这些组织若是在高等学校则是被允许的。除了涉及宗教组织试图使用学校设施的诉讼之外，几乎没有任何探究高中学生结社自由权的诉讼。被引发的案件根据汀克案和希利案，禁止学校因不赞同学生组织的观点而取缔该组织。例如，在迪克森诉贝雷斯案①中，法院认为校长拒绝承认“青年社会主义者同盟”为学校组织是不合宪的。校长根据委员会的政策，禁止承认任何“宣扬有争议思想”和“强调问题一方面”的组织。法院认为该政策的结果是压制观点表达，而且未能合理地预测到“汀克案所要求的产生实质而重大的破坏”。

如3.7节所讨论的那样，在中等学校里产生了一个有限开放的公共论坛。《平等使用法》② 禁止学校因为言论主题或内容而拒绝某组织使用学校设施。不论是否适用《平等使用法》，宪法只是禁止因为不赞同某组织的信念或思想而拒绝承认该组织。其中也许会存在其他合法的理由拒绝承认学生组织或让其使用学校设施。当为了减轻行政任务或为了正式的教育目的而保存资源时，学校可以合法地决定拒绝承认任何学生组织。③ 当学生组织对学校的教育任务产生实质而重大的破坏或侵犯了他人的权利时，学生组织可以被排除。当学生组织的实际行为与它们所说所想不一致时，学 【151】
生组织也可以被排除。因此，学校还可以禁止带有种族和性别偏见的学生组织。④

校外团体利用学校设施

当校外团体被允许进入学校时，同样的原则也适用于非学生团体和演

① 361 F. Supp. 253 (E. D. Mich. 1973).

② 20 U. S. C. § 4071.

③ Student Coalition for Peace v. Lower Merion Sch. Dist. Bd., 776 F. 2d 431 (3d Cir. 1985).

④ N. Y. State Club Ass'n, Inc. v. City of New York, 487 U. S. 1 (1988); Bd. of Dir. of Rotary Int'l v. Rotary Club of Duarte, 481 U. S. 537 (1987); Roberts v. United States Jaycees, 468 U. S. 609 (1984).

说者。如果需要防止暴力或破坏，或者拒绝歧视性组织，学校可以拒绝其入内①，但是不得压制观点的表达②。

一些最重要难题的出现是源于校外团体为了宗教目的而想利用学校设施。如果学区允许教会或宗教研究团体利用学校设施，是否会因为支持或促进宗教而违反了不得确立国教条款？如果学区拒绝宗教团体使用学校设施，是否侵犯了它们的言论自由和信教自由？

1993年，联邦最高法院在兰姆教堂诉莫里彻斯中心联合自由学区案③中讨论了这些问题。这个案件涉及纽约州法律授权地方学校董事会为使用学校设施的十种特定的目的而制定合理的规定。这些目的包括社会的、公民的、休闲的和娱乐的但不是宗教的目的。根据法律，一个地方学区采取政策允许在上学时间外为了各种公民和政治目的而使用学校设施，只要“不是为了宗教目的而被任何团体使用”。根据这项政策，学区拒绝允许当地的一个福音新教派的组织兰姆教堂在学校放映由六部分组成的系列电影，这些电影都是由心理学家主持的讲座，它们提倡“在早期阶段灌输基督教家庭价值观”。学区解释这一系列讲座都与宗教有关。

联邦最高法院一致裁定将学区的规定运用于电影系列是不合宪的。法院认为学区像私人财产所有者一样，可以保全其财产供特定人使用，而无须在教学日时间外允许任何对财产的使用。然而，一旦学区自愿在教学日时间外将其设施提供给其他团体使用，它就不能制定规则用来排斥特定观点的表达。法院进一步解释如下。

【152】 这一规定对所有宗教及所有以宗教为目的的使用给予相同的对待，但是这并不能回答一个关键问题，即根据观点的不同允许将学校财产用于呈现各种关于家庭问题和儿童抚养的观点，而不允许将其用于呈现以宗教为主题的观点，这一做法是否构成歧视？这并非暗示，关于儿童抚养和家庭价值的讲座或电影不能服务于这一规定所允许的

① Pickings v. Bruce, 430 F. 2d 595 (8th Cir. 1970); Solmitz v. Maine Sch. Admin. Dist. No. 59, 495 A. 2d 812 (Me. 1985).

② Searcey v. Harris, 888 F. 2d 1314 (11th Cir. 1989).

③ 508 U. S. 384 (1993).

> 社会目的或公民目的。那个主题不是学区对任何或所有发言者给予禁止的一个，也没有迹象表明……申请放映本案所涉及的特定电影，会或将会因某种除了是以宗教观点呈现以外的其他任何理由而被拒绝。我们认为在这种基础上的拒绝显而易见是无效的……“尽管发言者可能会被排除在非公共论坛之外，如果他希望演讲一个不包含在论坛目的之内的主题……或如果他不是这个为了特定利益而创造的论坛发言者阶层的一员”……当政府拒绝演讲者使用设施仅仅是为了压制演讲者在被允许的主题上支持其他不同的观点时，政府即违背了《联邦宪法第一修正案》。

法院进一步认为，允许兰姆教堂使用学校设施不会违反不得确立国教条款，因为它既没有提倡或禁止宗教的目的，也没有造成主要结果，而且不会过度介入宗教事务。

2001 年，在好消息俱乐部诉米尔福德中心学校案①中，联邦最高法院再次命令学区将其设施供校外团体使用。在该案件中，学区拒绝允许一个私人基督教组织每周为小学生举办放学后的聚会，在聚会上学生唱宗教歌曲，上圣经课，背诵经文，接受基督教教义教学。虽然法官中的反对意见认为这个聚会是福音教的礼拜仪式，但大多数人发现兰姆教堂案与这个案件之间的区别只在于好消息俱乐部案选择通过生动的故事讲述和祈祷来传授基督教的道德教义，而在兰姆教堂案中是通过电影来传授。法院认为，学校只是确立了一个非公共或有限开放的论坛，而这种禁止仍然是不合宪的观点歧视。法院也驳回了认为学区违反了不得确立国教条款的主张，因为学生经过父母的同意而非被迫参加这一聚会。而且，法院进一步指出，不得确立国教条款

> 并不因为宗教行为发生在可能有小学生出现的学校场所，就阻止在校外时间发生的私人宗教行为。我们倾向于采用用于修正诘问者否决权的不得确立国教条款法理，以最小观众成员可能误解的内容为标

① 533 U. S. 98 (2001).

准，禁止团体的宗教活动。

【153】 在好消息俱乐部案之前，兰姆教堂案从很多宗教和政治组织被拒绝利用学校设施的案件中得到了成功诉讼的依据。[①] 这些案件的裁决如下。

- 任何学校设施的使用或费用的收取，都不是建立在请求使用团体的观点的基础上的。[②]
- 一般公民团体或政治团体可以使用的学校设施，不可拒绝给予寻求观众成员“皈依”的团体使用。[③]
- 允许学区按照先到先得的标准分配设施。[④]

兰姆教堂案和好消息俱乐部案遗留了一个不确定的问题，即学校设施在提供给一般校外团体使用的同时是否必须提供给公开的宗教仪式使用。[⑤] 第二巡回法院在好消息俱乐部案之前的案件中裁定，支持允许普遍使用但排除使用学校设施进行宗教仪式和宗教教育的政策。好消息俱乐部案的判决，对联邦第二巡回法院判决支持学校拒绝宗教教育的部分提出了质疑，但判决支持拒绝宗教仪式的部分依然成立。这一争议取决于是否依据主题或者观点而排除宗教仪式。如果依据主题，则可能是允许的；如果依据观点，则是不允许的。在所有案件中，学校如果愿意，可以依据同一条件自由地将学校设施提供给宗教和其他团体使用。

《不让一个孩子掉队法》（参见3.7节）说明了关于童子军组织和其他相似组织利用学校设施的问题。

> 尽管有法律的其他条款，在任何正式隶属于美国童子军的组织和

---

① Good News/Good Sports Club v. Sch. Dist., 28 F. 3d 1501 (8th Cir. 1994); Local Organizing Comm., Denver Chapter, Million Man March v. Cook, 922 F. Supp. 1494 (D. Colo. 1996); Trinity United Methodist Parish v. Bd. of Educ., City of Newburgh, 907 F. Supp. 707 (S. D. N. Y. 1995).

② Fairfax Covenant Church v. Fairfax County Sch. Bd., 17 F. 3d 703 (4th Cir. 1994).

③ Gregoire v. Centennial Sch. Dist., 907 F. 2d 1366 (3d Cir. 1990).

④ Ku Klux Klan v. Martin Luther King Worshipers, 735 F. Supp. 745 (M. D. Tenn. 1990).

⑤ Bronx Household v. Cmty Sch. Dist. No. 10, 127 F. 3d 207 (2d Cir. 1997).

《美国法典》第36章所列青年组织（作为一个爱国社团）希望使用指定公开论坛或有限开放公共论坛举行集会之时，任何具有指定公开论坛或有限开放公共论坛并且通过教育部获取使用经费的公立小学、公立中学、地方教育机构或国家教育机构，不得拒绝给予其平等使用权或公平机会，或予以歧视。包括不得以美国童子军或《美国法典》第36章所列青年组织（作为一个爱国社团）的会员身份或领导人员标准，或者宣誓效忠上帝和国家为理由，给予其平等使用权或公平机会，或者予以歧视。

如果不遵守这一要求，可能会导致失去联邦资金。然而，学校并没有被要求支持法律所覆盖的组织。①【154】

《不让一个孩子掉队法》也要求中学（除了那些具有"反对"军队服役的宗教理由的中学）"应该向军队征兵人员提供接触中学生的同等机会，就像对中等后教育机构或对那些学生的潜在雇用者一样"。② 这一要求似乎表明必须允许征兵人员参与学校"招聘会"和"大学之夜"。西尔西诉哈里斯案③表明，将设施提供给军队招兵人员使用的学校，同样也被要求依据宪法平等地将设施提供给那些反对军队服役的团体使用。西尔西案发生于《不让一个孩子掉队法》制定以前，在该案中，一个和平组织想参加学校的招聘会，以劝说学生不要参军但遭到拒绝。尽管法院同意这个招聘会并非公共论坛，因为它不必向任何愿意讨论任何主题的团体开放，但和平组织还是赢得了诉讼，因为学校的拒绝仅仅是建立在不同意该团体的观点的基础上，而这是不允许的。

在其他的几个案件中，法院裁定学校可以拒绝校外团体或个人将宗教或其他信息张贴在学校设施上。④ 哥伦比亚高中案即是其中之一。1999年，在12个学生被谋杀之后，学校邀请学生、受害学生家属和营救人员制

① 20 U. S. C. § 7908.

② 20 U. S. C. § 7905.

③ 888 F. 2d 1314 (11th Cir. 1989).

④ Fleming v. Jefferson County Sch. Dist. R-1, 298 F. 3d 918 (10th Cir. 2002). *See also* DiLoreto v. Downey Unified Sch. Dist. Bd. of Educ., 196 F. 3d 958 (9th Cir. 1999). *Compare* Anderson v. Mexico Acad. & Cent. Sch., 186 F. Supp. 2d 193 (N. D. N. Y. 2002).

作将被安装在学校大厅的釉面瓷砖。学校指明可以在上面刻写与枪杀无关的、无宗教标志的和非淫秽性或冒犯性的东西。原告利用言论自由反对这项限制，但是法院根据黑兹尔伍德案做出了支持学校的判决。黑兹尔伍德案是相关的判例，因为这项工程不是一个公共论坛，而是学校主办的事项，张贴的信息将代表其获得了学校认可。

法院解释，当涉及教育问题时，黑兹尔伍德案不要求观点中立。学校所规定的限制与合理的教育目标相关：禁止宗教标志是为了避免“由于墙壁上的无限制争议导致不和与破坏”。禁止与枪杀有关的东西是为了创造一个积极的学习环境，即使学校自身在学校的几处地方张贴有关枪杀的资
【155】料被允许。法院写道：“我们认为，学区在学校里建立几个纪念点，同时不允许观点矛盾的学生在整个过道里无限制地争议枪杀事件，是合理的。”

校外团体也可以寻求使用学校出版物。第九巡回法院驳回了一个名为“规划父母责任”的组织的主张，该组织认为学校拒绝在出版物上刊登该组织广告的决定侵犯了其言论自由的权利。法院根据黑兹尔伍德案做出的裁定支持了学校的立场，认为这样可以适当地禁止在其出版物上讨论有争议的问题，以求避免给人以赞同该组织立场的印象。法院认为学校拒绝有关生育控制产品和信息的广告的政策在观点上是中立的。[①] 如果学校决定允许“规划父母责任”组织刊登广告，那么也将允许其他具有相反观点的团体刊登广告，即使这些广告是宗教性的。

4.6 小结

从本质上来看，学校是学生希望通过言论和其他方式表达其思想的地方。不可避免地，学校管理者会不赞同学生的一些观点，不赞同他们的表达方式。然而，学校简单地命令学生不能向外表达其思想的时代已经过去了。像所有的社会成员一样，学生即使进入学校大门，也享有自由表达言论的权利。像所有的政府部门一样，公立学校必须承认这项权利。一般而言，政府只有为了实现极重要的国家目标并且限制性措施不超过必要性时

① Planned Parenthood v. Clark County Sch. Dist., 941 F. 2d 817 (9th Cir. 1991) (en banc).

才可以限制言论。

同时，必须根据学校实现教育目标的需要来了解包括言论自由在内的学生的所有权利。因此，在汀克诉德莫尼耶独立学区案中，最高法院认为不能因为对学生的言论持异议而禁止这些言论。只有当言论对实现学校合法的教育目标产生实质而重大的破坏或侵犯了他人的权利时，才可以被禁止。另外，也可以根据必要的目的和设备的需要制定规则，限制言论表达的时间、地点和方式，以及禁止威胁、攻击性语言和淫秽语言。

在控制作为课程的一部分出现的言论和在任何情况下可能得到学校支持的言论方面，学校有更大的权力。只要这种控制是“与合法的教育目标紧密相连”的，就是被允许的。学校可以以各种原因控制学校官方报纸的内容和风格，如讲授新闻学课程或禁止在学生集会上发表猥亵性和侮辱性的竞选演说。然而，即使是在学校主办的情形下，因对所表达的观点持异 【156】
议而禁止该观点的表达，在法律上也是受质疑的。

在大多数情况下，言论自由禁止学校限制学生在学校传发独立的印刷品，禁止学校因不赞同学生组织的观点而拒绝该组织使用学校设施，禁止学校以任何形式限制学生在校外的言论。但为了避免这些活动对学校产生实质而重大的破坏，学校可以对所有这些活动进行必要控制。

学校可以限制校外团体使用学校设施，但不可以根据想使用学校设施的校外团体的观点而对其予以歧视。

【157】 # 5

学生惩戒

大部分学校管理者都熟知控制学生行为的活动。的确，学校管理者的职责经常包括社会范围中的立法者、警察、法院和刑事系统的职能。这一章将阐述学校管理者行使职责的法律基础。本章涉及学校规则的形成、学生可疑不当行为的调查及惩戒的分类和实施。

学校内部惩戒问题的不断增加和法律的变化，使得学校维护秩序以及对学生不当行为进行惩戒的复杂工作变得更为困难。学生和学校管理者表示，暴力事件、滥用毒品以及其他违法和破坏行为日益增加。父母一致把学校安全摆在教育关注的首位。受到高度宣传的校园枪击和其他严重的校内犯罪行为，已给公众和立法机关在促使学校更加安全方面带来了压力。研究者得出结论认为，如果学校的整个气氛使学生感到不安，那么学生的学习就会受到影响，因此要进一步强调维护学校良好秩序的必要性。

这些社会和心理的趋势与法律界的重大变化相伴而生。这些变化不仅授予学校管理者处理学生破坏行为的权力，而且也增加了那些没有适当处理学生暴力行为和犯罪行为的学校管理者的法律风险。一些州的宪法实际上赋予了学生在校安全的权利。① 联邦政府《不让一个孩子掉队法》要求允许任何处在“持续危险的公立学校”或成为学校暴力犯罪受害者的学生
【158】 转学到学区范围内安全的公立学校或特许学校就读。各州通过与学区协商后决定哪些学校属于持续危险的学校。②

很多州已经采纳了所谓的《安全学校法》，这些法律强调学校董事会必须引入纪律政策审查委员会和学生行为守则，并且要求学校管理者在确

① Philip Leon M. v. Greenbrier County Bd. of Educ., 484 S. E. 2d 909 (W. Va. 1996).

② 20 U. S. C. § 7912 (a).

信某些校内犯罪行为已经发生的任何时候向执法人员报告。凡是没有遵循这些要求的学校管理者可能要对学校危险情况的疏忽过失承担法律责任。这一法律责任补充了先前已经存在的普通法责任（第 12 章讨论），它要求所有的学校管理者都必须在校内提供适当的监管并保护学生不受其他学生的暴行伤害。有些《安全学校法》也规定施暴者应承担双重或三重损害赔偿，并且规定父母要为其子女的损害行为承担责任。刑事处罚的力度会因学生持枪、吸毒、施暴而加重。

同时，过分热衷于行使惩戒权的学校管理者会因侵犯联邦和州法律规定的学生权利而面临可能的法律责任。以“1983 条款”著称的联邦法律使学生有可能从侵犯了其被明确规定的宪法权利或法律权利（参见 12.9 节）的学校管理者那里获得损害赔偿。违背宪法原则对学生进行侵犯性搜查或对学生进行不被允许的残酷惩戒的学校管理者特别容易受到法律制裁。

因此，学校管理者应该走一条受限的道路。法律要求、社区期望且学生值得付出积极的努力去维持安全和秩序井然的校园环境。另外，在所有与学生纪律相关的功能中，法律要求学生由联邦宪法和州宪法赋予的权利应当受到保护。同时，法律承认学校需要有序的环境，学生作为儿童处于特殊的地位，因而对学生比对一般社会成人施与更多控制具有合理性。教育法的许多疑难问题就涉及学生的个体权利和学校的整体要求之间的冲突。

对学生进行合法惩戒的基本原则是学校能够证明，学校规则的制定、实施、裁定与惩罚仅仅是出于达成合法教育目的的需要。当这种控制行为能保护人身或财产，促进学习或防止教育过程中的破坏性行为时，学校必须采取所有合法手段去控制学生的行为，然而，无理由的控制是违法的。法律将会支持教育者的合理行为，以促进学校的安全和秩序，但是如果没有法定理由，学校也不能压制或惩戒学生一些不受欢迎的行为。

5.1 规则的制定 【159】

从广泛意义上讲，州立法机关已把权力委托给地方学校董事会，由学校董事会来维持学校的纪律和秩序。过去，大多数学校董事会在执行委托惩戒权时并没有制定许多阐明学生行为的书面规则。学生仅仅被要求不要行为失当，但最终仍由教师和学校管理者来决定学生行为是否不当以及下一步该如何应对。这个制度——反映了家庭内部程序——与教育者就像是代理父母的观点一致。就像父母一样，教育者在他们的管理范围内拥有广泛的自主权来评价和应对儿童的行为。

没有规则的惩戒有着某种优势，特别是当实施惩戒者富有思想并具有良好意图的时候。缺乏预先制定的规则和程序能够创造性地解决惩戒问题，相反，严格的规则可能会导致冲突，因为学生和学校管理者的行为就像原告律师和被告律师一样都通过法律的漏洞寻求策略优势。过分依赖规则可能会改变师生关系，并使这种关系由亲密走向陌生。

然而，没有一套正式规定的惩戒也有其不利之处。广泛的判断力几乎不可避免地会导致基于种族、性别、社会阶级、个人喜好或不良声誉而适用不公平的惩戒标准。另外，由于缺乏一套正式的规则体系，学生有可能对于可接受的行为范围感到困惑。

在宪法的专有术语中，没有明确的规则就运作的权力体系提出了正当程序的争议问题。《联邦宪法第十四修正案》禁止各州未经正当程序剥夺任何人的生命、自由或财产。这一条款所隐含的意义之一就是，人们由于其犯罪行为被宣判有罪并受到惩罚只能以犯罪行为实施之前被采用的法律为基础。这一理念就是指公平原则要求人们在不当行为发生之前被告知，以便使他们的行为符合标准。另外，预先制定的规则有助于避免执法人员对同一行为采取不同的法律措施。

由于敏感地觉察到把规范成人的刑法正式引入学校是危险的，法院产生了一个折中办法。一方面，对于可以合理预计学生能够意识到已被禁止的明显具有扰乱性和破坏性的行为，例如打架斗殴与蓄意破坏公物，即便没有事先公布规定，也可予以惩罚。① 另一方面，大多数法院要求，对于
【160】学生不能依照常识判断已被禁止的很多行为，应当事先制定惩罚规定。少数法院甚至要求基于宪法的这些规则必须是成文的②，并且少数几个州的

① Richards v. Thurston, 424 F. 2d 1281 (1st Cir. 1970); Shanely v. Northeast Indep. Sch. Dist., Bexar County, 462 F. 2d 960 (5th Cir. 1972).

② Dillon v. Pulaski County Special Sch. Dist., 468 F. Supp. 54 (E. D. Ark. 1978).

法律也要求成文的规则。另外，一些法院要求，当学生的言论活动受到禁止或对学生的处罚特别严重时，规则必须公开。① 即使法院并不总是这样要求，许多学校也明智地选择使用书面的学生行为守则以鼓励学生遵守行为标准并且避免不公平、疑惑和可能的诉讼。

学校董事会一般都拥有立法所授予的广泛权力来管理学生②，学校又将其权力委托给专业雇员（教师）。然而，有些规则却超出了学校的权限范围。在纽豪斯诉弗雷德里克一案③中就涉及一群男生质疑高中对有关男生头发长度的规定。这一规定已经被学生、父母、教师组成的委员会所采纳，并且由学生投票认定为服饰准则的一部分。学校辩称，这一规定是由州法律授权制定的，而州法律也允许学校董事会“为了管理学校和学生而制定规则”。法院解释，法律仅仅只是授权学校“制定与教育过程有着一定合理联系的规则”，因此法院做出了支持学生的裁决。学校无法提供令人信服的证据来证明长发男生有可能引起破坏行为，带来健康和安全危机，或者以任何方式干扰学校的正常运行。此外，法院也对学校任意规定学生校外行为表示担忧，因为发长不像服装那样在回家后可以任意改变。最后，尽管法院同意学校允许学生制定他们自己的服装准则，但还是指出学校不能执行一个超出自己权限范围的规则，不管这个规则的权力来源怎样。

其他几个法院（但不是全部）也同意纽豪斯案的观点，认为关于头发的规定超出了学校的法定权限。④ 但是，大多数抨击学生发长规定的案件都是以州或联邦宪法对有关言论自由、宗教自由或平等权的保护为基础的。那些基于言论自由条款的案件往往败诉，因为许多法院并不认为发长是一种表达形式。⑤ 同样，信教自由的主张往往也会遭到否定，除非原告能够证明相关规定违反了一个重要且已经明确建立起来的宗教信条，并非

① Nitzberg v. Parks, 525 F. 2d 378 (4th Cir. 1975); Leibner v. Sharbaugh, 429 F. Supp. 744 (E. D. Va. 1977).

② *In re* Suspension of Huffer, 546 N. E. 1308 (Ohio 1989).

③ 505 P. 2d 939 (Or. Ct. App. 1973).

④ Indep. Sch. Dist. No. 8 v. Swanson, 553 P. 2d 496 (Okla. 1976).

⑤ Jackson v. Dorrier, 424 F. 2d 213 (6th Cir. 1970); *but see* Bishop v. Colaw, 450 F. 2d 1069 (8th Cir. 1971).

只是违反了其习俗或喜好。① 在一个案件中，一个土著印第安学生运用自
【161】 由信教条款及其他宪法原则来阻止一项规定的执行，该规定要求男生的头发不得超出一件标准服饰衣领的顶部。原告提供了清晰的证据表明长发属于土著印第安宗教生活的一部分，具有重要的象征意义（如它是言论的一种形式），而且父母控制其子女成长的权利会因这一规定的实施而受到削弱。学校也不能够证明对发长的规定有助于维持学校的秩序。②

基于《联邦宪法第十四修正案》质疑发长规定常常会引发隐私权的问题，即由正当程序条款所保护的一种自由利益。③ 原告已在第一、第二、第四、第七和第八巡回法院中获得胜诉④，而第三、第五、第六、第九、第十和第十一巡回法院则支持这类规定⑤。在以州宪法为基础的一个案件中，得克萨斯州最高法院认为在州宪法之下，未成年人不能享有与成年人同样的宪法权利。因此，一所学校对于发长和耳环佩戴的限制并不能引发州宪法争议。⑥ 至于其他州的最高法院是否同意这个推理也值得怀疑。

学校管理者对学生穿着的规定也因法律和宪法理由受到质疑。就绝大部分而言，法院已经确认了学校实施合理服饰规定的法定权限。例如，在福勒诉威廉森一案⑦中，法院允许学校禁止学生穿牛仔服参加毕业典礼。然而，有些法院也裁定学校管理者禁止女学生穿着长裤或裙裤的规定超出了他们的权限，特别是在没有证据表明穿着这类服饰会引起破坏、危害学生安全、影响教学效果或侵蚀学生道德的情况下。⑧

在评价学校服饰准则所面临的宪法质疑时，法院在华莱士诉福特一案⑨中裁定，尽管学生享有整理容颜外表的宪法权利，但是学校仍然可以实施旨在促进其教育任务的规定。法院强调，头发规则比服装规则更需要

---

① Hatch v. Goerke, 502 F. 2d 1189 (10th Cir. 1974); New Rider v. Bd. of Educ., 480 F. 2d 699 (10th Cir. 1973); Moody v. Cronin, 484 F. Supp. 270 (C. D. I11. 1979).

② Ala. & Coushatta Tribes v. Big Sandy Indep. Sch. Dist., 817 F. Supp. 1319 (E. D. Tex. 1993), *remanded*, 20 F. 3d 469 (5th Cir. 1994).

③ Griswold v. Connecticut, 381 U. S. 479 (1965).

④ *E. g.*, Massie v. Henry, 455 F. 2d 779 (4th Cir. 1972).

⑤ *E. g.*, King v. Saddleback Junior Coll. Dist., 445 F. 2d 932 (9th Cir. 1971).

⑥ Barber v. Colo. Indep. Sch. Dist., 901 S. W. 2d 447 (Tex. 1995).

⑦ 251 S. E. 2d 889 (N. C. Ct. App. 1979), and 448 F. Supp. 497 (W. D. N. C. 1978).

⑧ Johnson v. Joint Sch. Dist. No. 60, 508 P. 2d 547 (Idaho 1973).

⑨ 346 F. Supp. 156 (E. D. Ark. 1972).

正当理由，因为前者（头发规则）也规范了学生校外的外表，而后者（服装规则）则没有。根据这个理由，法院支持学校禁止学生穿过紧的裙子、短裙或膝盖以上六英寸的裙子，但是反对学校禁止穿着磨破的裤子、扎染衣物和长裙的规定。另一个法院不允许学校禁止学生穿牛仔裤。① 一般情况下，学校服饰准则是宪法允许的，只要其有助于避免学校教育过程遭到干扰和破坏。（参见 4.1 节和 4.2 节对学校制服的讨论。） 【162】

曾经普遍排斥已婚学生入校的行为，在卡罗尔顿农场独立学区诉奈特一案②中被认为是学区的一种越权行为，然而，一些法院也曾允许学校制定规则排斥已婚学生参与课外活动。③ 即使这些规则的制定属于学校法定权限的范围，但它还是有可能侵犯宪法赋予学生的隐私权。④ 如果实施者以一种独断方式来执行这一政策，那么学校开除那些拥有毒品或持有武器的学生的“零容忍”（Zero-tolerance）政策也会受到来自宪法的质疑（参见 5.5 节）。⑤

当学校试图规范学生校外行为时，学校的权力就可能受到挑战。一些旧的决定确认学校有权禁止学生在校外酗酒、滥用毒品、打斗、光顾特定商店、参与特定事件，但这些决定的有效性在今天遭到了质疑。最近的许多案件仅仅允许学校对与“学校纪律或总的安全有着直接和即时的影响”的学生校外行为进行规范。⑥ 因此，尽管惩戒一名在校外攻击教师的学生是允许的，但是大多数校外行为实际上超出了学校的权限。（参见 4.4 节有关校外言论的规范。）

学校规定也可能由于模糊或过于宽泛而受到质疑。**模糊**（vague）的规定违反了《联邦宪法第十四修正案》的正当程序条款，因为这些规定无法充分告知哪些是禁止性行为并且可能引起不公正、偏向、易变的适用。在

---

① Bannister v. Paradis, 316 F. Supp. 185 (D. N. H. 1970).

② 418 S. W. 2d 535 (Tex. Ct. Supp. 1967).

③ Bd. of Dir. of the Indep. Sch. Dist. of Waterloo v. Green, 147 N. W. 2d 854 (Iowa 1967).

④ Griswold v. Connecticut, 381 U. S. 479 (1965).

⑤ *See* Seal v. Morgan, 229 F. 3d 567 (6th Cir. 2000); J. M. v. Webster County Bd. of Educ. 534 S. E. 2d 50 (W. Va. 2000).

⑥ Bd. of Educ. of Millbrook Cent. Sch. Dist. v. Ambach, 465 N. Y. S. 2d 77 (N. Y. App. Div. 1983).

刑法里，如果“具备普通智商”的人群“需要猜测其含义并对之如何适用持分歧意见”，那么这一法条在宪法上就是模糊的。[1] 法院不要求学校像起草刑法一样精确起草学校规定，但法院坚持要求校规应给予学生一个合理的机会去了解哪些行为是被允许的，哪些行为是被禁止的。

因此，一法院阻止了一条规则的实施，这条规则规定“与帮派相关的诸如颜色、标志、信号等展示活动不可出现在学校场所”。第八巡回法院判决这一规则是模糊的，因为规则没有界定“与帮派相关的活动”，使得
【163】学生不清楚哪些行为是被禁止的，同时也留给学校管理者极大的判断力来决定是什么构成了一个帮派的标志。法院指出，根据这样的规定，即便是佩戴十字耳环和棒球帽的学生或未系紧鞋带的学生都可能被惩罚。[2] 其他类似的模糊性规定有：

- 到达校园“之前”禁用酒精或毒品[3]；
- 反对“不当行为”[4]；
- 禁止“不恰当行为”或“不可接受行为”[5]；
- 要求学生“服装整洁，保持谦逊作风和具有良好品行以有利于学校教育环境”[6]。

然而，在亚历克斯诉艾伦案[7]中，法院不同意学生关于有些校规是模糊的主张。这些校规包括“公然不尊敬教师”，“在往来人群拥挤区域逗留”，“在建筑物内有吵闹行为或嬉闹追逐”，“滥用储物柜”，“有损于课堂教学的极端服饰或夸张的外表”，“牵手和其他亲密举动”。法院指出，学校在制定规章制度时应该比立法者在制定刑法时更具有灵活性。法院认

① Connally v. Gen. Constr., 269 U. S. 385 (1926).

② Stephenson v. Davenport Cmty Sch. Dist, 110 F. 3d 1303 (8th Cir. 1997).

③ Claiborne v. Beebe Sch. Dist., 687 F. Supp. 1358 (E. D. Ark. 1988).

④ Soglin v. Kauffman, 295 F. Supp. 978 (W. D. Wis. 1968), *aff'd*, 418 F. 2d 163 (7th Cir. 1969).

⑤ Galveston Indep. Sch. Dist. v. Boothe, 590 S. W. 2d 553 (Tex. Ct. App. 1979).

⑥ Crossen v. Fatsi, 309 F. Supp. 114 (D. Conn. 1970).

⑦ 409 F. Supp. 379 (W. D. Pa. 1976).

为，这些受到质疑的规定是针对那些“明显破坏教育过程”的行为，并详细说明了“禁止性行为的特征”。

审理亚历克斯案的法院也驳回了有关被质疑的校规过于宽泛的起诉。一个**过于宽泛**（overbroad）的规定为达成预期目标而超出必要程度，为此可能侵犯人们受宪法保护的权利。过于宽泛引起的问题大多数与言论规范有关。① 一些规则违宪地宽泛不是因为它们禁止了那些受宪法保护的特定行为，而是因为它们能够适用于其他受宪法保护的行为。例如，一个因违反校规在学校散发淫秽材料而受到惩罚的学生可能提出，学校禁止散发所有材料的规定过于宽泛。散发淫秽材料是不受宪法保护的，但校规可能禁止的许多行为却受到宪法保护。那些禁止“仇恨性言论”，即抨击或冒犯特定种族、民族或性别群体的语言的规定，也会引起模糊和过于宽泛的问题（参见 4.2 节）。

除了宪法的限制之外，联邦成文法也可能限制学校制定校规的权力。例如，学校不能执行校规来禁止学生集会，因为集会权是由《平等使用法》（参见 3.7 节）所规定的。联邦法律还规范了对身心障碍学生的惩戒（参见 7.3 节）。 【164】

5.2 使用武力控制学生

这一节将讨论涉及学校管理者使用武力执行学校规定并防止伤害、损害或混乱的法律。相关事例包括将行为不当的学生带进校长办公室，使用强力将打斗的学生分开，以及使用武力进行自我保护。对于体罚这种蓄意施加身体疼痛以惩罚不当行为的惩戒，将在 5.5 节中单独讨论。

联邦宪法和州普通法及成文法都对学校管理者使用武力维持学校秩序产生影响。联邦宪法中相关的条款包括保护免受“无理……扣押”的《联邦宪法第四修正案》和《联邦宪法第十四修正案》中的正当程序条款。第七巡回法院已经裁决“只有当对自由的限制在某种情景之下不合理并且过

① Bd. of Airport Comm'rs of Los Angeles v. Jews for Jesus, Inc., 482 U.S. 569 (1987); Broadrick v. Oklahoma, 413 U.S. 601 (1973).

于明显时"，教师或管理人员在身体上控制学生的行为才违背了《联邦宪法第四修正案》。根据这一原则，法院在一个案件中做出结论，认为教师并没有违背《联邦宪法第四修正案》，因为教师先抱住学生的腰，然后抓住学生的肘是为了更快地使学生离开教室。当时学生已经有了言语争吵，而这一争吵具有演变为暴力行为的可能性。①

第四、第五、第六、第九、第十巡回法院已认识到，正当程序条款能够保护学生身体的完整性和安全性。第九巡回法院已经制定出一套标准来决定学校管理者使用武力控制学生是否违背了正当程序条款所规定的权利：(a) 使用武力的需要；(b) 需要和行动的关联；(c) 对学生的伤害程度；(d) 采取的行为是否出于善意或只是为了达到伤害的目的。法院使用这些因素裁定一名中学校长的行为违法，这名校长在被轻微挑衅的情况下分别对三名学生进行了拳打、卡脖子和扇耳光。② 这些原则和判决表明，只要做法有利于维护校园秩序，并且使用的武力程度与需要相称，运用武力控制学生在宪法上是允许的。

普通法，不管是民法、刑法，还是州刑法，一般都禁止一人用武力对待另一人，当然也有某种例外。双亲、学校管理者以及对儿童有着某种看管权的成年人都能运用合理的武力维持秩序和纪律。对儿童实施武力的合理程度是由多种因素决定的，例如：行为的目的，儿童的年龄、性别以及
【165】身体和心理条件；攻击行为的性质；儿童的行为对于其他儿童的影响；引发的损害范围；武力是否与违纪行为不相称或者不必要地有损人格。③ 一般来说，学校管理者可以在必要或合理的状态下运用武力执行学校的规定。（参见12.1节有关因为不合理的武力而导致学生伤害的侵权主张的讨论。）

5.3 不当行为的调查

当学校怀疑学生的某种行为已破坏了学校的规定或者学生在校内实施

① Wallace v. Batavia Sch. Dist. 101, 68 F. 3d 1010 (7th Cir. 1995).

② P. B. v. Koch, 96 F. 3d 1298 (9th Cir. 1996).

③ Sansone v. Bechtel, 429 A. 2d 820 (Conn. 1980).

犯罪行为时，学校管理者就需要进行调查。如涉及其他学生或人员的安全，他们负有进行调查的责任（参见 12.4 节关于有义务维持一个安全环境的讨论）。调查可采用多种形式，包括监视、质询、搜身和搜查学生的个人物品或储物柜。

任何人，甚至对围绕警察调查展开的争议不熟悉的人都会意识到，这些调查会涉及他们自身重要的宪法权利。《联邦宪法第五修正案》赋予的不自证其罪的权利、保护自己免受威胁被迫供认的权利、获得“米兰达警示”的权利和《联邦宪法第四修正案》赋予的不受无理搜查的权利，在成人刑法里都明确地受到有力保护。这里的问题是这些保护措施能否延伸至学校。当面对警察和学校管理者时，这些权利能够同样保护学生吗？

对于警察来说，这个答案是肯定的。未成年人在被怀疑有罪时，仍享有与成年人一样的多项宪法保护。① 但是同样的保护措施能否引导学校管理者的调查行为则是一个更为复杂的问题。

在米兰达诉亚利桑那州一案②中，联邦最高法院认为，《联邦宪法第五修正案》保护免受强迫自证其罪的权利，要求告知被羁押的嫌疑人有权保持沉默，可以决定向律师咨询及其他相关权利。审讯必须按照严格的程序来进行，以防止自证其罪。有些学生原告认为学校管理者对他们进行审查时他们也应受到同样的法律保护，然而，法院最终裁定只要审查完全是由学校管理者主持而没有警察参与，学生就无权保持沉默，也不要求学校管理者给予学生米兰达警告。③ 一个法院裁决，当学校管理者就炸弹恐吓讯 【166】
问一名被其他两名学生指证的学生达 20 分钟时，学生的权利并没有受到侵犯。④

《联邦宪法第四修正案》保护学生免受“不合理的搜查和扣押”(unreasonable searches and seizures)。《联邦宪法第四修正案》的保护措施仅仅适用于当某人被搜查的情况。为了决定一项调查是否为《联邦宪法第四修正案》所指的搜查，法院要询问被调查人是否有隐私期望，如果有，

① *In re* Gault, 387 U. S. 1 (1967).

② 384 U. S. 436 (1966).

③ Boynton v. Casey, 543 F. Supp. 995 (D. Me. 1982).

④ Edwards v. Rees, 883 F. 2d 882 (10th 1989).

那么就要判断在社会上这种期望是否被普遍认为是合理的。[①] 例如，在学校停车场的一辆小汽车的前排“清晰可见”（plain view）的位置上放有一个物品，看到了车里这个物品的学校管理者或警察不能被裁定为搜查，因为车主把东西留在车的前排表明拥有者没有隐私期望，或在这一情况下仍旧主张隐私期望是不合理的。[②] 同样，如果某人丢了钱包或背包，也不存在隐私期望。因此，在查看丢失钱包以获取失主身份证明的同时如果发现了管制物品，则管制物品被视为清晰可见的。[③] 对公开区域（如教室、学校操场甚至盥洗室的公共区域）的监视，甚至通过双向透明玻璃进行的秘密监视，都不是搜查。[④]

大多数法院认为学校管理者对学生储物柜的调查不是一种搜查行为，因为储物柜是由学生和学校共同保管的，学生至少对学校管理者来讲没有合理的隐私期望。[⑤] 在大多数司法管辖区，学校管理者能未经宣布就随机对储物柜进行搜查，以检查储物柜是否藏有毒品，或者利用缉毒犬来确认储物柜，并做进一步检查。他们必须谨慎，不能以种族、性别或其他歧视性标准为基础选择要搜查的储物柜。在少数几个州，法院已采取相反的看法：学生对其储物柜也有隐私权。[⑥] 在这些州，学校管理者只有在符合我们稍后所要讨论的标准之后，才能对学生的储物柜进行搜查。然而，一法院裁定即使学生有对隐私权的期望，学校管理者也可以毫无缘由地搜查学生的储物柜，只要他们提前通知学生要进行随机搜查。[⑦]

即使在允许对学生的储物柜进行任意搜查的司法管辖区，也不允许对储物柜中的背包和其他收纳物进行随意搜查。[⑧] 有些法院把学校管理者对
【167】于储物柜内的检查视为一种应当遵循《联邦宪法第四修正案》保障的搜

① Katz v. United States, 389 U. S. 347 (1967) (Harlan, J. concurring).

② State v. D. T. W., 425 So. 2d 1383 (Fla. Dist. Ct. App. 1983); Speake v. Grantham, 317 F. Supp. 1253 (S. D. Miss. 1970), *aff'd*, 440 F. 2d 1351 (5th Cir. 1971).

③ State v. Johnson, 530 P. 2d 910 (Ariz. Ct. App. 1975).

④ Stern v. New Haven Cmty Sch., 529 F. Supp. 31 (E. D. Mich. 1981).

⑤ People v. Overton, 229 N. E. 2d 596 (N. Y. 1967), and 249 N. E. 2d 366 (N. Y. 1969).

⑥ Massachusetts v. Snyder, 597 N. E. 2d 1363 (Mass. 1992).

⑦ Pennsylvania v. Cass, 709 A. 2d 350 (Pa. 1998).

⑧ *See* Massachusetts v. Carey, 554 N. E. 2d 1199 (Mass. 1990); Isaiah B. v. Wisconsin, 500 N. W. 2d 637 (Wis. 1993).

查。[1] 俄亥俄州一个上诉法院裁决一项州的成文法违宪，该法规定，如果学校张贴通告说明储物柜是学校的财产而且属于可以随时搜查的范围，就可以授权学校管理者搜查储物柜及里面的东西。法院认为，州完全无权宣布个人物品如书包属于任意搜查的范围，因为这与保护公民隐私权的美国宪法背道而驰。[2] 由于存在如此多的不确定性，谨慎之道似乎为，希望保留随机搜查学生储物柜权利的学校应事先告知学生搜查的可能性，而所有学校应克制自己去搜查储物柜中发现的封闭的收纳物，除非满足本节稍后讨论的合理搜查标准。

如果警察发动并执行了对储物柜的搜查，那么这一调查被视为一种以《联邦宪法第四修正案》为目的的搜查，不管学校是否参与了搜查行为。警察和学校管理者对于储物柜的其他联合调查也可以被认为是一种搜查，但这种搜查的认定要依据情形和法院对学校储物柜性质的看法而定。[3]

一只经过训练的狗用鼻子去发现毒品是否被认为是搜查的问题还未得到完全解决。联邦最高法院已经认定，狗用鼻子去嗅机场内的行李箱不是一种搜查。[4] 然而，把此类狗用到学校就会引发不同的问题。在霍顿诉古斯湾独立学区一案[5]中，第五巡回上诉法院裁决，根据《联邦宪法第四修正案》，用狗来嗅汽车或储物柜不算是搜查，但是用狗来嗅学生本人则是一种搜查。法院解释说，从汽车里或储物柜里冒出的气味对公众的感觉是公开的。用狗来嗅的检查几乎不会给无辜学生带来尴尬和不适。学校管理者可以自由运用狗来增强他们搜查的灵敏度，就像他们能够自由用望远镜来增强对清晰可见物体的感知那样。然而，对于身体气味的检查则不同，法院这样解释道：

> 由狗来对人的气味进行搜查是不体面的和有损身份的。社会上大多数人都尽量有意不把自己的体味暴露给公众。相比之下，在联邦最

---

① *In re* S. C. v. State, 583 So. 2d 188 (Miss. 1991).

② *In re* Adam, 697 N. E. 2d 1100 (Ohio Ct. App. 1997).

③ Zamora v. Pomery, 639 F. 2d 662 (10th Cir. 1981); People v. Overton, 249 N. E. 2d 366 (N. Y. 1969).

④ United States v. Place, 462 U. S. 696 (1983).

⑤ 690 F. 2d 470 (5th Cir. 1982).

高法院不因个人嫌疑而支持对身体特征进行有限调查的案件中，判决理由是这一特定的特征在日常生活中向公众展示。有意用鼻子近距离地闻他人是无礼的，不管是狗还是人。当一个学校行政人员的代表带着狗进入教室，专门闻他或她周围的气味时，我们能够想象出一个已
【168】经对自己的身体有了自我意识的年轻人所经历的尴尬。

我们仅需要查看这一案件的档案就可以看到狗具有怎样的嗅人的技巧——如，围着每个儿童闻，把鼻子放在儿童身上闻并且乱抓，还可以在有警报时表现出其他兴奋的迹象——这些都是侵犯行为。

若学生自愿同意搜查，无论这一搜查是由学校管理者还是由警察实施的，《联邦宪法第四修正案》都没有强加限制。然而，只有当完全能理解选择权的人被给予机会的时候，宪法权利的放弃才是有效的。[①] 这一标准要求高于默许或不去反抗。有一个很好的假设认为，当放弃宪法权利就意味着暴露其犯错的证据时，个人是不会故意放弃宪法权利的。法院在塔特诉雷伯克一案[②]中阐述其原理如下。

没有什么使我们相信大卫·塔特在他“同意”被搜查时，故意并理智地放弃了宪法权利，而且我们倾向于在同意的基础上解决这个问题。被告方有责任证明放弃宪法权利的行为是由原告造成的。有一个推理反驳了宪法权利的放弃。在最初的搜查中他有可能选择了默许，但这并不必然证明他以弃权对抗最初的搜查。事实上，大卫·塔特的证词表明他是由于害怕而顺从地接受了搜查。另外，也没有迹象表明他能意识到有可能运用宪法权利来反对搜查。

因此，那些被命令掏空口袋或钱包的学生并没有同意被搜查。学校管理者用恫吓或者强迫的方式对学生进行搜身，学生即使同意了，也不得视其为学生的一种自愿行为，如学校管理者称“若你（学生）同意掏空口

① Anable v. Ford, 653 F. Supp. 22 (W. D. Ark. 1985).

② 742 F. 2d 977 (6th Cir. 1984).

袋，我就不叫警察”。最好的方法是绝不仅仅在学生同意的基础上搜查学生，而且应符合在新泽西州诉 T. L. O. 一案[①]（稍后解释）中所确立的标准。即使学生出于自愿拒绝同意搜查，学校管理者也可以继续询问学生。学生对于询问的回答将会为后续搜查提供充分的辩护。[②]

在韦布诉麦卡洛一案[③]中，第六巡回法院裁定，当学校管理者得到父母同意作为学校资助的旅游活动的陪伴者时，不受《联邦宪法第四修正案》的限制。在这种情况下，学校管理者的权力就好比父母拥有广泛搜查子女的自由度一样。但并不是所有的法院都能达成一致看法。在库恩诉伦顿第 403 学区案[④]中，法院禁止以参加音乐旅行的条件为由，对所有乐队成员的行李进行检查。

援引**证据排除规则**[⑤]的意图激起了学生对学校搜查行为的反对。**证据排除规则**要求禁止违反《联邦宪法第四修正案》搜查到的证据。[⑥] 法院一般（但并不是完全一致）同意学校管理者非法获取的证据不能在刑事或少年犯罪听证会上用来反对学生。[⑦] 法院就有关证据排除规则是否能运用于学校惩戒听证会产生了分歧。[⑧] 纽约州最高法院裁定在非法搜查中发现学生持有的武器不可用于少年犯罪听证，但可以用于学校惩戒程序。[⑨] 【169】

另一个反对搜查的动机是一项联邦成文法[⑩]，它使学生有可能从那些侵犯他们受《联邦宪法第四修正案》保护的权利和其他宪法权利的学校管

① 469 U. S. 325 (1985).

② Des Roches v. Caprio, 974 F. Supp. 542 (E. D. Va. 1997), *rev'd.*, by 156 F. 3d 571 (4th Cir. 1998).

③ 828 F. 2d 1151 (6th Cir. 1987).

④ 694 P. 2d 1078 (Wash. 1985).

⑤ 禁止在法庭诉讼程序中使用不合法手段获得证据的一种法律规则。——译者注

⑥ Mapp v. ohio, 367 U. S. 643 (1961).

⑦ People v. Scott D., 315 N. E. 2d 466 (N. Y. 1974); *but see* State v. Young, 216 S. E. 2d 586 (Ga. 1975).

⑧ Thompson v. Carthage Sch. Dist., 87 F. 3d 979 (8th Cir. 1996); James v. Unified Sch. Dist. No. 512, 899 F. Supp. 530 (D. Kan. 1995); Jones v. Latexo Indep. Sch. Dist., 499 F. Supp. 223 (E. D. Tex. 1980); Morale v. Grigel, 422 F. Supp. 988 (D. N. H. 1976).

⑨ Matter of Juan C. v. Cortines, 679 N. E. 2d 1061 (N. Y. 1997).

⑩ 42 U. S. C. § 1983.

理那里寻求金钱损害赔偿①。从理论上讲，金钱损害赔偿是可能的，既可以由学校赔偿，又可以由个人赔偿，但要想获得金钱损害赔偿在现实中是困难的（参见 12.9 节）。②

决定一个由学校管理者进行的调查是否构成搜查，仅仅是决定这个调查是否得到允许的第一步。《联邦宪法第四修正案》仅仅禁止“不合理”的搜查，所以问题就是：在什么情况下学校管理者对学生的搜查是合理的。在下级法院的判决多年来相互冲突之后，联邦最高法院于 1985 年在新泽西州诉 T. L. O. 一案③中阐述了这个问题。

（169 ~ 175） 新泽西州诉 T. L. O. 一案涉及一名叫 T. L. O.（化名）的学生。她被教师发现在女生洗手间里抽烟，这一行为违反了校规。教师就把 T. L. O. 送到了校长办公室，在质问之下，T. L. O. 否认她一直抽烟或曾经抽过烟。校长要求检查 T. L. O. 的手提袋。他打开手提袋就发现有一盒香烟，继而指责 T. L. O. 撒谎。正如校长所言，他在手提袋里看见了一盒卷纸，导致校长怀疑 T. L. O. 可能藏有大麻。而后，校长进一步搜查了 T. L. O. 的手提袋并且发现了大麻和其他牵涉 T. L. O. 买卖非法毒品的证据。这些证据后来转交给了警察局并被用来在少年法庭中指控 T. L. O. 有过失。T. L. O. 反对此项指控，指证校长搜查她的手提袋的行为根据《联邦宪法第四修正案》是不被允许的，因此所获得的证据也不应该公开。

为了衡量 T. L. O. 的主张，法院不得不首次确定“合理标准以确定学校管理者搜查行为的合法性”。换句话说，法院不得不采取一个规则或程序来决定在《联邦宪法第四修正案》之下教育者对于学生的搜查何时是合理的。在代替父母（loco parentis）理念的基础上，法院强调一些下级法院曾经认为学校管理者不受到《联邦宪法第四修正案》的限制，其观点与当前情况和法院所持理论相冲突。他们认为，

① Williams v. Ellington, 936 F. 2d 881 (6th Cir. 1991); Bellnier v. Lund, 438 F. Supp. 47 (N. D. N. Y. 1977).

② Jenkins v. Talladaga City Bd. of Educ., 115 F. 3d 821 (11th Cir. 1997) (en banc).

③ Supreme Court of the United States, 1985, 469 U. S. 325. ——译者注

> 教育者必须有着“可能原因”以符合《联邦宪法第四修正案》的规定，即教育者有着极大的可能性搜查出犯罪的证据。若这样做，法院认为，教育者既不是学生的父母，也不是警察。
>
> 相反，法院达成了一个妥协，与《联邦宪法第四修正案》的措辞保持一致：学校管理者可以搜查学生，只要他们有正当理由相信这个搜查将会揭示犯罪或违反校规的证据。这样，联邦最高法院系统阐明了校规必须符合学校维持秩序的需要，以及学生免于受到无理搜查的权利。
>
> 法院把这一分析适用到 T. L. O. 一案中，判决校长已满足合理性的要求。因香烟而搜查手提袋直接与 T. L. O. 否认她曾经抽烟的可信性问题有关。一旦以香烟为动机的搜查不经意地发现了卷纸，那么对于拥有毒品的怀疑也是合理的，这样就使得余下的搜查变得合理。基于这个理由，T. L. O. 的上诉被驳回。

T. L. O. 案，出于《联邦宪法第四修正案》的目的，否认将学校管理者与父母或警察类比看待，学校的搜查必须符合以下条件：**学校管理者**必须具有**正当理由**相信对**特定个人**的搜查将会找到该个人违反**学校特定校规或法律**的**相关证据**。T. L. O. 案也限制了搜查的**范围**或性质。【175】

T. L. O. 案的标准仅仅适用于学校管理者的搜查，而不适用于警察的搜查，即使警察来到学校进行搜查，也须遵循不同的标准。（关于警察一定程度参与学校搜查的争议，见卡森诉库克案。①）

学校管理者只能基于正当理由对学生进行搜查。学校管理者必须有证据使人们相信搜查是富有成果的。尽管无法准确界定“正当理由”，法院也不太可能接受未获证据支持的怀疑，即使证据指向明确的违法行为。因此，在皮马县青少年行为事件②中，一学生被发现在露天看台的旁边，学生常因各种原因聚集在此，包括使用毒品。这名学生在以前讨论滥用毒品的教员会议上曾经被提及，但校长个人却毫不了解该学生的行为，此前没

---

① 810 F. 2d 188 (8th Cir. 1987); *see also* Martens v. Dist. No. 220, 620 F. Supp. 29 (N. D. Ill. 1985).

② 733 P. 2d 316 (Ariz. Ct. App. 1987).

有关于这名学生使用或贩卖毒品的报告，也没有其他原因怀疑他身上藏有毒品。因此，法院最后裁定校长搜查学生的理由不充分。但是在一个类似【176】案件中，在没有得到许可的情况下，对一间被认为是毒品使用和贩卖避风港的休息室内的两名男孩进行搜查却得到了法院的支持。① 在另外一个案件中，法院裁定在实地考察旅途中，只要闻到大麻的味道，与学生结伴而行的学校管理者就有理由搜查学生的旅馆房间。②

有时，其他学生的陈述，如目击者的陈述，能形成有必要进行搜查的合理怀疑的基础。③ 在此种情况下，事情就要依赖学生告发者的可信度。一法院宣布，"如果没有信息表明特定学生告发者不可信赖"，那么由学生告发者提供的信息可以作为搜查的基础。④ 在另一案件中，学校没有核查学生告发者是否值得信赖——告发者也许出于某种动机而错误地指控被搜查学生携带毒品——这将导致法院做出搜查（该搜查并未查获毒品）是违法的结论。⑤

正当理由或怀疑必须指向特定个体或将被搜查的个人。尽管 T. L. O. 案本身并未探讨只为找到犯罪证据而对所有学生进行大面积搜查的问题，但其他一些法院却宣布这种做法是不被允许的。⑥ 当然，对于这一规定也有一些例外，如对学生进行毒品抽查和使用金属探测仪等（两者稍后讨论）。另外，一些法院支持学校管理者对学生的搜查，只要他们相信学生中有人携带武器。甚至在缺乏个人怀疑的情况下，保证学校无武器的必要性也能使搜查有理。⑦

脱衣搜查更需要以个人怀疑为基础。搜查越具有侵犯性，法院越有可

① *In re* Bobby B., 218 Cal. Rptr. 253 (Cal. Ct. App. 1985).

② Rhodes v. Guarricino, 54 F. Supp. 2d 186 (S. D. N. Y. 1999).

③ New Mexico v. Michael G., 748 P. 2d 17 (N. M. Ct. App. 1987).

④ In the Interest of S. C. v. Mississippi, 583 So. 2d 188 (Miss. 1991).

⑤ Fewless *ex rel.* Fewless v. Bd. of Educ. of Wayland, 208 F. Supp. 2d 806 (W. D. Mich. 2002).

⑥ Burnham v. West, 681 F. Supp. 1160 (E. D. Va. 1987); Bellnier v. Lund, 438 F. Supp. 47 (N. D. N. Y. 1977); Kuehn v. Renton Sch. Dist. No. 403, 694 P. 2d 1078 (Wash. 1985); Horton v. Goose Creek Indep. Sch. Dist., 690 F. 2d 470 (5th Cir. 1982); *but see* Des Roches v. Caprio, 156 F. 3d 571 (4th Cir. 1998).

⑦ Thompson v. Carthage Sch. Dist., 87 F. 3d 979 (8th Cir. 1996); *In re* Alexander B., 270 Cal. Rptr. 342 (Cal. Ca. App. 1990).

能坚持认为学校管理者应有正当理由怀疑学生。① 第六巡回法院在确信学校管理者的确质疑过告发者并确认告发动机不是出于恶意之后，才允许了以告发者的讯息为根据的脱衣搜查。②

搜查的关键是要揭示相关证据，而这些证据有助于证明学生确实违反了某种特定校规或法律。在T. L. O.案中，搜查缘于学生T. L. O.有抽过烟的迹象。在搜查的过程中，毒品交易的证据明显可见。这些证据促使继续搜查变得合理，实际上第二次搜查是为了得到另外的有关毒品使用或毒品交易的证据。然而，需要指出的是，即便是怀疑某一学生打电话谎报炸弹恐吓，也无法使搜查学生口袋这一行为变得合理。 【177】

在卡利斯诉豪威尔公立学校一案③中，安全保卫抓到一个在学校停车场的车辆后躲避的学生。讯问中学生没有给出真实姓名。法院裁定搜查是非法的，法院这样写道：

> 很明显原告的行为为学校怀疑学生违反了校规或法律提供了正当理由……原告的行为显然是模糊的。可以认定她是逃学者，或她正在偷车轮毂罩，或她离开教室去见男朋友。简而言之，可以表明原告违反了无数条校规或法律。本法院并没有宽泛地解读T. L. O.规则，以致允许学校行政人员因学生的行为方式令人合理怀疑其已经违反了某些校规或法律而对其进行搜查。

不过，在一个涉及在学生汽车中搜查香烟并获得法院支持的案件中，法院认为搜查在开始阶段是正确的，因为除了学生未经允许而出教室外，还有其所处的停车场历来也是学生吸烟的场所，并且学生还撒谎说他到车里是为了取回艺术设计。④

即使搜查在开始阶段是合理的，T. L. O.案还是限制了搜查的范围。例如，对T. L. O.进行脱衣检查是否合法值得怀疑。在另一案件中，一名学

---

① Cornfield v. Consol. High Sch. Dist. No. 230, 991 F. 2d 1316 (7th Cir. 1993); Kennedy v. Dexter Consol. Sch., 955 P. 2d 693 (N. M. Ct. App. 1998).

② Williams v. Ellington, 936 F. 2d 881 (6th Cir. 1991).

③ 635 F. Supp. 454 (E. D. Mich. 1985).

④ Anders *ex rel.* Anders v. Fort Wayne Cmty. Schs., 124 F. Supp. 2d 618 (N. D. Ind. 2000).

校管理者有正当理由相信学生携带刀具。他打开学生钱包但并没有发现刀具，于是继续打开钱包的一个小拉链口袋，没有发现鼓胀的痕迹，他触摸该生口袋里面没有发现刀具，但摸到了一个塑料袋，他摸到塑料袋里面也没有刀具。然而他拿出塑料袋，里面有块状可卡因。法院裁定搜查的范围超过了 T. L. O. 案所确定的原则："在学校安全问题轻易地使对武器的基本搜查成为合理的同时，当基本搜查没有发现武器后，学生的隐私权益应当排除寻宝式搜寻……这些在继续搜查中发现的毒品，不是出于怀疑而是出于单纯的好奇。"①

T. L. O. 案之后，法院认为，应根据被搜查学生的年龄和性别，更重要的是根据被怀疑违法的行为的性质来决定学校搜查的范围。西弗吉尼亚最高法院在一案件中裁定，根据被调查的犯罪行为性质，对被怀疑偷了
【178】100 美元的学生进行脱衣搜查超出了应有的范围。即使在学生的内衣里发现了钱，法院还是认为学生的"可疑行为并没有立即给其他人带来危害，因此，在没有搜查令的前提下对学生进行搜查是没有必要的，也是不合理的"。② 同样，另一法院也裁决对两名 8 岁的儿童进行两次搜身，试图发现被偷窃的 7 美元的行为是不合理的。法院说："当违规行为轻微而且没有产生迫在眉睫的危险的威胁时，T. L. O. 案禁止学校管理者进行具有侵犯性的搜查……"③ 然而，第七巡回法院裁决，支持学校管理者对一名 16 岁的学生进行脱衣搜查，因为该学生被发觉其胯部有不寻常的鼓胀，且该生的名字多次与毒品交易和滥用相连。④ 如前所述，学校管理者在联邦法和州侵权法之下会因其侵犯学生的《联邦宪法第四修正案》的权利（参见 12.9 节）而受到起诉，并做出实际甚至是惩罚性赔偿。脱衣搜查案件的败诉可能相当高，因为这一类搜查的范围在 T. L. O. 案及之后下级法院判决创设的标准下，常常不能得到正当性辩护，而且无正当理由的脱衣搜查造成的

---

① T. J. v. State, 538 So. 2d 1320 (Fla. Dist. Ct. App. 1989).

② West Virginia *ex rel.* Gilford v. Mark Anthony B., 433 S. E. 2d 41 (W. Va. 1993).

③ Jenkins v. Talladega City Bd. of Educ., 95 F. 3d 1036 (11th Cir. 1996).

④ Cornfield v. Consol. High Sch. Dist. No. 230, 991 F. 2d 1316 (7th Cir. 1993).

伤害是非常大的。①

对学生持枪和滥用毒品造成危险的关心，已导致一些人在思考能否在无须特别怀疑的情况下对学生实施具有相对较小侵犯性的搜查。如，为了保护学生和教师的安全，用金属探测仪进行检查或搜查学生的背包是否合理。少数已经探讨过这些搜查行为合宪性的法院支持他们的做法，并强调了维持学校安全的必要性、搜查的非歧视性特点和对学生隐私的最小侵犯性。②

在维罗妮卡第47J学区诉阿克顿案③中，联邦最高法院考虑了学校随机或不是基于怀疑而对学生运动员进行兴奋剂测试项目的合宪性。在支持这一项目的同时，法院强调在使用兴奋剂过频或有危害的情况下，进行兴奋剂的随机检测是合理的，检测的目的是帮助而不是惩罚学生，检测制度是值得信赖的，其结果也是保密的，并且在诸如竞技体育中持续服用兴奋 【179】
剂比在通常情况下服用更有害。

在维罗妮卡案判决之后，一些学区就启动了无怀疑兴奋剂检测的项目。这一项目的对象包括参加具有竞争性的课外活动的学生，如唱诗团和辩论会。联邦最高法院在波塔瓦托米县第92独立学区教育董事会诉厄尔斯一案④中考虑了学区扩大政策规范的合宪性。

> 在该案中，考虑到学区兴奋剂检测政策的特定性，法院判决，在学校经过对学生服用兴奋剂的考虑和对政策效力的考虑之后，这一政策是合理的，因而在《联邦宪法第四修正案》中也是允许的。 (179 ~ 183)

维罗妮卡案和厄尔斯案都同意，兴奋剂检测项目并不意味着对所有学 【183】

① Bell v. Marseilles Elementary Sch., 160 F. Supp. 2d 883 (N. D. Ill. 2001); Kennedy v. Dexter Consol. Schs., 10 P. 3d 115 (N. M. 2000); *compare* Thomas *ex rel.* Thomas v. Roberts, 261 F. 3d 1160 (11th Cir. 2001); *cert. granted*, *vacated by*, 536 U. S. 953 (2002); *on remand*, 232 F. 3d 950 (2003); *reh'g & reh'g en banc denied*, 2003 WL 21788455 (Ga. June 18, 2003).

② In Interest of S. S., 680 A. 2d 1172 (Pa. Super. Ct. 1996); In Interest of F. B., 685 A. 2d 1378 (Pa. Super. Ct. 1995); New York v. Dukes, 580 N. Y. S. 2d 850 (N. Y. Crim. Ct. 1992); Illinois v. Pruitt, 662 N. E. 2d 540 (Ill. App. Ct. 1996).

③ 515 U. S. 646 (1995).

④ Supreme Court of the United States, 2002, 536 U. S. 822. ——译者注

生随机进行药物检测都是合宪的。两类案件仅仅涉及检测那些自愿参加课外活动，如体育活动和旅游的人，如果这些活动在药物的影响下进行，可能会对药物使用者和其他人造成伤害。在两个案件中都是以减少尴尬为宗旨来执行兴奋剂检测程序的，并且检测结果是保密的。在两个案件中，检测结果都不会提交给执法部门，检测结果为阳性的学生也不会受到学校的惩罚。两个学区在制定政策时都遇到了"兴奋剂问题"，不符合大多数或全部条件的兴奋剂检测项目很可能无法通过宪法审查。即使在联邦宪法里允许的兴奋剂随机抽查项目也很有可能在一些州宪法里行不通。①

对创设兴奋剂随机抽查项目进行深思的学校管理者应该认识到这一项
【184】目将会引起一些宪法和教育方面的争议。由四个持不同意见的法官在厄尔斯案件中提出的主要观点是，不合理的随机搜查向我们传递了这样一个信息，那就是与学校教育目标的冲突：

> 为了管理运动项目或努力与兴奋剂做斗争，学校的看管职责可能允许在其他情况下侵犯学生权利的搜查。然而当看管职责没有加重时，学校对于学生的守护职责要求学校"为人师表"，避免……采用减弱宪法保护的措施。

学校管理者同样应当意识到，设立随机药物检测项目很可能受到详细审查，特别是对于学生隐私的争议。某法院裁决，要求学生在接受检测前透露其当时正在服用的所有处方药物以发现非法药物，即便处方药物不会影响测试结果，这样的措施也侵犯了州宪法保护的隐私权。然而，同样的法院却裁定，给予被查出阳性的学生机会以提供证据表明其结果是由合法处方药所造成的做法是合乎宪法的。②

---

① *Compare* Theodore v. Del. Valley Sch. Dist., 761 A. 2d 652 (Pa. Commw. 2000) (striking down random drug testing); *and* Linke v. Northwestern Sch. Gorp., 763 N. E. 2d 972 (Ind. 2002) (upholding random drug testing).

② Weber v. Oakridge Sch. Dist. 76, 56 P. 3d 504 (Or. Ct. App. 2002).

5.4 罪责裁定

在美国社会，对被指控有罪的人进行判决要根据某些基本原则。过程开始于无罪的假定和政府证明其有罪的责任。无论是何种指控，被告人都有权得到公平、公正的审判。广泛的程序保护和证据规则增加了公平裁决的可能性，同时也尊重了公民的基本人权和尊严。甚至是在某人有罪的情况下，宪法也限制了惩罚的范围，而不管嫌疑人犯了何种罪。

同样的原则适用于由政府控制的无罪指控程序，就像学校的惩戒行为一样。联邦宪法和州成文法都加大了程序和实体要求，来保证公平和减少失误。尽管两者之间有某些不同，但州成文法律一般都合并使用，并在有些案件中扩大了我们随后讨论的宪法权利。各州都能够向受指控学生提供比宪法更多的程序性保护，而非更少的保护。（参见 7.3 节有关规范身心障碍学生惩戒的联邦法律。）

《联邦宪法第十四修正案》的**正当程序条款**坚持认为各州不得“未经正当法律程序而剥夺任何人的生命、自由或财产”。尽管还没有为正当程序下一个准确的定义，但它包含的正义哲学要求在行事前公正慎重。从程序意义上讲，正当程序意味着人们在审判过程中有听证权。它最低限度地
要求个人在没有机会申辩之前，不得被惩戒或剥夺权利。正当程序原则的 【185】
另一个重要方面就是惩罚的力度越大，就越需要更为广泛的程序来保护免受不公平的裁决。

从历史上看，公立学校拥有对学生广泛的惩戒权，而不受正当程序要求的束缚。早在 20 世纪 60 年代，联邦法院开始要求对被逐出公立学校的学生采取一定的正当程序。① 到了 70 年代，尽管不同法院要求的内容有所不同，但大多数（也不是所有）联邦法院在所有把学生从学校逐出的案件中都运用了正当程序条款。法律没有完全解决有关学生短暂停学的案件。以下联邦最高法院的判例对这一问题进行了阐述。

---

① Dixon v. Ala. State Bd. of Educ., 294 F. 2d 150 (5th Cir. 1961).

(185~189) 1975年，联邦最高法院尽力要澄清在戈斯诉洛伯兹案①中所做的裁决。一群学生在“学生普遍不安”的时期因参与了“骚乱”而被俄亥俄中学处以停学十天的处分。一些学生否认做了错事，但没有任何学生在停学处分之前获得听证的机会，而仅仅被通知了对他们的惩罚措施。停学处分是根据俄亥俄州的法律做出的，该法律规定，停学处分是无须听证的，但学生认为学校的行为侵犯了他们的正当程序权利。

因为《联邦宪法第十四修正案》要求正当程序仅仅适用于州寻求剥夺某人生命、自由或财产的情况，这样法院不得不面临的第一个问题就是入学权是否是一种财产权。而该州认为入学权并不是一种财产权，因为美国联邦宪法没有给予公民入学权。联邦最高法院驳回了这一理由，并强调尽管俄亥俄州没有向儿童提供就学权的义务，但该州还是选择这样做。由于为儿童提供就学权，就为入学创设了财产权，学生也就拥有了入学的权利，就像拥有了有形财产权或其他有权获得的合法财产。（注意，在规则制定上，联邦最高法院并没有认为入学是宪法权，实际上，法院在圣安东尼奥独立学区诉罗德里格斯案中特别裁定，教育没有宪法权可言。）学生不仅拥有入学的财产权，而且还拥有维护自己良好声誉的自由权，而这一良好声誉与记录在学生永久档案里的停学处分是有牵连的。

在排除学校惩罚学生与正当程序条款的联系之后，法院将会面临建立一个能在学校内起作用的程序结构的任务。法院强调维持学校纪律的迫切需要，并认识到学校不能也不应该像法院那样自我行事，它们必须尽快行动起来并有助于教育事业的进展。然而，即使是短期停学对于“学生的一生来说也是严重的”，因此没有程序的保障，学校应被禁止采取此项处罚措施。由此，就像戈斯案中一样，法院裁决短期停学只有在学生获得听证的情况下才能实施。这样，没有听证的停学处分和允许此项处罚的俄亥俄州法律都是违宪的。

① Supreme Court of the United States，1975，419 U. S. 565. ——译者注

戈斯案为我们解决了在公立学校适用正当程序条款的问题。任何剥夺学生自由或财产利益的不同寻常的处罚都需要采用正当程序。自由权益包括免于限制的自由（如戈斯案）和维护个人名誉的自由。当成文法授予学生到公立学校上学的权利时，其所有权或州的行为都能引出财产权益问题。因为即便是停学一天“对于被停学学生一生而言都是一个严重事件”，所以这不是一件小事，任何时限的停学都要求正当程序。【189】

一旦已决定在特别案件中采用正当程序，那么就有必要确定哪些程序是正当的。戈斯案表明除了紧急情况外，一般在学生被开除之前需要听证。对于法院界定为十天或更少的短期停学，戈斯案向学生告知指控与实情，并给予反驳的机会。告知被指控行为和听证之间无须相隔一定时间。例如，一位指责学生的教师可能告知学生其行为不当，并且立即和学生一起来到校长办公室，在这里，校长听取教师和学生的陈述后做出判断，若有必要还会做出一个不超过十天的停学处分。对于在什么地方进行听证或怎样进行听证是没有特别要求的。一个法院裁决如果校长与捣乱的学生谈了话，在学生被逐出学校之后又通过电话与该生父母谈话，那么也满足了听证的要求。① 因此，戈斯案试图满足公平对待学生权利和学校在没有过度资源耗费的情况下快速行动的需要。【190】

虽然戈斯案为在学校惩戒案中适用正当程序条款提供了基本框架，但是下级法院总是需要解决一些特定问题。这些问题分成四个方面：除了短期停学外，哪些惩罚需要正当程序或不需要听证即可直接做出；是否允许没有听证的停学处分；哪些情况下，听证要在停学处分之后而不是之前举行；当惩罚比短期停学更严重时，还需要哪些附加程序。

大多数法院并不要求对不涉及开除的惩罚进行听证。其他的惩罚或者被认为不是对自由或财产的剥夺，或者被认为是无关紧要的。如，在迪肯斯诉约翰逊县教育董事会一案②中，对“暂停区”的暂时安排不需要采用正当程序。尽管法律赋予了学生接受公共教育的权利，但他们并不是对教育的任何部分都享有占有权。因此，法院认为，拒绝学生在课外运动队中

① C. B. v. Driscoll, 82 F. 3d 383 (11th Cir. 1996).

② 661 F. Supp. 155 (E. D. Tenn. 1987).

的位置、戏剧中的角色、乐队中的位置或者进入学业荣誉生会或某门高级课程，都不需要听证。① 其他法院也否定了对那些因学术（与纪律相反）原因②而被降级的学生或禁止参加毕业典礼的学生的正当程序主张。③ 联邦最高法院还裁决体罚之前不需要听证。④

另一方面，法院对某些极大地减少学生的学习机会或降低学生未来期望的惩罚也可能采用正当程序，即使不涉及学生的停学。这极有可能是学生因纪律缘由而被剥夺了其本可以获得的重大利益。在科尔诉牛顿特别独立学区案中⑤，法院裁决校内停学需要听证，因为此处罚剥夺了学生的听课权。在沃伦诉全国中学校长联合会案⑥中，法院命令学校要对把一学生从国家荣誉生会中开除的行为进行听证。在州政府代理律师亚伯诉麦克亨
【191】利一案中，法院裁决学生由于纪律原因而被降级，例如未能遵守学校的出勤政策，需要正当程序。⑦

法院好像乐意允许的唯一不需要正当程序而直接采取停学处分的情形是学生主动认错。主动认错既被视为学生对听证权的放弃，又被证明为已无实际需要举行听证。⑧

法院在戈斯案中指出，偶尔也有学生在被告知停学后“即刻举行”听证的情况：“若学生的行为给他人或财产带来了持续危险或给教学过程带来了持续性的破坏，那么学校应该立即逐出该生。”尽管在这一点上诉讼不多，但是这一例外似乎最适用于一些具有暴力性或破坏性的学生，而这一类学生不愿或不能控制自己在足够长的时间内参加简短的听证。在怀特

① Seamons v. Snow, 84 F. 3d 1226 (10th Cir. 1996); Mazevksi v. Horseheads Cent. Sch. Dist., 950 F. Supp. 69 (W. D. N. Y. 1997); Hebert v. Ventetuolo, 638 F. 2d 5 (1st Cir. 1981); Bernstein v. Menard, 557 F. Supp. 90 (E. D. Va. 1982), *appeal dismissed*, 728 F. 2d 252 (4th Cir. 1984); *but see* Duffley v. N. H Interscholastic Athletic Ass'n, 446 A. 2D 462 (N. H. 1982).

② Campbell v. Bd. of Educ. of New Milford, 475 A. 2d 289 (Conn. 1984).

③ Swany v. San Ramon Valley Unified Sch. Dist., 720 F. Supp. 764 (N. D. Cal. 1989); Fowler v. Williamson, 448 F. Supp. 497 (W. D. N. C. 1978); Dolinger v. Driver, 498 S. E. 2d 252 (Ga. 1998).

④ Ingraham v. Wright, 430 U. S. 651 (1977).

⑤ 676 F. Supp. 749 (S. D. Miss. 1987), *aff'd*, 853 F. 2d 924 (5th Cir. 1988).

⑥ 375 F. Supp. 1043 (N. D. Tex. 1974).

⑦ 915 S. W. 2d 325 (Mo. 1995) (en banc).

⑧ Keough v. Tate County Bd. of Educ., 748 F. 2d 1077 (5th Cir. 1984); Coffman v. Kuehler, 409 F. Supp. 546 (N. D. Tex. 1976).

诉萨里斯伯里镇学区一案①中，法院同意学区的做法，学区认为警察对学生在操场吸大麻的指控使得停学的处分先于听证的做法是合理的。这一决定很难理解，因为学生从警察局得知其行为已经违法之后，学校管理者告诉学生可以继续留在学校，但是第二天不用到课堂报到，随之举行听证。

戈斯案结论的措辞指出学校的惩戒程序必须符合正当程序的一般法律原则，即惩罚越严厉，就越需要详尽的程序。下级法院一致把戈斯案对十天及其以下停学的强调理解为一种信号，该信号表明长期停学或开除的行为需要更为广泛的正当程序。但是，仍没有达成要求何种具体程序的一致意见。在戈斯案数年之后被裁定的以下地区法院的案件，阐释了长期停学可能引发正当程序主张的种类。

在冈萨雷斯诉麦克尤恩案②中，几个学生对加利福尼亚学区开除他们所使用的程序产生了质疑。法院驳回了学生的质疑，学生认为学校董事会执行听证是不公正的，因为听证依据事件的先前认识，这导致了学生的开除和惩罚的记录。尽管如此，法院同意学生根据《联邦宪法第五修正案》和《联邦宪法第十四修正案》，其正当程序权利被侵犯的主张，因为他们没有被给予适当的停学听证通知，而学区的律师同时服务于起诉人和学区的法定顾问，学校的管理者在商议中做出了有利于学区董事会而不利于学生的证明，还采纳了谣言证词，而且一些学生拒绝作证被视为对罪行的承认。法院强调，开除学生是一项很严重的惩罚，需要广泛的正当程序以确保学生被公正地对待。 (191 ~ 196)

记住这一点是很重要的，即正当程序要求与学生不当行为的严重性之间是没有直接联系的，相反，正当程序要求是由惩罚的性质和重要性来决定的。任何在本质上是剥夺自由和财产的惩罚，都需要正当程序。剥夺的影响越大，就越需要正当程序。因此，不允许对同样的过错行为采取一系列短期停学处罚来替代长期停学处罚，以规避后者所要求的更为广泛的正 【196】

① 588 F. Supp. 608 (E. D. Pa. 1984).

② United States District Court, Central District of California, 1977, 435 F. Supp. 460. ——译者注

当程序。

然而，法院一般根据期限的长短“而不是根据其影响的严重性”来判断停学的重要性。例如，在兰姆诉潘汉德利社区第2联合学区案①中，一个学生在学年的最后三天遭到停学处罚。结果该生错过了期末考试，三门课程考试不及格，不能毕业。学生宣称自己理应获得正当程序，因为惩罚对于自己的一生产生了重大影响。法院没有同意该生的主张，并裁决三天的停学是短期行为，而不管其是什么时候发生的。②

【197】 法院一致同意学生被逐出学校超过十天应需要具体指控的公告。公告应该详细指明听证的时间和地点，并能让学生提前充分做好辩护的准备。③听证本身应由公正的裁判人员来举行，而这可能或经常是由教育董事会自己来举行的。④ 被指控的学生应有机会提供证据，并能反驳对其不利的证据。⑤ 过错的结论必须以实质性证据为基础，对此校方要承担举证责任。对于证据的要求不如在刑事程序中“超过合理怀疑”标准那样严格，但它需要证明有罪的可能性大于无罪。正如一个法院所认为的那样：“相关证据充足，可支持得出最终事实的结论。”⑥ 根据不可靠的药物检测来对一个学生做出停学处罚，将会违反惩罚的正当程序要求。⑦

以下是仍未解决的有关长期停学处罚的正当程序问题，因为法院采取了相互冲突的立场。

- 在听证之前要求提供证人的名单。大多数法院已裁决这是不合要求的。⑧

---

① 826 F. 2d 526 (7th Cir. 1987).

② *See also* Keough v. Tate County Bd. of Educ., 748 F. 2d 1077 (5th Cir. 1984).

③ Strickland v. Inlow, 519 F. 2d 744 (8th Cir. 1975); *but see* Walker v. Bradley, 320 N. W. 2d 900 (Neb. 1982).

④ Sullivan v. Houston Indep. Sch. Dist., 475 F. 2d 1071 (5th Cir. 1973).

⑤ Dixon v. Ala. State Bd. of Educ., 294 F. 2d 150 (5th Cir. 1961).

⑥ Mandell v. Bd. of Educ., 662 N. Y. S. 2d 598 (N. Y. App. Div. 1997); Washington v. Smith, 618 N. E. 2d 561 (Ill. App. Ct. 1993).

⑦ Anable v. Ford, 653 F. Supp. 22 (W. D. Ark.), *modified*, 663 F. Supp. 149 (W. D. Ark. 1985).

⑧ Keough v. Tate County Bd. of Educ., 748 F. 2d 1077 (5th Cir. 1984).

• 有权面对和质疑对方证人。有些法院允许以匿名宣誓证词的形式提供证据，但有些法院则反对这样做。①

• 大多数法院允许合理性传闻证据。②

• 当学校董事会自己的律师在案件中对抗学生时，是否能保证没有偏见。法院在这个问题上有分歧。③

• 有权由律师代表出庭，法院对此也有分歧。④

• 有权获得听证录音或者记录。大多数法院并不承认这一权利。⑤

• 有权获得解释停学决定原因的书面陈述。大多数法院也没有要求这一点。⑥

考虑到法律的不确定性，谨慎的做法就是在学校长期停学的案件中采用广泛的正当程序。学校应努力公平适用已建立的标准化惩戒程序以避免出现歧视，尽可能减少诉讼的可能性，最重要的是防止不公平的惩罚。这就是说，例如，不允许代理不利于学生的案件的个人参与听证委员会的非公开审议，因为这一做法会导致未经反驳就引入新的证据，并且会产生委员会过于关注案情一面之词的印象。同样，基于相同原因，应避免广泛地运用传闻证据，刑事法庭就不允许这样做——因为间接性证词总是难以信赖且很难反驳的。如果学校的案件是由律师代理的，那么也应允许学生有代理律师。简言之，为了正确的教育政策、合理的行政行为和简单的公平，学校应努力运用公平的惩戒程序以查明事实真相。【198】

① Newsome v. Batavia Local Sch. Dist., 842 F. 2d 920 (6th Cir. 1988); Brewer v. Austin Indep. Sch. Dist., 779 F. 2d 260 (5th Cir. 1985).

② Tasby v. Estes, 643 F. 2d 1103 (5th Cir. Unit A Apr. 1981).

③ Gonzales v. McEuen, 435 F. Supp. 460 (C. D. Cal. 1977); Alex v. Allen, 409 F. Supp. 379 (W. D. Pa. 1976).

④ Givens v. Poe, 346 F. Supp. 202 (W. D. N. C. 1972); Gonzales v. McEuen, 435 F. Supp. 460 (C. D. Cal. 1977).

⑤ Jaksa v. Regents of Univ. of Mich., 597 F. Supp. 1245 (E. D. Mich. 1984); *aff'd*, 787 F. 2d 590 (6th Cir. 1988).

⑥ Jaksa v. Regents of Univ. of Mich., 597 F. Supp. 1245 (E. D. Mich. 1984); *aff'd*, 787 F. 2d 590 (6th Cir. 1988).

5.5 惩罚方式的选定

惩罚方式的选定是学生惩戒的最后阶段，也是最重要的阶段。严厉的惩罚将会对学生的未来产生不利影响，而过轻的惩罚也可能无法使学生认识到违法的严重性并使其继续威胁其他学生。从某种意义上来讲，惩罚方式的选定对任何学生惩戒诉讼的影响都是最大的。学生可能针对校规的措辞提起诉讼，他们可以指证违法证据是非法收集的或正当程序保护没有得到严格遵守，而且不管提起诉讼的方式理由如何，他们真正的抱怨是正在被惩罚。近年来，那些直接起诉学校管理者为应对具体违法行为而强制实施专门惩罚或者强制实施任何特定惩罚权力的诉讼已司空见惯。由于利害攸关，从道德、教育、法律上关注公平和违法学生的需求，以及对于学校惩戒权的法律限制都是极其重要的。

联邦和各州的宪法、成文法及普通法都与学校对学生的惩戒权相关。《联邦宪法第四修正案》关于反对不合理“扣押”的保护措施，被用来应对那些把学生隔离或限制在所谓的“休息室”的惩罚。一般来说，“假设惩罚与其目的合理地相连……并且根据学生的年龄和性别，惩罚并没有过度的侵犯性，那么诉讼就不会成功”。那些质疑违反这一原则的诉讼也许就会成功。在一案件中，联邦地区法院拒绝驳回下面这起涉及使用休息室
【199】的案件：该休息室可能由教师绝对支配使用，休息室上锁违背了消防规范，休息室的利用并没有写进该身心障碍学生的个别化教育计划中且没有得到父母的同意，尽管教师可以通过检视孔向房间里窥视，但学生是不能向外张望的。①

在被教师用长2英尺、宽3—4英寸、厚1.5英寸的木板笞打了20下后，詹姆斯·英格拉哈姆提起诉讼，并辩称其《联邦宪法第八修正案》保障不受残酷和异常惩罚的权利已遭到侵犯。联邦最高法院拒绝了英格拉哈姆诉赖特案②的主张，判决《联邦宪法第八修正案》仅适用于刑事诉讼。

① Rasmus v. Arizona，939 F. Supp. 709（D. Ariz. 1996）.

② 430 U. S. 651（1977）.

法院这样阐述道：

> 普通法授予了公立学校教师和行政管理人员只是在对儿童的适当教育是合理必要时实施这类体罚的特许权；任何超出该特许权的惩罚都有可能导致承担民事和刑事责任。只要学校是公开接受公众监督的，就没有理由相信普通法的强制性不能有效地救济并阻止如本案中所指控的越权行为。

法院还裁决在实施体罚之前无须通知和听证。尽管《联邦宪法第八修正案》并不适用于学校场合中的体罚，但是《联邦宪法第十四修正案》却适用。这样，受到学校管理者体罚的学生就可以通过辩称由《联邦宪法第十四修正案》正当程序条款所保护的身体完整权遭到损害而寻求救济。这与本节前述讨论的正当程序的要求有所不同。正如第五巡回法院解释的那样："当体罚是专横的、任意的或完全与维持一个良好学习环境的法定目标不相干的话，体罚就是对实质性正当程序的剥夺。"① 根据第四巡回法院的说法，学校管理者是否因其过度行为而承担宪法责任要依赖于受到惩罚的学生受伤的严重性，惩罚与惩罚需求相称的比例，以及惩罚的实施是否出于实施者的恶意或施虐的动机或者是否有违良心。② 大多数其他巡回法院也已采取了相似的做法，裁定特定的体罚违背了实质性正当程序。③

在英格拉哈姆案结束之时，只有两个州禁止体罚，而如今，至少有 20 个州的成文法或行政规章禁止体罚。④ 那些允许体罚的州中有许多学校董事会已经禁止体罚行为或严格限制运用体罚。就像从英格拉哈姆案中引述 【200】

① Woodard v. Los Fresnos Indep. Sch. Dist., 732 F. 2d 1243 (5th Cir. 1984).

② Hall v. Tawney, 621 F. 2d 607 (4th Cir. 1980).

③ Johnson v. Newburgh Englarged Sch. Dist., 239 F. 3d 246 (2d Cir. 2001); Neal *ex rel.* Neal v. Fulton County Bd. of Educ., 229 F. 3d 1069 (11th Cir. 2000), *reh'g and reh'g en banc denied*, 224 F. 3d 143 (11th Cir. 2000); London v. Dirs of DeWitt Pub. Schs., 194 F. 3d 873 (8th Cir. 1999); Saylor v. Bd. of Educ. of Harlan County, 118 F. 3d 507 (6th Cir. 1997); P. B. v. Koch, 96 F. 3d 1298 (9th Cir. 1996); Metzger v. Osbek, 841 F. 2d 518 (3d Cir. 1988); Wise v. Pea Ridge Sch. Dist., 855 F. 2d 560 (8th Cir. 1988); *compare* Moore v. Willis Indep. Sch. Dist., 233 F. 3d 871 (5th Cir. 2000); Fee v. Herndon, 900 F. 2d 804 (5th Cir. 1990).

④ CAL. EDUC. CODE §49001; N. Y. COMP. COMP. CODES R. & REGS. tit. 8, §19.5.

的那样，允许体罚的州法律和当地政策也不能使实施体罚的教育者免担法律责任。实施体罚不当或违反学校董事会程序的教育者可能会面临解雇。①他们也可能因过度使用体罚而面临民事甚至刑事责任的处罚。为了确定体罚是否合理，法院将会考虑这样一些因素：学生的年龄和身体条件；不当行为的严重性；惩罚的特殊细节和严重性，包括击打部位、击打次数、使用的工具和力度，惩罚引起的伤害；学生以往的表现；惩戒的心态，包括是否出于生气或恶意；是否可采用严厉度较轻但是效果相当的惩戒手段；是否遵循了学校有关体罚的规定。②（参见12.1节对袭击和殴打的讨论。）允许体罚的学校应该采取和遵守一套严格的自我约束措施，以保证惩罚既不过度也不违法。一个妥当的做法就是不论学生何时挨打，都要求有另一个教育者出现在现场作为目击者。

《联邦宪法第十四修正案》的正当程序和平等保护条款已经被用来起诉学校除体罚以外的其他惩罚措施。有个学生诉称，开除违反了美国宪法规定的绝对的受教育权。一个联邦地区法院不同意这一诉求并裁决不存在这样的权利，因此，如果开除符合合法管理的目的，那么就是正确的。③同样，有些学生辩称，被学校开除但没有获得替代教育计划的做法侵犯了州宪法赋予的普遍接受教育的权利，这些学生一般都没有胜诉。法院认为，学生的确享有州宪法赋予的普遍接受教育的权利，但是这一权利可能会因违反了校规而被剥夺。④ 然而，西弗吉尼亚最高法院却只是在指出遭到停学的学生“仍有合理的、由州资助的教育机会和教育服务”之后，判定长期停学的合宪性。⑤

---

① Bott v. Bd. of Educ., Deposit Cent. Sch. Dist., 360 N. E. 2d 952 (N. Y. 1977).

② P. B. v. Koch, 96 F. 3d 1298 (9th Cir. 1996); Thompson v. Iberville Parish Sch. Bd., 372 So. 2d 642 (La. Ct. App. 1979); B. L. v. Dep't of Health & Rehabilitative Serv., 545 So. 2d 289 (Fla. Dist. Ct. App. 1989); People v. Wehmeyer, 509 N. E. 2d 605 (Ill. App. Ct. 1987); Rolando v. School Dir. of Dist. No. 125, County of LaSalle, 358 N. E. 2d 945 (Ill. App. Ct. 1976); Calway v. Williamson, 36 A. 2d 377 (Conn. 1944).

③ Craig v. Selma City Sch. Bd., 801 F. Supp. 585 (S. D. Ala. 1992).

④ Doe v. Superintendent of Sch. of Worcester, 653 N. E. 2d 1088 (Mass. 1995); Kolesnick v. Omaha Pub. Sch. Dist., 558 N. W. 2d 807 (Neb. 1997); D. B. v. Clarke County Bd. of Educ., 469 S. E. 2d 438 (Ga. Ct. App. 1996).

⑤ Cathe v. Doddridge County Bd. of Educ., 490 S. E. 2d 340 (W. Va. 1997).

一般来说，被开除的学生是否必须获得另外可选择的教育项目是一个法律问题，而不是一个宪法问题。同样，可允许的停学的最长期限、是否允许永远开除、什么样的违法行为可以导致停学或开除都是由州法律来规定的。① 如，堪萨斯州的成文法授权“任何有资格证的雇员”因为以下行为对学生进行“停学或驱逐”：因违反学校“公布”的或学校董事会“批准”的规定，“具有实质性打击或者破坏、阻碍或干扰……学校的行为”；“侵犯他人权利的行为”；“为任何州或者联邦判罪或者不遵守教师命令或其他学校权力的行为”。虽然这一清单看似赋予学校极大的开除学生的自由裁量权，但是，法律又规定：“逐出学校的时间不得超过 186 个学日”，因此，并不允许永久开除学生的做法。② 【201】

有时候，成文法也要求特殊的违法行为需要适用特殊的惩罚措施。1994 年《学校禁枪法》③ 要求接受联邦教育资金的州（在这一情况下指所有的州）：

> 应该有一部要求当地教育机构开除被判定携武器到学校的学生不少于一年的州法律，除非该州法律允许当地教育机构的行政首长根据具体情况修改这一开除要求。

该法继续规定，如果州愿意，可以允许学区向被开除的学生提供另外的教育服务。许多州已修改了自己的法律以服从联邦法令。④ 有些州的法律规定在其他特殊情况下也可以开除学生。如在马萨诸塞州，就可以要求校长暂时逐出学生，只要他认为该生给其他学生和全体人员带来威胁。⑤

“零容忍”政策（如要求驱逐因携带毒品或武器的学生的规定）在以专制的方式适用时极易受到合宪性起诉。⑥ 例如，假定一学生因背包藏刀

① Spencer v. Omaha Pub. Sch. Dist., 566 N. W. 2d 757 (Neb. 1997).

② KAN. STAT. ANN. § § 72-8901-02.

③ 20 U. S. C. § 8921.

④ *See*, *e. g.*, W. VA. CODE § 18A-5-1 a.

⑤ Doe v. Superintendent of Sch. of Worcester, 653 N. E. 2d 1088 (Mass. 1995).

⑥ *See* Seal v. Morgan, 229 F. 3d 567 (6th Cir. 2000); J. M. v. Webster County. Bd. of Educ. 534 S. E. 2d 50 (W. Va. 2000).

而被驱逐，而刀是在不知情的情况下被另一学生放入的。学生就会辩称对其的开除行为侵犯了《联邦宪法第十四修正案》的实质性正当程序权利，因为开除这一行为剥夺了他的自由和财产权利，而开除行为与学校合法教育目标根本无关。大多数法院是否会接受这一理由仍待确定。

【202】 两名受到惩戒被关在一间狭小、肮脏、无洗手间的杂物室且无中餐供应的学生提起有关正当程序的诉讼并胜诉。① 其他正当程序案件已经质疑对非学业性不当行为使用学业性惩罚的做法，例如降低分数。这些案件的结果多种多样，有的法院支持对处于惩戒性停学中的学生予以降分②，而有的法院则反对这一做法③。学生也开始以法律为根据怀疑非学业性不当行为的降分和其他的学业惩罚。康涅狄格州最高法院最终裁决，学校有权给未经同意而缺席的学生以降分处罚，也有权给旷课达24节的学生拒绝给予学分的处罚。④ 同样，纽约州法律支持某学区有权对一个旷课超过所有课的90%的学生拒绝给予学分。⑤ 总的说来，学生因逃学而受到降分处罚已经经受住了来自宪法和法律的考验。⑥ 然而，其他法院裁决，学区无权对因病或因纪律原因停学缺课的学生给予降分处罚。⑦

如果学校的惩戒政策由于种族、宗教、性别或国别出身的不同而具有歧视（如对某一种族学生采取比对另一种族学生更为严厉的惩罚手段，而这两名学生的过错行为相同），学生就可能以平等保护条款起诉学校。⑧ 联邦成文法也禁止教育领域内的种族或性别歧视，包括惩罚方式的选用（参见6.5节），并且在对身心障碍学生施加惩罚上做出了极大的限制（参见7.3节）。除了种族、宗教、性别或国别出身的原因，学生也可仅以受到比

---

① Orange v. County of Grundy, 950 F. Supp. 1365 (E. D. Tenn. 1996).

② New Braunfels Indep. Sch. Dist. v. Armke, 658 S. W. 2d 330 (Tex. App. 1983).

③ Smith v. Sch. City of Hobart, 811 F. Supp. 391 (N. D. Ind. 1993); Hamer v. Bd. of Educ., 383 N. E. 2d 231 (Ill. App. Ct. 1978); Dorsey v. Bale, 521 S. W. 2d 76 (Ky. Ct. App. 1975).

④ Campbell v. Bd. of Educ. of New Milford, 475 A. 2d 289 (Conn. 1984).

⑤ Bitting v. Lee, 564 N. Y. S. 2d 791 (N. Y. App. Div. 1990).

⑥ Raymon v. Alvord Indep. Sch. Dist., 639 F. 2d 257 (5th Cir. Unit A March 1981); Knight v. Bd. of Educ. of Tri-Point Cmty Unit Sch. Dist. No. 6-J, 348 N. E. 2d 299 (Ill. App. Ct. 1976); *but see* Hamer v. Bd. of Educ., 383 N. E. 2d 231 (Ill. App. Ct. 1978); Dorsey v. Bale, 521 S. W. 2d 76 (Ky. Ct. App. 1975).

⑦ Gutierrez v. Sch. Dist. R-1, 585 P. 2d 935 (Colo. Ct. App. 1978).

⑧ Hawkins v. Coleman, 376 F. Supp. 1330 (N. D. Tex. 1974).

其他胡作非为者更为严厉的处罚为由而提起平等保护条款的诉讼，但是只要对这种不平等对待有合理解释，学校仍将胜诉。[①] 比如，允许对带头人（头目）或累犯者进行更加严厉的惩罚。[②]

最后一个对在校犯罪学生有着潜在重大影响的宪法问题是，在学校受到的惩罚和随后法院的惩罚是否对学生构成双重损失。《联邦宪法第五修正案》规定："任何人不得因同一犯罪行为而两次遭受生命或肢体的惩罚。"学生认为，学校和法院毕竟都属于国家机构。然而，法院已驳回了这种观点，不认为接受学校惩罚就排除了对同一犯罪行为再次接受法院的处罚，反之亦然。[③] 【203】

这样，学生虽尽可能依靠大量的联邦宪法原则来起诉学校的惩罚措施，但大多数都没有成功。只要惩罚的根据是学生的违法行为且目的是合理的，只要惩罚并没有严重到震惊良心，只要不是以歧视的方式来实施惩罚，联邦宪法就不会就惩罚的适当性干涉教育者的判断。同时，宪法和许多州的法律及一些学校董事会的政策都对学校管理者的惩戒权力进行了必要的限制。忽视这些限制的学校管理者，将会把他们和他们的学校置于诉讼的边缘且令其工作岌岌可危。

5.6 小结

成文法和普通法都允许学校管理学生的行为。在规则的裁定、不当行为的调查、定罪和惩罚的实施方面，学校一般都有广泛的自由。然而，不管是州成文法还是联邦宪法都限制了其所有职责的执行。最重要的限制就是学校仅仅能够以与达到合法教育目标合理相关的方式限制学生的行为。

学校能自由创造和实施几乎任何符合这一总体限制的规则。然而，任何没有体现重要教育目的的规则和大多调整校外行为的规则都超出了学校董事会的法定权限。尽管没有必要把所有的惩戒行为都基于事先制定的具体规则之上，但是法院也可能以正当程序的理由反对事后标准的执行。对

---

① Smith v. Severn, 129 F. 3d 419 (7th Cir. 1997).

② *See* Reed v. Vermilion Local Sch. Dist., 614 N. E. 2d 1101 (Ohio Ct. App. 1992).

③ Matter of C. M. J., 915 P. 2d 62 (Kan. 1996).

于学校惩罚那些以常识判断被允许的行为时，这一问题是最容易发生的。最常见的针对学校规则提起的法律诉讼是由于其模糊性。尽管学校规则可能比刑法更加概括，但大多数法院仍然坚持认为有必要使学校规则足够详细，以便使普通学生能够区分哪些行为是被允许的，哪些行为是被禁止的。

在调查学生可能的不当行为时，学校管理者可以利用任何监督技术，
【204】但这种技术不能侵犯学生合理的隐私期待。多数法院允许学校在没有得到同意的情况下对学生储物柜进行搜查，因为储物柜是由学生和学校共同管理的。学校管理者可以在没有允许学生请律师或没有警告他们具有反对自证其罪的特权的情况下审问他们。然而，为了搜查学生的钱包、手提袋或其他个人物品，学校管理者一定要有正当理由使人相信搜查行为会提供学生违反校规或法律的证据。怀疑必须针对将要被搜查的具体的学生。即便如此，依据被违反的规则、证据的搜查和搜查的侵害性，搜查的范围必须合理。某些随机搜查，如对运动员的药物检查或利用金属探测仪对进入学校的每个人的检查，都是允许的，特别是在搜查的目的是为了保护和教育学生而不是惩罚学生的情况下。

《联邦宪法第十四修正案》的正当程序条款要求学校应给予因纪律原因被逐出校园的学生一次听证机会。在戈斯诉洛伯兹一案中，联邦最高法院裁决，对于短期停学处分（十天以内）的正当程序的最低要求应包括指控的通知和一次辩驳的机会。非正式听证可以直接发生在违规行为之后，然后给出惩罚措施。超过十天的停学处分则要求更为详细的正当程序。被指控的学生必须提前被告知指控的通知和听证的时间、地点。部分但不是所有的司法管辖区实施其他的程序性保护措施和有关证据的规定，如有权获得律师进行辩护、盘问反方证人、排除不可靠证据等。最重要的程序要求是听证委员会必须公平和公正，学生应有合适机会提供证据并反驳对方的证据。然而，体罚或课堂和学校内最温和的惩罚是不需要听证的。

大多数对学校惩戒权的宪法起诉都没有胜诉。然而，州成文法一般为可允许的惩罚设定了限制，如开除的最长时间。除了那些成文法或董事会政策禁止的之外，学校管理者还可以实施体罚，尽管过度或不正确行使武

力或体罚可能导致施行者受到解聘和民事或刑事处罚。学校管理者也可以使用合理的武力来维持秩序，以阻止伤害他人或损害财产，或者保护他们自己。除了体罚，最有争议的学校惩罚是降分，但大多数法院都支持由于学生逃课或因惩戒性停学耽误课业而对其实行的学业惩罚。

【205】

6

平等的受教育机会：种族和性别

这是讨论教育平等问题三章内容中的第一章，本章审视了为结束种族和性别歧视所做的法律努力，所考察的诉讼和立法审查了包括强制性种族隔离、基于性别拒绝提供教育机会、在惩戒和体育运动中实行种族和性别歧视以及种族和性骚扰等在内的各种歧视性做法。第 7 章讨论了具有特殊需要的学生群体的平等问题：教育机会的平等需要为身心障碍和英语表达有限的学生提供不同的教育项目，甚至在某些情形下不同于大多数学生的单独教育项目。第 8 章分析了与教育平等问题相关的第三类问题，即公立学校的经费。

50 多年来，对教育机会平等的追求是教育问题中最有影响力的案件的主旨。然而，即使在 50 多年之后，公平和机会平等的含义也并未被完全地界定。公平意味着对每个人提供同样的教育吗？或者意味着根据学生各自的特点和需要来为所有学生提供教育吗？公平要求花在每个学生身上的经费是相同的，还是在有些学生身上花更多的经费？应该以结果来看待公平吗？例如，为了达到某一程度的成绩，应为每个学生提供任何所需的教育吗？在这三章所讨论的所有案例和原则中，这些问题都起着重要的作用。

【206】政府认为其有权根据其意愿向任何人提供政府所选择的教育，黑人是历史上首次对此观点提出严厉的法律质疑的群体。布朗诉教育董事会案则永远地消除了这一观念。① 我们所讨论的各种有关其他群体的诉求及其提出的诉讼，尽管在很多重要方面有所区别，但都可以看作由布朗案派生出来的。

---

① 347 U. S. 483 (1954).

6.1 平等保护条款和种族歧视

布朗案判决和教育机会平等要求的法律依据是《联邦宪法第十四修正案》中的平等保护条款，该条款这样写道："……各州不得在其管辖区内对任何人拒绝提供平等的法律保护。"

数年来，联邦最高法院不断地被要求对这些听起来很简单的话做出定义和解释。严格地说，拒绝平等保护是指没有充分理由却有差别地对待了个人或群体。《联邦宪法第十四修正案》规定，政府在具有充分的正当理由时，可以对不同的人进行分类并为其提供有差别的待遇。但如果没有充分的正当理由，则应该禁止歧视。

政府在做任何事情时，都会对人们加以区分。如有些人被归为罪犯而关进监狱，而其他的人则是自由的；有些人被颁发驾照，而另一些人则被拒绝。在教育领域，有些人，并不是所有人，被强制进入学校。很明显，人们受到了不同的对待，但是对这种不同对待需要给予充分的正当理由，如犯罪行为（入狱）、身体技能（驾照）或年龄（义务教育）。其他分类的依据，如种族、宗教或性别并不足以成为证明差别对待的正当性的理由。假如某一特定分类的理由是正当、充分的，法院该怎样进行判断呢？怎样判决基于平等保护条款的案件呢？

典型的平等保护案件，源自某一个体或群体控诉其被不公平地剥夺了某项利益或承担了某项义务。在多数案件中，政府有选择地进行分配或剥夺利益、强加义务的标准是明显的。20 世纪 50 年代早期南部（种族）隔离学校就是如此：种族是安排学生入校的标准。

然而，有时也会出现虽然存在有差别的对待，但分类的标准却未被公开承认的情况。如在教育领域，学校董事会利用"选择自由"或"公开招录"的政策作为维持种族隔离学校的借口。① 在此类案件中，联邦最高法【207】院将证明学校存在差别对待的事实偏见的责任放到了原告身上。如原告认为存在种族歧视，而被告不承认，则原告必须证明政府的政策事实上是由

① Green v. County Sch. Bd. of New Kent County, 391 U. S. 430 (1968).

种族观念所驱动的。

一旦确立了分类的标准，接下来将决定原告与政府谁来承担证明差别对待的正当理由的责任，以及事实上这种差别对待是否正当。关于这两个问题，联邦最高法院认为，答案应该部分地依据分类的标准。当种族被作为标准时，责任就落在政府身上，它必须为其法律或政策提供极其有力的正当理由。事实上，以种族为标准的分类被推定为不合宪的。如果政府不能提供事实上的真正特殊的正当理由来推翻这种推定，该政策就是不合法的。

法院运用**严格审查检验**（strict scrutiny）来施行繁重的举证责任。在该审查检验下，除非政府能说明一项法律或政策是为了实现政府极重要的利益所必需的，否则该法律或政策就会被推定为不合法。同样，除非政府能说明其行为是为了达到合法的及至关重要的目标所必需的，否则接受严格审查的政府行为就会被宣布为不合宪。

正如我们稍后在这一章所看到的那样，法院并不是在所有的平等保护案件中都能将最终的说服责任放到政府身上，也不总是要求政府提供有关差别对待的充分的正当理由。在种族案件中法院常将繁重的举证责任强加给政府，因为政府的所有部门和机构都承认美国历史上存在着很多惹人反感的和不公平的种族歧视事件。相应地，当法院考察一项基于种族偏见而制定的政策时，因怀疑种族歧视会再次发生，因而法院需要从政府那里获得强有力的和令人信服的证据证明那不是事实。严格审查是法院要求的一种必要的确认方法。严格审查通过强加给政府很少能做到的责任，来促进平等保护所有种族的目标。（严格审查也被用于一些有关基本权利的案件——通常是与教育不相关的案件。①）

6.2 历史回顾：布朗诉教育董事会案之前的平等保护

美国内战结束之后，为保护刚刚解放的奴隶的法律和政治权利，1868

① San Antonio Indep. Sch. Dist. v. Rodriguez, 411 U.S.1 (1973).

年，美国通过了《联邦宪法第十四修正案》。12 年之后，在斯特劳德诉西弗吉尼亚州案[①]中，联邦最高法院首次运用该修正案废除了禁止黑人担任陪审员的法律。这个案子比较简单，因为该法律的歧视性是清楚而明显的。正如法院所说，《联邦宪法第十四修正案》保护黑人“免受法律歧视，免受在民权社会中被暗指劣人一等，免受其享有与他人同等权利的保障被削弱，免受将其逐渐降低至受支配种族地位的歧视”。 【208】

1886 年，法院首次认识到表面中立的法律在适用时仍存在种族歧视。[②] 这个案件的事实是：所有的非华裔请求对一项法律做出弃权声明并获批准，该法律禁止在木制的房子里开设洗衣店，但在 200 名华裔申请者中却没有一人收到弃权声明书。法院认为这是种族歧视。一项法律表面上是公平的，但是用“邪恶的眼睛和不公平的手”在人们之间制造不公平的歧视时，它是不合宪的。“歧视是被承认的。没有理由解释，且这一结论是不能推翻的，即除了对请愿者的种族和国籍存有敌意之外，不存在其他歧视的理由，这用法律的眼光来看是不合理的。”

然而，在 1896 年的普莱西诉弗格森案[③]中，法院支持了路易斯安那州的一项法律，该法要求在火车上“为白人和有色人种提供平等但隔离的设施”。该判决初看起来似乎与斯特劳德案不一致，但是法院看到了这两个案件之间的区别：斯特劳德案中的法律明显地给予黑人与白人不同的权利，而普莱西案中法律同样地对待了黑人和白人。法院驳回了路易斯安那州的法律是对黑人的污蔑的诉称，并且认为合法地执行种族隔离是宪法所允许的。审理普莱西案的法院并未运用严格审查原则，因为该标准尚未发展至可以适用于任何种类的案件。相反，法院将举证责任强加给了原告，要求其证明该法律缺乏充分的正当理由。不过，最终法院判定了该项法律中社会性的理由，并且驳回了原告认为该项法律具有危害性的主张。

1938 年，在一个非种族性案件中，法院在采用严格审查原则方面迈出了第一步，在美国诉卡罗琳产品公司案[④]中，法院认为通常对法律和政策

① 100 U. S. 303 (1879).

② Yick Wo v. Hopkins, 118 U. S. 356 (1886).

③ 163 U. S. 537 (1896).

④ 304 U. S. 144 (1938).

的合宪性的推定在以下情况中被削弱：(a) 立法关注《权利法案》中被特别禁止的事项；(b) 立法影响了选举和传播信息的权利或干预了政治组织；(c) 立法直接指向宗教或少数族裔。对于最后一点，法院特别强调需要更多地进行“司法调查”。当“对分散和孤立的少数人的偏见削弱了他们在通常情况下可以依赖寻求保护的正常政治进程”时，可以依靠“司法
【209】调查”来保护他们。根据法官的意见，法院认为可以用类似于严格审查的程序来处理使某一种族处于不利地位的立法。

在1938年的密苏里州政府代理律师盖恩斯诉卡纳达案①中，直接涉及教育中的种族歧视。原告对密苏里大学法学院一项拒绝接收黑人学生的政策提出了异议。密苏里州没有为黑人提供隔离的法学院，但是州政府为原告提供其在该州以外的法学院学习的费用。法院宣布，密苏里州为白人提供法学院而不为黑人提供，即使是在隔离但平等的条件下，也侵犯了平等保护条款。

盖恩斯案为美国全国有色人种协进会（NAACP）领导的对几个州隔离但平等的高等教育体制的持续批驳提供了根据。在斯威特诉佩因特案②中，原告认为得克萨斯州隔离的黑人法学院无论在物质方面还是在非物质方面都是不平等的。法院也认为，黑人学生的法学院和白人学生的法学院在非物质方面，诸如教师的声誉、行政机构的经验、校友的地位和影响、学院在社区中的地位、传统和声望等都是不平等的。因此，得克萨斯州不完全符合隔离但平等的要求。法院要求州允许黑人原告进入白人学生的法学院学习。

在麦克劳林诉俄克拉何马高等教育董事局一案③中，与同年的斯威特案的判决一样，黑人原告被允许进入俄克拉何马大学，但与白人学生隔离开来。他被指定坐在教室前厅的一张课桌旁，被限制在图书馆的夹层楼里，被要求在一张隔离的桌子上就餐。法院否定了这种安排，认为麦克劳林

① 305 U.S. 337 (1938).
② 339 U.S. 629 (1950).
③ 339 U.S. 637 (1950).

> 在其追求有效的研究生学习指导过程中受到了阻碍，这些限制破坏了其学习的能力，以及参与讨论和与其他学生交流观点的机会，总的来说，影响了其学习专业……取消该州的限制并不必然会消除个人或群体的偏好、偏见和选择。但是至少州政府不能剥夺上诉人以其长处获得同学接纳的机会。

这些案件都没有直接推翻隔离但平等原则，但是它们朝着废除该原则的方向迈进。这些案件也没有采纳在种族案件中所运用的严格审查原则。然而事实上，法院在1944年一个非教育的案件，即是松诉美国案①中运用了这一原则。该案是对一项在珍珠港受到攻击后禁止日裔在西海岸的重要领域工作的军事命令提出的起诉。法院写道："……所有剥夺某一种族民权的法律限制应该受到质疑。这并不是说所有的限制都是不合宪的，而是说法院必须使其受到最严格的审查。"然而，在运用严格审查原则的基础上，法院认为该项军事命令是为了保证国家安全所必需的。这是在极少数种族性案件中应用严格审查标准且政府胜诉的案件之一。 【210】

同一时期，法院在不涉及种族的案件中运用平等保护条款却未出现此类演进。在戈塞尔特诉克利里案中②，原告对密歇根的一项法律提出质疑。该法律禁止除酒吧业主的妻子和女儿之外的妇女当酒吧招待员。法院一开始即阐述了历史传统使限制妇女进入酒吧工作具有合理性："《联邦宪法第十四修正案》并没有脱离历史……妇女的社会和法律地位发生了巨大的变化……并不阻碍州政府在两性之间划出明确的界限，当然包括规范酒品买卖等事项。"

关于该法律将酒店业主的亲戚作为例外的规定，法院写道："当密歇根州禁止所有妇女做酒吧调酒师时，它不能无缘无故地在妇女当中表现出偏向。"然而，法院对密歇根州的充足理由表示满意：它希望保护那些丈夫和父亲不在酒吧里的妇女。这项理由被接受，即使妇女被允许在酒吧从事服务员工作，也不能被允许从事酒吧调酒师工作。法院说道："一项法

---

① 323 U. S. 214 (1944).

② 335 U. S. 464 (1948).

律并不能因为它可能走得更远或者未能成功产生预期的结果，就在宪法之下无效。”

与严格审查检验相比，用在戈塞尔特案中的原则被称为**合理依据原则**，该检验将举证责任加在原告身上，要求其证明政府的政策并不是服务于合法的目的，或者其分类与合法的目标之间并不存在任何合理方式的联系。因此，在大多数非种族的平等保护案件中，原告承担着责任去推翻法律是合宪的假设。只有证明立法机关制定的法律是为了追求非法的目的，或是为了达到目的，其方法是不合理和不理性的，该假设才能被推翻，但这极少能够达到。

总的来说，当1954年布朗诉教育董事会案上诉到了联邦最高法院时，平等保护原则考虑了三个维度：（a）在高等教育种族隔离的案件中，隔离但平等的原则迫使学校推行融合政策；（b）在其他种族案件中，法院逐渐使用了严格审查检验；（c）在非种族案件中，法院通过运用合理依据检验尽力避免否决任何法律。

【211】 6.3 种族隔离

在公立高等教育领域中反对执行隔离政策的诉讼取得成功的鼓舞下，全国有色人种协进会转向了基础教育领域，最初的计划是使用与在研究生院和法学院的案件中相同的策略。在全国各地提出的诉讼证明了隔离的公立学校事实上是不平等的。该计划并不直接攻击隔离但平等原则本身，而是用这个原则去提升受隔离的资助不足的黑人学校。然而在中途，全国有色人种协进会改变了其策略，转而直接攻击隔离但平等原则。因此，在布朗诉教育董事会案①及与其相伴的波林诉夏普案②中，向联邦最高法院提出的论证是普莱西判例应该被撤销，隔离但平等原则应该被推翻。

(211 ~ 214) 布朗案讨论了根据《联邦宪法第十四修正案》，州和城市学区按

① Supreme Court of the United States, 1954, 347 U. S. 483. ——译者注

② 347 U. S. 497 (1954).

照种族隔离学生的合宪性问题。波林案讨论了根据《联邦宪法第十五修正案》，华盛顿特区由联邦运作的学校实行种族隔离的合宪性问题。原告诉讼的目的是要求黑人学校的设施、教材和其他资产与白人学校一样。他们迫使法院讨论隔离但直接平等的问题，仅仅命令改善黑人学校的条件是不可能的。

布朗案审理法院设想了以下所要讨论的问题："在仅仅根据种族隔离儿童的公立学校中，即使物质设施和其他'有形'因素是平等的，是否剥夺了少数民族群体儿童平等的教育机会？"为了对这一问题做出判决，法院着重采纳了社会学得出的证据，这一程序在当时没有先例。心理学家和其他学者的证言使法院确信：

仅仅根据种族将黑人学生与同他们年龄和资格相同的学生隔离开来，会使被隔离的学生对自己在社区中的地位产生一种自卑感，这种自卑感将对他们的心灵和心智造成一种不可修复的伤害。

在公立学校中将白人与有色人种儿童隔离开来，会对有色人种学生产生伤害。当法律认可这种隔离后，伤害会更大，因为这种隔离政策通常被认为是在表明黑人群体的劣等性，自卑感将影响儿童的学习积极性。因此，法律认可的隔离会造成一种趋势，即阻碍黑人学生的教育和智力发展，剥夺他们在种族融合的学校获得的教育利益。

根据以上推理，法院判决，如同原告所希望的那样，"在公立学校，'隔离但平等'原则没有立足之地"。种族隔离学校是不合宪的。

法律上的隔离是指根据法律出现的种族隔离。相比而言，**事实上的**隔离是因其他原因而出现的种族隔离，主要是隔离的生活方式所造成的结果。布朗Ⅰ案（如此称谓是因为它是一系列布朗案的第一个案件）仅取消了法律上的学校隔离，尽管该判决未明确提及严格审查检验，但在对波林案做出的判决中，该检验则得到了运用。"仅仅根据种族的分类必须接受特定的检验，因为它们与我们的传统相悖，因此应接受宪法的检验。"波林案表明法律上的隔离是不合宪的，即使不存在平等保护条款。法院写道，"公立教育中的隔离"构成了对自由的恣意剥夺，违反了正当程序条款。 【214】

在布朗Ⅰ案和波林案中，联邦最高法院进行了推理，认为在美国特定的社会和政治条件下，法律上隔离的学校在本质上是不平等的。法院判定其不平等是因为即使学校的物质设施和其他资源是相似的，但隔离本身对黑人仍然造成了严重的伤害。没过多久，相同的推理被运用于禁止在所有公共场所里的法律上的隔离。①

虽然在布朗Ⅰ案、波林案及相关案件中有关法律隔离是不合宪的判决是清楚的，但有关判决所涉及的范围仍然未得到解决：布朗Ⅰ案和波林案仅仅禁止法律所导致的隔离吗？政府政策隐蔽地形成隔离也是不合宪的吗？法院仅仅废除法律上的隔离，它也废除非故意地、间接地造成的对少数族裔歧视的法律和政策吗？

得出这些问题的答案花了很长时间，经过了很多案件和很多混乱状
【215】态。简而言之，现在我们知道：平等保护条款禁止明显的和隐蔽的歧视形式。故意的歧视，不论其歧视是由制定的成文法还是由行政政策而产生都是违宪的。平等保护条款并不禁止那些非故意地间接造成歧视和隔离影响的政策。政府所有的故意歧视，不论是否公开地体现在法律中，都是法律上的，因而是不合宪的。但是非故意的歧视是事实上的，事实上的歧视并非是不合宪的。②

私人的、非政府的决定或在政府控制之外的社会条件所导致的隔离并不是不合宪的，这就解释了为什么在布朗案废除法律隔离40年后，还有如此多的学校保持种族隔离：许多学生被安置在居家附近的学校，而许多居家附近地区，除了故意的政府措施之外，还有其他因素所导致的种族隔离。

歧视意图

证明歧视意图是许多种族歧视案件的关键。立法机关和行政机关认识到，一项政策所带来的歧视性的后果并不足以证明其存在歧视意图。如果

① Gayle v. Browder, 352 U. S. 903 (1956); Holmes v. Atlanta, 350 U. S. 879 (1955); Mayor of Baltimore v. Dawson, 350 U. S. 877 (1955).

② Keyes v. Sch. Dist. No. 1, Denver, 413 U. S. 189 (1973); Washington v. Davis, 426 U. S. 229 (1976).

一项政策尽管产生了歧视性影响却被通过，那么这项政策也不会被认为存在歧视意图；但是如果一项政策是因为其具有歧视性影响而被通过，则会被认为存在歧视意图。①

然而，为了获得胜诉，原告无须直接证明政府对其予以次等待遇。如果不能确定存在明显的故意，可以从行为方式推论出歧视意图。这些行为可预见的后果是隔离性的或歧视性的。如果合理决策者知道一项法律或政策具有歧视性的影响却通过了该法律和政策，这就是存在歧视意图的证据。当这种可预见性与其他确证的证据联系在一起时，就可以推断出存在歧视意图。

所有说明存在歧视意图的证据包括：历史背景和决定某项政策的一系列特定事件，与一般政策制定程序的背离，同时期政策制定者的陈述、会议和报告记录以及行政官员在审判中的陈述。② 原告也可以坚持通过他们自己的努力以两个假定来证明学校董事会实施了故意隔离制度：（a）证明一个学区实行了故意隔离制度，影响了大部分学校，即使不能说明整个学区被分成了明显不相联的几个部分，也可以证明整个学区存在歧视意图；【216】（b）即使一个学区被分成若干不相关联的部分，若其中的一个部分存在歧视意图，就可以证明其他部分也存在故意歧视。③ 学校董事会持续采取产生隔离影响的行为模式，也可能证明存在歧视意图。

原告并不需要证明歧视意图是伴随着伤害意图而产生的。人们通常出于善意或家长式的动机而采取歧视性的措施。例如，有些人认为奴隶制度是被奴役人群的最大利益。然而需要确证的是，“如果不”考虑种族，这项决定本来是不同的。④ 问题就以这种形式提出：“如果受质疑的政府决定对白人而不是黑人产生不利影响……这项决定将是不同的吗？假如回答是肯定的，那么这项决定的做出就具有歧视意图。”这就是“反向群体检验”：假如受影响的种族被调换，政府会做出同样的决定吗？⑤ 如果不会，

---

① Personnel Adm'r of Mass. v. Feeney, 442 U. S. 256 (1979).

② Arlington Heights v. Metro. Hous. Dev. Corp., 429 U. S. 252 (1977).

③ Keyes v. Sch. Dist. No. 1, Denver, 413 U. S. 189 (1973).

④ Arlington Heights v. Metro. Hous. Dev. Corp., 429 U. S. 252 (1977).

⑤ David A. Strauss, *Discriminatory Intent and the Taming of Brown*, 56 U. Chi. L. Rev. 935, 957 (1989).

法院会认为该项政策是不合宪的，除非它能通过严格审查。

在迪安兹诉圣乔斯联合学区案①中，结果的判定取决于学校董事会是否故意造成和维持了隔离的教育体制。学校董事会辩称隔离的标准是人种。法院用一视同仁的方式对待人种隔离和种族隔离。

在迪安兹案中，学校董事会承认该校是“人种不平衡的学校”，甚至“取消了一些减少不平衡的措施”，但是董事会认为隔离源自“附近学校”的政策，因此是事实隔离。为了证明学校董事会故意隔离学区，法院指出在许多年内，董事会面临着众多影响学区种族隔离程度的决定，这些决定包括入学区域的设置和修改、新学校的建立、教员分配以及交通提供等事项。事实上，在每一个决定中，董事会都选择了“更多隔离的方案”，甚至当其他方案更便宜或更有效时也是如此。而且当州命令学校董事会降低学校隔离的程度之后，尽管学校董事会充分认识到其政策会产生相反的影响，也继续做出隔离的决定。

即使有了这些证据，董事会的任何单一行为也并不足以证明董事会是故意支持学校内的隔离的。因此，法院解释道：

> 从证据的总体来看，（法院）不可避免地认为董事会制造了故意
> 【217】隔离。董事会一贯保留或加强隔离的选择方式是明显的。尽管许多可供选择的方案提供了不充分的解决办法，但每一个方案对逐步降低种族不平衡都有所贡献。在每一事项中，董事会都宁可选择“偏向隔离”而不选择拒绝隔离的方案只能使我们确信，董事会做出的……行为具有隔离意图。

因此，法院判定存在法律上的隔离，即使学校董事会或其他政府当局都没有明显坚持隔离学校的政策，隔离也是不合宪的。

在类似迪安兹案的案件中，严格审查检验经常未经讨论而被含蓄地运用。存在故意歧视的证据证实了政府缺乏其行为的充分的正当理由。在严格审查检验之下，政府不能完成举证责任，因为这些措施的制定原因是要

① 733 F. 2d 660 (9th Cir. 1984).

在种族之间造成隔离或区别。假如存在政策上的令人信服的理由，政府会在第一时间明确表达出来，而不是否认存在隔离的意图。

没有法律上隔离历史的学区不必采取积极的措施去改变造成事实上隔离的政策。但是学区若被发现存在法律上的隔离，则有义务积极采取措施：废除双重体制，消除隔离影响，以及阻止隔离继续发展。① 不采取这些积极措施就证明存在故意歧视。

尽管只有法律隔离违反了美国宪法，一些州的宪法也禁止事实隔离。在谢弗诉奥尼尔案②中，康涅狄格州最高法院指出本州学校中种族不平衡的模式是美国许多城市地区的典型。尽管全州学校人数中25.7%是少数族裔，但哈特福特学校有92.4%是少数族裔。在哈特福特郊区，21个学区中只有7个学区的少数族裔学生数超过10%。在决定这种情形是否违反康涅狄格州宪法时，法院认为州具有“积极的宪法义务向公立学校的学生提供充分平等的受教育机会”。法院认为：“极端的种族和人种隔离……剥夺了学生充分的受教育机会……种族和人种隔离对学校具有渗透性和令人反感的影响，不论隔离产生于故意的行为还是特定的人口因素。”因此，法院宣布该州的学区体制是不合宪的，命令初审法院制定一项“合适的纠正措施”。

这项判决似乎与布朗案判决中的心理学证据相一致。因州的学区实践、学区学生分配政策、“白人迁移”等产生的隔离对少数族裔学生产生的损害性影响就一定会少于因州法律直接产生的隔离吗？为什么事实隔离 【218】
但平等比法律隔离但平等更可能实现呢？

6.4 对法律隔离制度的救济

在布朗Ⅰ案宣布教育中的法律隔离违反了宪法之后，联邦最高法院不得不面对制定何种救济措施这一现实问题。很明显，仅仅希望通过联邦最高法院的宪法解释使存在双重教育体制及具有较长种族隔离社会历史的州

① Columbus Bd. of Educ. v. Penick, 443 U. S. 449 (1979); Dayton Bd. of Educ. v. Brinkman, 443 U. S. 526 (1979).

② 678 A. 2d 1267 (Conn. 1996).

形成一个融合的学校体制，期盼过高。布朗Ⅰ案之后的一年，法院阐述了另一个观点。

(218～219) > 布朗Ⅱ①实际上是对布朗Ⅰ案的执行判决，即命令州和地方教育当局在联邦地区法院的监督下“以谨慎的进度”制定和实施公立学校种族融合的项目。这一简明的观点未包括任何细节，但要求被告考虑当地的条件和“公众与私人的需要”来“忠实地”遵守法院的强制性命令。

【219】 事后来看，布朗Ⅱ案中宣告的含糊、未加限制的种族隔离的救济措施过于胆怯，特别是相对于布朗Ⅰ案中学校董事会富有哲理性的观点而言。本质上看，布朗Ⅱ案重复主张，法律上的隔离是非法的而且地方当局要在“最早可行的日期”做出“秉持善意的”努力去执行该判决。下级联邦法院要对反隔离的努力进行监督，联邦最高法院也提醒其执行时应考虑“各种当地的学校问题”和“协调公众与私人的需要”。也许联邦最高法院认为下级联邦法院能综合考虑宪法的要求和地方的社会条件制定出具体的救济措施，也许联邦最高法院进一步希望，对转型时期必要性的承认将最终促进对宪法的和平遵守。然而，不论联邦最高法院的意图如何，在之后的几年内，融合几乎没有取得任何进展，联邦最高法院也没有进一步关注此事。在布朗案之后的十几年间，联邦最高法院仅仅提出了三个附加的观点来处理这些最具争议的案件。②

虽然一开始在种族融合方面没有什么进展，但是布朗案及由此引发的抵制隔离的活动大大地激励了积极的和声势浩大的民权运动。反过来，民权运动使自南北战争之后政府重建以来范围最广的民权法律获得了通过，即1964年《民权法案》③。该法除了规定其他事项外，还禁止在获得联邦
【220】 财政资助上存在歧视，禁止在雇用中存在种族、性别和宗教歧视。根据该

① Supreme Court of the United States, 1955, 349 U.S. 294. ——译者注

② Cooper v. Aaron, 358 U.S. 1 (1958); Goss v. Bd. of Educ. of Knoxville, 373 U.S. 683 (1963); Griffin v. Sch. Bd. of Prince Edward County, 377 U.S. 218 (1964).

③ 42 U.S.C. § 2000 (d) et seq.

法，联邦政府开始了强有力的消除隔离的学校体制的行动。法律隔离的抵制者第一次有了一项强有力的有效武器：拒绝实行种族融合的州将会完全失去联邦教育资金。

在新的《民权法案》通过之后，也许因为联邦最高法院在国会和政府执行部门终于获得了强有力的同盟，它认为等待各州遵守布朗案判决的时间太长了。在格林诉纽肯特县学校董事会案①中，法院认定“选择自由”的入学方案无效。该方案允许学区里的每一个学生选择进入以前的黑人学校还是进入以前的白人学校。实际上，和此项计划被采纳之前的情况相同，学生继续去同样的学校上学。尽管该方案表面上是中立的，但却是不能接受的，因为它的实施将使隔离的学校体制永远存在。现在法院想通过双重的学校体制得到使学校融合的入学方案，消除“黑人学校”和“白人学校”，而仅仅创设出“学校”。布伦南法官写道：“今天，学校董事会的责任是制定出实际有效的方案。”

在一年之后的一份判决书中，法院强调了其积极的立场，法院说道，“谨慎速度”的布朗Ⅱ案时代已经过去。② 那些所有曾经因法律而存在隔离的学校现在被警告只有采取行之有效和迅速的融合方案，才能被接受。

这些判决尽管是强有力的，但是仍然把一些重要的悬而未决的问题留给了联邦下级法院、州立法机关和学校董事会：联邦下级法院应该和能够决定哪些确定的融合项目？为实现布朗案的命令，应该做什么，不应该做什么？能做什么，不能做什么？对于这些问题，在过去的30年间，联邦最高法院的一系列判决书给出了答案。

斯旺诉夏洛特-梅克伦伯格教育董事会案③发生于1971年，大部分南部学区由以前的法律形成了隔离。1961年，在地方法院认可的融合项目实行数年之后，学区仍然有超过50%的黑人学生在黑人学生占学生数超过99%的学校上学。为对格林案的强制性命令做出回应，地区法院提出了一项新的、更激进的融合方案。这个方案涉及将市区黑人学校与该学区中远离市区的白人学校组成共同的入学区，在两个方向用校车接送学生。学区

① 391 U. S. 430 (1968).

② Alexander v. Holmes County Bd. of Educ. , 396 U. S. 19 (1969).

③ 402 U. S. 1 (1971).

对地区法院制定这一方案的权力提出了质疑。

【221】 联邦最高法院在驳回学区并支持此项方案的判决中宣称：（a）地区法院针对特定的学校采取种族平衡的措施与针对整个学区的措施相似，只要目标不是作为严格的定额，就是被允许的；（b）一个学区在种族融合的命令下因隔离的生活方式而保持一些单一种族学校，这是可能的，但是学区要承担“证明学校如此安排真正无歧视的责任”；（c）法院命令以学校组合和学校区域的划分作为救济故意隔离的措施是被允许的；（d）强制性的学区内用校车接送学生是被允许的，只要乘车的时间或距离既不会对儿童健康造成危害，也不会严重影响教育过程；（e）一旦学区完全遵守了融合的命令，就被宣布为“整体化”，自此将不再进一步批准救济计划。即使先前存在法律隔离的学区成为事实隔离学区，“一旦完成了融合的积极责任，且通过官方的措施将种族歧视从体制中消除，学区当局和地区法院在宪法上都不再被要求逐年调整学生群体的种族组成”。

在斯旺案之后的数个案件中，联邦最高法院改进了规则，使原告更容易证明学校当局促成了法律隔离，而且他们的错误政策使种族隔离在整个学区扩展而不只是在学区的部分学校扩展。这些原则实践的结果是使法院更为容易地命令在学区广泛采用校车接送方案。①

斯旺案中所赞同的救济措施，是在拥有种族混合学生（总体上，夏洛特-梅克伦伯格的学生是70%的白人学生和30%的黑人学生）的学区实行融合的有效方式。然而，再多的重新划分入学区域和校车接送学生，在以黑人学生占主导的学区也不能促成学生人口构成的种族融合。当然，除非为了实行类似斯旺案中的方案，将白人学校占主导的学区与黑人学校占主导的学区加以融合。

在米利肯诉布拉德利（米利肯Ⅰ）案②中，地区法院尝试提出跨学区的救济措施。这一案件涉及底特律大都会区域的公立学区。像许多大的城市区域一样，底特律市区大多为黑人学区，而周边则是白人学区。市区被

---

① Keyes v. Sch. Dist. No. 1, Denver, 413 U. S. 189 (1973); Columbus Bd. of Educ. v. Penick, 443 U. S. 449 (1979); Dayton Bd. of Educ. v. Brinkman, 443 U. S. 526 (1979); United States v. Scotland Neck Bd. of Educ., 407 U. S. 484 (1972).

② 418 U. S. 717 (1974).

发现存在法律隔离，但郊区学区都未被发现存在法律隔离。无论如何，地区法院认为，仅仅包括市区的融合方案不能成功，因为只有1/3的城区学生是白人，而且在整个学区内分配白人学生的激进做法会导致严重的朝向郊区的“白人迁移”。因此，地区法院寻求包括郊区学区的融合方案。地区法院认为，因为学区的边界仅仅是地图上“为了政治便利所划定”的随意的边界，为了达到宪法所要求的强制性融合，它没有理由不能重新划定。 【222】

然而，联邦最高法院为了否决地区法院的方案，宣布在地区法院可以强制

> 作出跨学区的救济，但在此之前，必须首先证明在一个学区内的违宪对另外一个学区产生了严重的隔离后果，特别要证明，州或地方学区的种族歧视措施或者单个的学区的种族歧视措施导致严重的学区内的隔离。因此，当一个或多个学区的种族歧视措施导致附近学区的种族隔离或者学区的边界故意根据种族来划定时，可以要求学区内的救济。在这种情形下，跨学区的救济对消除学区违反宪法引起的隔离是合适的。相反，如果不存在学区之间违反宪法和学区之间相互影响，也就没有宪法上的错误需要进行跨学区的救济。

因为底特律不存在以上事实，地方法院就不能提出跨学区方案。融合的目标在特定学校促成的种族平衡，类似于其整个学区种族的构成。

如果不允许跨学区的救济，那么除了创造更加平衡的种族分配，地区法院还能够采取何种措施来纠正像底特律学区这样的法律隔离呢？在以下米利肯诉布拉德利（米利肯Ⅱ）案件①的讨论中，地区法院形成了一系列救济措施，用来确保底特律黑人学生不会在教育上遭受法律隔离的残余所带来的伤害。方案的主要部分是“补救性的阅读和交流技巧计划”，“为教师和管理者提供在职培训方案，使他们能应对融合进程并确保将来平等地对待所有学生，制订没有偏见的测验方案”以及“咨询和职业指导”方

① 433 U.S. 267（1977）.

案。这时，联邦最高法院赞同地区法院的方案，认为该方案创造了一个融合的方案，其对“强制性的教育构成是必要的，它们需要纠正隔离所造成的影响，确保融合的努力获得成功，使再次隔离的可能性最小化”。尽管最初的违宪行为包括根据种族分配学生入学，但是无须将救济局限于歧视性的再分配。

【223】

> 歧视性的学生分配政策本身是明显的，会滋长建立在种族歧视之上的双重体制中的其他不平等。联邦法院不必也不可能对不平等视而不见。根据记录，这些不平等源于长期存在的隔离体制……
>
> 在文化和教育上脱离更大范围社区的儿童，将不可避免地形成反映他们孤立文化的语言、行为习惯和态度。他们可能形成不同于他们最终必须胜任和能充分竞争的环境中（假如他们进入及成为社区的一部分）的语言习惯。这不只是对种族如此，在这种情况下，它能影响任何被法律允许强迫与主流群体隔离的儿童。

密苏里州诉詹金斯案①进一步限制了地区法院在融合补救措施中纳入“教育成分”的权力。在詹金斯案中，地区法院命令采取一项花费巨大的方案，该方案包括在堪萨斯城的密苏里州所属地区②升级和完善不达标准的设施来创造有吸引力的学校体系。为了使学区为这项方案付费成为可能，法院将财产税提高到超过州法律所许可的水平。联邦最高法院认为下级法院直接加税的决定超越了其职权，但允许地区法院通过命令地方政府将税收提高到州法律限定的水平以上来达到同样的目的。联邦最高法院说这种方式更好地保护了地方机构的完整性，并将补救的责任置于制造问题的人身上。

在詹金斯案中建立在有吸引力学校之上的融合方案，像之前几个案件

---

① 495 U.S. 33 (1990); 515 U.S. 70 (1995).

② 堪萨斯城位于堪萨斯州和密苏里州交界处，一部分归属密苏里州，一部分归属堪萨斯州。——译者注

中的方案一样获得认可，即使种族配额被用来录取学生入学。[①] 然而，在詹金斯案最后的讨论中[②]，联邦最高法院认为地区法院不能仅仅因为“学生的成就水平在许多年级仍然处于或低于全国平均水平”，就继续命令对教学人员提高薪水和采取广泛的补救性教育方案，增加工资的命令离“能够在接受范围内执行获得许可的手段以救济过往法律强制隔离的目标太遥远了”。而且，提高测验分数“并不是州在教育项目的质量上达到一定整体化状态的必然要求”。除了法律上的隔离之外，还有很多因素影响学生测验分数。“只要其他因素不是由隔离所导致的，它们不必计入补救范围……坚持与法律隔离影响无关的学业目标将无理由地推迟（学区）能够独立运作的时间。”

根据联邦最高法院在这些以及相关案件中的意见[③]，下级联邦法院现在已经命令或认可了一系列废除种族隔离的措施。这些措施包括（但不限于）：强制性用校车接送学生；重新划定上学范围；教员一体化；建设有吸引力的学校；在学校开展有吸引力的项目；从“多数”到“少数”的学生转学计划；城乡自愿转学项目（当证明没有学区之间的冲突时）以及出现学区之间的冲突时，学区之间的合并与大城市的接送学生方案。 【224】

在许多大城市，融合是一个幻想的目标，在“白人迁移”之后的数十年内，大量的黑人学生继续进入同种族的学校学习。考虑到无处不在的事实隔离，有些地方仍然抵制融合，而且由于人口和生活方式的持续变化等因素，产生了学区什么时候达到符合融合命令的问题。如果能达到的话，法院何时宣布案件已经结束，并允许学区在没有司法监督的情况下自主制定学生分配方案？联邦最高法院在帕萨德纳市教育董事会诉斯潘格勒案[④]中首次讨论了这个问题。联邦最高法院指出，帕萨德纳市已经实施了法院认可的方案以在学生入学上达到种族中立。在该案中，地区法院不能要求

① Davis v. E. Baton Rouge Parish Sch. Bd., 721 F. 2d 1425 (5th Cir. 1983); Morgan v. Kerrigan, 530 F. 2d 401 (1st Cir. 1976).

② 515 U. S. 70 (1995).

③ *See* Keyes v. Sch. Dist. No. 1, Denver, 413 U. S. 189 (1973); Columbus Bd. of Educ. v. Penick, 443 U. S. 449 (1979); Dayton Bd. of Educ. v. Brinkman, 443 U. S. 526 (1979); United States v. Scotland Neck Bd. of Educ., 407 U. S. 484 (1972).

④ 427 U. S. 424 (1976).

当地学区

> 每年都重新划分入学区域以保证永久地保持种族混合……因为为了纠正所意识到的违宪行为，已经采取了种族中立的入学方式……地区法院在对以往的种族歧视模式提供恰当的救济方面，已经充分地履行了其职责。

帕萨德纳案的判决并未完全清楚地界定地区法院命令持续进行种族融合方案的权限范围。尽管有帕萨德纳案判决，仍然不清楚学区在何时可以宣布已经成为统一的学区，即该区因先前双重体制所造成的全部影响都已经被消除。联邦最高法院在俄克拉何马市公立学校董事会诉道尔案①中处理了这个问题。该法院指出，对当地学区的司法监督只是用来消除种族歧视和确保遵守法院融合令的临时措施。法院裁定，如果在一个相当长的时期内“董事会忠诚地遵守融合的法令”，以及如果“过去歧视的残余在实际范围内被消除”，先前的隔离学区应该被认为是整合化的。在确定后者时，法院应该“不仅仅看学生分配，而且也要看学校运行的每个方面——教师、职员、交通、课外活动和设施”。换句话说，一旦消除了法律隔离
【225】的影响，学区就被认为是整合化的，即使面临持续的事实隔离。在面对人口变化时，地区法院不可以要求学区重新划分入学区域和用校车接送学生，以维持法院所希望的融合。

在最近的弗里曼诉皮茨案②中，联邦最高法院讨论了学区何时应被宣布为整合化的问题。联邦最高法院授权地区法院在学区实现了融合命令的某些方面时，部分取消对学区的控制。例如，如果隔离的所有迹象都从学区的学生分配程序中消除，法院可以终止对学校运行方面的监督，但继续保持对强制性融合方案其他方面的监督。学区在某个时候，可能会在实际上被逐步逐次地宣布为整合化。

尽管有弗里曼案、帕萨德纳案和道尔案，对学区的司法监督持续了数

① 498 U.S. 237 (1991).

② 503 U.S. 467 (1992).

十年。例如，在最早的布朗案判决的40多年后，法院才停止对堪萨斯托皮卡市学生分配方案的监督。[①] 从斯旺诉夏洛特-梅克伦伯格（这是一个授权校车接送促成融合的案件）到学区最终被宣布为整合化用了30年。[②] 许多其他过去采用双重体制的城市也被宣布为整合化，包括特拉华、波士顿、亚特兰大和休斯敦。[③]

在布朗案发生50年后，虽然教育中明显的法律上的种族隔离在很大程度上被消除了，但是教育法律和政策当中仍然存在很多相关问题。大部分大城市的学区目前招收少数族裔的学生（比50年前多很多），他们当中的相当部分都很贫穷。尽管以种族和社会阶层隔离为标志的地区通常被界定为事实隔离，但是至少在某些案件中，关于以下问题的争论将继续存在：这种事实隔离是否被视为法律隔离；这种事实隔离形式是否违反了1964年《民权法案》第6章（参见6.8节）；如果法律没有强制终止这一形式的隔离，那么政府作为正确教育政策的制定者，是否应当采取积极的措施达成这一目的；应当采取哪些措施。在少数城市中已经尝试提出的解决方法是教育券计划（参见2.5节）。《不让一个孩子掉队法》代表了另一种尝试，即在少数族裔聚集、社会经济地位较低地区和较低学业成就的地区向学生提供改善教育（参见3.7节）。通过诉讼和立法，改革州立学校财政制度的努力代表了第三种途径（参见第8章）。

6.5 种族歧视的其他形式 【226】

法律上的隔离并不是平等保护条款所禁止的种族歧视的唯一形式。学生在标准化测验、分流和能力分组、惩戒或学校政策与实践的其他方面也可能宣称遭受了种族歧视。甚至班级中的学生分组政策也会违反平等保护条款。在第七巡回法院的一个案件中，一名教师故意将一名黑人学生分到

① Brown v. Unified Sch. Dist. No. 501, 56 F. Supp. 2d 1212 (D. Kan. 1999).

② Belk v. Charlotte-Mecklenburg Bd. of Educ., 269 F. 3d 305 (4th Cir. 2001).

③ Coalition to Save Our Children v. Bd. of Educ., 90 F. 3d 752 (3d Cir. 1996); Morgan v. Nucci, 831 F. 2d 313 (1st Cir. 1987); Calhoun v. Cook, 522 F. 2d 717 (5th Cir. 1975); Ross v. Houston Indep. Sch. Dist., 699 F. 2d 218 (5th Cir. 1983).

有其他黑人学生的四人小组当中去，其原因正如她在法庭上所解释的："我认为在我的教育训练中，有时我们被告知非裔美国学生需要伙伴，而有时候如果有某些人与他们一起学习效果会更好，因为非裔学生看事物的方式是统一的。"法院裁定，由于分组是根据种族进行的，如果能够符合严格审查标准，它才是合理的。由于该教师依据对非裔美国学生的成见（没有科学有效的证明）进行分组，所以不符合严格审查标准。①

不论所认为的种族歧视的背景或形式如何，要证明违反平等保护条款，原告必须证明学校管理者的行为具有歧视意图。学校的政策或实践碰巧对某一特定的种族或民族产生不适当的影响的理由是不充分的。例如，使用智力测验将学生进行能力分组，会产生将某一种族分到最低的组中去的不适当影响，或者学校篮球队的选拔程序可能具有将某一种族的所有成员从队伍中排除出去的作用。虽然会造成不适当的结果，但只要不以此为目的，使用智力测验和选拔程序依然是合宪的。② 因此，一个联邦法院拒绝禁止使用没有文化偏见的最低能力测验，即使在测验中失败的黑人学生比白人学生多得多。这项测验的目的在于确保在获得文凭之前所有学生的知识和技能都达到一定的水平。③

表明一项特定的政策或行为对某一种族施加不成比例的负担的统计数据可能部分地证明违宪的歧视，但是仅有统计数据本身不能充分证明。在下述案件中，法院依靠专家的证词和学校管理者的供词，判决该校的一项惩戒政策歧视黑人学生。

(227～229) 在霍金斯诉科尔曼案④中，原告成功地证明学区在执行惩戒方案时具有歧视意图。统计表明黑人学生被学校停学和体罚的次数远远多于白人学生，但是该案中的决定因素是，专家的证词与学校管理者自己的承认都表明学校的政策对黑人学生存在歧视。法院依据专家的证

① Billings v. Madison Metro. Sch. Dist., 259 F. 3d 807 (7th Cir. 2001).

② Larry P. v. Riles, 793 F. 2d 969 (9th Cir. 1984).

③ Debra P. v. Turlington, 564 F. Supp. 177 (M. D. Fla. 1983), *aff'd*, 730 F. 2d 1405 (11th Cir. 1984).

④ United States District Court, Northern District of Texas, 1974, 376 F. Supp. 1330. ——译者注

词和学校管理者的自述做出判决，学校惩戒政策是歧视黑人学生的。

审理霍金斯案的法院确认，相当部分对黑人学生的不成比例的停学和体罚，是达拉斯的一些学校及其雇员的文化不敏感性与偏见所造成的结果。因此，这种歧视被裁定为故意的，即使没有证据表明学校管理者惩罚黑人学生要比惩罚白人学生更为经常。① 【229】

另一个不成比例影响的案件的产生与学区试图推行种族融合相联系。学区采取“多数族裔向少数族裔”转学方案，该方案允许学生由常规的入学区转出，只要学生转入学校的种族平衡能够使学区作为整体更加接近种族平衡。由于担心在白人学生占主导的学校中的教练利用转学来招录黑人运动员，学区采取了一项规定，要求转学的高中生在一年后才能获得参赛资格。被迫在不转学和不参赛之间做出选择的黑人学生认为这项规定违反了平等保护条款，但是被法院驳回。虽然这项政策的实施可能不利于黑人学生，但是法院认为这一结果不是有意的。应黑人学校的学校董事会成员的要求而采取这项政策，是为了防止非法过度招录黑人运动员，并且它对帮助黑人占主导的学校保留学生领袖和成功运动队有积极作用。②

6.6 积极性行动和自愿的种族融合 【230】

正如6.4节所显示的那样，当为法律上的种族隔离制定救济措施时，种族可以——事实上必须——被予以考虑。但是由于事实上的种族隔离不是非法的，当不能证明存在法律上的种族隔离的情况下学校董事会自愿寻求融合时，是否可以考虑种族的疑问引发了一个非常不同的问题。联邦最高法院从未对起诉初等或中等学校在其学生群体中提高种族多样性方案的案件做出判决，但是2003年联邦最高法院的两份判决书关于公立大学中的积极性行动的阐述对判决此类案件的框架提出了建议。

---

① *See also* Lora v. Bd. of Educ. of N. Y., 456 F. Supp. 1211 (E. D. N. Y. 1978), *vacated*, 632 F. 2d 248 (2d Cir. 1980); Rhyne v. Childs, 359 F. Supp. 1085 (N. D. Fla. 1973), *aff'd*, 507 F. 2d 675 (5th Cir. 1975).

② Young v. Montgomery County Bd. of Educ., 922 F. Supp. 544 (M. D. Ala. 1996).

两份判决中意义更大的格鲁特诉博林格案①是一个极有争议的案子（即使是按照联邦最高法院的标准），该案实际上形成了5个法官的多数司法意见和4个法官的完全或部分反对意见。总的来说，反对意见强烈地不同意多数法官的每个一重要观点。

这个案件是对密歇根大学法学院积极性行动入学方案的起诉。排名很高的密歇根大学法学院每年在3 500名申请者中大约招收10%的学生。在对申请者进行选择时，学校不仅着重根据申请者本科的平均成绩和法学院入学考试分数，而且也考虑个人陈述、推荐信以及申请者讲述他们对法学院的生活和多样性如何做出贡献的短文。其目标是选择最有能力的学生和那些会成为最好的律师的申请者，同时达成学生群体构成的多样性，"这有利于丰富每个人的教育，从而使法学院的班级强于各个部分的简单总和"。

寻求各种形式的多样化，特别"是录取那些来自历史上被歧视的群体的学生，如非裔、西班牙裔和印第安裔美国学生，如果不这样做，可能在法学院学生群体中就不会有其适当数量的代表"。某些少数族裔群体（例如亚裔美国人）不在这项政策范围内，因为法学院相信这些团体不必加以特别考虑就能被大量地录取。最终的目标是实现与多样化相联系的教育利益：跨种族的理解；打破种族的陈旧框架；更富生气的、活泼的以及具有启示的课堂讨论；为多样化的劳动力雇用做更好的准备；培养日益增长的全球化市场所需的技能；消除少数族裔学生一贯表达少数族裔特有观点的想法。法学院说，这些教育利益，只有未被充分代表的少数族裔学生具备
【231】"关键数量才能达到"。"关键数量"被定义为"有意义的人数"或"有意义的代表"，这意味着要有足够多的成员以鼓励少数族裔学生参与课堂，使其并不感到孤立。该法学院认为，不应该在数量上限制少数族裔学生以至于使他们感到他们是其种族的代言人。

虽然招生人员没有直接招录特定百分比的少数族裔学生，但是他们紧密关注种族。专家证人的分析显示，特定少数族裔群体成员的资格在录取中事实上是一个非常有力的因素，不过不是占主导地位的因素。少数族裔

① 123 S. Ct. 2325, *reh'g denied*, 124 S. Ct. 35 (2003).

申请者中的35%被录取；假如不关注种族，只会有10%的少数族裔申请者被录取，与多数族裔申请人相同。假如没有关注种族，入学的新生中只有4%的少数族裔，而不是14%以上。

在审查未被录取的白人申请者利用平等保护条款起诉录取政策时，法院运用了严格审查标准。法院认为，如果录取制度的目标是消除专业学校中传统上不利于少数族裔的历史，纠正社会性歧视，或者增加少数族裔律师的数量，那么严格审查标准未被满足。然而，根据法学院的判断，多样化对教育使命是必要的，法院认为达成多样化学生构成的目标能提供满足严格审查标准的极重要的国家利益。但是，法院又说道，在寻求实现该目标的过程中，学院不可采用配额制，种族只能是其他因素中的一个因素，不能过度地伤害任何民族或种族群体，而且只能采用一个"从严限缩适用范围"的选拔程序来达到这一目的。

法院判决，运用这些原则，该法学院的政策实际上是为了服务于极重要的国家利益，创造一个多样化的学生群体，并且他们会运用从严限缩适用范围达到这个目标。法院说道，从严限缩适用范围不要求穷尽每一个可能想到的可能形成多元学生群体的种族中立方案。不论怎样，法学院充分地考虑了种族中立的可选择方案，如抽签或直接降低录取标准，但是法学院具有拒绝这些选择方案的正当理由。法院说道，这些政策也不等同于配额制度。该学院"高度个性化地全面审查每一个申请者的资料，从所有途径就申请者对多样化的教育环境可能起的作用进行了一系列考察。在对每一个申请者的考察中，种族只作为个性化考察中的一个附加因素"。

尽管存在一个目标——"关键数量"，但法学院没有为少数族裔学生群体提供固定数量的名额或相应比例的名额。对数量的某些关注不会将有弹性的录取制度改变为严格的配额制度，而且种族绝不会导致自动录取或者拒绝录取。除了种族，该法学院也特别考虑了形成多样化的因素。【232】

由于法学院考虑了"所有与多样化有关的因素"，它能（而且的确）选择非少数族裔的申请者，这些申请者比未被充分代表的少数族裔申请者更具有促进学生群体多样化的潜力……法学院经常招收一些成绩和测验分数比那些被拒绝的未被充分代表的少数族裔申请者（以及其他非少数族裔申请者）低的非少数族裔申请者。

判决结论也规定考虑种族的政策必须及时受到限制。

> 尽管种族分类是令人信服的目标，但也具有潜在的危险，它们可以在不超过这些利益要求的范围内被采用……我们希望25年之后，将不需采用种族优先以促进今天所认可的利益。

多数法官没有解释为什么他们期望判决2003年积极性行动方案合理的情况到2028年将不再存在。

第二个高等教育积极性行动的案件是格拉茨诉博林格案①，法院否决了密歇根大学的本科生录取政策。在13 000多名申请者中做出的录取决定建立在绩点制基础之上，绩点包括在其他方面的奖励分、平均等级分、考试分数、特殊才能、校友关系、本州居民、领导能力及种族等。对于未被充分代表的少数民族或种族团体的成员，申请人可获得20分，这是保证录取分数的1/5。

运用在格鲁特案中宣布的原则，格拉茨案判决认为，与法学院政策不同，本科生的制度不是“从严限缩适用范围以取得教育多样化的利益”。困难在于这种方法并未提供个性化的考虑，而这种个性化的考虑正是格鲁特案录取过程中的标志性特征。20分的自动分配

> 使“种族因素……决定性地”对未被充分代表的少数族裔的每个最低资格申请者产生影响……通过比较，具有超过毕加索的艺术天赋的非少数族裔学生最多能得到5分。少数族裔和非少数族裔学生都没有得到真正的个性化审核来断定他们将如何有利于大学。尽管对成千上万的申请人进行个性化的审查会导致“艰巨的行政任务”，但是这一事实并不能使这一存在问题的制度符合宪法要求。

① 123 S. Ct. 2411（2003）.

格鲁特案和格拉茨案的判决对公立初等和中等学校设计促进文化多样与融合的学生分配、转学及录取方案具有重大的意义。任何学生分配政策，即使是那些只有部分是依据种族制定的政策，都要通过宪法的严格检【233】验才能成立。考虑种族必须是为达成极重要的国家目的所必需的，且政策必须经过从严限缩适用范围来达成该目的。创造文化多样性的学生群体可以被认为是为了州的重大目的，但是弥补总的社会歧视或种族不利则不是。根据种族而排除其他相关因素的严格配额制度和政策将不会被法院接受。

在格鲁特案和格拉茨案之前，许多基层法院已经采用与此一致的做法做出了案件的判决。1996 年，白人原告成功地控诉了波士顿拉丁学校（BLS，一所精英化的公立中学）的积极性行动入学政策，即建立在标准化测验分数和成绩基础之上的竞争性录取政策。在积极性行动的举措下，波士顿拉丁学校为非裔和西班牙裔学生保留了占总数 35% 的名额；若不予以保留，少数族裔的录取率本来只有 15% 。地区法院判决指出，学区或许能够证明这一计划旨在促成矫正法律隔离历史的极重大的国家利益，或者证明在该校形成多样化是一项极重大的国家利益。但是，法院发现这一政策并未从严限缩适用范围，因为预留名额并没有截止日期，而且学区没有探索其他“为保持波士顿拉丁学校可接受所有种族和族裔有资格的学生而较少给予种族优先的方案”，诸如在以成绩和测验分数为基础获得合格资格之后，通过抽签来选择。①

在一份由格拉茨判例支持的判决中，地区法院判决支持白人学生反对学校的转学政策。1993 年，俄亥俄州通过了一项公开入学的法律，如果两个学区都采取允许转学的政策，该法律允许学生从居住学区转学到邻近的学区。据此，学区可以出于一系列原因禁止学生转出，包括试图保持学区的种族平衡。由于担忧公开入学的法律会导致白人迁移，阿克罗恩董事会采取了一项禁止白人学生转移到其他学区的政策。紧接着，董事会又采取了一项禁止非白人学生转入该学区的政策。通过使用严格审查检验标准，法院认为该项政策是不合宪的，因为除了其他原因，有其他的方式可以达

① McLaughlin v. Boston Sch. Comm., 938 F. Supp. 1001 (D. Mass. 1996).

到理想的结果，而且该政策表达了一项信息，即白人学生比非白人学生更具有价值。①

在1999年第四巡回法院的一个案件中，法院认为学生转学政策将两所
【234】涉案学校的“多样化面貌”纳入了考虑范围。这个案件是关于一名白人学生被拒绝转入一所对他相当具有吸引力的学校，因为原来的学区有24%的白人学生，相比较而言，这个学区有55%的白人学生。在判决这个案件时，第四巡回法院假定（现在已被格鲁特判例确认）“多样化是一项极重大的政府利益”。无论如何，法院否决了这项政策。因为学校的目标不是试图达到多样化的教育利益，而仅仅只是为了“种族平衡”。“虽然转学政策并不必然使用‘不容更改的配额’，其在每一学校保持某一种族或族裔的特定百分比以确保多样化的目的就是保持种族平衡。”在此，这项政策的问题是不允许每个申请转学者转入其有资格去的学校。原告想转入的学校在种族方面是保持稳定的，然而原告不被允许转学仅仅是因为其原来的学校白人学生的比例会降低。对法院来说，政策是种族中立的并不重要，因为如果转学对原来学校的少数族裔学生比例造成了不利的影响，少数族裔学生也会被拒绝转学。②

同一年，第四巡回法院又裁定一所注册人数超额的供选择的学校不能使用主要考虑种族的抽签方法促进其学生构成族裔和种族的多样化。虽然法院重申学生群体多样化是一项极重大的政府利益，但是抽签制度增加了少数族裔学生的机会，而不是通过严格限缩适用范围以促成多样化：本来存在一些可供选择的种族中立政策，如将一些特定数量的名额分配给相邻的学校，在种族主导的政策中没有时间限制，抽签实际上就和种族预留配额方案一样了。法院还指出，该政策通过教原告将自己视为种族和族裔团体的成员，将责任加在了像原告这样无辜的第三方身上。③

在1999年的另一个案件中，第九巡回法院允许学校部分地根据种族和民族做出录取决定。这个案件涉及由加利福尼亚大学洛杉矶分校（UCLA）大学教育学院创办的初等实验学校，其目的之一是研究有关城市教育问

---

① Equal Open Enrollment Ass'n v. Akron City Sch. Dist., 937 F. Supp. 700 (N. D. Ohio 1996).

② Eisenberg *ex rel.* Eisenberg v. Montgomery County Pub. Schs., 197 F. 3d 123 (4th Cir. 1999).

③ Tuttle v. Arlington County Sch. Bd., 195 F. 3d 698 (4th Cir. 1999).

题。法院认为创办实验学校是为了极其重大的政府利益，并且接受了加利福尼亚大学研究者的证言，即为了从事他们的研究，学生群体按照预先决定的比例构成种族和民族群体是必需的，而且考虑种族的录取是达到所需要的多样化的唯一方式。① 在格鲁特案和格拉茨案之后，像此类录取方案——主要为研究目的确立的种族配额制度——即使是在实验学校，在今天是否会获得批准也是值得怀疑的。

6.7 平等保护条款和性别歧视

【235】

正如我们在戈尔塞特女性酒吧调酒师案中所看到的一样，合理依据是性别歧视案件的传统判决原则。然而，1973 年，联邦最高法院的相对多数意见似乎是代之以运用严格审查来做判决。在弗龙蒂埃龙诉理查森案②中，相对多数意见认为："根据性别进行分类，同根据种族进行分类一样，在本质上是令人质疑的，因此其必须提交严格司法审查检验。"后来在 1976 年，联邦最高法院在性别歧视案件中部分退出采用严格审查检验，代之以采用一项称为**实质关联**或**中等程度检验**的新原则。这项检验远比合理依据检验严格，但仍然比严格审查宽松。

要启动实质关联检验，原告必须首先证实存在明显的性别歧视（如法律或其他规定明显不同地对待男性和女性），或者证实在政府行政管理政策和实践中存在隐蔽的性别歧视（如未经允许优先对待某一性别）。这些一旦被证实，举证责任就转移到政府身上，政府必须证明其政策是为了一个合法而重要的目的，而且区别对待两性与其目的具有实质关联。③ 如果政府不能履行举证的义务，法律会被宣布为不合宪。

法院运用中等程度检验来鉴别对学校按照性别将学生分类的政策或实践的平等保护诉讼，包括从单一性别学校到男女隔离的运动队等方面。仅在沃克海默诉费拉德尔菲亚学区案④中，法院强调了性别隔离高中的合宪

---

① Hunter *ex rel.* Brandt v. Regents of Univ. of Cal., 190 F. 3d 1061 (9th Cir. 1999).

② 411 U. S. 677 (1973).

③ Craig v. Boren, 429 U. S. 190 (1976).

④ 532 F. 2d 880 (3d Cir. 1976), *aff'd by an equally divided Court*, 430 U. S. 703 (1977).

性问题。在该案中，一个十几岁的女孩要求进入提供较高学术标准课程的男校——中心高中。费城也有一所全女生高中，即女子高中，该校与很多男女同校高中具有同等的质量和声誉。法院列出了原告要求进入中心高中的原因。

> 关于女子中学，她评论道："我不喜欢它给我的印象。我认为我不能到那儿学习三年，而且不能被其以任何方式造成伤害。"关于中心高中，她说道："我喜欢那儿的气氛，也喜欢我所听到的关于它的信息和其学术上的成就。"她对自己在乔治·华盛顿高中所受的教育有些不满意，因为她认为该校教师为学生设定的标准不够高。

【236】 尽管如此，法院依据中等程度检验，驳回了该合宪性起诉并支持了男女隔离学校。

> 该案原告控诉的要点是她希望根据吸引她的特色进入一所特定的学校，她认为不应该因其不同意的教育政策而被拒绝选择学校。
>
> 我们不是不同情她扩大选择自由的愿望，不过其代价不应被忽视。假如她获得胜诉，那么所有公立的单一性别学校都会被废除。这些学校的废除会扼杀当地学校董事会继续关注教育方法的能力，随之也会使那些更喜欢在公立的单一性别学校接受教育的学生及其父母丧失选择的自由。私立学校的存在对原告或者对这些人而言不过是一个答案。

具有不同意见的法官认为，费城在中等程度检验下没能完成举证责任。

> 必须证明单一性别的学术性高中政策能以某种与平等保护条款要求相一致的方式促进学校董事会的目标……
>
> 正如地区法院所强调的那样，学校董事会不能提供充足的证据说明男女同校教育对学生的学术成就具有不利影响。确实，学校董事会

> 不能鉴于其将大部分学生安置到男女同校学校的政策而认真地坚持其论点。推测起来，无论是在费城提供大学预备课程的男女同校综合中学，还是董事会所表明的该所单一性别学术性高中，任何因男女同校对学生学业成就造成的不利影响都将是一样明显的。因此，董事会的单一性别政策反映了在所有教育方法中的一种选择，但却不是与州教育目标实质关联的。事实上，州的教育目标之一就是“向学生及其父母提供教育选择”……该学校董事会政策的实施使中心高中不接受女生，使得学生因不能选择男女同校的学术性高中而实际上阻碍了这一目标的达成。

自沃克海默以来的诉讼表明，持反对意见的法官立场可能是正确的。在密西西比女子大学诉霍根案①中，男生原告反对州立护士学校只招收女生的录取政策。州为其政策辩护说，州在其他公立大学提供了男女混合护士课程，并认为单一性别的方案是为了补偿过去歧视妇女这一重要目的。然而，联邦最高法院认为，州的立场在中等程度检验的两个标准上都是不 【237】
充分的：单一性别的录取政策不是为了重要的政府目的，甚至与州提出的目的没有实质性关联。

> 很明显，只有某一性别分类的受益者实际上曾遭受与这一分类相关的损害，政府才能提出补偿的目的来证明该分类为合理分类而非歧视分类。……与此形成鲜明对照的是，密西西比州未能证明女性缺乏获得护士培训或缺乏在该领域中获得领导职位的机会。

相反，法院说道，与其说是补偿歧视，还不如说其录取政策是坚持护士仅仅是女性的工作的刻板观点。学校允许男生在课堂旁听的做法，使其关于男生的存在对女生的表现产生了不利影响，改变了教学方式，以及男生将控制课堂等的辩解变得十分无力。

① 458 U. S. 718 (1982).

在另一个案件，即美国诉弗吉尼亚州案①中，联邦最高法院讨论了州举办的单一性别高等教育机构的合宪性。法院再次运用了中等程度检验，将举证责任置于州身上，要求其提出将女性排除在弗吉尼亚军事学院（VMI）之外的“极具说服性的理由”。州的第一个观点是，提供单一性别的选择有助于实现教育选择多样化的目标。但是法院认为，这一目标不是由仅向男性提供独特的教育利益来实现的。州的第二个观点是，录取女生会“破坏”弗吉尼亚军事学院的大纲，由此损害男性和女性从中获益的机会。但是法院不同意这一观点：“录取女生会降低弗吉尼亚军事学院的地位，破坏相应的制度甚至进而破坏学校，这是难以证明的判断，也与一度否定权利与机会的‘自证预言’如出一辙。”法院指出，同样的观点也被用来拒绝女性进入法学院或医学院。确实，法院说道：“完全不顾个人的优点，而一概地拒绝女性参加州最好的‘公民军人部队’，并不能实质性地促进州教育、培养公民军人的伟大目标。”

加勒特诉底特律市学区教育董事会案②是一个引发了法律上和教育上多种问题的案件。联邦地区法院发出强制令，禁止底特律创办全男性的“专门学校”，特别是为处于危险境况的城市男孩设计的初等学校。原告根据平等保护条款和两个联邦法律，即《教育修正案》第9章（见6.8节）和《平等教育机会法》（EEOA），反对将女性排除在项目之外。而法院则解释了其为什么接受了原告依据宪法和《教育修正案》第9章的控告而否定了其以《平等教育机会法》为依据的控告。

(238～240) 该专门学校计划“提供特殊课程，包括‘成人仪式’、以非洲为中心（多元）的课程、为21世纪职业做准备的未来课程、强调男性责任、良师益友、星期六课程、个别化咨询、延长课堂时间和统一学生制服”。虽然法院同意“消除所面对的非裔美国学生犯罪、失业和退学的危险是一项重要的政府目的”，但其依然认为所提议的专门学校不能满足中等程度检验的要求：当这些统计数据强调一个重要的需

① 518 U. S. 515 (1996).

② United States District Court, Eastern District of Michigan, 1991, 775 F. Supp. 1004. ——译者注

要时，它们不足以表明将女生排除在外是与董事会的目标具有实质关联的。法院指出，所提议的方案忽视了教育董事会自己也承认的城市女性面临“同等紧迫的和独特的危机”。法院也宣布创办一所新的单一性别的学校违反了《教育修正案》第9章。

加勒特案引发了一些疑问，即是否存在一些情形允许学校董事会创办新的单一性别的学校？如果有强有力的研究证据支持单一性别的学校比现行学校更为有效，那么平行并且质量相当的男生和女生课程可能会通过宪法检验。然而，像加勒特案一样，对教育中性别歧视的大多数质疑都综合依赖于宪法与成文法案件，因此，单一性别的学校即使是合宪的，也仍然可能是不被允许的。【240】

许多初等和中等学校的性别歧视案件涉及在运动或偶尔在学生组织中的性别歧视。当女生因为没有一支女生运动队而被完全排除在某项运动之外时，女生原告根据平等保护条款在诉讼中获胜的可能性很大。例如，在福斯诉皮尔斯R-Ⅵ学区案①中，法院运用中等程度检验支持了女生，这些女生希望参加初中足球队的选拔赛。法院在指出即使最小的和最弱的男生都被允许参加足球队的选拔赛之后，驳斥了学校认为将女生排除在足球队外是与确保参赛者的安全实质相联的观点。法院在判决中解释如下。【241】

尼科尔·福斯显然没有参加皮尔斯市初级中学8年级足球队的法定资格，因为她参与比赛的程度必须且仅可由其能力来决定，而这正是由其教练来判断的。但是她在此并不是在寻求这一资格。

相反，她所寻求的只是一次机会，即像她的男生同学一样显示那些能力的机会。简言之，她只是要求尝试的权利。

法院并不是指存在这种宪法性的“尝试权利”，但是一个人应该被允许尝试的观点——凭其能力与运气决定成功或者失败的观点会做如此要求。然而，至少通过在尝试学习事物的过程中获益——这是一个深深印入我们的思维方式中的思想，的确应该在仅因某人为女性而

① 570 F. Supp. 1020 (W. D. Mo. 1983).

非男性而拒绝给予特权时要求拿出“实质性”正当理由。在此法院并未发现这类正当理由。

当存在一支与男队相当的女生运动队，且运动中有接触性动作时，女生想要获得参加男生运动队权利的机会将大大地减少。① 在一些没有接触性动作的案件中，尤其是如果没有一支女生球队的话，女生获得胜诉的机会相当大。② 但是有些法院甚至在一些非接触性运动案件中也支持隔离但平等的原则。③

关于男生想参加非接触性运动的女生运动队，法律现状并不清楚。当没有男生运动队时，男生原告通常面临不同的判决结果。④ 有些法院认为为了保证女生有公平地参加运动的机会，保持单一的女生运动队是非常重要的。⑤ 一个法院驳回了一个男生根据宪法和成文法而提出的寻求参加女生曲棍球队的诉求。

6.8 联邦反歧视成文法

几部联邦成文法通过禁止各种形式的歧视来补充平等保护条款。这一
【242】节讨论这些成文法中有关学校如何对待学生的两部：1964年《民权法案》第6章，该章关注对待少数民族、种族问题；1972年《教育修正案》第9章，该章涉及性别歧视问题（参见本书第9章对禁止雇用歧视的联邦成文法的讨论）。

1965年《民权法案》第6章（第601节）规定：“美国的任何人在任

① O'Connor v. Bd. of Educ. of Sch. Dist. 23, 545 F. Supp. 376 (N. D. Ill. 1982), 449 U. S. 1301 (1980).

② Brenden v. Independent Sch. Dist. 742, 477 F. 2d 1292 (8th Cir. 1973); Gilpin v. Kansas State High Sch. Activities Ass'n, 377 F. Supp. 1233 (D. Kan. 1973).

③ Bucha v. Ill. High Sch. Ass'n, 351 F. Supp. 69 (N. D. Ill. 1972).

④ Clark v. Ariz. Interscholastic Ass'n, 695 F. 2d 1126 (9th Cir. 1982); Petrie v. Ill. High Sch. Ass'n, 394 N. E. 2d 855 (Ill. App. Ct. 1979); *but see* Gomes v. R. I. Interscholastic League, 469 F. Supp. 659 (D. R. I.), *vacated as moot*, 604 F. 2d 733 (1st Cir. 1979).

⑤ Williams v. Sch. Dist. of Bethlehem, 998 F. 2d 168 (3d Cir. 1993).

何接受联邦资助的课程或活动中都不得以其种族、肤色或国籍为理由被排斥参加或被拒绝受益，或受到歧视。"[①] 教育部的规定补充了《民权法案》第6章，规定学区不得以种族、肤色、出身国别为由提供不同或个别的待遇或服务，或予以隔离。[②] 学区若违反该法就会失去所有的联邦资金。《民权法案》第6章适用于学校的任何活动，即使学校中只有一项项目或活动获得联邦资金。因此，如果一所学校的午餐方案受到联邦资助，它必须在所有活动中都遵守《民权法案》第6章。

《民权法案》第6章以三种方式补充了平等保护条款。第一，平等保护条款只能通过直接受歧视的学生及其父母提出诉讼来执行，而《民权法案》第6章能通过联邦司法部长[③]、给学区提供资金的任何联邦部门或机构[④]，或者个人[⑤]提出诉讼来执行。尽管这个问题还未决定，但法院看来有可能使用《民权法案》第6章的要求，支持向受学区歧视的学生做出补偿性损害赔偿或惩罚性损害赔偿。[⑥] 第二，与平等保护条款不同，《民权法案》第6章不必证明其存在歧视意图。假如某一联邦机构颁布了实施《民权法案》第6章的行政规章，这些行政规章说明第6章禁止制定产生歧视影响的政策，仅歧视性影响一项证据就足以证明该政策违反了第6章[⑦]；因此，有时非故意歧视也可以通过第6章得到救济。但是救济必须通过教育部寻求，因为联邦最高法院裁定，个人不得以诉讼要求实施第6章之下会产生不同影响的行政规章。[⑧] 如果符合教育需要，一项具有歧视影响的政策并不必然意味着违反了第6章。例如，在标准化测验中，某一种族比其他种族分数低，学校可以通过证明该测验具有信度和效度而且不存在更

---

① 42 U. S. C. § 2000d.

② 34 C. F. R. § 1003 (b).

③ 42 U. S. C. § 2000c-6.

④ 42 U. S. C. § 2000d-1.

⑤ Alexander v. Choate, 469 U. S. 287 (1985); Guardians Ass'n v. Civil Serv. Comm., 463 U. S. 582 (1983).

⑥ *Compare* Franklin v. Gwinnett County Sch., 503 U. S. 60 (1992).

⑦ Guardians Ass'n v. Civil Serv. Comm., 463 U. S. 582 (1983).

⑧ Alexander v. Sandoval, 531 U. S. 275 (2000).

【243】少歧视的测验手段，为该测验提供辩护。① 第三，与平等保护条款不同，《民权法案》第6章不但适用于接受联邦资金的公立学校，也适用于接受联邦资金的私立学校。

1972年《教育修正案》第9章与《民权法案》第6章非常相似："美国的任何人在任何接受联邦资助的课程或活动中都不得以其性别为理由被排斥参加或被拒绝获益，或受到歧视。"②

联邦法律清楚地表明了《民权法案》第6章适用于学校中的任何活动，即使其只有一项活动或项目接受联邦资金。③ 因此，即使学校只有特殊教育获得联邦资金，学校的运动项目也要遵守《民权法案》第6章的规定。像《民权法案》第6章一样，《教育修正案》第9章也允许联邦机构和私人提起诉讼④，并且也适用于任何获得联邦资金的私立学校和公立学校。

遭受性别歧视的受害学生可能运用《教育修正案》第9章寻求法院命令终止歧视。遭受故意性别歧视的受害学生有权从违法的学区获得金钱损害赔偿，但不能从实施歧视的违法者个人那里获得金钱赔偿。⑤ 在性别歧视的受害者是否可以使用另一项联邦法律即"1983条款"（参见12.9节）来向实行歧视的违法者个人索取金钱损害赔偿这一问题上，法院的意见有分歧。⑥ 在《教育修正案》第9章是否禁止非故意的性别歧视问题上，法院的意见也不一致。⑦ 虽然联邦最高法院尚未对这个问题做出判决，假如将法院对《民权法案》第6章的解释适用于《教育修正案》第9章，则可以禁止非故意的性别歧视。⑧

---

① *See* Bd. of Educ. of Sch. Dist. of N. Y. v. Harris, 444 U. S. 130 (1979); *see also* Elston v. Talladega County Bd. of Ed., 997 F. 2d 1394 (11th Cir. 1993); Larry P. v. Riles, 495 F. Supp. 926 (N. D. Cal. 1979), *aff'd in part*, 793 F. 2d 969 (9th Cir. 1984).

② 20 U. S. C. § § 1681-1686.

③ 20 U. S. C. § 1687.

④ Cannon v. Univ. of Chicago, 441 U. S. 677 (1979).

⑤ Franklin v. Gwinnett County Pub. Schs., 503 U. S. 60 (1992).

⑥ *See*, *e. g.*, Pfeiffer v. Marion Ctr. Area Sch. Dist., 917 F. 2d 779 (3d Cir. 1990); Williams v. Sch. Dist. of Bethlehem, 998 F. 2d 168 (3d Cir. 1993) (Title IX preempts use of § 1983); *contra*, Seamons v. Snow, 84 F. 3d 1226 (10th Cir. 1996); Lillard v. Shelby County Bd. of Educ., 76 F. 3d 716 (6th Cir. 1996).

⑦ Cannon v. Univ. of Chicago, 648 F. 2d 1104 (7th Cir. 1981); NAACP v. Medical Ctr. Inc., 657 F. 2d 1322 (3d Cir. 1981).

⑧ Guardians Ass'n v. Civil Serv. Comm., 463 U. S. 582 (1983).

为了实施《民权法案》第6章，联邦机构制定了广泛的行政规章来禁止以下行为。

• 除了体育教育中的接触性运动和低年级的性教育以外，根据性别提供隔离的课程或其他活动。在合唱团中可以考虑学生的音域。①

• 入学考试不成比例地影响男生或女生，除非证明考试能有效地预测或作为最少偏见的手段预测学生的受教育能力。②

• 学生行为准则区别对待男生和女生。③ 【244】

• 咨询资料具有性别歧视，如鼓励不同性别的学生选择不同的课程和职业。④

• 对婚姻或怀孕的规定根据性别的不同而区别对待学生，因此，学生不可因怀孕而丧失教育利益。⑤

在加勒特案中（参见6.7节），一名联邦法官部分地根据《教育修正案》第9章的规定，禁止在底特律市开办男性初等学校。

《教育修正案》第9章106.41节的以下规定对学校具有深远的影响。

体育

(a) 总则。任何人在其接受者所提供的校际俱乐部或校内体育活动中不得因性别而被拒绝参加，不得否认其利益，不得被施与和他人不同的待遇或其他歧视，任何接受者不得以此为依据提供任何隔离的运动。

(b) 单独运动队。尽管本节（a）款已做出相关规定，但是接受者仍然可以为同一性别运动员运作或主办各自的运动队，只要运动队的选拔是以竞技能力为依据，或者涉及的活动属于接触性体育。然

① 34 C. F. R. § 106. 34.
② 34 C. F. R. § 106. 21 (b) (2).
③ 34 C. F. R. § 106. 31 (b) (4).
④ 34 C. F. R. § 106. 36.
⑤ 34 C. F. R. § 106. 40.

而，当接受者为一个性别的成员运作或主办一个运动队，而没有为另一个性别的成员运作或主办这类运动队，并且该性别成员的运动机会因此过早地受到限制时，被排除的这一性别的成员必须被允许参加该运动队的选拔，除非该项运动是接触性运动。这一部分所指的接触性运动包括拳击、摔跤、橄榄球、冰上曲棍球、足球、篮球和其他目的或主要活动涉及身体接触的体育项目。

（c）平等的机会。接受者运作或主办校际俱乐部或校内体育运动应该为两性成员提供平等的运动机会。在决定是否提供了平等机会时，负责人可考虑以下因素：

（1）运动的选择和竞技的水平是否有效地适应了两性成员的兴趣和能力；

（2）设备和物资的提供；

（3）运动日程和训练时间；

（4）旅行和每日津贴；

（5）接受训练和学术指导的机会；

（6）教练和指导者的安排及补偿；

（7）更衣室、训练和竞技设备的提供；

（8）医疗和训练设施设备的提供与服务；

（9）居住、就餐设施设备的提供与服务；

（10）宣传。

【245】假如接受者在运作或主办男女分隔的运动队时，对不同性别的成员不平等的支出总额或对男性运动队和女性运动队不平等的支出并不违反本节的规定，助理部长在评估每一性别成员机会的平等性上，仍可以认为其未能为某一性别的运动队提供必要的资金。

这些规则产生了某些困惑。《教育修正案》第9章106.41节允许在下列情况下存在性别隔离的运动队：接触性运动，无论是否存在一支为被排除在外的性别成立的运动队；以竞争性选拔为基础的非接触性运动，每一性别都有一支运动队；以竞技性选拔为基础的非接触性运动，只有一支运动队，只要被排除在外的性别的运动机会过去未因资金少或设施差而受限制。因此，这些规定似乎允许隔离，而这些隔离在6.7节所评论的许多宪法判决中是不允许的。例如，像福斯案一样，女运动员有时候运用平等保护条款获得参加男运动队的权利，即使是接触性运动。至少在前述判决发生的司法管辖区中，冲突的联邦行政规章不能被执行，因为宪法优先于其他法律和行政规章。

除了联邦法律，有些州也有宪法条款、成文法和行政规章禁止任何形式的歧视。州法律可以并且有些州的确强制实行了比联邦法律更严格的反歧视要求。例如，州法律比起联邦法律可以保障女生有更多参加男生运动队选拔的机会。①

6.9　种族骚扰和性骚扰

种族骚扰和性骚扰在雇用法中首次被认为是法律不允许的歧视形式。实施1964年《民权法案》第7章的行政规章宣布受雇者在工作环境中不得受到种族或性敌视、恐吓或冒犯。除了敌意环境的骚扰，行政规章同时确认了被称为“交换条件”的另一种性骚扰形式。交换条件性骚扰是指受雇者被要求以性来交换工作利益（参见9.4节）。

最近几年，学生寻求通过法律来保护自己在学校免受种族或性恐吓以及不正当的性要求。法院也更倾向于这一观点，即学生有权不受到学校雇员甚或其他学生的种族骚扰或性骚扰。对学生有敌意的环境下的种族骚扰或性骚扰以及交换条件的性骚扰都被认为是违法的。【246】

在某种明确限定的情形下，宪法可以保护学生免受骚扰。当冒犯者是学校管理者而不是同学，而且受害者能证明冒犯行为是对其种族或性别的故意歧视时，平等保护条款才可以适用。② 有个同性恋男生获得平等保护条款胜诉的案件，该案中学校管理者制定政策保护女生免受性骚扰，但多年来却拒绝保护该学生免受身体侵犯。这名同性恋学生被辱骂、撒尿甚至被严重地脚踢以致受到内伤，尽管他多次要求学校管理者加以保护，但学

① Darrin v. Gould, 540 P. 2d 882 (Wash. 1975) (en banc).

② DeShaney v. Winnebago County Dep't of Social Serv., 489 U. S. 189 (1989).

校什么都没有做。同伴的骚扰本身不是对平等保护条款的违反，但歧视性的保护政策却是。[①] 当性骚扰严重地侵犯了身体完整，而且冒犯者是学校管理者时，正当程序条款也可以被用来反对性骚扰。因此，一名学生成功地提出了针对与她多次发生性行为的教师的正当程序诉讼。[②]

根据州的民法和刑法（参见12.1节），在受到威胁或者发生事实上的身体伤害或侵犯（例如性行为）的情况下，种族骚扰或性骚扰构成侵犯人身罪或殴打罪。然而，在大多数案件中，对学生在学校免受种族骚扰或性骚扰进行最有效的保护的是联邦成文法。最近几年，教育部和法院开始认为，对学生的种族骚扰违反了《民权法案》第6章，对学生的性骚扰违反了《教育修正案》第9章。其观点是，经历过种族骚扰或性骚扰的学生因为种族或性别原因而不能从学校课程中获益，因此骚扰是一种歧视形式。

根据教育部的指导准则，当学生由于种族或性别被“学校雇员、其他学生或第三者足够严重地、持续地、广泛地限制其参与或从教育项目或活动中获益的能力，或被置于其所制造的有敌意或虐待的教育环境中时”，则种族骚扰[③]或性骚扰[④]发生。指导准则提供了用来判定是否存在种族骚扰或性骚扰的一系列因素，包括行为类型、次数和持续时间，牵涉其中的人数，以及是否导致受害者成绩降低或形成心理压力。指导准则特别指
【247】出，行为越严重，重复判断其违法性的需要程度就越低。“的确，单个的或孤立的性骚扰事件，如果相当严重，会制造一个有敌意的环境。”

因为学校中有关性骚扰的案件比种族骚扰的案件多，所以有关性骚扰的法律要完备得多。教育部的指导准则指出：“性骚扰行为……包括不受欢迎的性暗示、性要求、性好感以及其他具备性特征的口头、非口头或身体的行为。”然而，《教育修正案》第9章不禁止非性接触或其他非性行为。“例如，高中教练拥抱踢进球的学生，或幼儿园教师安慰性地拥抱擦破膝盖的儿童，不被视为性骚扰。”同样，“被一年级学生在脸颊上亲吻也

---

① Nabozny v. Podlesny, 92 F. 3d 446 (7th Cir. 1996); *see also* Murrell v. Sch. Dist. No. 1, 186 F. 3d 1238 (10th Cir. 1999).

② Doe v. Claiborne County, 103 F. 3d 495 (6th Cir. 1996).

③ 59 Fed. Reg. 11447.

④ 62 Fed. Reg. 12033.

不构成性骚扰”。《教育修正案》第9章也不包括因为仇恨或恶感的骚扰或恃强凌弱。有个法院裁定，一个帮派的男性成员对一名女生及其兄弟的威胁、恐吓行为及叫喊绰号（包括“涉性的外号，如贱妇、淫妇和荡妇”等），不可根据《教育修正案》第9章提起诉讼，因为其基于“个人的恶意而不是性别”。① 但是，“一个教师在不适当的场合多次用他或她的臂膀紧抱或怀抱学生会构成有敌意的环境”。因此，有个学校雇员在几个场合触碰到学生胸部、臀部与大腿并对学生发表性评论，被判定为违法的性骚扰。②

总的来说，学校的成年雇员针对学生的性行为构成了骚扰，即使学生没有反对或表现出欢迎这种行为。教育部的指导准则指出，学生的年纪越小，学生被认为具有同意性行为的法律行为能力越小。第七巡回法院裁定，一名13岁的原告在《教育修正案》第9章诉讼中不用证明她不欢迎某教师的性提议，包括暗示性的纸条、电话、接触或亲吻。③ 对年纪较大的中学生来说，教育部的指导准则形成了一个可反驳的推定，即学生与学校成年雇员的性关系不是两相情愿的。联邦最高法院曾经指出，即使学生是同意的，学生与学校雇员之间的性行为通常也构成了性骚扰。④

一个学生对另一个学生的性行为可以构成性骚扰，如果行为是不受欢迎的、持续的或严重的。有个法院认为，当另一个学生持续地接触她、抚摸她、带有敌意地反对她，而且对她发表性评论时，该学生即处于有敌意的骚扰环境。⑤ 然而，不是每一种不受欢迎的骚扰都是性方面的。有个案 【248】
件中，一名中学足球队员被高年级的队员性虐待，包括用胶带捆扎其生殖器。学生将这件事报告给学校管理者，学校管理者惩罚了行为者并使该球队丧失了参与既定季后赛的资格。然后，受害者受到球队队员的非性别的

① Burwell v. Pekin Cmty. High Sch. Dist. 303, 213 F. Supp. 2d 917 (C. D. Ill. 2002).

② Seneway v. Canon McMillan Sch. Dist., 969 F. Supp. 325 (W. D. Pa. 1997); *see also* Oona R.-S. v. Santa Rosa City Sch., 890 F. Supp. 1452 (N. D. Cal. 1995), *aff'd*, 143 F. 3d 473 (9th Cir. 1997).

③ Mary M. v. N. Lawrence Cmty. Sch. Corp., 131 F. 3d 1220 (7th Cir. 1997).

④ Gebser v. Lago Vista Indep. Sch. Dist., 503 U. S. 60 (1998).

⑤ Davis v. Monroe County Bd. of Educ., 74 F. 3d 1186 (11th Cir. 1996), *vacated*, 91 F. 3d 1418, *aff'd*, 120 F. 3d 1390 (11th Cir. 1997) (en banc), *rev'd*, 526 U. S. 629 (1999); *see also* Rowinsky v. Bryan Indep. Sch. Dist., 80 F. 3d 1006 (5th Cir. 1996).

敌意行为，他们指责他使球队丧失了比赛。法院裁定，紧随最初事件之后的有敌意的环境并不为《教育修正案》第 9 章所包含。[①] 同样，对同性恋学生来说，教育部划分出了其他学生的非性评论的区别，像“同性恋学生在这一咖啡桌上不受欢迎”尽管是冒犯性的，但并未违反《教育修正案》第 9 章，而具有性特征的骚扰则违反了《教育修正案》第 9 章。

教育部的指导准则说明在以下情形中存在交换条件型性骚扰。

> 学校雇员明显或隐蔽地要求学生屈从于不受欢迎的性接近，要求性喜好，或其他口头的、非口头的或具有性特征的身体行为……作为允许学生参与教育项目或活动或做出教育决定的条件。不论学生是否反抗并受到威胁伤害，或者服从并避免威胁伤害，交换条件型性骚扰同样都是非法的。

例如，一个法院裁定在以下情况中存在交换条件型性骚扰：一名教师允许一名 3 年级学生从教师办公桌上的材料中复印答案，与此同时，教师与该生发生了性接触。[②]

当学校出现种族骚扰或性骚扰时，谁应该为此负责，可以要求什么样的赔偿？由于《民权法案》第 6 章和《教育修正案》第 9 章仅仅适用于“接受联邦财政资助的项目……”不能直接根据该项法律向实行种族骚扰或性骚扰的个人或其管理者提出诉讼。[③] 假如符合某些条件，违反《民权法案》第 6 章或《教育修正案》第 9 章（或平等保护条款[④]）对学生实行种族骚扰或性骚扰的雇员也可以根据另一部称为“1983 条款”的联邦成文法[⑤]，受到起诉和被要求金钱赔偿（参见 12.9 节）。同学骚扰者不能依据“1983 条款”被起诉，但是有些法院允许根据“1983 条款”对校长或进行

---

① Seamons v. Snow, 84 F. 3d 1226 (10th Cir. 1996).

② Does v. Covington County Sch. Bd. of Educ., 969 F. Supp. 1264 (M. D. Ala. 1997).

③ Smith v. Metro. Sch. Dist. of Perry Township, 128 F. 3d 1014 (7th Cir. 1997).

④ Murrell v. Sch. Dist. No. 1, 186 F. 3d 1238 (10th Cir. 1999).

⑤ Oona R. -S. v. Santa Rosa City Sch., 890 F. Supp. 1452 (N. D. Cal. 1995), *aff'd*, 143 F. 3d 473 (9th Cir. 1997); *but see* Does v. Covington County Sch. Bd. of Educ., 930 F. Supp. 554 (M. D. Ala. 1996), 969 F. Supp. 1264 (M. D. Ala. 1997).

骚扰的雇员或同学的管理者提出诉讼。① 第六巡回法院认为，根据“1983条款”，只有当管理者对骚扰“至少有默许授权赞同或故意默认”或表现出“故意的漠不关心”时，他们才需要承担责任。第九巡回法院认为：“当主管的官员因其在教学、管理或控制其下属方面失职或不作为……因其默许剥夺其他人的行为……或其行为表现出对其他人的权利冷漠或无情时，在其个人能力范围之内承担责任。”② 【249】

在富兰克林诉格威内特县公立学校案中③，联邦最高法院认为根据《教育修正案》第9章，包括性骚扰的性别歧视的受害者可以起诉学区，要求金钱赔偿。据此可以假设，根据《民权法案》第6章，种族骚扰的受害者也可以这样做。但赔偿是否限于补偿或是否可要求惩罚性赔偿，还不清楚。④

在吉布塞诉拉戈维斯塔独立学区案⑤中，联邦最高法院裁定，学区不能为其雇员对学生做出的性骚扰承担责任，

> 除非拥有最低权限对所声称的歧视做出处理，而且代表学校制定正确措施的学校管理者确实知道在学校项目中存在歧视，且不能做出充分的反应……再者，这种反应必须是故意对歧视漠不关心……换句话说，其前提是学区的官方决定不能弥补侵权行为。

将这些原则运用于本案，法院指出受害学生未向学校校长报告自己与教师的性关系，而且校长得到的唯一的警告信息是其他学生父母对该教师在课堂上表达具有性暗示的言论的投诉。当学校最终知道了其性关系时，该教师被学校解雇而且丧失了教师资格证。因此，事实不能证明校长或学区实际上知道歧视并且没有做出反应。

---

① Doe v. Claiborne County, 103 F. 3d 495 (6th Cir. 1996); *see also* Doe v. Taylor Indep. Sch. Dist., 15 F. 3d 443 (5th Cir. 1994).

② Larez v. Los Angeles, 946 F. 2d 630 (9th Cir. 1991); *see also* Baynard v. Malone, 268 F. 3d 228 (4th Cir. 2001) (en banc).

③ 503 U. S. 69 (1992).

④ Doe v. Oyster River Co-Op Sch. Dist., 992 F. Supp. 467 (D. N. H. 1997).

⑤ 524 U. S. 274 (1998).

根据吉布塞案中的原则，第四巡回法院在一个案件中认为，教师对学生的性骚扰行为不用学区负责。该案中，校长只是推定知情，并不是所要求的“实际”知情（第三者向校长报告了骚扰行为，但未能得到她自己的调查的证实），而且校长没有“停职、重新安置或开除教师的自主权力”。校长由于对其推定存在的伤害行为没有做出反应，而且因为其“对教师的管理失职”，因而仅负个人责任。① 在另一个案件中，第八巡回法院认为，当学校管理者获知的仅有的信息是教师在一名学生身上花费大量时间以及
【250】学生经常缺课和迟到而且成绩一直下降时，该案不符合吉布塞案对实际知情的要求。②

关于同伴骚扰，联邦最高法院在戴维斯诉蒙罗县教育董事会案③中裁定，当符合以下四个条件时，学区应对学生之间的性骚扰负责。第一，原告必须证实其同伴的性骚扰是严重、持续的，而且客观上是冒犯性的，损伤和扰乱了原告的教育过程，并且骚扰的严重程度导致原告不能平等地享有学校的资源和机会。法院指出，学生嘲笑和毁谤的简单行为，甚至这些评论根据性别勾画区别，并不会使学区负有责任。严重的一对一骚扰的单一事件也不会使学区负有责任。同样，法院指出成绩下降本身并不足以证明骚扰的严重性。第二，骚扰发生的环境必须是学区能够有效控制的，同时学区能够有效控制骚扰者。例如，在学校上学时间和在学校场所中。第三，学区必须对存在骚扰实际知情。然而，法院并未详细说明谁知道骚扰；如果一名教师知道，可能也会是足够的。第四，必须有证据表明学区故意对已知的同伴性骚扰行为表示漠不关心。学校的义务是以并非明显不合理的方式做出反应。完全不做出反应或在执行学校规定中表现出歧视——例如，保护女生而不是男生，或保护白人而不是黑人免受骚扰——是两种不合理的反应。法院承认，学校对可能使其卷入宪法或成文法诉讼的惩戒行为保持克制，这是合理的。

根据这些原则，联邦最高法院推翻了第十一巡回法院驳回原告拉肖恩达·戴维斯的起诉的判决。拉肖恩达·戴维斯是一名5年级的学生，他是

① Baynard v. Malone, 268 F. 3d 228 (4th Cir. 2001) (en banc).
② P. H. v. Sch. Dist. of Kan. City, 265 F. 3d 653 (8th Cir. 2001).
③ 526 U. S. 629 (1999).

5个月以来遭受同学多次骚扰的受害者。法院在解释允许审理这个案件的理由时说道：

> 骚扰并不仅仅是口头的；它包括无数次客观冒犯性的接触行为，而且实际上，G. F.（骚扰者）最终对犯罪的不当性行为服罪。此外，起诉者诉称多次被G. F.的不当行为所骚扰的多位受害者寻求与学校校长面谈。再者，上诉人（拉肖恩达的母亲）声称骚扰对其女儿接受教育的能力产生了具体的负面影响，控告也能够证明董事会实际知情而且故意表示漠不关心；无论如何，董事会没有做出任何调查或阻止骚扰行为的努力。

第六巡回法院进一步运用“故意漠不关心”条件来裁定，如果开始的措施无效，学区“应增强纠正的努力措施。当学区知道开始的努力无效时，它必须做得再多一些。重复地采取不能实际上纠正问题的同样措施是不够的”。① 【251】

为了符合对学生的道德和法律责任以及降低法律责任的风险，学校必须采用、颁布以及遵守正式的反歧视和反骚扰的政策。教育部关于《教育修正案》第9章的指导准则要求学校“采用、颁布申诉程序以及时和公正地解决性别歧视的申诉，包括性骚扰的申诉，并且宣传反性别歧视的政策”。②《民权法案》第6章的指导准则详细说明：“一旦学校发现存在种族敌意的环境，学区有法律义务采取合理的措施来消除它……在评价学校对种族敌意的环境的反应上，教育部考察惩戒政策、申诉政策以及任何可适用的反骚扰政策。”③

6.10 小结

《联邦宪法第十四修正案》的平等保护条款禁止政府在没有充足的正

① Vance v. Spencer County Pub. Sch. Dist.，231 F. 3d 253（6th Cir. 2000）.

② 62 Fed. Reg. 12040.

③ 59 Fed. Reg. 11451.

当理由情况下区别对待个人或团体。这一禁止规定是无数对公立学校的隔离和其他形式的歧视提出诉讼的基础。联邦最高法院在判决平等保护案件中形成了三个独立的检验方法。

1. 严格审查。当政府承认或原告成功地证明民族和种族是分类和区别对待的标准时，法院运用严格审查检验。该检验要求政府通过说明其区别对待政策是达到极重要国家利益所必需的来证明该政策具有合理性。除了某些积极性行动政策，事实上这是政府永远不能达到的要求。

2. 实质关联。当政府承认或被原告证明分类的标准是性别时，法院运用实质关联或中等程度检验。这种检验尽管不如严格审查那样严格，但仍将证明区别对待政策合法性的责任放到了政府身上。政府只有证明政策与达成政府的重要目标实质关联，以性别为根据的分类才会受到支持。

【252】 **3. 合理依据。**当分类建立在不同于民族、种族或性别（除少数例外，通常与教育案件无关）的特征之上时，就运用最不严格的检验来进行审查。合理依据将举证责任放到原告身上，要求其证明政府的区别对待与任何合法目的完全不相关。在这种检验下，以任何一种方式促进或推动政府合法合理的目标都将获得支持。

实际看来，平等保护条款禁止根据民族或种族故意隔离学生，或者为少数民族、种族提供较差教育的任何政策或做法。某一政策或做法如果寻求隔离或以其他形式使少数群体处于不利地位，则将被看作故意隔离的或歧视性的。因此，任何教育政策的制定者或执行者做出的决定有意识地去根据性别隔离学生，将不能通过宪法审查。假如合理决定的做出者本应当认识到一项措施的主要结果是使少数群体处于不利地位或隔离状态，该项措施也可以被认为是歧视性的。然而，对特定种族产生的偶然性的或不可预见的影响的政策并不违反平等保护条款。

从1954年布朗诉教育董事会案开始，许多学区因其故意实行种族隔离和歧视而被裁定有罪。联邦法院被授权判决各种补救法律上的隔离的措施，包括重新划定入学区域、校车接送、有吸引力的学校以及补救的教育方案。然而，法院也不能为了废止附近学区的种族隔离而将学生转入或转出那些没有发现存在法律上的隔离的学区。一些以前存在隔离的学区完全遵守法院的命令废止种族隔离，被宣布为多样化，而其他一些学区继续受到法院的监督。

平等保护条款同样禁止不利于任何性别的教育实践，除非具有强有力的理由。许多故意隔离两性的方案被禁止。主要的例外是体育运动，但是法律存在不确定性。

除了平等保护条款，1964 年《民权法案》第 6 章与 1972 年《教育修正案》第 9 章，都禁止在教育中基于种族和性别的歧视。这些法律以多种形式补充了宪法，最重要的是对平等保护条款不能适用的歧视提供了救济。《民权法案》第 6 章和《教育修正案》第 9 章还规定了大量有关禁止歧视的具体做法。《教育修正案》第 9 章要求在学校体育项目中的平等。这些法律也将种族骚扰和性骚扰界定为不允许的歧视形式，并要求学校采取和实施有关阻止学校雇员或学生对学生的种族骚扰或性骚扰的方案。没能做到这些可能使学校（在部分案例中，是个别的教育工作者）在损害赔偿诉讼中败诉。

除了法律问题，学校应该避免缺乏正当理由的根据族裔、种族或性别 【253】
进行分类的政策。除了在特殊情形之下，正确的教育实践要求同样地对待白人和黑人、男生和女生。因此，为了避免在族裔和性别问题上违反平等保护条款和反歧视成文法，行政官员只需要运用正确的教育判断和常识情理。

【254】 7

有特殊需要的学生

上一章指出平等保护条款禁止公立学校根据种族和性别进行各种形式的分类，而如果根据其他特征进行的分类与合法的政府目标相联系，那么这种分类可以被判定是合理的。第7章讨论了判定不同教育待遇措施合法性的一些标准：各种类型的身心障碍、有限的英语水平、年龄和受教育能力。与种族和性别不同，这些特征和个体的教育需要与从教育中获益的能力相联系，并且在一定程度上，这些特征是决定个体获得教育方案的依据。

然而，这并不意味着学校可以随意地向具有上述不同特征的学生提供任何的教育。联邦宪法及众多的联邦立法和行政规章要求，即使向有特殊需要的学生提供的方案不同于一般方案，无论如何，它们也必须符合所有学生教育机会平等的要求。事实上，对于身心障碍学生和英语水平有限的学生来说，机会平等可以要求为其提供不同的且可能是更广泛的方案。

所有这些可能会弄得非常复杂：身心障碍学生能有权利接受多少教育？具有扰乱性的身心障碍学生可以被学校排除在外吗？什么种类的项目能够确保学校为非英语母语学生承担应尽的义务？特别聪明的学生有提早入学或跳级的权利吗？本章讨论了这些问题。

7.1 历史回顾：身心障碍儿童的教育 【25

1970年，美国大约有800万名身心障碍儿童，这些儿童中有300万人没能接受合适的教育，另有100万人则完全被排除在公立教育之外。将身心障碍儿童排除在外可能是合法的，因为许多州的法律允许身心障碍儿童不遵守义务教育法律。州法院通常支持将身心障碍儿童排除在公立学校之外的政策，有时以他们入学会对其他儿童的教育产生不良影响为理由。[1]

20 世纪 70 年代早期，将身心障碍儿童排除在公立学校之外的做法成了很多联邦诉讼的对象，其中最著名的是宾夕法尼亚州智障儿童协会（PARC）诉联邦案[2]和米尔斯诉教育董事会案[3]。尽管这两个案件在某些方面不同，但是两个法院的主要判决是相似的：（a）儿童被排除在公立学校之外是因为他们有身心障碍；（b）这一政策的作用是完全剥夺了这些儿童获得受公共资金资助的教育的机会；（c）政府排除他们的目的是为了省钱；（d）将身心障碍儿童排除在学校之外并不会合理地与省钱的目的（或与任何其他合法的州目标）相关，因为未受过教育的人们（不论是否为身心障碍）比受过教育的人们更有可能对州产生较大的财政负担；（e）将身心障碍儿童排除在公立学校之外违反了平等保护条款。

法院通过推定实体和程序两个方面的要求做出了裁决。公立学校必须接收身心障碍儿童，并向其提供适合其个人需要的充分及合适的教育服务。学校在对身心障碍学生进行分类、决定他们合适的教育安置、重新分类或改变安置时，必须遵循一定的程序。

米尔斯案和宾夕法尼亚州智障儿童协会案是全国性运动的一部分，这一运动不仅包括法律诉讼，还包括通过立法为身心障碍儿童争取更好的教育而做的政治努力。这项运动促成了三项主要为确保身心障碍儿童得到有效教育和平等对待的联邦法律。

- 1973 年《康复法》[4]，通常叫做“504 条款”、“504”或“RHA”。
- 1990 年《美国身心障碍者法》（ADA）[5]。
- 美国《身心障碍者教育法》（IDEA）[6]，最先于 1975 年通过，自那以后多次被修改和补充。《身心障碍者教育法》最先叫作《全体残疾儿童教育法》（EAHCA），有段时期也被称为《残疾人教育法》（EHA）。【256】

① State *ex rel.* Beattie v. Bd. of Educ. of Antigo，172 N. W. 153（Wis. 1919）.

② 334 F. Supp. 1257（E. D. Pa. 1971），*and* 343 F. Supp. 279（E. D. Pa. 1972）.

③ 348 F. Supp. 866（D. D. C. 1972）.

④ 29 U. S. C. § 701-796.

⑤ 42 U. S. C. § § 12101-12213.

⑥ 20 U. S. C. § § 1400-1485.

这些法律与相关的州法律以及广泛的联邦和州行政规章一起为身心障碍学生的教育提供了一个合法的框架。不过身心障碍儿童的宪法权利并未被法院完全发掘出来，因为在实践中，法律似乎更倾向于关注身心障碍儿童的父母对公共经费支持的教育服务的要求。①

尽管《身心障碍者教育法》是最著名的规范身心障碍学生教育的法律，但《康复法》和《美国身心障碍者法》也同样重要。《身心障碍者教育法》是一个附带要求的资助方案，其覆盖范围只是该法律资助的州。如果《康复法》和《美国身心障碍者法》没有规定类似的要求，州可以通过拒绝接受资助来选择避免该法律所强加的义务。② 此外，如同下一节所讨论的，《康复法》和《美国身心障碍者法》的范围在某些方面要宽于《身心障碍者教育法》，它们将范围扩展到不在《身心障碍者教育法》保护范围内的学生和其他个体，将责任强加于《身心障碍者教育法》不能涵盖的学校和某些情形，并阻止《身心障碍者教育法》范围之外基于身心障碍的歧视。不论怎样，如同7.3节所阐释的那样，作为法律事务和实践事务，《身心障碍者教育法》到目前为止仍是最有影响的管理身心障碍儿童教育的法律。

7.2 《康复法》和《美国身心障碍者法》

《康复法》的核心条款是504条款③，“其他方面都合格的身心障碍者，不能仅仅因为其残疾而在联邦财政资助的项目或活动中被拒绝参加，被拒绝受益，或受到歧视……”该法适用于所有接受联邦财政资助的公立学校和私立学校，它不仅保护身心障碍学生，也保护任何属于以下情况的个人：“（1）有身体或精神上的损伤，并且损伤实质性地限制了其一项或多项主要生命活动；（2）有过这种损伤的记录，或者（3）被认为具有这种损伤”。因此，与《身心障碍者教育法》不同，《康复法》不仅调整学校

① *But see* City of Cleburne v. Cleburne Living Ctr., 473 U. S. 432 (1985).

② N. M. Ass'n for Retarded Citizens v. New Mexico, 678 F. 2d 847 (10th Cir. 1982).

③ 29 U. S. C. § 701-796; except as otherwise noted, the discussion of RHA is based on the statutes and RHA regulations, Volume 34 C. F. R.

与符合其条件的学生之间的关系，而且也调整学校与有资格的教师及其他雇员之间的关系（参见9.6节）。【257】

在某些情形下，甚至符合条件的父母也受到《康复法》的保护。例如，第二巡回法院裁定，《康复法》要求学校在举行与失聪父母听取子女教育的学业及纪律内容相关的活动中，向其提供手语翻译，并由学区支付费用。但是，学校的义务不包括提供学校课外活动中的翻译。①

《康复法》将“主要生命活动”定义为包括“照料自己、操作手工任务、走、视、听、说、呼吸、学习和工作”。因此，与只包括当前需要特殊教育的学生的《身心障碍者教育法》不同，《康复法》保护具有更广泛的“损伤”的一系列学生，包括那些有限制生命活动损伤史的学生，甚至是那些因为受到损伤而导致智力发展迟缓的学生。例如，《康复法》针对的对象涵盖患癫痫病、身体残障或多动症（ADHD）的学生，尽管他们中的一些人根据《身心障碍者教育法》没有资格接受特殊教育。《康复法》不仅禁止具有歧视意图的行为，也禁止不是有意造成歧视影响的行为。②

《康复法》的教育方案要求总体上与《身心障碍者教育法》一致，但是细节更少。《康复法》要求必须向有资格的学生提供与其他学生一样能满足其需要的个别化教育方案。学术的与非学术的活动同样都要达到这一要求。像《身心障碍者教育法》一样，《康复法》要求身心障碍学生被充分地评估并定期复评，他们可与非残疾同辈学生一起接受最大可能范围的教育，他们的父母要参与到其子女教育方案的制定中来。就绝大部分要求而言，根据《身心障碍者教育法》有资格的学生，遵照《身心障碍者教育法》通常也符合《康复法》的教育要求。此外，《康复法》禁止在提供设施和物质方面歧视残障儿童，要求提供学校设施给身心障碍学生使用，规定教室的改装、课程的“合理通融”（例如，教学技术、考试程序），以及辅助设备设施的提供。

像《康复法》③ 一样，《美国身心障碍者法》涵盖所有具有身体或智

① Rothschild v. Grottenthaler, 907 F. 2d 286 (2d Cir. 1990).

② N. M. Ass'n for Retarded Citizens v. New Mexico, 678 F. 2d 847 (10th Cir. 1982).

③ 42 U. S. C. § § 12101-12213; except as otherwise noted, the discussion of ADA is based on the statute and ADA regulations, Volumes 28, 29, 34, & 36 C. F. R.

力损伤并实质性限制其主要生命活动的人，那些具有这类损伤记录和被认为具有这类损伤的人。《美国身心障碍者法》最基本的要求在于“任何有资格的身心障碍者，不得因其身心障碍，而被拒绝参加公共机构的项目或活动，或被拒绝从这些项目或活动中获益，或在这些项目或活动中受到歧
【258】视”。“有资格的身心障碍者”是指“一个有身心障碍的人，不论是否合理地修改了规则、政策或做法，是否排除了建筑、通信或交通障碍，或者是否提供了辅助工具和设施，都能达到接受服务或参加项目的基本合格要求”。

鉴于《康复法》只规范接受联邦财政资助的机构，《美国身心障碍者法》适用于所有“公共机构”和“公共设施场所”，这包括向公众提供商品和服务的任何公立或私立机构，实际包括所有的公立和私立学校，除了私立宗教学校被明确排除在外。在两部法律之间存在重叠的部分，《美国身心障碍者法》与《康复法》的要求一样。

在《美国身心障碍者法》的五个主要章节中，第2章与第3章直接与学生待遇有关。第2章保护身心障碍个人在诸如学校的公立机构提供的服务中免受歧视。第2章要求，必须使公立学校成为身心障碍学生可使用的，如通过修改或消除“建筑、通信或交通障碍”或“提供辅助设备设施”。第3章禁止与公众事务有关的私立机构的歧视。所有层次的私立学校，除了私立宗教学校之外都被包括在内。总的说来，《美国身心障碍者法》向公立学校项目提出了与《康复法》和《身心障碍者教育法》一样的要求，符合《康复法》和《身心障碍者教育法》要求的公立学校项目也符合《美国身心障碍者法》的要求。

《美国身心障碍者法》中关于歧视的定义较广，包括以下几类。

- 利用资格标准筛选身心障碍者使其不能获得商品、服务、场所、优待、利益和膳宿。
- 不能对政策和实践做合理修改以保障向身心障碍者提供商品、服务、场所、优待、利益和膳宿。但是，如果这些修改和调整会从根本上改变所提供的商品、服务、场所、优待、利益和膳宿，则不要求这种修改和调整。同理，只要建筑或通信障碍的消除是“容易做到的”，就要求消除。

• 不能提供辅助设备和设施以保障身心障碍者不被排除在商品、服务、场所、优待、利益和膳宿之外。

《康复法》和《美国身心障碍者法》的核心是要求身心障碍者不能仅因其身心障碍而被不同地对待。法律禁止向身心障碍学生参加课外项目或为使学校功能易于利用，如提供手语翻译等，向身心障碍家长收取额外的费用。学校不能因为学生与某身心障碍者有联系而将其排除在平等的项目之外。例如，禁止因为学生的兄弟（或姐妹）是艾滋病毒携带者而拒绝其参加运动会。

《康复法》和《美国身心障碍者法》都要求学校设施可供学生及其父母利用。然而，学校不必使其设施的每个部分都可被利用，只要其项目和活动从整体上看是易于利用的即可。而且，会根本性地改变项目、活动或导致有着过度的财政和行政负担的改造不必被采纳。实施《美国身心障碍者法》的行政规章列举了应该做出改造的类型，包括安装斜坡、重新设计厕所设施以及在座位区域提供合理数量的轮椅位置等。【259】

先是依据《康复法》提出诉讼但后来与理解两部法律都相关的两个中心问题是：什么人才算得上是身心障碍者，以及身心障碍者“除此之外有资格”指的是什么。对于第一个问题，联邦最高法院裁定，法律保护有传染病的人（如肺结核），即使这些疾病不会使他们失去活动能力，但是他们被认为具有活动能力损伤。① 下级法院将范围扩展到了患艾滋病的教师和学生。② 第四巡回法院裁定患有抑郁症的学生应包括在内，学校将其排除在课外活动之外违反了《美国身心障碍者法》。③ 另一方面，第八巡回法院裁定一名具有部分学业困难但能升级的学生不具有实际限制其学习的主要生命活动能力的损伤。尽管她的乐队教师叫她“智障”、“蠢蛋”和“白痴”，法院仍然判决证据不足以证明她有这类损伤。④ 《美国身心障碍

① Sch. Bd. of Nassau County v. Arline, 480 U. S. 273 (1987).

② Robertson v. Granite City Cmty. Unit Sch. Dist. 9, 684 F. Supp. 1002 (S. D. Ill. 1988); Doe v. Dolton Elementary Sch. Dist. No. 148, 694 F. Supp. 440 (N. D. Ill. 1988).

③ Baird *ex rel.* Baird v. Rose, 192 F. 3d 462 (4th Cir. 1999).

④ Costello v. Mitchell Pub. Sch. Dist. 79, 266 F. 3d 916 (8th Cir. 2001).

者法》特别将那些非法使用药物的人排除于其涵盖范围之外，但是，先前使用非法药物的“除此之外有资格”的个体不受排除。寻求说服法院认定自己应受《美国身心障碍者法》保护的学生必须证明他们属于法律所涵盖的种类之一。

关于哪些构成了“除此之外有资格”的个体的问题，联邦最高法院在东南社区学院诉戴维斯案①中做了阐述。该案是关于一名妇女被拒绝参加护士培训项目，因为其听力障碍阻碍了其从该项目中充分地获益或从事专业任务。法院做出了不利于该妇女的判决，认为“除此之外有资格”的身心障碍者是“尽管其具有残疾，但也能达到项目所有的要求”，而不是“除了受其残疾的限制之外，在每个方面都能达到特定项目的要求”。

【260】许多身心障碍学生试图根据《康复法》和《美国身心障碍者法》来反驳学校运动队设定的学业或其他的资格要求。然而，法院通常认为，这种资格要求是为了实现合法目的，并平等地适用于身心障碍学生和非身心障碍学生，所以并不违反该法。第六和第八巡回法院都支持了限定参加校际运动的最大年龄的规定。这项规定将部分因为身心障碍已超出正常毕业年龄的学生排除在活动之外。不论怎样，第六巡回法院认为其是基于年龄的排除而不是基于身心障碍的排除，原告如果没有身心障碍，仍然不能符合年龄的要求。② 第八巡回法院认为年龄对保证所有参加者的安全是必要的资格条件。因为原告不符合这一要求，他不是“除此之外有资格”的人，除非通过“合理的变通”使他达到这一要求。然而，放弃年龄要求已非“合理变通”，而是对运动项目的“实质改变”。③

在另一个相关问题上，第六巡回法院裁定，禁止学生在入学超过九个学期后参加体育比赛的规则并不违反《美国身心障碍者法》。该诉讼中的身心障碍学生入学已超过所允许的学期数，在这一时期中，身心障碍导致其部分时间的学业不合格。法院认为《美国身心障碍者法》并没有要求放弃这项规定，因为改变规定将实质性地改变校际体育活动。法院进一步推

---

① 442 U. S. 397（1979）.

② Sandison v. Mich. High Sch. Athletic Ass'n，64F. 3d 1026（6th Cir. 1995）.

③ Pottgen v. Mo. State High Sch. Athletic Ass'n，40 F. 3d 926（8th Cir. 1994），*rev'd on other grounds*，103 F. 3d 720（8th Cir. 1997）.

论道，改变规定从政策角度来看并不合适，因为它将鼓励延迟毕业——为了多参加体育比赛而延缓学业进步。①

在另一个案件中，第七巡回法院讨论了将学生运动员资格限制在9年级入学后的前八个学期的规则对身心障碍学生的适用。原告开始了9年级的学习，但后来因为与学习障碍相关的学业问题离开了学校。法院裁定放弃该项规定是《美国身心障碍者法》所要求的合理变通。法院认为被质疑的规定并不服务于任何学业目的，参加运动的期望实际上激励了原告提高学业成绩。而且该项规定“并未表明因体育协会年龄限定的规则而增加所提供的任何保护，它通常会限制学生运动员的体型、力量和运动成熟度”。② 在另一个相关问题上，在一项反对学校设定最低平均成绩和分数资格要求的诉讼中，一名身心障碍学生败诉。③ 而只有一只眼睛或一只肾的学生在反对学校试图将这些学生排除在身体接触性运动之外的案件中，却赢得了诉讼。④ 【261】

布鲁克哈特诉伊利诺伊州教育董事会案⑤认为，根据《康复法》，要求身心障碍学生在中学毕业之前通过最低能力测验（M. C. T.）是合法的。法院说道：

> 该案中的原告仅仅因为未达到最低能力水平的残疾学生不能通过测验而认为最低能力测试的内容具有歧视是没有根据的。改变最低能力测验的内容以适应个人无法学习测验内容的能力，这是一种实质性的修改，也是对文凭要求的“曲解”。因残疾而不能学习的学生并不一定是尽管有残疾但仍合格的学生。因此，因为不能通过最低能力测验而被拒绝授予文凭，根据《康复法》，这并不是歧视。
>
> 然而，因为测验形式或环境而使除此之外有资格的学生不能体现

① McPherson v. Mich. High Sch. Athletic Ass'n, 119 F. 3d 453 (6th Cir. 1997) (en banc).

② Washington v. Ind. High Sch. Athletic Ass'n, 181 F. 3d 840 (7th Cir. 1999).

③ Hoot v. Milan Area Sch., 853 F. Supp. 243 (E. D. Mich. 1994).

④ Grube v. Bethlehem Area Sch. Dist., 550 F. Supp. 418 (E. D. Pa. 1982); Poole v. S. Plainfield Bd. of Educ., 490 F. Supp. 948 (D. N. J. 1980); Kampmeier v. Nyquist, 553 F. 2d 296 (2d Cir. 1977).

⑤ 697 F. 2d 179 (7th Cir. 1983).

> 其事实上已达到的学习水平，可以被认为是仅仅基于残疾而做的歧视。这一点很明显……即“为了了解盲人的知识，测验必须以口头或盲文进行”（《康复法》）……要求做出管理上的修改使原告的残疾对……测验产生的影响最小化。

布鲁克哈特案很好地阐释了“除此之外有资格”和“合理变通”的含义。免除身心障碍学生在获得文凭之前证明其必备的知识水平将否认必需的最低能力测验的教育目的。相反，拒绝给予身心障碍学生用修改的方式来证明其必备知识的机会，是基于身心障碍的歧视。例如，应当向失聪学生提供书面或手语的而非口头的测试指导。另一个法院根据合理变通原则裁决，学区必须允许一个身心障碍学生将其导盲犬带入校内。①

伯科维奇诉鲍德温联合学校案②是有关私立学校一名严重调皮捣蛋的6年级学生的。学校在做了大量变通尝试和学生行为矫正的努力并且都失败后试图开除这名学生。学生的父母诉称根据《美国身心障碍者法》，开除学生是不被允许的，因为心理学家诊断该儿童患了注意力缺乏多动症。父
【262】母争论道，除了由身心障碍引起的行为，该生是“除此之外有资格”参与学校教育方案的人，而且合理变通原则要求对适用于该生的行为准则做大量修改。然而，第一巡回法院不同意这两个方面的观点，认为该儿童不是除此之外有资格的学生，因为他在学校甚至做了合理变通之后仍不能达到学校的行为要求。其所要求的对行为准则的修改相当于对“学校基本要求的重大改变”。《美国身心障碍者法》不要求“学校在破坏性和不良行为损害了其他学生的教育过程并严重地浪费了教师和其他学生的资源时，为了容忍这种行为而取消其一般行为准则”。

学区被要求制定和公布申诉程序来处理被认为违反了《康复法》的案件。个人也可以在所声称的歧视行为发生的180天以内向教育部提出针对学区的申诉。教育部将对申诉进行调查，假如发现其有违法行为，学区必须纠正违法行为，否则其有失去所有联邦资金的危险。个人也可以以侵犯

① Sullivan v. Vallejo City United Sch. Dist., 731 F. Supp. 947 (E. D. Cal. 1990).
② 133 F. 3d 141 (1st Cir. 1998).

了《康复法》[1] 或《美国身心障碍者法》权利为由提出金钱损害赔偿，但不能要求惩罚性赔偿[2]。根据两部法律中的任何一部获得胜诉的原告也可以得到律师费。《美国身心障碍者法》还禁止报复、干涉、诱骗或恐吓根据法律主张权利，协助调查违法行为，或者在根据法律提出诉讼的程序中作证的个人。

7.3 《身心障碍者教育法》

在《康复法》已经有效地进一步确定学校对身心障碍儿童的义务并帮助负担学生部分教育费用的同时，国会通过了《身心障碍者教育法》的第一版。[3]《身心障碍者教育法》是一个资助方案，对选择参加向身心障碍儿童提供教育的州——现在是所有州——提供经费。根据《身心障碍者教育法》，为了达到接受联邦资金的要求，州必须制订计划，为所有身心障碍儿童提供"免费且适当的公共教育，该教育强调特殊教育以及提供满足他们独特需要的相关设施"。这个计划必须包括向地方学区分配资金的制度和遵守法律所表述的方案要求及实施规定。反过来，每个地方学区必须向州提交申请，说明它将如何达到《身心障碍者教育法》的要求。

《身心障碍者教育法》的一个基本规定是所有身心障碍儿童都必须接受免费且适当的公共教育（FAPE）。免费且适当的公共教育是指"提供符合儿童个别化教育方案（IEP）需要的、受公众无偿监督和指导的、由公共费用承担的特殊教育和相关设施"。免费且适当的公共教育要求扩展到 【263】
选择进入公立学校、宗教或其他私立学校、特许学校或者在家教育的所有身心障碍学生，甚至包括已被学校停学或开除的身心障碍学生。《身心障碍者教育法》主要是一项儿童权利法律：身心障碍儿童必须接受免费且适当的教育，不论其父母是否同意其接受。《身心障碍者教育法》同时赋予身心障碍儿童的父母权利，使其有权参与制定与其子女有关的决定，查阅

① Pandazides v. Va. Bd. of Educ., 13 F. 3d 823 (4th Cir. 1994).

② Moreno v. Consol. R. R. Corp., 99 F. 3d 782 (6th Cir. 1996).

③ 20 U. S. C. § § 1400-1485; except as otherwise noted, the discussion of IDEA is based on the statute and IDEA regulations, Volume 34 C. F. R.

其子女的所有记录。

鉴定、评估与分类

《身心障碍者教育法》要求必须为由多学科综合小组确定符合13种具体身心障碍中的一种或多种身心障碍标准，并“因此”需要特殊教育和相关服务的3—21岁儿童提供服务。身心障碍的种类包括：自闭症、耳聋、聋盲、听力缺损、智力迟缓、多种障碍、整形损伤、其他健康损伤、严重的情绪失调、特殊的学习障碍、言语或语言损伤、脑外伤、视觉损伤。《身心障碍者教育法》也允许学区为3—9岁患身体、认知、交流、社交、情绪或适应发展迟缓并由此需要特殊教育及相关服务的学生提供服务。该法提供了广泛的学习障碍的定义，其实施规定提供了另外的智力迟缓、其他健康损伤、自闭症、脑损伤的定义。州在根据自己的成文法和行政规章适用这些定义时有一定的自由度。因此，《身心障碍者教育法》的资格标准在州与州之间会有所不同。①

《身心障碍者教育法》要求州和地方教育机构确定、鉴别和评估身心障碍学生，甚至那些从未进入公立学校的儿童。评估应尽早完成，以便有足够时间在学年开始时确定个别化教育方案。如果一名可能或明显是身心障碍的儿童一开始申请公立学校，该儿童——取得父母同意——一般会被安置到普通的公立学校方案中，直至完成评估。评估儿童之前，解释评估及其原因的书面通知必须送达儿童父母。通知必须使用父母的本民族语言，如果父母不懂书面语言，通知必须以口头传达。教育机构必须给父母
【264】一份程序保障的副本，诸如如果父母不同意评估结果，他们有权利要求听证。父母也有权查阅与该儿童“有关的所有记录”。

学区必须寻求父母对评估的同意。如果父母不同意，父母可以与学区协商，或者学区为了继续进行评估，可以要求进行公正的听证。学区和父母都可以要求州教育机构和最终诉诸法院对听证官的决定进行复审。如果父母提出评估的要求而学区拒绝，也可以运用相似的程序。学区必须向父母提供说明不进行评估的书面通知。父母也可以要求州机构进行调解或听

---

① *See* J. D. *ex rel.* J. D. v. Pawlet Sch. Dist. , 224 F. 3d 60 (2d Cir. 2000).

证甚至是司法复审。

评估必须使用儿童的本民族语言、无种族偏见、由多学科团队做出，并设计评价广泛的技能范围，包括感觉能力、动手能力和语言能力。只有被用作评价教育领域特定需要的有效测验才能被使用。一般的智力测验和任何“单一程序都不是决定合适教育方案的唯一标准”。一系列附加要求确立了决定是否存在特定学习障碍的标准。

总的说来，评估设计的主旨必须是评价儿童的优势与不足。在评估结论上，“有资质的专家队伍和儿童父母”应该决定儿童是否有身心障碍。“如果决定性因素……是在阅读、数学或有限的英语熟练程度方面缺乏指导”，专家队伍则不能断定儿童具有身心障碍。任何被认为有身心障碍的儿童，至少3年要进行一次重新评估，如果儿童父母要求，可以进行更多次的评估。父母也有权获得独立的教育评估。如果公正听证判定学校的评估是错误的，学区必须偿还父母为进行独立评估所花的费用。

尽管有程序及保障措施，学校与父母根据《身心障碍者教育法》的标准在关于儿童是否属于身心障碍者的问题上还是可能产生分歧。杨克顿学区诉施拉姆案①涉及一名患有脑瘫的高中学生特蕾西。在特蕾西进入高中之前，她一直被认为是身心障碍者且有资格获得《身心障碍者教育法》所规定的服务。特蕾西最后的个别化教育方案（为其9年级而制订）指出，“相适应的体育教育”是特蕾西唯一的“特殊教育”。方案中的其余部分由参与非身心障碍同学的常规课堂学习构成。因为特蕾西能够完成她的常规课程学习，而且毕业也不再要求附加的体育教育，因此，学区认为，特蕾西不再需要特殊教育，而且根据《身心障碍者教育法》的定义，特蕾西不再是身心障碍学生。这就意味着她没有资格获得《身心障碍者教育法》所强制要求的向身心障碍学生提供的为高中后生活做准备的过渡服务。

然而，听证官、学区以及最终的第八巡回上诉法院都表示了不赞同。法院指出，虽然特蕾西最后的个别化教育方案特别指出“相适应的体育教育”是其唯一的“特殊教育”这一点是真实的，但这是她因其身心障碍所获得的唯一服务却不是事实。学校也向她提供了其他服务，如缩短书写作 【265】

① 93 F. 3d 1369（8th Cir. 1996）.

业，帮助她从一个教室到另一个教室，以及一系列被法院认定为特殊教育及相关服务的其他变通。因此，学区自身的行为表明，特蕾西具有《身心障碍者教育法》定义之中的身心障碍。

即使当学区和父母都同意儿童有身心障碍时，他们对身心障碍的适当分类也会不一致。在格雷戈里·K.诉朗维学区案①中，学区的评估认定格雷戈里是轻度智障，但其父母认为他是学习障碍。父母为了支持其看法，出示了由心理学家进行的独立评估，表明格雷戈里患有诵读障碍症。为了解决这个问题，法院求助于《身心障碍者教育法》规定的“特定的学习障碍”和“智障”术语的含义。法院指出，作为学习障碍一项必备的标准是“智力接近、处于或超过平均水平”。然而，看过各种智力测验的结果后，法院认为格雷戈里的智力水平太低以致不符合学习障碍的定义。因此，学区将格雷戈里分类为智障是正确的。

个别化教育方案

一旦决定儿童有资格获得《身心障碍者教育法》所要求的服务，就必须制订个别化教育方案。制订个别化教育方案的程序必须包括一次或数次由该儿童的教师、另一位有资格监督提供特殊教育的公立学校代表、该儿童的父母，以及适当时候包括儿童参加的会议。学区必须采取所有必要措施确保父母能参与制订个别化教育方案的会议，并能理解评估结果、所制订的个别化教育方案以及会上所讨论的任何事项。如果该儿童是第一次被评估，一位评估组成员或熟悉评估程序和评估结果的评估人员也必须出席会议。如果公立学校将儿童安置或建议安置到私立学校或机构，私立机构的代表也必须参加。制订个别化教育方案的队伍必须考虑影响儿童教育表现的任何特殊情况，诸如行为问题或有限的英语熟练程度。个别化教育方案至少每一年以同样的程序审查一次并且要尽早，以便新制订的个别化教育方案能在下学年开始时实施。审查应特别针对任何未达到的预期进步。

【266】如果父母对个别化教育方案所取得的结果不满意，他们可以要求公正的听证官、指定的州机构，甚至最终要求法院复审。学校如果未向父母提

① 811 F. 2d 1307（9th Cir. 1987）.

供有价值的机会去参与学生个别化教育方案的制订或遵循制订个别化教育方案的程序要求，都可以促使法院否决个别化教育方案。[①] 然而，如果已经适当地参与了该过程的父母提出诉讼，称不明白他们所同意的内容，那么他们不太可能获得胜诉。[②]

个别化教育方案是书面的表述，其内容包括：儿童当前的教育表现水平；年度目标和短期教育目标；所提供的特殊教育及相关服务；所提供的援助技术；该生参与学校非身心障碍学生一般项目的范围；服务开始和持续的时间；评估目标是否达到的标准、程序和日程；告知父母其儿童进展情况的计划。《身心障碍者教育法》的规定将特殊教育定义为，为满足身心障碍儿童独特需要而“专门设计的指导”，包括适当的“内容、方法或教学传递”。

特殊教育必须涵盖提供与非身心障碍学生一样的课程范围，包括艺术、音乐、家政、职业教育和体育，也包括课外活动和非学术性活动及服务，如午餐和适当的课间休息。相关服务包括交通、特殊设备如助听器和电脑，以及各种能使儿童从特殊教育中获益的其他必要辅助形式。如果有必要，个别化教育方案也包括行为干预和不迟于14岁开始的过渡服务。行为干预是为矫正阻碍儿童或其他人学习的行为而设计的方案。过渡服务是为了促进学生从学校到毕业后参与工作、高等教育和职业培训等活动平稳过渡而设计的方案。

提供“适当”的教育

个别化教育方案必须详细说明与儿童评估相一致的特殊教育方案。方案必须符合《身心障碍者教育法》中有关提供免费且适当的公立教育的基本要求。方案必须与大量可适用的联邦和州旨在实施和补充《身心障碍者教育法》的行政规章相一致。然而，即使与所有这些要求和准则一致，但什么构成了对特定的身心障碍儿童的适当教育这个问题仍然很难解决。不足为奇，考虑到实际教育预算、教学方法的不精确性以及强大的情感介

① Indep. Sch. Dist. No. 283 v. S. D., 88 F. 3d 556, 560 (8th Cir. 1996).

② Blackmon *ex rel.* Blackman v. Springfield R－Ⅻ Sch. Dist., 198 F. 3d 648 (8th Cir. 1999).

【267】 入，父母所要求的方案有时与学校提供的并不一致。在这种情形下，《身心障碍者教育法》及其规章并不总是能提供一个明确的解决方案。法院也可能被要求解决此类问题，诸如一项特定的方案或服务是否是《身心障碍者教育法》所要求的，或者一名儿童的特殊教育整体方案是否符合法律。联邦最高法院在亨德里克·赫德森中心学区董事会诉罗利案①中为判决这些问题提供了一个框架。

（267～272） 在罗利案中，艾米·罗利是一名智力超过平均水平的聋生，具有最低残余听力，有非常好的唇读能力。根据评估，学区将艾米安置在普通教室，并向她提供听力器以及非全日制的言语治疗服务和接受过专门训练的教师。在幼儿园简短的试行期内，学区认为艾米不需要全日制的手语翻译服务。艾米的父母不同意，将学校诉至法院。

地区法院首先审理了这个案件，并做出了支持父母的裁定。法院认为艾米已经较好地适应了学校，她“在班级中的表现比一般儿童更好，而且很容易地实现了升级”。不过，法院指出艾米并没有理解课堂上的大量内容，而且由于其智力，她不可能“像如果没有障碍那样学得一样多，在学业上表现得一样好”。由于艾米学习中的“不足”，法院认为学校并未尽到法律所规定的义务。法院裁定，学校必须向艾米提供“与对其他儿童提供的一样充分并能实现其潜能的机会”。在下级法院看来，法院的工作是使这一点得到确定，即学校为身心障碍儿童选择的方案是一个儿童潜能发展可能最大化的方案。

联邦最高法院对“适当的”教育的含义和法院在确保达到《身心障碍者教育法》要求中的任务进行了不同的解释，推翻了地区法院的判决，做出了支持学校的裁定。联邦最高法院指出，国会采取立法向身心障碍儿童教育提供资金的目的是提供“基本的机会”，包括“个别化的为残疾儿童提供教育利益的专门指导及相关服务”。换句话说，法律并不要求身心障碍儿童的方案使其潜能最大限度地发挥，甚或被提供与其他儿童一样的教育利益，而只要提供“对身心障碍儿童的某

① Supreme Court of the United States，1982，458 U. S. 176. ——译者注

种教育权益”。在该案中像艾米这样的儿童，接受了“专门的指导和相关服务”，而且“在公立学校的常规班级表现超过了平均水平”。联邦最高法院认为很明显学校满足了“提供某种教育利益”的要求。

罗利案的裁定与联邦最高法院的以下观点一致，即“制订符合身心障碍儿童要求的教育方案、选择最适合儿童需要的教育方法的基本责任，根据《身心障碍者教育法》，应由州和地方教育机构与儿童父母或监护人合作承担”。因此，包括联邦最高法院在内的所有法院，都“必须谨慎地避免将自己喜欢的教育方法”强加给学校。这只是大量案件中的一件，在这些案件中，联邦最高法院警告所有法院不要用自己的判断代替专业教育者和政策制定者的判断。

罗利案提供了裁定许多关于适当教育构成的争议的根据。罗利案使这 【272】
一点变得很清楚，即《身心障碍者教育法》并不要求身心障碍儿童被提供所有可能使其获益的服务，或者其父母可以要求的任何或所有服务。稍后的一些案件将罗利案理解为，如果方案提供了“重要利益”或者儿童从方案中获得了比“仅仅最小的利益”更多的利益，那么该名儿童的方案就是合适的。① 学区承担着证明其方案是可受益的举证责任。② 第三巡回法院认为，如果方案极有可能促成教育进步，而不是“退步或微小的……进步”，那么方案即提供了被要求的重要利益。第三巡回法院还认为儿童“未被发掘的潜能”在评估是否提供了适当的教育中可能是一个因素。③ 在罗利案中，联邦最高法院将艾米·罗利的学业成绩记录视为方案具有重要利益的证据。在其他案件中，法院可以根据教师和其他专业人员的证言来裁定儿童是否取得了教育进步。④

---

① Polk v. Central Susquehanna Indep. Unit 16, 853 F. 2d 171 (3d Cir. 1988); Mrs. B. v. Milford Bd. of Educ., 103 F. 3d 1114 (2d Cir. 1997); Hall v. Vance County Bd. of Educ., 774 F. 2d 629 (4th Cir. 1985).

② Bd. of Educ. v. Diamond, 808 F. 2d 987 (3d Cir. 1986); *see also* Ridgewood Bd. of Educ. v. N. E. *ex rel.* M. E., 172 F. 3d 238 (3d Cir. 1999); M. C. *ex rel.* J. C. v. Cent. Reg'l Sch., 81 F. 3d 389 (3d Cir. 1996).

③ M. C. *ex rel.* J. C. v. Cent. Reg'l Sch., 81 F. 3d 389 (3d Cir. 1996).

④ Cypress-Fairbanks Intermediate Sch. Dist. v. Michael F., 118 F. 3d 245 (5th Cir. 1997).

罗利案提出了判定构成身心障碍儿童适当教育的最低标准。有些州的成文法和行政规章规定了比联邦法律更高的标准。联邦和州的法院都主张
【273】在这些州的学校适用更高的标准。①《不让一个孩子掉队法》也对身心障碍学生规定了比罗利案更高的学业标准（参见3.7节）。

将适当的教育定义为提供使身心障碍儿童受益的重要机会，由此产生了一个问题，即是否存在这样一些身心障碍儿童，为他们提供适当的教育是不可能的？是否会有儿童的身心障碍如此严重，以至于没有教育方案可能使他们获益？如果是这样，《身心障碍者教育法》是否允许学校拒绝向身心障碍儿童提供服务？第一巡回法院在蒂莫西·W.诉罗彻斯特学区案②中讨论了这些问题。一个下级法院裁定蒂莫西，一名患有"严重智障和多重残疾的儿童"，不具有接受《身心障碍者教育法》规定的服务的资格，因为他不能从特殊教育中获益。原告的专家认为尽管其身心障碍严重，但蒂莫西可能会从一定种类的刺激、治疗和培训中获益，而且根据《身心障碍者教育法》，学区被要求提供这些服务。第一巡回法院判决支持蒂莫西，判决书陈述其结论如下。

> 该法［《身心障碍者教育法》］的法律语言、立法历史以及解释该法的判例法，规定所有的残疾儿童，不论其残疾的严重程度，都有权利接受公立教育。地区法院错误地将利益或资格的标准作为执行该法的前提。学区不能根据该法通过之前的广泛做法（也是促使该法通过的推动力）来逃避该法的要求，即根据他们是不可教育的而单方面地将某些残疾儿童排除在公立教育之外。
>
> 法律明确地认可，对严重残疾的儿童的教育将被宽泛地界定，它不仅包括传统的学习技巧，也包括基本的生活能力，而且这些领域中的教育方法并不是静止不变的，而是不断地演变和发展的。在提供符

① Burke County Bd. of Educ. v. Denton, 895 F. 2d 973 (4th Cir. 1990); Bd. of Educ. of E. Windsor Reg'l Sch. Dist. v. Diamond, 808 F. 2d 987, 992 (3rd Cir. 1986); David D. v. Dartmouth Sch. Comm., 775 F. 2d 411, 418 (1st Cir. 1985); *compare* O'Toole v. Olathe Dist. Sch. Unified Sch. Dist. No. 233, 144 F. 3d 692 (10th Cir. 1998); *see also* Johnson v. Ind. Sch. Dist. No. 4, 921 F. 2d 1022 (10th Cir. 1990) (holding that Kansas and Oklahoma law do not provide for a higher standard).

② 875 F. 2d 954 (1st Cir. 1989).

合每个儿童个别需要的教育方案的过程中，促进自己做出新的探索是学区的责任。学区的唯一问题是在与儿童的父母协作当中，确定什么构成了残疾儿童合适的个别化教育方案。我们强调的“合适的个别化教育方案”不能被解释为，如同学区实际所做的，“没有教育方案”……

因此，《身心障碍者教育法》并不承认存在因为严重身心障碍而不能从被宽泛定义的教育中获益的儿童。

罗利案中，法院允许当学区提供的方案确实符合了法律的要求时，学校可以避免因本可提供额外教育利益而产生的费用。另一些案件在拒绝提供没有希望带来额外教育利益的服务方面引用了罗利案。[①] 总的来说，法院允许学校选择较少费用的方案来代替可能获得更多利益但要求较多费用的方案，只要较少费用的方案符合罗利案标准。[②] 然而，如果这些服务对于学生获得教育利益的重要机会是必需的，学区被要求提供一定昂贵的服务，如住宿安置或全职的专业辅导人员等。[③] 因此，联邦最高法院在锡达·拉皮德斯社区学区诉加雷特·F. 案中裁定，学校必须向一名四肢瘫痪的学生提供全日制“一对一的护理服务”，因为如果没有这些服务该生就不能上学。法院驳回了学校认为法律不要求提供如此昂贵的服务的主张。[④] 【274】

相关服务

加雷特·F. 案中的主要问题是被要求的护理服务是否是《身心障碍者教育法》的含义中的相关服务。《身心障碍者教育法》将相关服务界定为包括：

交通，以及类似发展的、矫正的及其他支持性的服务（包括语言

① Rettig v. Kent City Sch. Dist., 788 F. 2d 328 (6th Cir. 1986); Johnson v. Lancaster-Lebanon Intermediate Unit 13, 757 F. Supp. 606 (E. D. Pa. 1991).

② Clevenger v. Oak Ridge Sch. Bd., 744 F. 2d 514 (6th Cir. 1984).

③ Johnson v. Indep. Sch. Dist. No. 4, 921 F. 2d 1022 (10th Cir. 1990).

④ 526 U. S. 66 (1999).

病理治疗与听觉治疗服务，心理治疗服务，体育与职业疗法，休闲，含休闲治疗，社会工作服务，咨询服务，含康复咨询，适应和行走服务，医疗服务，只是这些医疗服务仅可用于诊断和评估目的），这些服务被要求用来支持身心障碍儿童从特殊教育中获益，此外还有对儿童身心障碍状态的早期鉴定和评价。

相关服务可以包括辅助性技术设备和辅助性技术服务。**辅助性技术设备**在规定中被定义为用来“增强、维持或提高身心障碍儿童实际能力”的装置或产品，例如助听器或电脑。**辅助性技术服务**是指帮助儿童选择、获取或使用辅助性技术的服务，如在使用电脑方面训练身心障碍儿童。相关服务是一个很广的概念，几乎包括所有能帮助身心障碍儿童从特殊教育中获益的必要服务。

【275】联邦最高法院在欧文独立学区诉塔特罗案①中提供了判决像加雷特·F. 之类案件的框架。该案的问题是，是否应该要求学区向学生提供清洁的间歇性导尿（CIC）服务，即“将干净的导管插入尿道以疏通膀胱的程序”。为了判决这个案件，法院为裁定学校是否有义务提供“残疾学生的健康与教育两方面需要的相关服务”制定了三个准则。第一，这种服务必须只提供给需要特殊教育的儿童。第二，只要是使儿童从特殊教育中获益所必需的，就必须提供这种服务。因此，“如果在学日之外可以向残疾儿童施以特定的医疗或治疗，那么就不要求学校向其提供护理服务”。第三，必须提供可以由护士或其他有资格的人实施的服务，但是必须由医生来实施的服务则不要求被提供。甚至如果医生不必实际在场且已经符合其他准则，则必须提供医生开药方或诊断的服务。因此，法院将这些准则运用于塔特罗案，裁定学校有义务提供清洁的间歇性导尿服务。该生需要特殊教育，而没有这项服务他就不能上学，而且清洁的间歇性导尿可以由护士或受过培训的外行人士来操作。

相同的推理导致了这一判决，即加雷特·F. 案中要求非常昂贵的护理服务也是由《身心障碍者教育法》所要求的。加雷特需要受过较高层次的

① 468 U. S. 883（1984）.

医疗培训和有技巧的人连续监控及经常地介入，这一点并不能免除学区为加雷特·F. 提供从学校获益的必要服务的义务。但是，需要医生在场的支持性医疗服务并不要求被提供，因为它们超过了受过培训的护士的能力。①《身心障碍者教育法》规定，如果这种服务对于“决定儿童是否因为与医学相关的身心障碍而需要特殊教育”是必需的，那么必须要求提供诊断和评估所需的医疗服务，即使这些医疗服务需要有执照的医生。此外，法院在心理治疗是被排斥的医疗服务还是受支持的心理治疗服务的问题上，意见仍有分歧。②

在巴特勒诉埃文斯案③中，第七巡回法院裁定，父母无权获得其女儿在精神病医院期间接受医疗、心理治疗和教育服务所花费用的补偿。该儿童名叫妮基，被诊断患有“智力混乱，需要长期教育和居所为封闭式建筑结构的保护性安置”。法院认为妮基的情况与加雷特不同。

> 妮基的住院治疗并不是试图给她接受公立教育的重要机会，或者表明她在普通学校环境中对特殊教育的需要。这不是身心障碍学生需要医疗帮助来维持在普通学校学习的案件。妮基被托付在心理医院。妮基在住院时可能需要继续接受学业任务和辅导，但是教育不是她住院的目的。与加雷特·F. 案中的在校护理不一样，妮基住院治疗本身是必要的，并不是允许她入学或接受教育所必需的特殊交通。 【276】

交通，与任何相关服务一样也必须被提供，只要这是身心障碍儿童从教育中获益必需范围内的。④ 在一个案件中，一名与有听力的儿童一样能使用相同交通服务的聋童，被拒绝提供由公共财政资助的到私立学校的交

① Detsel v. Bd. of Educ., 637 F. Supp. 1022 (N. D. N. Y. 1986), *aff'd*, 820 F. 2d 587 (2d Cir. 1987) (per curiam).

② *See* Max M. v. Thompson, 592 F. Supp. 1450 (N. D. Ill. 1984) (supportive psychological service); McKenzie v. Jefferson, 566 F. Supp. 404 (D. D. C. 1983) (excluded medical service).

③ 225 F. 3d 887 (7th Cir. 2000).

④ *See* Hurry v. Jones, 734 F. 2d 879 (1st Cir. 1984); Alamo Heights Indep. Sch. Dist. v. State Bd. of Educ., 790 F. 2d 1153 (5th Cir. 1986).

通服务。① 然而，在另一个案件中，交通服务被要求提供给一名需要从气管造口管吸入空气和在交通中需要轮椅复位的儿童。② 另一个法院要求学区向一名身心障碍儿童在接受特殊教育服务的公立学校与教会学校之间提供交通服务，并裁定这一要求并未违反不得确立国教条款。③

最少限制的环境和安置问题

《身心障碍者教育法》要求，提供给身心障碍儿童的免费且适当的公共教育要符合最少限制环境（LRE）的要求，也称为**回归主流**，身心障碍儿童必须与非身心障碍儿童一起接受“最大程度的合适的”教育，而且只有当“身心障碍的性质或严重性使得运用辅助设备和服务在普通班级中接受教育也不能达到满意的效果”的情况下，特殊班级、学校或专门机构才能被采用。儿童必须被安置在离家“尽可能近”的地方。为达到这些要求，学区必须维持一系列可能的替代装置，包括普通教育教室、特殊课程、资源教室、特殊学校、家庭指导和专门机构。《身心障碍者教育法》要求个别化教育方案中包括“对该儿童不能在常规班级中与无身心障碍学生一起参与的范围”的解释。

有些学校采取“全纳”或“完全全纳”政策，意指所有或大多数身心
【277】障碍儿童全部或大部分时间在普通教育教室中接受教育。但是，《身心障碍者教育法》并未强制规定全纳教育，而且事实上要求如果普通教室不能提供合适的教育，应提供特殊的安置。

父母与学校对最少限制的环境问题产生的争议很普遍。有时候学校主张特殊安置，而父母却倾向于在普通教室中接受教育，而有时候情况正好相反。创设最少限制的环境的假设赞成普通教室中的教育。如果证明在普通教室的教育并未向特定的学生提供任何有意义的教育利益，或者身心障碍学生如此具有破坏性以致严重地影响了其他学生接受教育，该假定则可以被推翻。发生更多的争议案件是由于出现了两种方式都能提供教育利益的情况，其中一种方式能提供更多的利益或一种方式能提供更多的利益却

① McNair v. Oak Hills Local Sch. Dist., 872 F. 2d 153 (6th Cir. 1989).

② Macomb County Intermediate Sch. Dist. v. Joshua S., 715 F. Supp. 824 (E. D. Mich. 1989).

③ Felter v. Cape Girardeau Pub. Sch. Dist., 810 F. Supp. 1062 (E. D. Mo. 1993).

要花费更多。另一个普遍的问题是怎样平衡班级安置方面潜在的更大的学业利益与回归主流可能带来的更多的社会利益。

> 在丹尼尔·R. R. 诉州教育董事会案①中，第五巡回法院判决，学生有关最少限制的环境的权利没有被侵犯，在父母的要求下他被安置在特殊的班级而没有被安置在普通班级。法院的决定是建立在事实基础上的，丹尼尔在普通班级没有得到教育利益，尽管学校已经试图为其提供适当修改的方案，而且他出现在普通班级对其他学生的教育是明显有害的。 (277~282)

丹尼尔案解释了第五巡回法院关于何为最少限制的环境的要求。第三和第十一巡回法院都采纳了相关的方法处理关于最少限制的环境的争论。②尽管如此，正如其观点所指出的，其他的法院给予了不同的阐释。第六巡回法院在洛克诉沃尔特案③中解释了它的方法。 【282】

> 在一个隔离设施被认为是较好的案件中，法院必须判定，使安置变得更好的服务在非隔离设施中是否可以提供。如果可以提供，在隔离学校的安置根据该法是不合适的。用这种方式处理这一问题符合回归主流的倾向，但同时仍然需要认识到有些残疾儿童必须在隔离的设施中受教育……因为任何从回归主流中获得的边际利益要远轻于从非隔离安置设施提供的服务中获得的利益。成本是考虑的一个重要因素，因为对一个残疾儿童的过度花费会剥夺其他残疾儿童的费用。

第九巡回法院采取了一项包括四方面因素的平衡检验。

---

① United States Court of Appeals for Fifth Circuit, 1989, 874 F. 2d 1036. ——译者注

② Oberti v. Board of Educ. of Clementon Sch. Dist., 995 F. 2d 1204 (3d Cir. 1993); Greer v. Rome City Sch. Dist., 950 F. 2d 688 (11th Cir. 1991), *opinion withdrawn and remanded*, 956 F. 2d 1025 (11th Cir. 1992).

③ 700 F. 2d 1058 (6th Cir. 1983).

1. 在具有辅助设备和服务的普通教育教室中可获得的教育利益，与在更多限制环境中可获得的教育利益的比较。

【283】 2. 普通教室的非学业利益与更多限制环境的非学业利益的比较。

3. 身心障碍儿童出现在普通教室对教师和其他学生的影响。

4. 安置在普通教育教室中的费用（与更多限制环境相比既可能更高，也可能更低）。

学区承担证明其根据以上四方面因素所选择的安置的合适性的举证责任。① 第四巡回法院认为如果普通教室的安置不能实现教育利益，从普通教室安置中获得的边际利益将大大低于在更多限制环境中获得的利益，或者学生在普通教室太具有破坏性，并不要求回归主流。法院指出，根据《身心障碍者教育法》，社会利益的重要性次于学业利益。②

寄宿安置

在最具有争议的安置判决中涉及的是这一问题，即是否将儿童安置在寄宿机构。寄宿安置既是具有最多限制性的，通常也是最昂贵的选择。然而，《身心障碍者教育法》特别规定："如果一个……寄宿安置方案是向身心障碍儿童提供特殊教育和相关服务所必需的，该方案，包括非医疗的和住宿的以及伙食的费用，不得向该儿童父母收费。"③ 一个法院探讨了这一问题，即是否要求为重度肢体和智力障碍的儿童提供寄宿安置应通过考察"全时安置是否被认为对教育目的来说是必要的，或者寄宿安置是否是对医学、社会或情感问题的回应"来判定。如果被送进专门机构是儿童获得教育利益的唯一方式，即使安置中需要提供非教育服务，寄宿安置的所有费用也必须由州或地方学区来支付。法院命令向该儿童提供住宿安置，因为若没有密切的全时监管，该儿童不能受到教育。④

在情绪紊乱儿童要求寄宿安置的案件中，法院考虑了这种安置是否是

---

① Sacramento City Unified Sch. Dist. Bd. of Educ. v. Rachel H., 14 F. 3d 1398 (9th Cir. 1994).

② Hartmann v. Loudoun County Bd. of Educ., 118 F. 3d 996 (4th Cir. 1997).

③ *See In re* Drew P. v. Clark County Sch. Dist., 877 F. 2d 927 (11th Cir. 1989).

④ Kruelle v. New Castle County Sch. Dist., 642 F. 2d 687 (3d Cir. 1981).

满足教育需要所必需的，该机构是否是医院或是被认可的教育机构，提供的计划是否由医生或教育者制订，方案的强度，以及相对于非寄宿安置教育计划的费用。① 甚至当寄宿安置的主要目标是培训基本的生活技能，如使用刀叉、穿衣及使用厕所时，法院都要求学校承担安置费用，除非在非寄宿安置环境中也能提供合适的教育。② 第三巡回法院认为这是一个关于“全时安置是否被认为是教育目的所必需的，或者寄宿安置是否是对医学、社会或情绪问题的反应”的问题。如果寄宿安置是“满足残疾儿童独特需要的……专门制订的教育……的一部分或一小部分”，则学校必须为其支付费用。③ 【284】

第七巡回法院运用这一方法，判决学区不必偿还父母将具有日趋严重的犯罪记录的破坏性的儿童安置在专门处理这类儿童的寄宿学校的费用。法院认为，禁闭在寄宿学校不是教育所必需的，而主要是使其不用进入监狱。④

> 用另外一种方式进行处理是因为戴尔的问题主要不是教育的问题。他有作为一个学生的很好的学习智力，而且没有如诵读障碍症等阻碍他运用智力获得教育的认识上的缺陷或混乱，他就不需要特殊帮助。他的问题是缺少合适的社会化，其结果是，尽管他还年幼，却有相当多的犯罪记录。他滥用药物阻碍了自己的学业，确实如此，而且还阻碍了除此之外更多的东西，例如遵守法律和避免犯罪的能力。

第六巡回法院认为，只有在比较两种都符合罗利案标准的选择时，才会考虑费用。但是，如果某个特定方案或服务是确保儿童获得免费且适当的教育所必需的，则不考虑费用。因此，在一个案件中，法院命令提供一

① Taylor v. Honig, 910 F. 2d 627 (9th Cir. 1990); Clovis Unified Sch. Dist. v. Cal. Office of Admin. Hearings, 903 F. 2d 635 (9th Cir. 1990).

② Abrahamson v. Hershman, 701 F. 2d 233 (1st Cir. 1983); Battle v. Pennsylvania, 629 F. 2d 269 (3d Cir. 1980).

③ Kruelle v. New Castle County Sch. Dist., 642 F. 2d 687 (3d Cir. 1981).

④ Dale M. *ex rel.* Alice M. v. Bd. of Educ. of Bradley-Bourbonnais High Sch. Dist. No. 307, 237 F. 3d 813 (7th Cir. 2001); *see also* Butler v. Evans, 225 F. 3d 887 (7th Cir. 2000).

项1984年时每年8.8万美元的寄宿安置。① 如果该安置是获得教育利益所必需的，甚至命令一年到头的以公共财政支付的安置。② 但是，《身心障碍者教育法》不要求州或地方学区为完全出于非教育目的的寄宿安置支付费用，例如，将一名昏迷的儿童安置在医院里。③ 当儿童被安置在寄宿机构中时，不论该机构是公立的还是私立的，儿童居住的学区继续有责任监督其实施个别化教育方案和做出重新评估。

【285】 身心障碍学生和私立学校

如果私立学校学生根据《身心障碍者教育法》有资格获得服务，公共学区可做出自己的选择，要么在公立学校提供合适的特殊教育，要么如果州法律许可，支付私立学校所提供的服务的费用。④ 私立学校提供给身心障碍学生的服务在质量上必须与公立学校提供的服务相当。州政府可以将家庭学校视为符合《身心障碍者教育法》的私立学校。⑤ 如果学区能够使公立学校为身心障碍儿童提供免费且适当的公共教育，但是父母选择将儿童安置在私立学校，学区则不必承担儿童的学费或与儿童身心障碍有关的特殊费用。⑥ 不过，如果私立机构是为了提供合适的教育所必需的，学区必须支付该儿童的教育费用。如果父母将身心障碍儿童安置在私立学校是由于他们不相信公立学校提出的安置是合适的，而且父母的观点最终被听证官或法院所支持，公立学校必须偿还父母支付的私立学校学费以及交通等相关费用。⑦

联邦最高法院裁定，向教会学校的聋生提供手语翻译并不违反不得确

---

① Clevenger v. Oak Ridge Sch. Bd., 744 F. 2d 514 (6th Cir. 1984).

② Alamo Heights Indep. Sch. Dist. v. State Bd. of Educ., 790 F. 2d 1153 (5th Cir. 1986); Helms v. Indep. Sch. Dist. No. 3 of Broken Arrow, 750 F. 2d 820 (10th Cir. 1984).

③ Parks v. Pavkovic, 753 F. 2d 1397 (7th Cir. 1985) (dictum); Abrahamson v. Hershman, 701 F. 2d 223 (1st Cir. 1983) (dictum).

④ KDM *ex rel.* WJM v. Reedsport Sch. Dist., 196 F. 3d 1046 (9th Cir. 1999), *reh'g denied*, 210 F. 3d 1098 (9th Cir. 2000); Jasa v. Millard Pub. Sch. Dist. No. 17, 206 F. 3d 813 (8th Cir. 2000).

⑤ Hooks v. Clark County Sch. Dist., 228 F. 3d 1036 (9th Cir. 2000).

⑥ Cefalu v. East Baton Rouge Parish Sch. Bd., 117 F. 3d 231 (5th Cir. 1997).

⑦ Burlington Sch. Comm. of Burlington v. Dep't. of Educ. of Mass., 471 U. S. 359 (1985); *see also* Florence County Sch. Dist. Four v. Carter, 510 U. S. 7 (1993).

立国教条款。[1] 同样，公立学校向教会学校学生提供个别化教育计划所指定的相关服务，也可能是被允许的。[2] 但是，是否允许公共学区承担儿童在宗教学校的学费，即使是在学校有特殊设备向儿童提供合适的教育的情况下，仍存在疑问。公立学校有责任监管和重新评估被安置在私立学校的身心障碍学生。

安置的改变和对身心障碍学生的惩戒

对于哪些构成了身心障碍学生的“安置的改变”这个问题，许多法院进行了讨论，并得出了几种不同的定义。第二巡回法院认为，当“儿童注册的基本教育方案发生变化而不仅仅是方案自身发生变化”时则发生安置的改变。因此，在相关父母诉纽约市教育董事会案[3]中，法院裁定，当一所学校关闭后学生被转换到另一个类似的且较少革新的方案中时，安置并未发生改变。第六巡回法院认为，当修改的教育方案“没有参照原来的个别化教育方案中的安排”时，安置即发生了改变。[4] 第三巡回法院认为，这个问题必须根据“安置改变的决定是否以某种重要方式影响了学生的学习经验”，因此，法院认为儿童如何被送到学校的改变不是安置的改变。[5] 【286】

无论怎样定义安置的改变，《身心障碍者教育法》要求在安置改变产生之前通知父母。反对改变安置建议的父母可以进行协商或要求公正的听证，并提出**维持现状**的要求。维持现状的要求是指在公正的听证以及任何随后的申诉期间维持原来的状态。除非学校和父母都同意，否则儿童必须被留在目前的教育安置中，即使有一方认为根据法律这不是“适当的”安置。当前的安置是否适当经常是在讨论中争议的主题。如果任何一方想在申诉程序结束之前暂时改变当前的安置，这一方必须到法院实现变化[6]；公共学区必须承担申诉结果得出之前的当前安置的费用，即使当前的安置

① Zobrest v. Catalina Foothills Sch. Dist., 509 U. S. 1 (1993).

② *See* Agostini v. Felton, 521 U. S. 203 (1997).

③ 629 F. 2d 751 (2d Cir. 1980).

④ Tilton v. Jefferson County Bd. of Educ., 705 F. 2d 800 (6th Cir. 1983).

⑤ DeLeon v. Susquehanna Cmty Sch. Dist., 747 F. 2d 149 (3d Cir. 1984); *see also* Weil v. Bd. of Elementary & Secondary Educ., 931 F. 2d 1069 (5th Cir. 1991).

⑥ Doe v. Brookline Sch. Comm., 722 F. 2d 910 (1st Cir. 1983).

是在私人设施中①。

有时判定当前的安置并不困难。如果儿童在学校或处于安置方案中，是因为父母和学校一致同意的个别化教育方案或法院的命令，或者如果儿童的安置是先于《身心障碍者教育法》的评估和安置之前的安置，这就是当前的安置。但是，有时父母在与学校管理者产生争议的过程中，单方面将儿童送到了私立学校。此时问题就产生了：在没有做出最终争议结论之前，安置在私立学校是否是当前的安置。如果法院认为父母有单方面做出改变的合法理由，它可以被认为是当前的安置——举个例子，如果学校不正当地延迟制订个别化教育方案。② 如果后来裁定公立学校的安置是不合适的，父母有权获得私立学校费用的补偿。要获得补偿权，父母必须及时通知学区在私立学校的安置以及将儿童转走的原因。

如果具有个别化教育方案的儿童跟随父母从一个州到另一个州，新的
【287】州是否必须实施原来州的个别化教育方案？在第三巡回法院审理的迈克尔·C.诉拉德诺镇学区案③中产生了这一问题，该案中原告认为维持现状要求实施原来的个别化教育方案。迈克尔的个别化教育方案将其安置在其家庭先前居住地附近的寄宿学校。他认为他现在所居住的州在决定新的个别化教育方案的程序结束之前，也应将他安置在相当的寄宿学校。法院驳回了他的观点，认为在没有审查该个别化教育方案与本州的法律及政策是否相符合的情况下，难以相信国会打算以维持原状的规定要求本州去实施一个在其他州制订的个别化教育方案。

有时候学校由于惩戒原因希望修改儿童的个别化教育方案。身心障碍儿童的惩戒产生了很多问题，包括：各种惩戒是否构成了“安置的改变”；儿童能否因为惩戒原因而被开除；惩戒身心障碍儿童必须遵循什么程序；在惩戒程序结束之前，儿童被安置在哪里才是“维持现状”；如果一名破坏性儿童威胁到其他人，一般要求是否可以有例外。

由于这些问题根据《身心障碍者教育法》的早期版本产生了大量的争

---

① Saleh v. District of Columbia, 660 F. Supp. 212 (D. D. C. 1987).

② Cochran v. District of Columbia, 660 F. Supp. 314 (D. D. C. 1987).

③ 202 F. 3d 642 (3d Cir. 2000).

议和诉讼①，《身心障碍者教育法》1997年版本的目标之一是阐明有关惩戒身心障碍学生的规定。该法律试图达到《身心障碍者教育法》的基本原则，即在保证所有身心障碍儿童有资格获得免费且适当的公立教育与维持学校秩序和安全的需要之间达成平衡。在这一次起草中，国会再一次启动程序重新批准了《身心障碍者教育法》，有关惩戒身心障碍学生的规定可能再一次被修改。

这些规定适用于具有个别化教育方案的身心障碍学生和未被确认有资格获得特殊教育的儿童，如果学区"已经了解……该儿童在发生惩戒行为之前就是一名身心障碍儿童"。如果父母（书面）或教师向学区管理者说明了儿童可能具有身心障碍，如果父母因为可能的身心障碍要求评估儿童，或者儿童的行为或表现说明了存在身心障碍的可能性，那么学区就被认为已经了解儿童的身心障碍，例如，在一个案件中，学校被认为已经知道学生具有身心障碍，因为学生在前一年的所有课程中均不合格，而且学生的健康记录中有表明她正在接受注意力缺失紊乱症治疗的信息。②

如果学区没有了解某儿童具有身心障碍的根据，或者如果学区已经进行了评估，认为该儿童不具有身心障碍，那么学区就可以像惩戒其他儿童一样惩戒该儿童。如果当该儿童被惩戒时提出初次评估要求，则学区必须 【288】 迅速地进行评估，该儿童由学校当局决定维持在当前安置中。如果评估发现该儿童具有身心障碍，学区不得以剥夺儿童免费且适当的公立教育的方式来惩戒该儿童。

对那些已经具有个别化教育方案或者学区知道其具有身心障碍的儿童，任何不改变其安置的合法形式的惩戒都可以被采用，包括口头训斥、否定特权、合理时间的留校等。对身心障碍儿童是否能使用可以对非残疾学生使用的体罚仍是一个未解决的问题。法律允许将行为不良的残疾儿童重新安置在法律所称的"短期替代教育环境"（IAES）中，包括具有更多限制的环境或在校内停学10天以下，或者不运用改变安置的程序使该生停学10天以下。

---

① *See for historical background*, Honig v. Doe, 484 U. S. 305 (1988); Doe v. Bd. of Educ. of Oak Park & River Forest High Sch. Dist. 200, 115 F. 3d 1273 (7th Cir. 1997).

② S. W. v. Holbrook Pub. Schs., 221 F. Supp. 2d 222 (D. Mass. 2002).

将身心障碍儿童从当前教育安置中移走，在以下情况下被视为安置的改变：将身心障碍儿童移走超过了连续10个上学日，或者“儿童受到一系列移走，由于一学年他们被移走累计超过了10个上学日，以及由于每次被移走的时间的长短、被移走的总时间及各次移走之间的接近程度等因素”而形成了一种模式。如果学区希望以一种构成安置改变的方式惩戒身心障碍儿童，个别化教育方案制订小组必须首先对儿童进行“功能性行为评估”，包括调查、裁定学生的不良行为是否是“身心障碍的表现”。当身心障碍儿童被以不改变安置的方式进行惩戒时，如停学10天或以下，小组必须对儿童行为进行调查。个别化教育方案制订小组的决定在父母的要求下要接受公正的听证官的复审。如果身心障碍削弱了学生理解行为影响或后果的能力，或者削弱了学生控制行为的能力，那么不良行为就会被看作学生身心障碍的表现。如果学生的个别化教育方案未被实施或者是不适当的，那么不良行为也会被认为是学生身心障碍的表现。

如果该行为是身心障碍的表现，那么涉及重新安置或开除的惩戒程序要求对安置程序的标准做出变更，包括通知父母，个别化教育方案制订小组的商议，如果可能，还应包括公正听证与法院复审。然而，如果身心障碍儿童将武器带进学校或者在学校拥有或出售非法药品，个别化教育方案制订小组可以在对其表现做出决定和改变安置的程序期间，将该生安置在短期替代教育环境中至多45天。如果学校使听证官相信，使该身心障碍学生停留在现在的安置中是危险的，那么公正的听证官也可以将该生安置在短期替代教育环境中。短期替代教育环境必须允许儿童继续参与普通课程，并接受个别化教育方案规定的服务。在短期替代教育环境中安置的10
【289】天内，学校必须对其进行功能性行为评估，并制订行为干预措施作为学生个别化教育方案的一部分。

如果身心障碍学生的不良行为被发现不是学生身心障碍的表现，学生就必须接受与非身心障碍学生同样的惩戒程序，包括长期停学。但是，身心障碍学生必须继续接受免费且适当的公立教育。这就意味着学区必须为因任何原因而被学校开除的身心障碍学生提供家庭教师或其他可选择的安排，使其拥有获得教育利益的重要机会。在校停学也必须提供获益的重要机会。

根据《身心障碍者教育法》解决争议

对于父母与学校对《身心障碍者教育法》任何方面的实体或程序上的争议，如果双方都同意调解，就进行调解。调解必须保密，父母不用承担费用，并有权从州持有的名单中选择有专业知识的个人主持。

假如双方不希望调解或者不能达成共识，任何一方都可以要求复审，首先是通过公正的听证官，然后是通过指定的州机构，最后是法院。法律没有具体指出听证官须具有的专业级别，但是“公正的”意味着听证官必须不是该学区的正式雇员，或者直接与照管该儿童有关。父母可以从以下方面要求听证：坚决要求对儿童的评估；抗议评估或个别化教育方案制订会议的程序和结果；质疑特殊教育、相关服务或方案其他内容的充分性；反对改变安置或惩戒措施；申诉父母的程序性权利受到侵犯。学区也可以要求听证，如果学区认为父母正在阻碍身心障碍儿童接受合适的教育（除了有些州不允许学区提出反对父母拒绝特殊教育初次安置的听证），学区也可以就听证官或州机构的不利决定向上一级申诉。法院通常不受理未穷尽行政听证程序的案件的起诉。

在争议中关于儿童教育方案是否合适的举证责任问题并未完全解决。《身心障碍者教育法》本身未说明学区是否必须证明其提出的方案是合适的，或者父母必须证明方案是不合适的。联邦最高法院在罗利案判决中认为，但未明确说明，学区承担向听证官证明学区的方案是“为残疾儿童提供教育利益而制订”的举证责任。大多数听证官将举证责任置于学校身上；但是，当案件诉至法院时，情况则发生了变化。在罗利案中，联邦最高法院提醒联邦法院，由于缺乏特殊教育领域的专业知识，因此应适当重视专家的决定。多数法院将这一观点解释为举证责任应由试图质疑公正听证官裁决的一方承担①，但是少数法院仍认为，举证责任仍然在学区身上，【290】

① Walczak v. Florida Union Free Sch. Dist., 142 F. 3d 119 (2d Cir. 1998); Fort Zumwalt Sch. Dist. v. Clynes, 119 F. 3d 607 (8th Cir. 1997); Clyde K. v. Puyallup Sch., 35 F. 3d 1396 (9th Cir. 1994); Roland M. v. Concord Sch. Comm., 910 F. 2d 983 (1st Cir. 1990); Kerkam v. McKenzie, 862 F. 2d 884 (D. C. Cir. 1988); Spielberg v. Henrico County Pub. Sch., 853 F. 2d 256 (4th Cir. 1988).

或者在安置争议中，仍然在提出更多限制环境的一方身上①。

如果父母在行政听证中获胜，学区必须采取听证官或州机构制订的任何措施。在法院中获胜的父母可以获得宣告性和指令性的救济，即履行法律要求的司法命令。法院也可以命令补救措施，如延长学年，作为学校不能向身心障碍儿童提供合适的教育的补救。② 此外，父母可以获得提供必要的特殊教育或相关服务的费用偿还。③ 最后，在控告学区违反《身心障碍者教育法》诉讼中获胜的父母可以获得律师费赔偿。法院也可以判决给予在行政听证中胜诉的父母律师费。④

7.4 英语语言学习者

教育者和政策制定者必须处理大量相互联系的问题以对那些不精通英语或英语水平有限的学生尽到教育与法律义务，这些学生通常被称作英语
【291】语言学习者（ELL）。其中部分问题在语言上以平等、歧视及公民权来表述。使用儿童所生活的国家的主要语言为所有儿童提供教育是公平的吗？或者使用儿童不懂的语言教他们是公平的吗？公立学校是否有道德或法律义务为英语水平有限的学生提供特别的英语熟练课程？花费比说英语的学生更多的钱在不说英语的学生身上是公平的吗？

第二个方面的问题是教育学上的。什么是帮助英语语言学习者熟练掌握英语的最有效的方法？英语应该或可以作为第二语言方案（ESL）被使用吗？在这种方法下，学生大部分时间花费在普通班里，却无法接受集中的英语教学。或者沉浸式方案作用最好吗？沉浸式的一种类型是学生在课堂里由双语教师用英语教学，但当学生用母语提问时教师仍可以理解。课

---

① Oberti v. Bd. of Educ. of Clementon Sch. Dist., 995 F.2d 1204 (3d Cir. 1993); Lascari v. Bd. of Educ. of Ramapo Indian Hills, 560 A.2d 1180 (N.J. 1989).

② Jefferson County Bd. of Educ. v. Breen, 853 F.2d 853 (11th Cir. 1988); Miener v. Missouri, 800 F.2d 749 (8th Cir. 1986); *but see* Alexopulos v. San Francisco Unified Sch. Dist., 817 F.2d 551 (9th Cir. 1987).

③ Hurry v. Jones, 734 F.2d 879 (1st Cir. 1984); Burr v. Ambach, 863 F.2d 1071 (2d Cir. 1988).

④ Eggers v. Bullitt County Sch. Dist., 854 F.2d 892 (6th Cir. 1988).

程是在不能认定学生是熟练英语掌握者的情况下来组织的。或者双语教育是最好的方式吗？在这种方式下，学生可以参加以他们母语教授的学科课程，同时获得学习英语的特别教学。

双语教育本身有不同的形式。过渡性双语方案是指采用儿童的语言进行学科内容教学，直到儿童能够在全英文式班级中学习。双语—双文化保持方案是指即使儿童在具有了熟练的英语水平之后，仍继续使用母语进行教学。这些方案旨在帮助儿童流利地使用两种语言，并同时理解自己的文化和美国的主流文化。

最后，存在一些社会、政治问题：帮助儿童熟练地掌握并保持其母语是为了他们的最大利益吗？或者这样会倾向于限制其未来生活的前途吗？类似这种决定应该由家庭、学生本人或整体社会来决定吗？双语方案导致了美国内部的语言分化，会导致政治不稳定吗？使英语成为主导语言的努力是文化和种族偏见的表现吗？如果公民仅使用一种语言或者使用多种语言，国家会更好吗？诸如怎样最好地教育英语水平有限儿童等重大的政策决定，应该由联邦政府集中行使还是留给各州或地方学区？

这些问题宽泛、复杂且缺乏一致性，因此，并不奇怪，联邦法律和政策已经混乱而且不一致。联邦的首次努力是根据 1964 年《民权法案》第 6 章，强调了英语语言学习者的公民权问题。① 在《民权法案》通过 6 年之后的 1970 年，民权办公室（OCR）在一份备忘录中解释了第 6 章禁止基于“国别出身”的歧视：“由所在学区提供的教育方案将没有能力说或听懂英语的少数国别出身族裔儿童排除在有效的参与之外的地方，为使其教学方案能向这些学生开放，学区必须采取积极的措施弥补语言缺陷。”②

民权办公室的解释并不要求将故意歧视作为违反《民权法案》第 6 章的一个必要因素，但当学校的语言政策使英语语言学习者不能有效地参与其课程时，该政策也会被裁定为违反了《民权法案》第 6 章。违反《民权法案》第 6 章的学区会失去所有的联邦资金。

1974 年，民权办公室对《民权法案》第 6 章的解释在法院中得到了检

① 42 U. S. C. § 2000 (d).

② Office for Civil Rights, Identification of Discrimination of Denial of Services on the Basis of National Origin, 35 Fed. Reg. 11, 595 (May 25, 1970).

【292】验。劳诉尼科尔斯案中的原告是学习英语语言的华裔学生，他们未得到任何特殊援助来学习英语，而且被录取到全英文教学的课堂中。原告认为缺少特别语言帮助不仅是违反了平等保护条款的民族歧视形式，也是违反了《民权法案》第6章的形式。学生的两项主张在下级法院都被驳回。第九巡回法院判决道："每一个学生在他的教育生涯的起点上部分地由于社会、经济和文化背景带来了不同的优势与劣势，而且除了学校系统的作用外，这些优势与劣势仍在产生并完全地继续。"① 简而言之，如果学习英语语言的学生没有做好准备，就不是学区的过错，且学校没有克服其语言不足的法律义务。

在审查第九巡回法院的判决时，联邦最高法院并没有强调学生的宪法主张。法院仅仅根据民权办公室对《民权法案》第6章的解释做出了支持学生的判决。法院写道："这里不存在平等地对待学生"，"仅仅向学生提供了相同的设施、教科书、教师和课程；那些没有掌握英语的学生实际上被有效地强行排除在任何有价值的教育之外"。法院说道，要求一个儿童在参与教育课程之前已经具有基本的英语技能，是对公立教育的嘲笑。按照民权办公室解释的逻辑，法院认为没有必要证实校方存在任何违反《民权法案》第6章行为的招人抱怨的动机。关于补救措施，法院写道："对其先辈不讲英语的华裔学生教授英语是一种选择。用中文给该群体提供教学是另一种选择。可能还有其他选择。"②

国会并未花多长时间来接受民权办公室和联邦最高法院的立场。1974年，在劳案被判决的同一年，国会通过了《平等教育机会法》（EEOA），其中规定："任何州不得因为教育机构未能采取适当行动克服妨碍学生平等参与其教学课程的语言障碍，而根据他或她的种族、肤色、性别或国别出身拒绝给予个人平等教育机会。"③ 无论是美国司法部长还是受到学校语言政策不利影响的学生，都有权因被拒绝了平等教育机会而提起民事诉讼，不论学校是否是故意歧视。

总之，《平等教育机会法》和《民权法案》第6章要求学校向学习英

① 483 F. 2d 791 (9th Cir. 1973), *rev'd*, 414 U. S. 563 (1974).

② Lau v. Nichols, 414 U. S. 563 (1974).

③ 20 U. S. C. § 1703 (f).

语语言的学生提供专门帮助他们克服妨碍其平等参与学校课程的语言障碍的教学。《民权法案》第6章禁止对英语学习学生故意（法律上的）歧视，【293】但不禁止非故意（事实上的）歧视，除非联邦政府制定规定将《民权法案》第6章扩展到非故意歧视（参见6.8节）。① 司法部事实上制定了一项政策指导准则文件，认为《民权法案》第6章禁止基于国别出身（包括英语水平有限）的歧视性影响（非故意歧视），因此要求接受联邦资助者（包括学校）“采取合理的措施确保学生有效获得其所提供的信息和服务”。该政策指导准则列举了在裁定采取的措施是否合理时需要考虑的因素：英语水平有限者的数量或比例，接触方案的经常性，方案的性质与重要性，以及可利用的资源。② 即使由联邦政府对《民权法案》第6章做出的解释扩大到非故意歧视，个人原告也不能根据该解释而提出诉讼要求强制执行。其强制执行权留给了联邦或者可能是州机构。③

联邦最高法院从未考虑《平等教育机会法》的实质性要求。在以下卡斯塔涅达诉皮卡德案④中，巡回法院的观点阐述了受到普遍接受的关于决定学校是否达到了《平等教育机会法》所要求的对英语语言学习者的义务的标准。⑤

> 在该案中，第五巡回法院裁定，《平等教育机会法》旨在要求学校“做出真正的和诚信的努力，与地方环境和各种资源一起补救其学生的语言不足……”法律的说法不是指任何双语教育的特别课程，而是指采取“适当的措施……来克服语言障碍”，这种语言障碍妨碍了英语语言学习儿童“在常规课程”中的“平等参与”。(293~300)

① Alexander v. Sandoval, 531 U. S. 275 (2001); Guardian Ass'n v. Civil Serv. Comm., 463 U. S. 582 (1983).

② Civil Rights Div., Dep't of Justice, 65 Fed. Reg. 50123 (August 16, 2000).

③ Alexander v. Sandoval, 532 U. S. 275 (2001).

④ *See also* Serna v. Portales Mun. Sch., 499 F. 2d 1147 (10th Cir. 1974); Rios v. Read, 480 F. Supp. 14 (E. D. N. Y. 1978); Gomez v. Ill. State Bd. of Educ. 811F. 2d 1030 (7th Cir. 1987); Flores v. Ariz., 48 F. Supp. 2d 937 (D. Ariz., 1999), *and* 172 F. Supp 2d 1225 (2000).

⑤ United States Court for the Fifth Circuit, 1981, 648 F. 2d. 989. ——译者注

【300】 卡斯塔涅达案为了裁定学校是否履行了对英语语言学习者的义务，采用了三项标准的检验来判定：

（1）学校必须采取一种“依据该领域某些专家认为合理的教育理论所确定的或至少具有合法的试验性策略”的方案；

（2）学校的实际方案和施行必须“经过合理调整以有效地推行学校所采纳的教育理论”；

（3）学校必须证明语言障碍事实上已被克服。

其他法院运用了卡斯塔涅达案的检验原则来判定违反《平等教育机会法》[①] 条款的案件。

卡斯塔涅达案解释了联邦法律允许州和地方学区决定是否提供双语教育或使用其他方式来帮助英语学习者。用于在英语学习者教育领域支持州和地方当局的联邦资助计划（英语语言习得计划、语言提高计划、《学业成就法》[②]）也采取这一立场，认为法律不应被解释为“要求州或地方教育机构制定、维持或取消任何特定的为英语水平有限儿童提供的项目”。

联邦法律也要求地方学区提供联邦资助项目。

> 不得超过学年开始后的30天，必须通知英语水平有限的儿童的父母一方或双方，该儿童被确认为参加或正在参加以下项目。
>
> （1）鉴定其子女为英语水平有限儿童的原因和安置在语言教学教育项目中的需要。
>
> （2）该儿童英语熟练水平，这种水平如何被评定，以及儿童学术成就的情况。
>
> （3）儿童参加或将参加的项目中使用的教学方法，以及在其他可利用的项目中使用的教学方法，包括这些项目在内容、教学目标、教学中英语与母语使用等方面的不同。

---

① Gomez v. Ill. State Bd. of Educ., 811 F. 2d 1030 (7th Cir. 1987); Teresa P. v. Berkeley Unified Sch. Dist., 724 F. Supp. 698 (N. D. Cal. 1989).

② 20 U. S. C. § 6845 (referring to 20 U. S. C. § 6811).

(4) 儿童参加或即将参加的项目将怎样符合教育的优势和儿童的需要。 【301】

(5) 该项目将怎样具体帮助儿童学习英语，以及为了升级和毕业而达到与年龄相应的学术成就标准。

(6) 结束该方案的具体要求，从该项目转入不为英语水平有限学生量身定制的课堂所预期的进度，依据该项目从中学毕业所预期的进度，如果将［20 USCS § §6801et seq.］条款的资金在中学用于儿童。

(7) 对于身心障碍儿童来说，该项目怎样达到个别化教育方案的目标。

(8) 有关父母权利包括如下书面指导的信息。

(A) 详述——

(ⅰ) 父母具有根据自己的要求使其子女立即离开该项目的权利；

(ⅱ) 如果可以，父母具有拒绝让其子女参加该项目或者选择其他项目或教学方法的权利。

(B) 如果合格的组织提供了一种以上的项目或方法，在这种情况下，帮助父母在众多项目和教学方法中选择。①

英语语言学习者必须被纳入《不让一个儿童掉队法》所要求的年度评估（参见3.7节）。对在美国上学连续三年以上的任何学生的评估都必须使用英语。（根据特殊情况，个别学生可以免除这项要求。）英语表达能力有限的学生的英语熟练程度也必须每年进行评估。

最近几年有一种趋势，即联邦和州机构都不提倡或提供双语教育。有几个州已经正式通过了禁止双语教育的法律和政策。1998年，加利福尼亚州的选民通过公民投票修订了《加利福尼亚州教育法典》，要求“应该用英语对加利福尼亚州公立学校的所有儿童教授英语，尤其是要求将所有儿童都安置在英语语言的课堂中”。②加利福尼亚州一般禁止学区使用双语教

① 20 U. S. C. § 7012.

② Cal. Educ. Code § 305. *See* Cal. Teachers Ass'n v. State Bd. of Educ., 271 F. 3d 1141 (9th Cir. 2001); Valeria G. v. Wilson, 12 F. Supp. 2d 1007 (N. D. Cal. 1998); *see also* Ariz. Rev. Stat. Ann. § 15-751 et. seq.

育，除了对那些按照法律规定的标准和程序获得弃权声明的儿童。① 加利福尼亚州的该法律几次险被宪法诉讼推翻。②

关于语言熟练的其他两个问题也被提出诉讼。在小马丁·路德·金小学儿童诉密歇根州教育董事会案③中，联邦地区法院发展了劳案中的分析，
【302】要求学校采取特别措施满足所谓“黑人英语”方言使用者的需要。在乔斯·P.诉安巴克案④中，另一个联邦法院裁定，未能向有身心障碍的英语语言学习者提供双语教育违反了1973年《康复法》（参见7.2节）。

7.5 按年龄和能力分类

当父母主张5岁的儿童应该被允许进入1年级或者早熟的12岁儿童应该能跳级时，父母反对按年龄分组。同样，父母也可能反对将其子女安置在特定的能力组或学业组。提出这种反对意见的父母通常认为，将其子女排除在他们想要的方案之外侵犯了其子女获得基本教育利益的权利，因此也侵犯了“法律的平等保护”权利。学校管理者回应说，年龄分组和能力分组是教育上正确的实践，提高了学校的效率，并总体上有助于最大限度地确保儿童与课程适当的匹配。

由于根据年龄和能力的差别对待不会引发使用严格检验，法院运用合理依据检验来解决这些争议。根据这种检验，原告必须证明年龄或能力分组标准并不是为了合法的目的，或者这种分类与其声称的目的毫不相关。尽管有证据表明特定情况下的能力分组在教育上并不是有效的甚至会产生反作用，原告通常也不能赢得这些诉讼。年龄和能力分组在长期的实践中作用于实现合法目的，而且尽管有相反的证据，法院也不认为对于学校管

① McLaughlin v. State Bd. of Educ., 89 Cal. Bptr. 2d 295 (Cal. Ct. App. 1999).

② Cal. Teachers Ass'n v. State Bd. of Educ., 271 F. 3d 1141 (9th Cir. 2001); Cal. Teacher's Ass'n v. State Bd. of Educ., 263 F. 3d 888 (9th Cir. 2001); Valeria G. v. Wilson, 12 F. Supp. 2d 1007 (N. D. Cal. 1998).

③ 451 F. Supp. 1324 (E. D. Mich. 1978).

④ 3 E. H. L. R. 551: 245 (E. D. N. Y. 1979).

理者而言相信这些有关分类的标准的目的是不合理的。① 主要的例外是何时将分类用于在学校内部制造隔离的项目。②

在学区被法院命令消除隔离以及分组具有保持种族隔离的影响的情况下，父母在起诉能力分组的诉讼中有最大的胜诉机会。③ 同样，如果父母能证明用于学生分组的测验和其他程序对少数族裔群体具有歧视性影响，并且证明学区正是因为这些歧视性影响而选择了该程序，那么他们也可能 【303】
胜诉。④

州法律和行政规章也可以提供以平等为由反对儿童教育安置和教育方案的根据。例如，许多州有法律强制为资优学生提供特别教育服务。根据这些法律之一，宾夕法尼亚州的父母成功地要求地方学区履行义务为资优学生提供包括阅读和数学在内的超前指导的加强方案。法院清楚地表明，学区的义务不是使学生的成就最大化，也不是培养所有“智商超过130的学生成为哈佛大学或普林斯顿大学的学生”，但是学区有义务“使其天赋在我们的设施允许的情况下充分发展”⑤。不过，法院驳回了资优儿童拥有小于州成文法规定的入学年龄的宪法或法律权利的诉称。⑥

7.6 小结

本章讨论了学生的诸多特点，这些特点表明提供与大多数学生所接受的不同的教育方案具有合理性。在所有案件中，差别对待必须符合平等保护条款的要求——也就是至少它合理地与合法的州目标相关联。在大多数

① Sandlin v. Johnson, 643 F. 2d 1027 (4th Cir. 1981); Hammond v. Marx, 406 F. Supp. 853 (D. Me. 1975).

② McNeal v. Tate County Sch. Dist., 508 F. 2d 1017 (5th Cir. 1975); Morales v. Shannon, 516 F. 2d 411 (5th Cir. 1975); Moses v. Wash. Parish Sch. Bd., 330 F. Supp. 1340 (E. D. La. 1971), *aff'd*, 456 F. 2d 1285 (5th Cir. 1972) (per curiam); Hobson v. Hansen, 269 F. Supp. 401 (D. D. C. 1967), *aff'd sub nom*, Smuck v. Hobson, 408 F. 2d 175 (D. C. Cir. 1969) (en banc).

③ McNeal v. Tate County Sch. Dist., 508 F. 2d 1017 (5th Cir. 1975); Bester v. Tuscaloosa City Bd. of Educ., 722 F. 2d 1514 (11th Cir. 1984).

④ Larry P. v. Riles, 793 F. 2d 969 (9th Cir. 1984).

⑤ Centennial Sch. Dist. v. Dep't. of Educ., 539 A. 2d 785 (Pa. 1988).

⑥ Zweifel v. Joint Dist. No. 1, 251 N. W. 2d 822 (Wis. 1977).

情形下，在本章中所讨论的根据特点进行的分类——某种身体或智力障碍、有限的英语熟练程度、年龄和智力能力——都符合这种要求。

此外，联邦成文法以及有争议的平等保护条款都要求身心障碍学生和英语熟练程度有限的学生应该接受他们可以合理预期获得利益的教育。身心障碍学生的教育由三部法律做了规定：1973 年《康复法》、《美国身心障碍者法》和《身心障碍者教育法》。前两部法律禁止基于身心障碍的歧视，最后一部法律使得遵守特定准则的州和学区能获得联邦资金。

这些法律的目的是为身心障碍儿童提供符合其个人教育需要的免费且适当的教育。学区必须在其管辖权范围内找出身心障碍儿童，向每一位身心障碍儿童提供对其优势与不足做出的非歧视的、多学科的评估，根据对每个身心障碍学生的评估为其制订包括特殊教育及相关服务的个别化教育方案，并在最少限制的环境中提供服务。身心障碍儿童必须以一种达到可
【304】测量的目标的方式接受教育。在整个过程中，必须有父母的参与以及遵守一定的程序保障。

关于对待英语熟练程度有限学生的法律并不是很多。但是，1964 年《民权法案》第 6 章和 1974 年《平等教育机会法》都要求学校采取“合理的措施”确保英语学习者不会被排斥有效地参与某课程。适当的措施可以包括由公认的教育理论支持以及能有效地帮助英语学习者学习英语的地方性的选择方案。有些州禁止使用双语教育。

年龄分组和多数形式的能力分组与分班，尽管不是出于公平考虑而强制要求的，通常能够通过以平等保护条款为由提起的诉讼的检验。主要的例外是在根据法院的命令取消种族隔离的学区中因分组或分班而导致日益增长的种族隔离。

8

学校财政

【305】

公立教育的资金主要来源于联邦政府、州政府、县和其他中间政府部门、市政府以及地方学校董事会。财政经费通过各种各样的机制来筹集，包括联邦和州的所得税、州的彩票收入、销售税和财产税以及发行债券。财政通过不同途径从上一级政府分配到地方学校董事会，其中包括专项资助（为了特定项目或目的的拨款）、分类资助（资金可能用于一系列特定目的中的任何一个）、一般政府资助（资金能够用于任何合法目的）、州对地方经费支出的补偿、直属州的服务拨款以及从市政府到地方学校董事会的转移支付。根据相关的州法律，地方学校董事会必须履行其税收职权，同时必须建立管理系统来管理其筹集到的或从其他政府部门获得的资金。一个如此复杂的涉及大笔公共资金的系统，不可避免地会出现许多法律问题，这些问题可以分为两大部分。

1. 纯粹的财政问题，大体上涉及教育的税收以及资金的利用。这一类诉讼主要涉及：关于财产税的评估和豁免；征税或预算通过的程序；当学区的地域改变或者取消时资产和债务的处置；学校财务程序；学校资金的管理；学校财产的保险、出售及安置，债券的发行及出售；负债的限定额；合同招标程序。

2. 教育的公平性和教育的充足性问题，涉及宪法和成文法授权提供服务以及机会平等。在这一类中的诉讼目前主要涉及：学区之间或学区内生均费用上的不公平；学生的学费、书本费以及课外活动费用的收取；地方学校董事会为特定目的支出费用的权力；一所学校、一个学区或一个州中所提供的教育的总体质量。【306】

本章主要关注与教育政策和实践有直接关联的财政问题。这些问题大多数会归入教育公平性和充足性这一类，但是阐述的许多原则和案例也会触及纯粹财政问题。本章以对学校财政体制进行概述开头，这对于了解后面所讨论的法律问题是必要的。

8.1 学校财政的合法视角

理解教育财政法律框架的出发点是不存在联邦宪法上的受教育权利。美国宪法没有要求联邦或州政府去运作公共教育系统或者在财政上资助父母的私立教育费用。因此，从法律意义上说，政府是否建立一个公立学校系统是自愿的。然而，一旦政府着手开始提供公立学校系统，其做法就必须遵从宪法要求。

既然在联邦宪法下政府没有义务资助教育，那么下一个问题就是政府是否有权为学校提供资金。这至少在联邦政府方面曾经是一个很有争议的问题。在理论上，联邦政府仅拥有人民通过宪法授予的指定权力。但是宪法中没有包含关于授予国会投资教育的权力或开展与教育相关的任何事务方面的规定。

虽然自从 1787 年《西北条例》颁布以来，国会已经为教育提供了某些援助，但其宪法权力直到 1936 年才得到肯定。1936 年，联邦最高法院判决指出，《联邦宪法》第 1 条第 8 款，即公共福利条款，授予国会征税的权力并用于一些宪法未具体提及的活动。① 这样，公共福利条款为国会批准的给初等和中等学校的联邦拨款项目提供了法律依据。总的说来，这些拨款的金额已经达到用于从幼儿园到 12 年级（K-12）的教育经费的大约 6%。就像在前几章所讨论的，如果地方想要得到联邦资金，就必须满足国会的要求，而国会通过这些要求对教育的某些方面产生了很大的影响。

但是州呢？各州是从哪里获得权力来进行征税并且以教育的名义予以使用的呢？这个答案可以追溯到《联邦宪法第十修正案》："本宪法未授予

---

① United States v. Butler, 297 U. S 1 (1936).

合众国、也未禁止各州行使的权力，保留给各州行使，或保留给人民行使之。”

因为没有具体授予联邦政府教育方面的权力，教育是州的保留权力之一。因此，各州自然具有征税并用于教育的权力，如果它们做出了这样的选择。各州的人民通过州宪法反过来要求其立法机构行使这一权力。例如，《西弗吉尼亚州宪法》第 1 条第 12 款规定：“立法机构应该通过基本法律对完整而有效的免费学校体系做出规定。” 【307】

虽然有些州宪法只简单提及了地方学区，大多数州宪法完全让立法机构来决定州是否需要直接为父母提供教育经费，是否自己创建和管理学校，或者是否把这个权限授权给地方学校董事会。无论如何，除夏威夷州所有的学校都由州政府管理以外，所有的州都选择了建立地方学区作为主要机构来履行州的教育义务。

做出了这样的选择后，立法机构接着必须决定如何使这些地方运作的学区筹到经费。由于历史性和政治性的原因，大多数州具有包含以下特征的多层面财政体制。

1. 全州范围内有基本年度收入的税收体制，通常包括销售税和所得税，其中一部分用于资助学校。有些州也有一些专门途径来为教育筹集资金，例如彩票。

2. 发放州资金到地方学区的方案。这些方案可能包括由立法机构采用的基本财政分配方案，拨款和分类资助项目，以及对州强制要求提供的服务予以偿付。

3. 授予诸如市政会议等地方政府部门征收教育税的权限和义务，并将筹集到的钱移交给地方学校董事会。

4. 授予地方学校董事会一般通过地方财产税途径征税并代表其地方学校使用的权力。

5. 授权地方学校董事会为基建项目借贷，典型做法是发行债券。

地方学校董事会享有的为其学校征税的权限来自州立法机构的授权。任何一个地方董事会的税收必须以明确批准的或潜在的权限为根据，而且必须与其权限相一致。[1] 除征税的权力以外，学校董事会也有义务为一定的教育目的进行征税。这个义务即便违背纳税人的愿望也能够并且必须被履行。[2] 每个州也有一套详细的法定要求来控制地方董事会对资金的筹集、管理、分配和使用。

总的说来，美国学校财政体制与一个包括50个各自独立的州教育体系
【308】的复杂学校管理体制共同发挥作用。除夏威夷州外，这些系统依赖于具有筹资和使用的重大权限的地方学区。州立法机构通过各种途径增加地方的资金——最重要的是，通过复杂的分配方案进行常规资助分配。地方学区也能接受联邦财政援助，主要以分类资助和固定拨款的形式实现。

这个复杂的系统已经导致了州与州之间，以及在大多数州内不同区域之间的生均经费的差异。经费的不平衡是由不同的州和地区为学校筹集资金的能力和愿望不同而产生的。联邦的财政资助在州与州之间的生均经费平等问题上毫无作用。在大多数州中，区域之间的不平衡主要是由于地方学区过于倚重通过征收财产税筹集经费。州的援助通常只能适度平衡生均支出。

8.2 联邦宪法和学校财政

州与州之间生均支出的差异并不违反美国宪法。没有宪法条款要求各州采取同样的教育政策，或者要求联邦政府消除各州之间的教育或其他任何利益或服务上的不平衡。平等保护条款没有涉及州之间的不平衡或者一切联邦政府行为。相反，这个条款只注意到了州的行为和州内的不均衡（参见6.1节）。因此，除非国会决定解决各州之间的不均衡问题，或者各州自愿地采取相同的教育财政政策，否则州与州之间在生均支出上的差异将仍然存在。

根据《联邦宪法》第6条，州的法律和政策不能与联邦法律相冲突。因此，在劳伦斯县诉里德-戴德伍德第40-1学区案[3]中，联邦最高法院裁定，指导地方学校董事会按照州的指导原则分配一定联邦经费的州法律无

---

① Manges v. Freer Indep. Sch. Dist., 653 S. W. 2d 553 (Tex. App. 1983), *rev'd on other grounds*, 677 S. W. 2d 488 (Tex. 1984).

② State v. Bd. of Comm'rs of Elk County, 58 P. 959 (Kan. 1899).

③ 469 U. S. 256 (1985).

效。联邦法律向地方学区拨款表明国会打算让资金由地方董事会自行使用。因而，州试图控制该经费是违反宪法的。

《联邦宪法》的条款中对学校财政最有影响的是第一和第十四修正案。我们已经在第2章中探讨了《联邦宪法第一修正案》不得确立国教条款对州教育财政的影响。《联邦宪法第十四修正案》的平等保护条款禁止在征税或者分配财政资金时故意进行种族歧视。即使在以前隔离但平等的原则下，根据种族不同提供不平等的教育服务也是违反宪法的（见第6章）。

那么导致学区之间生均费用不均衡的州的财政体制又是怎样的呢？州 【309】
花在每个儿童的公共教育上的费用总额因该儿童在州内的居住地不同而显著不同，这是否符合平等保护条款？联邦最高法院在圣安东尼奥独立学区诉罗得里格斯案中讨论了这个问题。①

罗得里格斯案中原告的论据是冗长而又复杂的，在此可将其主要观点归结如下。原告首先寻求证明在学区之间生均费用的不均衡是州法律和政策的直接结果。像大多数州一样，得克萨斯州已经建立了具有为其学校征税的权力和责任的地方学区。授予学区的主要财政收入筹措手段是财产税。不同学区在其辖区内所拥有的生均资产财富大不相同。在规定的税率下，财产富有的学区比起那些贫穷的学区，可以为每个学生筹集到更多的钱。财产贫困的学区可以尝试提高税率来筹集到和财产富裕的学区相同数额的钱，但是这在大多数地方因为政治和经济上的原因都是不可行的。因此，由于州和联邦的资助均不对地方财产税收入的差异予以补偿，贫穷学区生均经费比富有学区就要少很多。

原告意识到如果法院采用严格审查（参见第6章）来评估他们的诉求，那么他们胜诉的机会就会大大地提高，他们下一步寻求证实这是合适的审查标准。有两个论点支持了他们的立场。第一，得克萨斯州以学生居住地学区财富为基础的学校财政体制，在学生中造成歧视。原告称，这是一种以财富为基础的歧视方式，就像以种族为基础的歧视，应该对此进行严格审查。为了论证这个论点，他们引证了一些不同形式的财富歧视案件，并指出这个制度的大多数受害者都是少数族裔成员。

① 411 U. S. 1 (1973).

第二，原告论证教育是一种“基本利益”，当公共政策就一项基本利益存在歧视时，应该对此进行严格审查。他们说虽然宪法中没有明确地提出，但是由于教育的社会重要性以及良好的教育是有效行使诸如言论自由权等其他宪法权利的必要条件，教育就是一种基本权利。

论证的下一步就是证明得克萨斯州财政体制无法通过严格审查。原告反驳了得克萨斯州声称其财政体制是达成极重要的州利益的必要条件，即提供一个由地方掌控的有效教育体制的主张。他们认为，那些州的财政方案不能使行政难度最小化，不能保持有效的或者有意义的地方控制，也不
【310】能促进教育设施的公平分配。总之，他们指出，现在该体制没有作用于任何目的，只是服务于“使财富成为决定教育资金分配的基础”的目的。州的财政方案也没有确保学生的最低教育标准，“除非有人把最低教育简单定义为全美最低支出水平”。

原告阐述道，为了符合平等保护条款，一个州的教育财政体制必须符合公认的“财政中立”标准。财政中立要求学区中以生均支出测算的教育质量不应当由学区财富决定，而应当由该州的总体财富决定。原告继续提出在保留地方管理教育的机制的情况下，有三种能够满足财政中立原则的可行的财政体制。第一，州可以接管教育资金筹集，并按每个学生平均数额分配给地方学区。然后地方学区按照其教育的轻重缓急自由决定如何使用这些资金。第二，地方学区的边界可以被适当改变，以保证每个学区拥有同等的生均财富。第三，保持现存的边界，但是州能够通过修订援助方案予以保障，不管一个学区的财产价值如何，规定的财产税率可以筹集特定总量的资金。

上述的最后一个体制就是著名的**权力均衡化**。在权力均衡化中，假如一个学区筹集到的生均经费少于援助方案所保证的经费，州就补足其缺口。假如一个学区筹集了过多的资金，州会拿走用于其他学区。这些学区仍会自由选择不同的税率，学区之间生均经费支出上的不平等仍然存在。然而，这些不同之处最终将不是由学区间的财产富裕差异程度来决定，而只是取决于不同区域对教育的不同重视程度。

最后，原告的论证有赖于一个前提，那就是在支出上的不同引发了服务、课程质量上的显著差异，并最终影响教育成就。他们在辩护中呼吁法院不要仅仅在完全剥夺教育服务的案件中应用平等保护条款，也要把该条款应用于相对剥夺教育服务的案件中：

> 固然，完全剥夺任何教育机会比相对剥夺更加引人注意。但是考虑到在得克萨斯州由州创建的学区筹集教育经费能力的巨大差异，并根据学区之间教育支出的巨大不同，原告已经肯定以相似的形式受到了损害。完全教育机会的否定不必被证明为是违反宪法的剥夺……得克萨斯州能够为穷人打开大门，强制他们入学……然后又因为他们经济状况的原因，剥夺他们平等受教育的机会吗？

正像在圣安东尼奥独立学区诉罗得里格斯案①中所显示的那样，联邦最高法院在其判决中很肯定地回答了原告的问题：教育的相对剥夺，至少在得克萨斯州的教育财政体制下的相对剥夺教育，没有违反平等保护条款。

联邦最高法院涉及教育财政的另一个案例——普莱勒诉多伊案②，与 (311 ~ 315)
相对权利剥夺无关，而与得克萨斯州法律有关，该法律把非法移民儿童完全排除在免费公立教育之外。尽管非法移民身份的分类无可怀疑，但普莱
勒案审理法院认为，在州管辖范围内，对任何一个儿童完全剥夺受教育权 【316】
都违反了平等保护条款。然而，这个判决和罗得里格斯案件审理法院的判决的关系的确令人困惑。在罗得里格斯案件中法院表示完全剥夺受教育权可能需要采用严格审查检验，而在普莱勒案件中，法院说道，即使是完全剥夺受教育权也不要求严格审查。法院取而代之采用了一种类似性别歧视案中使用的中等程度检验。

联邦最高法院的下一个关于学校财政的判决是在帕帕桑诉阿兰一案③中做出的。该案是起诉密西西比州一项将州所有土地的收入仅分配给土地所在学区的政策。判决明确指出，这种情形与罗得里格斯案是不同的。在罗得里格斯案中法院支持的不平等是“允许地方有效管控学校经费的必要附属品”。帕帕桑案提出了这样一个问题，即“州决定在各个学区之间不平等地分配州资源”。法院将该案发回下级法院，令其弄清这样一个问题：州将从其土地上征收来的收入仅仅用于州的一部分地区的政策是否违反了宪法中的平等保护条款？

---

① Supreme Court of the United States，1973，411 U. S. I. ——译者注

② 457 U. S. 202 (1982).

③ 478 U. S. 265 (1986).

这一判决增加了我们在这一方面对宪法原则的不确定。联邦最高法院在帕帕桑案中宣称罗得里格斯案和普莱勒案都没有“确切地解决这些问题，即最低限度的适当教育是否是一项基本权利，对于被诉称歧视性地伤害了该权利的法律是否应该提高平等保护审查的标准”。

两年后，在卡德曼斯诉迪克森公立学校一案①中，联邦最高法院审议了这一问题，即州允许老的“非重组”的学区而不允许“重组”的学区收取校车费的方案是否违反了平等保护条款。原告指证这笔费用可能导致那些家庭太过贫寒而不能支付费用的儿童完全丧失教育。原告呼吁法院采取严格审查或至少如同普莱勒案中所采用的那种较高程度的审查，然而，法院认为该案不同于普莱勒案。

> 同那个案件中的儿童不一样，萨丽塔·卡德曼斯并没有因其父母的不法行为而受到政府的惩罚，相反，萨丽塔被拒绝搭乘校车只是因为其父母不同意支付与享受这一服务的其他家庭所支付的一样的使用费。我们也没有理由假设这笔使用费将会“在我们的国家促使产生并持续存在文盲阶层，且必然增加失业、福利以及犯罪的问题和费用”。

【317】 联邦最高法院也没有将校车费用看作使任何儿童完全丧失教育的原因。支付该费用并不是上学的先决条件，因为儿童可以自由地通过乘坐校车以外的其他方式上学。对那些住得离学校较远的儿童来说，将学校巴士作为仅有的可行的选择也没有大碍。

在做出“本案中被起诉的成文法没有歧视某个阶层和妨碍任何基本权利”的判决后，联邦最高法院对校车费是违宪的这一诉称适用了合理关联检验。

> 经过适当的检验——据此，如果某一法律与合法的政府目标有着合理的联系，那么就会得到法院的支持——我们认为很显然，州政府允许地方学校董事会选择向顾客收取校车使用费是宪法允许的。宪法根本就没有要求提供这类的服务，而且很难想象为什么选择提供服务

① 487 U. S. 450 (1988).

就承担了提供免费服务的宪法义务。没有人否认，鼓励地方学区提供校车服务是一项合法的政府目标，或者这种鼓励会因要求将基本年度收入用于补贴有利于地区中少数家庭的选择服务项目而被削弱。州政府采用这个规则来避免破坏其合法目标是再合理不过的了。

法院接下去讨论了有关该法律违反了平等保护条款的诉称，因为该法只允许非重组的学区收取校车服务费。根据合理依据检验，联邦最高法院判决上诉者没能证明其所起诉的法律是武断的和不合理的。联邦最高法院接受了州对该法的辩护理由，即该法的立法目的是鼓励学区重组的：

……很明显，该立法机构本来可以理解地相信这一政策会服务于合法目的，即实现该地区那些居民的由重组方案规定的享受安排免费校车的合理愿望。因为这一目标不能适用于非重组地区。立法机构可能由此理性地得出判断，那些地区本来应该具有对那些采用他们提供的服务的人强制收取使用费的选择权。

在罗得里格斯案、普莱勒案和卡德曼斯案之后，有关教育地位的联邦宪法原则可归纳如下：在美国宪法中，教育不是一项基本权利。各州之间和一州之内教育机会的不平等并没有违反平等保护条款（除非是基于故意的种族或性别歧视的教育机会的不均等），一些给希望行使法定权利入学的儿童带来经济障碍的政策也没有违反平等保护条款。然而，在州管辖权范围内，任何故意导致任一群体儿童完全丧失教育的方案都是违反宪法的。

8.3 州宪法和学校财政 【318】

在罗得里格斯案的原告失败之后，寻求以司法强制改变州教育财政体制的改革者们认识到他们必须依靠州法院。一直以来，存在着诸多涉及大多数州上诉法院的司法程序。在许多州中，教育财政改革的诉讼已经导致了几个或更多的重大司法判决；至少在有个州中，相同的诉讼已经持续了30年以上。在几乎一半的州中，原告已经成功说服法院命令州立法机构改

变教育财政体制，但因此产生的结果并非总如原告所愿，在有些州中，改
【319】革者赢得了某些官司也输了某些官司。① 在诉讼失败的一些州中，获得司

① **胜诉的案件**：DuPree v. Alma Sch. Dist. No. 30，651 S. W. 2d 90（Ark. 1983）；Serrano v. Priest，487 P. 2d 1241（Cal. 1971）；Horton v. Meskill，376 A. 2d 359（Conn. 1977）；Idaho Schs. for Equal Educ. Opportunity v. Evans，850 P. 2d 724，734（Idaho 1993）；Rose v. Council for Better Educ.，lnc.，790 S. W. 2d 186（Ky. 1989）；McDuffy v. Secy of the Executive Office of Educ.，615 N. E. 2d 516（Mass. 1993）；Leandro v. State，468 S. E. 2d 543（N. C. App. 1996），*aff'd in part and rev'd in part*，488 S. E. 2d 249（N. C. 1997）；Claremont Sch. Dist. v. Governor，703 A. 2d 1353（N. H. 1997）；Bismark Pub. Sch. Dist. No. 1 v. State，511 N. W. 2d 247（N. D. 1994）；Helena Elementary Sch. Dist. No. 1 v. State，769 P. 2d 684（1989），*modified*，784 P. 2d 412（Mont. 1990）；Claremont Sch. Dist. v. Governor，635 A. 2d 1375（N. H. 1993）；Abbott v. Burke，495 A. 2d 376（1985），575 A. 2d 359（1990），643 A. 2d 575（1994），*and* 693 A. 2d 417（N. J. 1997）；Robinson v. Cahill，303 A. 2d 273（N. J. 1973）；Campaign for Fiscal Equity v. New York，Slip Op. No. 15615（N. Y. June 26，2003）；DeRolph v. State，677 N. E. 2d 733（Ohio 1997）；Abbeville County Sch. Dist. v. State，515 S. E. 2d 535（S. C. 1999）；Tenn. Small Sch. Sys. v. McWherter，851 S. W. 2d 139（Tenn. 1993）；Edgewood Indep. Sch. Dist. v. Meno，893 S. W. 2d 450（Tex. 1995）；Edgewood Indep. Sch. Dist. v. Kirby，777 S. W. 2d 391（1989）and 804 S. W. 2d 491（Tex. 1991）；Seattle Sch. Dist. No. 1 v. State，585 P. 2d 71（Wash. 1978）；State *ex rel.* Educ. for County of Randolph v. Bailey，453 S. E. 2d 368（W. Va. 1994）；Pauley v. Kelley，255 S. E. 2d 859（W. Va. 1979）；Washakie County Sch. Dist. No. 1 v. Herschler，606 P. 2d 310（Wyo. 1980）；Brigham v. State，692 A. 2d 384（Vt. 1997）；Campbell County Sch. Dist. v. Ohman，907 P. 2d 1238（Wyo. 1995）. **败诉的案件**：Matanuska-Susitna Borough Sch. Dist. v. State，931 P. 2d 391（Alaska 1997）；Roosevelt Elementary Sch. Dist. v. Bishop，877 P. 2d 806（Ariz. 1994）；Shofstall v. Hollins，515 P. 2d 590（Ariz. 1973）；Lujan v. Colo. State Bd. of Educ.，649 P. 2d 1005（Colo. 1982）；Coalition for Adequacy & Fairness in Sch. Funding v. Chiles，680 So. 2d 400（Fla. 1996）；McDaniel v. Thomas，285 S. E. 2d 156（Ga. 1981）；Thompson v. Engelking，537 P. 2d 635（Idaho 1975）；Comm. for Educ. Rights v. Edgar，672 N. E. 2d 1178（Ill. 1996）；Blase v. State，302 N. E. 2d 46（Ill. 1973）；Unified Sch. Dist. 229 v. State，885 P. 2d 1170（Kan. 1994）；La. Ass'n of Educators v. Edwards，521 So. 2d 390（La. 1988），*superseded by* Louisiana Constitutional Amendment *in* Charlet v. Legislature of La. 713 So. 2d 11199（La. 1998）；Sch. Admin. Dist. No. 1 v. Comm'r，659 A. 2d 854（Me. 1994）；Hornbeck v. Somerset County Bd. of Educ.，458 A. 2d 758（Md. 1983）；Skeen v. State，505 N. W. 2d 299（Minn. 1993）；Gould v. Orr，506 N. W. 2d 349（Neb. 1993）；Paynter v. New York，765 N. Y. S. 2d 819（N. Y. 2003）；Bd. of Educ.，Levittown Union Free Sch. Dist. v. Nyquist，439 N. E. 2d 359（N. Y. 1982），*appeal dismissed*，459 U. S. 1138（1983）；Reform Educ. Financing Inequities Today v. Cuomo，606 N. Y. S. 2d 44（N. Y. App. Div. 1993）；Britt v. N. C. State Bd. of Educ.，357 S. E. 2d 432（N. C. Ct. App.），*review denied by* 361 S. E. 2d 71（N. C. 1987）；Bismark Pub. Sch. #1 v. State，511 N. W. 2d 247（N. D. 1994）；Bd. of Educ. v. Walter，390 N. E. 2d 813（Ohio 1979）；Fair Sch. Fin. Council of Okla.，Inc. v. Oklahoma，746 P. 2d 1135（Okla. 1987）；Coalition for Equitable Sch. Funding v. State，811 P. 2d 116（Or. 1991）；Olsen v. State，554 P. 2d 139（Or. 1976）；Withers v. State，891 P. 2d 675（Or. Ct. App. 1995）；Danson v. Casey，399 A. 2d 360（Pa. 1979）；City of Pawtucket v. Sundlun，662 A. 2d 40（R. I. 1995）；Richland County v. Campbell，364 S. E. 2d 470（S. C. 1988）；Scott v. Virginia，443 S. E. 2d 138（Va. 1994）；Vincent v. Voight，614 N. W. 2d 388（Wis，2000）；Kukor v. Grover，436 N. W. 2d 568（Wisc. 1989）.

法支持的改革者甚至在没有法院命令的情况下，也说服了立法机构改变教育财政体制。

起诉州教育财政体制的论证也采用了多种不同的形式。在新罕布什尔州的某案中的主要问题是纳税人平等。州宪法允许立法机构“规定并征收比例适当和合理的估价、税率和税费……”州教育财政的主要机制是地方征收财产税，而在州内的不同学区税率有着显著的差异。州最高法院认为征税机制是违背宪法的，因为它不合理地将不同的负担强加在了纳税人身上，以此实现向全州提供教育的责任。法院裁定道：“为实现履行州教育义务的目的，在一个乡镇中对一户家庭或其他不动产征收的税费是在其他乡镇相同资产所征收的税费的四倍，这是没有公平公正可言的。”①

其他许多案件也对不同水平的征税提出了类似的宪法诉讼，这些都是对州教育财政体制广泛抨击的一部分。堪萨斯州的一个案件起诉根据该州宪法“统一法律”条款由地方设置财产税率的州体制。② 纽约州的一起未胜诉的案件是基于所谓的“市政过度负担”原则提出的。原告认为，州财政体制对市区的学生和纳税者是不公平的，它根本没有考虑到市区纳税者需要支持各种不同的公共服务设施，没有考虑到市区学校教育多得不成比例的高成本学生的需要，没有考虑到市区的教育商品和服务价格更高，以及因为居高不下的学生旷课率，致使市区财政收入在以出勤率为基础的州援资模式下有所减少。③

大多数起诉州教育财政体制的案件都是基于州宪法的平等保护条款或者州宪法的教育条款。大部分早期的案件都是基于州宪法平等保护条款，然而，现在更多的案件都倾向于主要依靠教育条款或者将两者同时作为起诉的法律基础。以州平等保护为根据的案件都同罗德里格斯案一样，指责州维持在某一学区比其他学区提供更多的生均费用的财政体制是不合法的，或者他们可能诉称州的平等保护条款禁止维持向一部分学生提供充分的教育，而向另一部分学生提供不充分的教育的制度。

---

① Claremont Sch. Dist. v. Governor, 703 A. 2d 1353 (N. H. 1997).

② Mock v. Kansas, Case No. 91-CV-1009 (Shawnee Cty. Dist. Ct. , Kan. 1991).

③ Bd. of Educ. v. Nyquist, 439 N. E. 2d 359 (N. Y. 1982), *appeal dismissed*, 459 U. S. 1139 (1983).

【320】 如果法院判定在州宪法中教育是一项基本权利，因而需要严格的审查，那么原告会在这些案件中获得胜诉。这就是加利福尼亚州最高法院在最早的教育财政体制改革案件之一塞拉诺诉普里斯特案①中所采取的方式。然而，有些州法院拒绝将教育视为州宪法下的一项基本权利。这些法院说，州宪法仅将教育表述为州所应提供的一项必需服务，而并没有将其作为一项基本权利。佐治亚州最高法院同意原告的观点即教育是极重要的，但法院又认为，这种重要性与警察、消防、水和公共卫生服务相当，这些商品或服务没有哪一项是必须平等地为州居民提供的基本权利。通过合理依据的检验，法院做出与罗得里格斯案一样的判决，尽管州的经费体制使学区之间在生均经费上显著不平衡，但这与促进地方管理教育的合法目的是合理相关的。② 然而，即使教育不是一项基本权利，如果在富裕地区和贫穷地区的经费不平衡是完全不合理的，州的财政体制仍然会违反州平等保护条款，阿肯色州最高法院宣判道，“即使尚未决定公共教育是否是一项基本权利”，“我们没有发现现行体制的宪法依据，因为它并未合理地对学区的教育需求产生影响”。③

(320~323)
【324】 先于罗得里格斯案提出的塞拉诺案判决是基于美国联邦宪法和加利福尼亚州宪法裁定的。尽管加利福尼亚州宪法对联邦平等保护条款的司法解释在罗得里格斯案中被有效地推翻了，基于加利福尼亚州宪法的判决依然有效。④ 因为州最高法院对本州宪法有最终解释权。

罗得里格斯案审理16年之后，得克萨斯州最高法院在埃奇伍德独立学区诉柯比案⑤中以州宪法为根据审理了这个对州教育财政体制提起诉讼的案件。与塞拉诺案审理法院一样，柯比案的审理法院反对州教育财政体制，因为在相同的税率下，富裕的学区比贫穷地区可以筹集到更多的资金。然而，和以州平等保护条款为基础的塞拉诺案不同的是，得克萨斯州

---

① Serrano v. Priest (Serrano Ⅰ), 487 P. 2d 1241 (Cal. 1971). ——译者注

② McDaniel v. Thomas, 285 S. E. 2d 15 (Ga. 1981); *see also* Lujan v. Colorado State Bd. of Educ., 649 P. 2d 1005 (Colo. 1982); Bd. of Educ. of Cincinnati. v. Walter, 390 N. E. 2d 813 (Ohio 1979).

③ Dupree v. Alma Sch. Dist. No. 30, 651 S. W. 2d 90 (Ark. 1983).

④ Seranno v. Priest (Seranno Ⅱ), 557 P. 2d 929 (Cal. 1976).

⑤ 777 S. W. 2d 391 (Tex. 1989).

的这一案件是基于得克萨斯州宪法的教育条款。得克萨斯州宪法写道，为了促进“知识普遍传播”，立法机构应该“恰当提供”一个“高效”的教育体系。依据这些条款在裁定得克萨斯州的教育体系违反宪法的同时，得克萨斯州最高法院认为，州宪法的制定者并非“故意让这一体制存在现在这样巨大的不平衡……当前的体系……不能提供普遍的知识传播，而是有限而失衡的知识传播”。因此，州法院认为，“在大致相同的税收水平下，学区必须在获得相似的生均财政收入上具有大体上的平等”。也就是说，贫穷学区的给定税率应该与富裕学区的税率一样，征收到大约相同的生均财政收入。

不像州平等保护条款，各州宪法的教育条款相当不同：有些只是规定州立法机构提供免费的公立学校体系的义务，有些规定了最低质量标准，比如要求州学校系统是“完整的和高效的”或者是“合适的”，有些规定了学校教育目标（如“知识的普遍传播”或“促进智力、科学、道德和农业发展”），有些宣称提供教育是一个州的基本的甚至是首要的义务。无论其如何措辞，教育条款都是就州的教育经费供给没能向州内的某些或全部儿童提供最低程度的充分教育提出诉讼的依据。有些教育条款也可能支持寻求公平的诉讼（例如，为部分儿童提供更多经费的教育财政体制就不是“高效的”或“合适的”）。

不管是基于教育条款的措辞还是基于州财政体制的具体内容，对州教育条款提起诉讼的案件结果看起来没有模式可循。鉴于没有一个州的现行财政体制是完全公平的，似乎有些法院愿意通过司法能动性来改善教育财政体制，而另外一些法院更倾向于服从立法机构。某些州法院只是简单地 【325】
认为经费的不平等并不一定表明州教育制度存在不足。① 宾夕法尼亚州最高法院强烈地表达了其在教育政策制定方面的司法克制倾向，指出：

> 现有的司法意见认为宪法要求教育服务提供“标准的”课程，如果法院据此要求立法机构和学校董事会在未来服从这一意见，将违背

① R. E. F. I. T. v. Cuomo, 655 N. E. 2d 647 (N. Y. 1995); Gould v. Orr, 506 N. W. 2d 349 (Neb. 1993); McDaniel v. Thomas, 285 S. E. 2d 156 (Ga. 1981).

宪法条款的精神实质。只有通过自由实验才有可能取得最好的教育服务。尽管法院以预测未来需求的方式试图对‘完整的和有效的教育’的具体内容进行界定，但是，法院能够采纳的唯一司法上可操作的标准是非常硬性的规则，即每一名儿童都必须获得相同的教育费用。然而，即便上诉者也承认，教育经费不是评判教育质量的唯一标准……教育产品取决于许多因素，包括教育经费支出是否明智，以及现有资源的使用是否有效和经济。①

佐治亚州最高法院引用罗得里格斯案的判决，同意原告的观点，即“教育必须‘为每名儿童提供获得享有言论自由权和充分参与政治活动所必需的最低基本技能的机会’”。然而法院拒绝事后评论立法机构：“当‘充分的’教育被设计成为培养出社会有用的个体时，其主要就是指政府立法部门必须赋予‘充分’这一术语必要的内容。”②

和宾夕法尼亚州、佐治亚州的案件不同，有些州法院一直都有意处理这类问题，即在州宪法的规定下，什么构成了充分的教育。西弗吉尼亚州最高法院将其宪法中所称的“完整的有效的教育制度”解释为要求每所学校将培养（学生的）“智力、体力和社会道德作为自己的职责，使他们为有益而快乐的职业、休闲娱乐、公民责任和义务做好准备并且有经济收益”。法院通过列举所有学生应该学习的科目和技能，如算术、社会伦理以及娱乐活动来扩展其判决。③

在推翻州财政计划时，华盛顿州最高法院采取了一个不同的途径来解释合法且充足的教育这一概念。该法院提出了几种方法来判定州的教育方案是否达到了州宪法对“充足供给”的要求。充足供给可以根据州教育董
【326】事会认证的标准来衡量，或者教育方案的充分性可以根据“为正常范围学生维持与运作学校课程所需的合格的和分科的教员及非薪酬相关成本在全州范围的生均总计分布”来决定。换句话说，当接近教育服务的平均水平时，这些学区所选择提供的教育服务就是充分或充足的。这个措施被称为

① Danson v. Casey, 399 A. 2d 360 (Pa. 1979).

② McDaniel v. Thomas, 285 S. E. 2d 156 (Ga. 1981).

③ Pauley v. Kelly, 255 S. E. 2d 859 (W. Va. 1979).

"集体智慧"标准。①

堪萨斯州一个法院推断，州宪法中有关立法机构提供"合适的"教育制度的规定要求教育经费的公平分配。这一规定不是像权力均衡化体制一样要求平等对待学区，而是为了给每一位堪萨斯州儿童提供"平等的教育机会"。这并不意味着需要在每个儿童的教育上花费一样数额的钱，而是教育经费中的任何差异应该通过"合理的教育解释"来证明其是合理的。尽管没有对现行制度是否充分提出质疑，但是法院指出，如果当前的经费水平下降，这一制度就可能变得不充分。因此，堪萨斯州法院裁定，公平和充足两者都是合适的教育制度必备的条件。②

在罗斯诉优化教育委员会案③中，肯塔基州最高法院对州宪法中要求在全州普通学校提供充分教育的含义提供了详尽的分析，分析并处理了公平性和充分性的问题。法院论述如下。

> 根据我们的宪法，儿童获得充分教育的权利是一项基本权利。州立法机构必须保护和促进这种权利。我们与初审法院一致认为，一个有效的教育制度必须具有至少为每个学生提供以下七种技能的目标：(1) 熟练的口语和写作沟通能力，使学生能够在复杂、迅速变化的文明社会中发挥作用；(2) 足够的经济、社会和政治知识体系，使学生能够做出见多识广的选择；(3) 充分理解政府运作，使学生能够理解影响其社区、州和国家的问题；(4) 充分的自我认知和对自身脑力与体力状态的认知；(5) 足够的艺术底蕴，确保每个学生能够欣赏文化和历史遗产；(6) 为将来不论是在学术上还是在职业上的进一步学习做好充分的训练和准备，以确保每个儿童能够明智地选择和追求自己的职业生涯；(7) 足够的学术和职业技能水准，使公立学校学生在学术圈和未来职场能有相当的竞争力。 (326 ~ 332)

① Seattle Sch. Dist. No. 1 v. State, 585 P. 2d 71 (Wash. 1978) (en banc).

② Mock v. Kansas, Case No. 91-CV-1009 (Shawnee Cty. Dist. Ct. Kan. 1991); *see also* Montoy v. Kansas, No. 99-C-1738 (Shawnee County District Court, December 2, 2003).

③ 790 S. W. 2d 186 (ky. 1989); *see* Bd. of Educ. V. Bushee, 889 S. W. 2d 809 (Ky. 1994).

【332】 罗斯案相当于对肯塔基州立法机构提出了一个司法命令，要求其设计并资助的教育制度是公平的和充足的。作为回应，立法机构不仅大幅改变肯塔基州已经建立起来的教育财政体制，并且还要实行促进学生发展的改革方案。其中有些变化已经引起了政治上和法律上的争论。

许多其他州的法院也受到了罗斯案的影响。新罕布什尔州和马萨诸塞州的最高法院也采用了罗斯案中所列出的七项结果目标作为本州宪法上的规定。① 马萨诸塞州最高法院随后宣布立法机构的“教育的义务……将与我们的社会一起逐步演化。我们的宪法及其教育条款，必须按照现代社会的需求来解释，否则，它将经常处于衰退的危险之中，事实上，可能会偏离其初衷”。这一说法暗示着法院将会对持续再评估州教育的充足性持开放性态度。

【333】 在财政平等阵营诉纽约州（CFE）案②中，纽约州最高法院认定州宪法要求州承担确保所有儿童获得“健全的基础教育”的义务，所以判决的依据在于资助纽约市公立学校的州财政体制是否符合宪法的要求。法院将“健全的基础教育”定义为“基本的读写能力、计算能力以及口头语言能力，使儿童能够参加选举和服务于陪审团，最终富有成效地参与民主社会”。法院认为，形成富有成效的公民身份需要接受8年级以上的教育，因此州有责任为所有学生提供“有效的高中教育”。在判定纽约州没有在纽约市达到该标准的过程中，法院审查了教师资格和班级规模等多个投入指标，以及退学率和测试成绩等几个学校产出指标。但与之相反，罗得岛最高法院驳回了认为教育经费在宪法上的充足性能够由学生的成绩来决定的观点。法院说道：“我们特别困惑的是‘公平’的定义要求‘足够的资金……以取得学习者的成绩’。就像美国联邦最高法院所评说的那样……许多超过（学区）和州控制的外部因素影响着……学生的成绩。”③

另一个纽约州最高法院的案件提出了一个问题，即州政府是否应该有责任去控制影响学生成功的外部因素。在这个案件中，原告并没有关注教

① Claremont Sch. Dist. v. Governor，703 A. 2d 1353（N. H. 1997）；McDuffy v. Secretary of the Executive Office of Educ.，615 N. E. 2d 516（Mass. 1993）.

② Slip Op. No. 15615（N. Y. Jun 26，2003）.

③ City of Pawtucket v. Sundlun，662 A. 2d 40（R. I. 1995）.

育投入的充足性问题，而是代之以诉称州政府的“过错在于其实践和政策在罗切斯特学区导致少数族裔和贫穷现象的高度集中，并导致极糟的学生成绩”。原告辩解道，在贫穷和种族隔离高度集中特征明显的学校里是不可能按照州宪法规定的标准提供教育的。正如法院所说，“原告认为无论政府对其学校资助得如何好，如果原告与其同班同学还是不合格，那么州仍有责任去改变学校的人口直到结果有所改善”。法院承认，研究表明在贫穷和种族隔离集中与差的教育成绩之间具有相关性。尽管如此，法院裁定道：“仅仅指证学业的失败，而没有指证州履行提供最低的、可接受的教育服务的义务的某种失败，是不足以”支持认定州没有履行义务的。尽管在财政平等阵营案件中聚焦于学生的成绩，在判决的同一天法院也说道，“如果州确实投入了充足的资源到课堂中，即使学生的成绩还是没有达到标准，根据教育条款，这仍然是符合宪法要求的”。[①] 在同一案件的先前裁决中，法院驳回了原告的起诉，原告认为罗切斯特学区事实上存在的种族隔离违反了1964年《民权法案》的第6章（参见6.8节）。这一判决 【334】
是以联邦最高法院的判决为根据的，即根据该法第6章，非故意的歧视不是个人诉讼的基础。[②]

在法院根据投入来考虑教育充足性的州，立法机构也面临着计算法院界定的足够的教育费用的艰难任务。为了完成这项任务，有人提出了各种方法，有些方法以分析被视为教育充足或有示范性的学区的经费支出为基础，其他方法则是依赖于专家的意见。在这些州中，怀俄明州、堪萨斯州、俄亥俄州和马里兰州做出了这种努力并取得了不同的成效。在法院根据产出来判定其充足性的州面临着更加困难的任务，因为像罗得岛州和纽约州法院先前所承认的那样，预期的教育结果可能在任何经费支出上都不可能取得。新罕布什尔州最高法院正在对由立法机构采用的教育评估与成绩责任制是否“确保”提供了符合宪法的充足教育进行监控。[③]《不让一个孩子掉队法》（参见3.7节）可能影响了更多的州法院和立法机构采取

① Paynter v. State of New York, 797 N. E. 2d 1225 (N. Y. 2003).

② Alexander v. Sandoval, 532 U. S. 275 (2001); Gonzaga Univ. v. Doe, 536 U. S. 273 (2002); *compare* Powell v. Ridge, 189 F. 3d 387 (3d Cir. 1999).

③ Claremont Sch. Dist. v. Governor, 794 A. 2d 744 (N. H. 2002).

以产出进行考量的方法来促进教育公平，该法所批准的州评估方案会成为以后有些州对教育经费体制是否充足提出诉讼的根据。①

超过30年的教育财政诉讼是否促进了更大的公平，或者是否给教育质量带来了全面的提高，这都是广泛而持续地研究和探讨的主题。鉴于教育公平与质量的产出及评价有其复杂性，个别州和所有的教育财政诉讼导致的教育结果仍然是不确定的。尽管如此，越来越多的州法院采纳了以下原则。

- 州宪法将教育供给的责任直接归于州立法机构。
- 立法机构对资助本州的所有公立学校负责。
- 如果州宪法规定“完整的和有效的”或“合适的”教育制度，那么意味着州提供的教育必须公平地分配，并至少达到最低充足。
- 即使没有这样表述，教育条款也可以被解释为在州的管辖范围内对所有儿童的教育供给是公平的和充足的。
- 立法机构不能简单地通过创建学区，并由学区享有根据地方财富和愿望筹集不同程度资金的权力的方式来履行其教育责任。

【335】
- 州法院的任务是确保立法机构履行其教育供给的宪法义务。

8.4 地方学校董事会筹措与使用经费的权限

学校董事会没有征税、贷款和支出的固有宪法权力。征税的权力必须被明确地授予，而且不能从一般授予权力简单推导出该权力并用于管理学校。② 由法律指定用于特定目的的资金不能用于任何其他目的。③ 州法律和州宪法条款有时限制本地税收的逐年增长和可以筹集与借贷的经费的最高额度。学校的征税和使用权力也受到联邦宪法和州宪法中不得确立国教条款以及州宪法中限制“公共”目的支出的限制。

---

① *See* Montoy v. Kansas, No. 99-C-1738 (Shawnee County District Court, December 2, 2003).

② Manges v. Freer Indep. Sch. Dist., 653 S. W. 2d 533 (Tex. App. 1983), *rev'd on other grounds*, 677 S. W. 2d 488 (Tex. 1984).

③ Barth v. Bd. of Educ., 322 N. W. 2d 694 (Wis. Ct. App. 1982).

一批大部分已陈旧但仍具有约束力的判例法探索了对学校董事会使用资金权力的限制。一般的规则是学校董事会只能将资金用于运作学校和相关的教育目的，除非立法机构特别授权执行其他职能。如果其经费使用被合理地暗含在立法机构赋予学校董事会的权力中，或者对执行学校董事会的教育命令是必不可少的，未经法律明确授权的经费使用有时候也是允许的。20 世纪早期发生在华盛顿州起诉学校董事会修建和管理操场、体育馆及医务室的权力的三个案件都说明了这些原则。① 这些案件是在大部分州内体育活动和体育运动成为课程标准或被规定为课程的一部分之前判决的。尽管如此，法院裁定，运动场和体育馆的经费使用是允许的。法院在医务室案件中解释了为什么。

> 与公立学校有关的运动场一直以来都是如此普遍以至于必须认为，立法机构通过赋予维持公立学校的一般权力，也随之打算赋予提供与学校有关的运动场的权力。虽然体育馆与公立学校相关联并不是非常普遍，但在其中进行的学生工作和锻炼明显地与学生的教育密切关联，这使立法机构有意使学区及其管理者有权提供作为公立学校适当设备的体育馆的假设具有合理性。

可是，同样的推理并不适用于医务室： 【336】

> 然而，我们认为，向学生所提供的医疗、外科及牙医的服务对于由学区或者其管理者执行的权力来说是并且总是不相关的，因此，在没有明确的立法语言这样规定的情况下，不能判定这种权力存在。

学校董事会必须按照州法律制定和执行预算。成文法可以限制董事会的预算权力，如通过控制年增长率上限或者禁止年度预算超过可以从税收

① State *ex rel.* Sch. Dist. No. 56 v. Superior Court, 124 P. 484 (Wash. 1912) (playground); Sorenson v. Perkins & Co., 129 P. 577 (Wash. 1913) (gymnasium); McGilvra v. Seattle Sch. Dist. No. 1, 194 P. 817 (Wash. 1921) (medical clinic).

和州资助中得到的总额。① 在有些州，地方学校董事会必须将其预算提交给选民或是更高的政府权威机构批准。在纽约州，如果选民不赞成提交的预算方案，董事会就必须采用一个只包含教师薪水和“正常偶发费用”的紧缩开支预算。② 在加利福尼亚州，如果地方学区提交的预算未能得到县和州的批准，那么该县级主管就有权为学区采纳预算并且控制学区的经费支出保持在预算之内。③

州成文法对地方学校董事会处理财政紧急问题的程序设置了具体的要求和限制。大多数州都批准学区对希望进行的大规模建设或重建工程通过发行债券来获得资助。债券发行程序一般都十分明确，而且可以包括负债的限制及获当地选民同意的要求。当学校董事会手头现金暂时不足以支持其支出时，大多数州也允许学校获得短期贷款。成文法详细规定了获得短期贷款的具体程序，并为之设置诸多限制，如最长期限、利率和负债水平等。有些州允许学区设置一个“偶发事件基金”来处理对现金预期外的需求。有些州还允许学校董事会在处理预期外的需求时将一个项目的经费挪用到另一个项目上④，或者在学年中期增加其预算以处理这些当初制定预算时不可预见的必要费用⑤。想出售或出租其不用的校内设施的学区也必须遵守州法律。⑥

学区有时想对学校或某特定班级的入学、书本及其他物资用品、具体的服务或参加课外活动等项目收取费用。关于学校收费合法性的司法意见主要针对两点争议：这项收费是否与州宪法关于免费教育的保证相一致；
【337】这项收费是否歧视穷人。这些问题的解决有赖于州宪法的准确表述，法院对教育及哪些服务是必不可少的观点，以及法院对公平的见解。

因为所有州宪法都保障免费教育或免学费的教育，没有允许公立学校在常规学年期间向入学学习基础课程的学区居民收费的案件。但是，有些

① Marsh v. Erhard, 47 A. 2d 713 (Pa. 1946).

② N. Y. Educ. Law § 2023.

③ Cal. Ed. Code § 42127. 3 (b) (1).

④ Isley v. Sch. Dist. No. 2, 305 P. 2d 432 (Ariz. 1956).

⑤ Raffone v. Pearsall, 333 N. Y. S. 2d 316 (N. Y. App. Div. 1972).

⑥ Madachy v. Huntington Horse Show Ass'n, 119 W. Va. 54, 192 S. E. 128 (W. Va. 1937).

判决允许对暑期班①和法律上确定的非当地居民②收取学费。法院在非规定性课程的收费问题上持有不同意见，有的允许收费课程，有的禁止收费课程，而有的则认为除非这些课程是用于保障毕业的才可以收费。③ 法院对教材使用是否允许收费也有分歧。有的法院允许收费，但对贫困儿童予以免除。④ 总的来说，在宪法规定教育"免收"或"不收学费"的州都允许收取书费，而在宪法规定"免费公立学校"的州则禁止收取书费。⑤

大部分法院支持学校有关供给活动的合理收费。⑥ 在有些案件中，收费的可接受性取决于这项活动是否被要求以及是否与学校的教育目标密切相关。蒙大拿州最高法院对这一原则说明如下。

> 一项设定的课程或活动是否与特定学校制度的学业或教育目标合理相关？如果是，则属于蒙大拿州宪法所规定的……免费公共教育体制的组成部分，所以不得直接或间接向学生或其父母收取附加费用。如果不是，则允许收取合理费用。⑦

当经费紧张时，学区可求助于如下经费削减手段，如延期维修建筑，裁减教职员规模。除了教育后果外，如果状况较差的房舍对健康和安全构成了威胁，维修延期也可能带来法律后果（参见12.6节）。人员规模也不能缩减到低于法律规定的水平之下（如，州成文法规定了最大班级规模以及联邦和州法律规定了对身心障碍学生的服务）。另外，由于财政紧急情况而需要进行的合格人员缩减，必须遵循关于强制裁员（参见10.6节）相关法律和合同的规定以及宪法和成文法中反歧视的法律（参见9.4节）。【338】

① Washington v. Salisbury, 306 S. E. 2d 600 (S. C. 1983).

② Oracle Sch. Dist. No. 2 v. Mammoth High Sch. Dist. No. 88, 633 P. 2d 450 (Ariz. Ct. App. 1981).

③ Concerned Parents v. Caruthersville Sch. Dist. 18, 548 S. W. 2d 554 (Mo. 1977) (en banc); Norton v. Bd. of Educ., 553 P. 2d 1277 (N. M. 1976).

④ Vandevender v. Cassell, 208 S. E. 2d 436 (W. Va. 1974).

⑤ Cardiff v. Bismarck Pub. Sch. Dist., 263 N. W. 2d 105 (N. D. 1978); Sneed v. Greenboro City Bd. of Educ., 264 S. E. 2d 106 (N. C. 1980).

⑥ Hamer v. Bd. of Educ., 367 N. E. 2d 739 (Ill. App. Ct. 1977).

⑦ Granger v. Cascade County Sch. Dist. No. 1, 499 P. 2d 780 (Mont. 1972).

在有些案件中，学校董事会由于资金短缺而决定提前结束学年。但是，在巴特诉州一案中，加利福尼亚州最高法院基于平等保护，拒绝允许学校由于资金缺乏而比日程表提前6周停课放假，裁定提前结束将会对该学区的学生“在教育服务和进步上造成空前极端的差距”。法院裁定该州有责任为该校提供贷款以保持学校按照学年日程运作。① 如果学校资金短缺是由于学校董事会管理不善，该董事会将以州法律规定的方式被解职。② 有些州的成文法还对州政府接管那些资金被地方学校董事会不善管理的学区做了规定。③

8.5 小结

各级政府在公共教育资助中都扮演一定角色。虽然联邦宪法未予规定，但国会选择向公立学校提供适当的资助。大多数联邦资助都采用专项补助和固定拨款的方式，并且是有条件的，即要求提供一定的项目，遵循一定的步骤，而且不存在针对特定群体的歧视。

为与本州宪法规定相适应，各州立法机构有责任对州公立学校保持适当水平的资助。尽管存在些许不同，一般立法机构都通过授权学校董事会在其学区内征收不动产税并用包含在整体规划中的州经费对地方财政收入予以补助。根据州及地方状况，学区经费可进一步得到由州立法机构规定和授权的市、县政府的直接转移支付的援助。

这个多层面、复杂的体制已引起各种诉讼。许多这样的诉讼，尤其在公立学校教育初期，主要涉及征税和使用权的问题，现在这一问题已得到很好的解决，国会有权使用税收资助学校，州立法机构有权代表学校进行征税，学校董事会仅仅拥有州立法机构明确授予的征税和使用权力。

近期教育财政领域最重要的诉讼和本章的主要焦点是涉及教育公平性
【339】与充分性的问题。在圣安东尼奥市独立学区诉罗德里格斯案中，联邦最高法院裁定，导致不同地区生均经费明显差异的州教育财政体制并不违背平

① 842 P. 2d 1240 (Cal. 1992).

② Tautenhahn v. State, 334 S. W. 2d 574 (Tex. App. 1960).

③ N. J. Stat. Ann. § 18A: 7A-10.

等保护条款。不过，由这一判例提出并在以后案例中得到了确认的一点是，在州管辖区域内全面拒绝任何儿童接受教育是违背宪法的。

起诉州教育财政体制合宪性的诉讼也被提交到大多数州的法院。这些诉讼指责地区间经费不公平在州内有些或所有学校中提供的教育项目的不充分性。这些诉讼都以本州宪法的平等保护条款或教育条款为依据。不考虑其具体诉称，这些诉讼产生了各种结果。有些州法院推定学校筹资方案合理，而不顾学区间筹集资金的权力和生均经费的广泛不均衡，其他法院则试图平衡这些财政指标。此外，还有州法院将其州宪法诠释为要求州立法机构向该州的每位儿童提供与其他儿童一样的既充分又平等的教育机会。有些法院甚至提出了关于什么构成充分教育的细节分析。

【340】 9

学校雇员的宪法和法定权利

从本章开始的连续三章讨论了学校与其雇员之间关系的法律框架。有关学校雇员待遇的法律有多种法源——州宪法和联邦宪法的条款、州和联邦的成文法以及普通法。例如：解雇一名终身任职教师必须具有州法律中特定的理由并遵循州法律、教师合同、集体谈判协议和宪法正当程序条款等要求的程序；解雇不可以侵犯教师的言论自由或其他宪法权利，或者违反联邦或州成文法中禁止在雇用中各种形式的歧视的规定。本章考察了教师及其他雇员的联邦宪法和法定权利；第 10 章分析了雇用和人事问题，如受雇、评价和解雇；第 11 章提出了对集体谈判、合同和职业工会作用的看法。

回顾一下宪法对政府控制个人行为权力的限制。在正常情况下，某些个人行为政府不可以约束，也不能制定某些法律。从个人的观点来看，对政府的这种限制是社会每个成员享有的公民权利和自由。学校管理者作为政府的代表，在对待学生和下属雇员时必须尊重他们的这些权利。

【341】 然而，与对待学生一样，学校有时在特殊情况下有必要在雇员的宪法权利和促进重要的教育目的之间取得平衡。另外，政府对其雇员的法定权力要比对普通公民的法定权力大。所以，存在这样的情况，即当学校董事会可以对教师提出要求和限制时，政府在一般情况下不能对公民提出此类要求和限制。

本章考察了在教育领域已经引发较大冲突和诉讼的有关宪法条款问题，包括言论自由、宗教自由、隐私权、《联邦宪法第四修正案》反对无理搜查和扣押的保护、《联邦宪法第十四修正案》对法律平等保护的保障。这一讨论包括了前几章中陈述的宪法原则和判例规则知识。

除宪法之外，大量的联邦成文法规范了公立学校的雇用行为。这些法律通过禁止以种族、民族、性别、宗教、身心障碍或者年龄为由的歧视来补充和扩展平等保护条款的要求。本章的第 9.4—9.7 节考察了公立学校雇用实践中联邦反歧视成文法的实施。

9.1 政治活动和非课程言论

学校董事会可以坚持要求雇员拥护董事会的政治和教育观点吗？必须允许学校雇员公开反对雇用他们的学校董事会的政策或直接批评其成员吗？必须允许教师向被动的学生听众发表或者提倡他们的政治观点或个人信仰吗？学校没有权利通过控制其教师的言论来灌输社会所选择的价值观念吗？公立学校管理者没有权利和义务保护学生免受他们不愿意接受的或危险的观点的影响吗？为了回答这些问题，法院必须在教育工作者的言论自由与学校促进其教育目标的权利之间取得平衡。与学生一样，其平衡在某种程度上取决于教师言论是在校内还是在校外，以及其言论是否是课程的组成部分。这一节所论及的教师言论自由发生在学校课程内容之外，下一节讨论了教师及其他学校雇员的课堂言论。

公立学校教师在社区总是成为敏感和显眼的角色。在新英格兰殖民地时期的公立学校，人们只有获得镇里的牧师提供的其宗教和道德诚实的证明才能当教师。各州虽然不再强调教师的宗教资格，但近代采用了与意识形态有关的测试。在实践中被设计的教师资格条件包括政治背景调查，具有危险或颠覆性质的组织成员不可获得教师资格，并且要求忠诚宣誓。【342】

为了适应当时时代发展的需要，20 世纪 50 年代联邦最高法院逐渐提出的这些做法是保护政府事务不被颠覆的宪法许可的方式。例如在阿德勒诉纽约州教育董事会案①中，联邦最高法院支持了纽约州的一项法律。该法律规定，任何“提倡、建议或传授”通过武力或暴力推翻政府的信条，以及组织或加入任何提倡该信条的团体的人都将失去在公共服务或公立学校中受雇用的资格。

在接下来的 10 年中，联邦最高法院改变了这些审查措施合宪的观点。

① 342 U. S. 485 (1952).

在 1960 年的谢尔顿诉塔克案[1]中，联邦最高法院禁止学校董事会要求教师断绝所有社团关系和组织成员关系。在 1964 年的巴格特诉布利特案[2]中，联邦最高法院禁止使用语义含糊的忠诚宣誓。

后来在 1967 年的凯伊希安诉董事会代理案[3]中，联邦最高法院朝着保护教师政治权利的方向迈出重要一步，即禁止州和学校董事会由于不受欢迎组织的成员关系而解雇教师，即使是那些具有暴乱或违法目的的组织的成员关系。法院判决，这种解雇可能侵犯教师结社自由的权利，而结社自由是言论自由的自然结果（参看 4.5 节）。学校可能会被允许因为教师具有“推进某组织的非法目的的具体企图”而解雇教师，但不能允许因为“只是成员关系”或者只是了解组织的非法目的而解雇教师。

然而，就像凯伊希安案、巴格特案和谢尔顿案等案件反对在教师身上强加意识形态资格的努力一样，联邦最高法院继续允许州或学校董事会要求“肯定式誓言”的宣誓。例如，维护和保卫宪法或者反对通过非法手段颠覆政府。[4]（否定式誓言，如“我从未成为具有颠覆性组织的成员”是不允许的。）法院也主张反对以平等保护条款为根据对州的一项政策提出起诉，该政策拒绝向具有资格，但申请美国公民身份被拒绝的外国人发放教师资格证书。[5] 所以，虽然没有人仅仅因为不受欢迎的组织成员关系——即使是提倡暴力推翻政府的那种——而被除名，但宪法允许要求教师进行文字明确的肯定式忠诚宣誓，或者保持或申请美国公民身份。

【343】 在一个与此相关的问题上，联邦最高法院明确肯定，一般而言公共雇员不可以因为其政党归属或政治信仰而被解雇、惩罚或受到奖励。所以，联邦最高法院寻求终结传统的政治赞助行为。这种行为在学校中意味着在市政或学校董事会选举后，学校管理者甚至教师也会被更换。对这一限制的最重要的例外是，某些职位“因有关公职有效操作的需要，政党归属是

① 364 U. S. 479 (1960).

② 377 U. S. 360 (1964).

③ 385 U. S. 589 (1967).

④ Cole v. Richardson, 405U. S. 676 (1972); Connell v. Higgenbotham, 403U. S. 207 (1971).

⑤ Ambach v. Norwick, 441U. S. 68 (1979).

适当之要求"①。以这些原则为基础，教师受到保护，不会因为他们支持撤销学校董事会的现任成员或者反对其连任而被解雇。② 某法院判决，在暑期雇用中拒绝雇用支持学校董事会中落选成员的教师是不允许的。③ 尽管有待商榷，学校董事会仍被允许更换与学校董事会在直接有关学校运作的议题上持不同政治观点的高层核心管理人员。

在卡斯尔诉殖民地学区一案④中，一个联邦地区法院禁止实施一项学校董事会的政策，该政策禁止学校雇员在任何时间内在学校从事政治活动。这一政策的目的是防止教师离岗到校内的投票点拉选票。该学校董事会辩称，这项政策是为了限制扰乱行为和保护投票人不受教师的不当影响。但是，案件中也存在董事会成员"对教师拥护并选举董事会竞选对手候选人颇为生气"的证据。法院做出了对教师有利的判决，认为（在该案中）言论自由的根本精髓面临损害，教师具有批评现任董事会的权利，并且具有向公众提供有关学校质量信息的独特地位。

由于具有利益冲突的巨大潜在性，学校雇员被禁止成为他们受雇学区的学校董事会的成员。⑤ 不过，不可以禁止他们到其他地区的学校董事会工作以及竞选或担任其他公职。⑥ 强制要求寻求或担任公职的学校雇员休假离职也是不允许的，除非可能是为任何旷日持久的外部雇用或活动而请假的基本要求的一部分。⑦

在大量的案件中，学校试图惩罚那些表达个人观点的教师。其中许多案件与教师对学校董事会的政策、课程项目或学区管理者的表现或者其他人员的问题的批评有关。学校的基本理由是，这种"沟通"可能破坏公众对学校管理者和学校政策的支持，或者损害学校的工作关系。 【344】

① Rutan v. Republican Party of Illinois, 497U. S. 62 (1990); Branti v. Finkel, 445U. S. 507 (1980); Elrod v. Burns, 427U. S. 347 (1976).

② Childers v. Indep. Sch. Dist. No. 1, 676F. 2d 1338 (10th Cir. 1982); Guerra v. Roma Indep. Sch. Dist., 444F. Supp. 812 (S. D. Tex. 1977).

③ Solis v. Rio Grande City Indep. Sch., 734F. 2d 243 (5th Cir. 1984).

④ 933 F. Supp. 458 (E. D. Pa. 1996).

⑤ Haskins v. State *ex rel.* Harrington, 516 P. 2d 1171 (Wyo. 1973); *see also* Rutan v. Republican Party of Illinois, 497U. S. 62 (1990); Branti v. Finkel, 445U. S. 507 (1980); Elrod v. Burns, 427U. S. 347 (1976).

⑥ Minielly v. State, 411 P. 2d 69 (Or 1966).

⑦ Allen v. Bd. of Educ., 584 S. W. 2d 408 (Ky. Ct. App. 1979).

(344~347) 在皮克林诉教育董事会一案①中，联邦最高法院发展了对这类案件的判决结构。皮克林是一名教师，他向地方报纸写了一封信，批评其教育董事会发布的教育基金政策以及提出的通过发行公债提高额外教育经费的要求。但信中指称的某些事实有误。听证之后，教育董事会以皮克林的行为"有损运作效能和学区……管理"为由，投票表决解雇了皮克林。作为对自己行为的辩解，教育董事会引述了皮克林信中的某些错误观点。他们认为这些观点诋毁了地方教育官员，不可原谅。另外，教育董事会认为，该信会扰乱教职员的纪律，试图在教师、教育管理者、教育董事会和当地居民中引起"对立、冲突和分歧"。皮克林以其行为受到《联邦宪法第一修正案》保护为理由反驳对自己的解雇。

在皮克林案的判决中，联邦最高法院面临着处理在教师表达自由权利与教育董事会关于雇用教师应该促进正当的教育目标的合理期望及学区政策之间取得平衡的任务。联邦最高法院分析，尽管教育董事会如是声称，但是皮克林的信不具有损害"上级的纪律和共事者之间的和谐"的可能性。教师和教育董事会之间以及教师和主管人之间的工作关系，"不是那种以其工作职能有必要要求其忠诚和信任的紧密关系"。联邦最高法院进一步指出，教育董事会也没有提出此信损毁了任何人的声誉或者引起了任何对立或冲突的证据。

皮克林的信中提出的最重要的问题如下。

包括学校董事会等在内的学校管理层对有关公共事务的意见，在社区中普遍投票存有疑问的情况下，是不能作为决定性意见提交的。在这类问题上，公开而自由的辩论对选举人了解所做出的决定是极为重要的。教师作为社区成员中的一个阶层，在应该如何使用分配给学校的经费上最有可能理解并形成明确的意见。相应地，他们能够就此问题自由地说出自己的意见而不用害怕报复性的解雇是绝对必要的。

在评估皮克林信中出现的明显的事实错误上，联邦最高法院再次指出，在公共辩论问题和由皮克林讨论的有关问题与学校日常运作事

① Supreme Court of the United States, 1968, 391U. S. 563. ——译者注

> 务之间存在的区别。况且，对学校管理者来说，数落教师有关其学校日常运作的错误言论可能会很困难。在皮克林案件中，不存在其读者会怀疑他是专业的或知情者的假设，而教育董事会只能公布事实真相。没有证据表明皮克林打算撒谎或者欺骗，他只是出了几个错而已。基于以上所有理由，联邦最高法院做出判决，“缺乏其是因故意或疏忽而发表错误言论的证据。一个教师行使其对重要的公共事务表达言论的权利不可以构成他从公共雇用关系中被解雇的理由”。对皮克林的解雇是违反联邦宪法的。

自从皮克林判例后，又有四个联邦最高法院判例有助于进一步界定学 【347】
校雇员和其他公共雇员受保护言论的范围。其中第一个判例是吉文罕诉西部联合学区①。在该案中，联邦最高法院主张，言论不必一定是在公共论坛做出才被视作与公共相关事务。所以，虽然有位教师对学校董事会在种族问题上的批评是在私下对校长表达的，但仍然受到《联邦宪法第一修正案》的保护。

第二个判例，也是这些案例中最有意义的，是康尼克诉迈尔斯一案②。迈尔斯是地区助理检察官，其被解雇的原因部分是缘于她在办公室里散发调查表，以争取同事对其上级的政策和做法的批评。联邦最高法院在判决此案时，根据皮克林判例，首先必须决定该问卷涉及的是否是与公共相关或具有公共重要性的事务。联邦最高法院认为，“雇员的言论是否强调了公共相关事务”，“必须取决于其所提出言论的内容、形式和语境……”。

在分析了该调查问卷后，联邦最高法院认为，其中提出的大多数问题 【348】
仅仅是个人怨言。大多数问题并未涉及在公共范围内正在进行的事务。这些问题既没有尝试直接告知公众重要的问题，也没有揭露不当行为或者违背公众信任的现象。另外，迈尔斯的言论仅仅是在其办公室的背景下，并且只是在接到她所不愿意的调动通知后。这表明其动机仅仅是个人的。联邦最高法院认为，在公共雇用背景下表达的个人怨言不构成公共相关事

① 439 U. S. 410 (1979).

② 461 U. S. 138 (1983).

务，“《联邦宪法第一修正案》不要求公共办公室的运作如同圆桌会议那样让雇员对所有内部办公事宜提出不满意见”。所以，联邦最高法院判决，仅仅反映个人怨言的问题，不受《联邦宪法第一修正案》的保护。

不过，在对问卷的分析中，联邦最高法院也发现有一个问题不仅仅是个人抱怨。这个问题是征询地区助理检察官是否总是在上级的压力下从事竞选活动，由此含蓄地指出了上级政府官员的错误做法。因为这一说法有关公共事务，所以有必要决定是否准许由于这一问题而使迈尔斯受到解雇。在该判决过程中，联邦最高法院试图在迈尔斯的权利和其办公室在“促进公共服务机构的服务效能”的利益之间寻求平衡。

联邦最高法院认为，公共部门雇主为言论自由需要容忍多少扰乱是有一个限度的。这个限度必须在个案中具体分析，取决于所提出的问题的重要性、言论导致扰乱的可能性、实际发生扰乱的程度和性质等因素。适用这些标准于迈尔斯的行为，法院发现其调查问卷只是在“最有限的范围”内强调了有关公共事务。该调查问卷属于不服从行为，可能并实际上导致了“小规模的反抗”的违抗行为，并且该问卷损坏了地区检察官办公室内的紧密工作关系。因此，法院认为，对迈尔斯的解雇没有侵犯她的言论自由权。

1987年，联邦最高法院进一步详细阐明了皮克林案和康尼克案的原则。在兰金诉麦克弗森一案①中，法院主张不能因为地方治安办公室的文职雇员在听到有人企图刺杀里根总统后，在电话中说“如果他们再暗杀他，我希望他们杀死他”就将其解雇。调查结果表明麦克弗森的议论涉及公共相关事务，法院指出，该议论是在强调里根行政管理政策的背景中做出的，而且“该言论的不当性或者争议性的特征与是否涉及公共相关事务的问题无关”。法院判决道，该评论实际或者潜在的扰乱作用是极其微小的，因为麦克弗森既非服务于机密的、政策制定的或公共接触的岗位，也
【349】没有任何迹象表明其言论使治安办公室的有效职能受到妨碍，或者其言论发生的背景会损害办公室的声誉。法院判决麦克弗森受到“言论自由”条款的保护，不准许其被解雇。

① 483 U. S. 378 (1987).

1994年，在沃特斯诉丘吉尔一案①中，联邦最高法院再次采用皮克林案和康尼克案原则进行判决，这是一个公立医院护士在工作时私下与一个实习护士谈话后被解雇的案件。医院声称该护士的言论打算阻止实习护士到医院的某一特定部门工作，并暗中损害该部门主管的威信的个人怨言。该护士则辩称她的言论与她所在部门未能遵循规定程序有关，所以是与公共事务有关的。法院以相对多数意见判决该护士的《联邦宪法第一修正案》的权利没有受到侵犯，因为医院为了决定该言论是否与公共事务有关曾经做出过“合理的、善意的”努力，并做出否定的结论。即使法院可能会持不同意见，“仍应允许政府雇主采用与法院证据规则不同的人事程序，而无惧于此类不同会导致承担责任”。再者，正如康尼克一案所指出的，如果雇主能够出示该言论具有扰乱性的实质性证据，即使是强调公共相关事务的言论也可以作为解雇的理由。法院认为，“使人们丧失到一个部门工作的信心”，“当然构成扰乱”，正如损害直接负责人威信的消极评价一样。

在公立学校环境中适用这些判例需要进行仔细的分析。为了决定学校雇员的非课堂言论是否受到保护，学校管理者必须以合理的善意尝试回答以下两个问题。第一，该言论是否与公共事务有关。如果不是，该言论不受保护，并可以合宪地作为惩戒雇员的理由。而如果是，就产生了第二个问题——考虑言论的内容、形式及其背景，在言论中雇员的利益与该言论实际的或潜在的扰乱作用哪一个更大。如果是前者，该言论受到保护；而如果是后者，该言论则不受保护。

虽然回答第一个问题并不容易，但至今所做的那些案例的判决表明法院会把对以下主题的评论视为公共相关事务：学校课程或大纲、学生的安全和身体健康、集体谈判引发的问题、指控学校或其他公共官员腐败以及一些公众已经在进行广泛讨论的问题。② 任何在法院审判或者公开听证中对公共机构列入日程的问题所做的评价也会被看作公共相关事务。③ 然而，【350】

① 511 U. S. 661 (1994).

② *See*, *e. g.*, Morfin v. Albuquerque Pub. Sch., 906 F. 2d 1434 (10th Cir. 1990); Jeffries v. Harleston, 52 F. 3d 9 (2d Cir. 1995); Levin v. Harleston, 770 F. Supp. 895 (S. D. N. Y. 1991).

③ Piver v. Pender County Bd. of Educ., 835 F. 2d 1076 (4th Cir. 1987).

第七巡回法院曾经判决关于学校政策对某雇员个人影响的言论不被视为与公共事务有关的言论。因此，由于课堂表现而受到批评的教师为了做出辩护而讨论其班级规模不被视为有关公共事务的言论。[①] 对与公共利益无关紧要问题的纯粹私人交流也不会受到保护。在某个案例中，法院支持对一个教师的解雇。该教师在工作时告诉她的同事她是双性恋者，且有一个女性爱人。法院判决这种私人交流是不受保护的言论。[②]

有关第二个问题，至少可以这样说：雇员提出的问题越重要，或者其提供的信息越有意义（如言论较有价值），法院似乎越愿意容忍某些扰乱。然而，雇员越是较多使用辱骂和斥责的语言，而且越是进行个人攻击，法院可以容忍的扰乱就越少。鼓动同事参与诸如非法罢工等违法扰乱活动的言论，像公开机密信息或私人文件的内容，或者包含明显的错误和蓄意谎言的言论一样，极少可能受到保护。即使言论所表达的是真实看法，如果具有扰乱性也足以遭到解雇，如某教师在表达对黑人的憎恨后被从主要是黑人的学校解雇一案。[③]

在有关“职务责任”方面，在制定政策职位工作的学校雇员（大多数管理者）比非政策制定雇员（教师和非专业人员）会受到较少的言论自由保护。第七巡回法院判决准许对某校长降级和最终解雇。该校长违抗主管的命令，公开批评学区重新拟订资助提案。法院认为，作为学区的政策制定者，该校长在即使是公共相关事务的问题上也应对其主管尽到“忠诚的义务”：“如果政策制定者个人以批评主管或其既定政策的方式对公共相关事务做出言论，那么《联邦宪法第一修正案》并不禁止对其予以解雇”。法院不认为其判决与皮克林案相矛盾，而是认为政策制定者公开表达对她的职责以及要求她努力实施的政策的不同意见，不证自明地具有潜在的扰乱性。事实上，这位校长的言论制造了教师工会和学校董事会之间的紧张状态。[④]

学校管理者不可以通过要求真正有关公共事务的问题在专门“渠道”

---

① Cliff v. Bd. of Sch. Comm'r of Indianapolis，42 F. 3d 403（7th Cir. 1994）.

② Rowland v. Mad River Local Sch. Dist.，730 F. 2d 444（6th Cir. 1984）.

③ Anderson v. Evans，660 F. 2d 153（6th Cir. 1981）.

④ Vargas-Harrison v. Racine Unified Sch. Dist.，272 F. 3d 964（7th Cir. 2001）.

进行解决，以求遏制教师对学校政策的公开批评。① 对雇员言论的规范也不可模糊或宽泛而有违宪法（参见 5.1 节），例如，禁止对同事和上级的“批评”。② 学校管理者还应该认识到已经有 40 个州通过了告密者法，以保护教师和其他公共雇员基于善意而报告违反法律、政府浪费或由于不利雇用对公共健康和安全造成特定危险的行为。③ 【351】

起诉解雇、降职、调动或谴责侵犯了他们的言论自由权的教师，首先必须证明按照联邦最高法院的皮克林案、康尼克案和其他相关判例创设的标准，他们的言论实际上应该受到保护。原告必须证明在董事会的处罚决定中，受保护的言论是实质性因素。如果一个原告在这两点上成功地站住了脚，举证责任就转移到了学校。如果学校可以证明即便没有教师的言论，仍然会做出相同的决定，那么学校即可确立优势证据。这就是说，学校管理者必须证实其行政行为是因其他原因而产生的，如因为该教师缺乏能力等。所以，一个教师不能因为其做出受保护的言论而受到处罚，但是，一个教师也不能因为只是做出受保护的言论而规避处罚。④ 这表明大量充分运用的当代判例都伴随着任何用于反对教师和其他雇员的不利行政行为。

9.2 学术自由和课堂言论

本书第 3 章表明了学校即使面临大多数父母和学生的反对，也具有控制自己课程的权力。那么教师如何呢？他们有权控制自己在课堂上所教的内容吗？或者还是由学校绝对控制？

教师具有掌握其课程和教学方法的权利的法律原则被称为“学术自由”。虽然美国大学教授按照惯例享有高度的学术自由，但中小学教师有较为适中的学术自由主张。尽管由于教师们主张学术自由而引发了许多判例，但没有任何法院认可教师享有控制基本课程内容或教学方法的宪法

① Brocknell v. Norton, 732 F. 2d 664 (8th Cir. 1984).

② Westbrook v. Teton County Sch. Dist. No. 1, 918F. Supp. 1475 (D. Wyo. 1996).

③ Tim Barnett, *Overview of State Whistleblower Protection Statutes*, 43 Lab. L. J. 440 (1992).

④ Mt. Healthy City Sch. Dist. Bd. of Educ. v. Doyle, 429 U. S. 274 (1977).

权利。

在卡里诉亚当斯-阿拉帕霍28-J学区教育董事会一案①中，法院判决
【352】教师们败诉。这些教师诉称他们的《联邦宪法第一修正案》权利受到侵犯，因为他们的学校董事会从批准为低年级和高年级选修文学课使用的大量书单中删去了10本书。该董事会规定，将解雇任何指定这些书用于教学、为学生阅读这些书给予学分、让学生在课堂上大声阅读或长时间讨论这些书的教师。法院虽然支持这一政策，但也指出教师在低年级和高年级课堂上必须有“某种自由表达的权利”。教师“不能被要求只是按照学校董事会准备或者批准的讲稿照本宣科……即便是在课堂中，只有存在要求优先权的政府合法利益，才能容忍对观点表达的审查和管制”。与此同时，法院称，“反映那些子女在受教育并支付了费用的父母的共同愿望的价值体系和教育重点”的学校课程是合法的。法院认为，如果学校董事会具有不提供特定选修课程的权力，正如其所做的那样，那么它也具有选择其所提供的课程的主要内容的权限。法院还认为，如果删去这些书体现出排斥特别理论体系的思想和哲学的相关作用，这个案件可能会有所不同。然而，教师们没有说他们被禁止研究整个代表作者群体，他们只是具有“不受董事会成员‘个人偏见’影响”的愿望。而法院认为这一愿望没有宪法基础。

在类似的米利肯诉埃弗里特学区主管一案②中，法院也判决教师败诉。这些教师希望他们自己设计的小组教学社会研究课程替代学校董事会批准的“传统的”课程。当向该校的学生提供两种课程选择时，大多数学生选择了传统课程。在判决该案时，法院指出教师希望通过的课程在内容和教学方法上显著地不同于传统课程（被建议的课程集中围绕“发现式方法”的运用——小组合作、独立阅读、写作和调查）。法院认为：“课程内容很明显是学校董事会自由决断的事务。”不过，法院有关教学方法的观点不那么绝对：“教师在采用教学技能上应该具有某种自由。”尽管如此，在回顾了各种相关案例后，法院表示赞同“学区具有指定课程内容和教学方法

① 598 F. 2d 535 (10th Cir. 1979).

② 611 P. 2d 414 (Wash. 1980) (en banc).

的权限"这一原则。法院进一步做出结论，如果非传统的教学方法损害了传统历史课程的范围，"这些教师可以被强制放弃他们自己偏好的方法而以更加传统的方法教授历史"。

这些判例并不意味着在课堂上学校总是能够将其选择的内容强加给教师。在一个判例中，联邦上诉法院保护了某教师拒绝参加学校组织的向国旗行举手礼的行为。法院认为，该教师的拒绝没有扰乱她的 10 年级班级，【353】部分是因为有另一个教师在教室里带领学生练习。① 然而，如果该拒绝被看成剥夺学生接受指定课程资格的行为模式，该教师就可能败诉了。②

虽然黑兹尔伍德诉库尔迈耶案（参见 4.3 节）是有关学生言论自由的，许多法院却依据该案确立的法律原则，即学校管理者可以控制"学校赞助的表达活动，只要他们的行为是合理地与合法的教育学理由有关的"，驳回了教师的学术自由起诉。某法院引述库尔迈耶案原则判决一个受到学校处分的教师败诉，因为该教师让学生扮演不正常的家庭角色，其中一个学生扮演同性恋，而另一个学生扮演未婚先孕者。③ 另一个法院引述库尔迈耶案原则和皮克林案原则，否认了一个教师在没有获得授权的前提下选择课堂阅读书目的权利。④ 第八巡回法院允许解雇一个教师，该教师因允许学生在课堂上表演学生写的包含大量渎神语言的节目，违反了学校董事会的政策⑤。一个州法院允许对一个教师重新分配工作，因为该教师不愿意不加批评地教授进化论，而对进化论进行批评不是课程的组成部分。⑥

有些法院在教师采用的教材或方法没有被事先告知是禁止的时候，保护了教师免遭解雇。这类判决遵循法定正当程序原则，即禁止处罚没有预先提醒被禁止的行为。例如，在金斯维尔独立学区诉库珀案⑦中，一个非长期聘用的高中教师用模仿角色扮演的方法教授美国南北战争后重建时期

① Russo v. Central Sch. Dist. No. 1, 469 F. 2d 623 (2d Cir. 1972).

② Palmer v. Bd. of Educ. of Chicago, 603 F. 2d 1271 (7th Cir. 1979).

③ Boring v. Buncombe County Bd. of Educ., 136 F. 3d 364 (4th Cir. 1998).

④ Kirkland v. Northside Ind. Sch. Dist., 890 F. 2d 794 (5th Cir. 1989).

⑤ Lacks v. Ferguson Reorganized Sch. Dist. R-2, 147 F. 3d 718 (8th Cir. 1998), *reh'g and reh'g en banc denied*, 154 F. 3d 904 (8th Cir. 1998); *see also* Erskine v. Bd of Educ., 207 F. Supp. 2d 407 (D. Md. 2002).

⑥ LeVake v. Indep. Sch. Dist. No. 656, 625 N. W. 2d 502 (Minn. Ct. App. 2001).

⑦ 611 F. 2d 1109 (5th Cir. 1980).

的历史。学校决定不与她续签合同，因为学校接到了大量有关模仿存在争议的投诉。法院主张该模仿是受到保护的言论，对其指控“不能给予支持，除非能清楚地说明她作为教师对该方法的使用是站不住脚的”。另一个法院也保护了一个教师。该教师邀请报告人到课堂讨论工业大麻，即使国家法律禁止持有大麻。①

在马尤诉基莉案②中，一个教师在黑板上写下了“fuck”一词，提问学生这个词是什么意思，并解释了这个词的定义。“性交”（sexual intercourse）在我们的文化中不是禁忌词语，但黑板上的这个词是忌讳的。该教师由此
【354】“说明在一定程度上禁忌词语可以阐释社会及其风俗”。该讨论的目的是帮助解释一本合法地指定给学生（阅读）的书的含义。地区法院发现该案涉及“不同专业意见下教学方法的使用”。该法院认为，在这样的案件中，“政府可以对教师予以停职或者解雇，但是不可以诉诸那样严重的处罚，除非政府能够证明通过规章或者其他形式，该教师得到过提醒不能使用那样的方法”。该地区法院发现该教师没有得到那样的警告，所以，判决被告重新雇用该教师。

并不是所有的法院都像库珀判例和马尤判例那样保护教师。克里泽克诉西塞罗-斯蒂克利第201镇属高中学区案③是有关一个非长期聘用教师没有被续聘的案件，因为该教师在中学英语课上向学生播放了一部含有裸体的、“庸俗下流的”和“性情景清楚的”限制级（R-rated）电影。该法院认为这里要考虑的是一个合理性的问题：学校由于该教师播放了这样一个电影而拒绝与其续签雇用合同是合理的吗？法院对这一问题的回答依据了以下两个方面的因素。

> 第一个因素是，在确定学校有权设定课程的条件下，学校是否能够合理地确定播放该电影违反了“基于合法的教育学考虑”……第二个因素是，处罚的严厉性……因为任何轻率行为而解雇教师是不合理的，这一轻率行为必须具有显著的重要性以致足以适用如此严重的

① Cockrel v. Shelby County Sch. Dist., 270 F. 3d 1036 (6th Cir. 2001).

② 323 F. Supp. 1387 (D. Mass.), *aff'd*, 448 F. 2d 1242 (1st Cir. 1971).

③ 713 F. Supp. 1131 (N. D. Ill. 1989).

处罚。

根据对该案事实的分析，法院判决学校做出这样的结论是合理的，即该教师的行为从合法的教育学的要求来看，是严重到足以不续签合同的。

当教师违背学校政策，蓄意拒绝就补充性教材获得事前批准时，容易受到解雇的处罚。[1] 教师如果在课堂上劝诱学生信仰宗教或进行宗教活动[2]，或者利用教室作为舞台唆使学生进行特别的政治活动[3]也可能被解雇。某法院准许解雇一个在课堂上暗示两个学生在校园内发生性关系的教师。[4]

学术自由的判例都是下级法院的判决。联邦最高法院从未主张《联邦宪法第一修正案》为公立学校教师设定了学术自由权利。如果现在联邦最高法院判决这一问题，其所认定的学术自由权利可能是非常狭窄有限的。
我们能够从黑兹尔伍德判例和拉斯特诉沙利文判例[5]中推断出这一结果，【355】
（后者）准许国会禁止接受联邦经费的医生与其病人讨论人工流产。

学校内的非课程言论

学校在决定教师教什么和如何教方面具有广泛的自由。但这是否意味着学校能够控制教师在工作中或在学生面前所有言论的内容？或者说教师有在同事和学生面前表达个人观点的权利吗？如他们在课外时间是否可以戴袖章、徽章或分发宣传小册子？

大多数法院认为，在学校内存在的非课程言论不应像课堂言论那样受到同等程度的控制。在判决教师校内非课程言论的诉讼方面，大多数案例采用了汀克诉德莫尼耶判例针对学生创设的方法（参见 4.2 节）：一个教

---

① Fisher v. Fairbanks North Star Borough Sch. Dist., 704 P. 2d 213 (Alaska 1985).

② Breen v. Runkel, 614 F. Supp. 355 (W. D. Mich. 1985); Marchi v. Bd of Coop. Educ. Servs. of Albany, 173 F. 3d 469 (2d Cir.).

③ LaRocca v. Bd. of Educ. of Rye City Sch. Dist., 406 N. Y. S. 2d 348 (App. Div.), *appeal dismissed*, 386 N. E. 2d 266 (N. Y. 1978); Birdwell v. Hazelwood Sch. Dist., 491 F. 2d 490 (8th Cir. 1974).

④ Miles v. Denver Pub. Sch., 944 F. 2d 773 (10th Cir. 1991).

⑤ 500 U. S. 173 (1991).

师的言论只要不是严重到或实际上扰乱了学校及其运作就应受到保护。所以，在得克萨斯州教师联合会诉加兰德独立学区一案①中，法院同意原告提出的学校禁止教师“在学日期间、在学校设施内，即使是在午饭时间或其他非上课时间”参与任何有关教师工会和组织的讨论是违反宪法的。学校禁止教师使用校内的邮件系统分发有关工会资料也是违反宪法的，因为不存在禁止使用该系统分发个人资料的原则规定，也不存在实际的或实质上的学校扰乱。不过，法院也指出，如果学区允许雇员以“工余时间”为依据参与工会宣传活动，可能会违反得克萨斯州宪法禁止给予私人组织公共资金的规定。

詹姆斯诉第1中心学区教育董事会案②不同于加兰德案。在该案中，教师的言论发生在教室内。与汀克判例一样，这个案子也是有关个人的，但这次是一个教师为抗议美国参与越南战争而在校内戴了一个黑袖章。当詹姆斯拒绝服从学校要他脱掉袖章的命令后，他被停职，并最终被解雇了。该学校董事会为其行为辩称，教师在课堂上发生的所有言论都是课程言论，学校对此具有广泛的控制权。

然而，法院持不同的看法。法院虽然同意学校董事会声称的课程控制权和教师没有权利用政治宣传和灌输取代履行分配给他们的职责的原则，
【356】但依然判定解雇是违宪的。法院指出，詹姆斯的行为既没有引起扰乱的迹象，也没有引起扰乱的理由。最重要的是，戴袖章对詹姆斯完成其教学任务的能力没有任何影响。法院说，为证明解雇是有正当理由的，“学校当局必须证明判定该教师的行为具有破坏学校规定课程合法利益的威胁的合理性基础”。然而，詹姆斯没有试图向他的学生进行宣传，并且由于詹姆斯所教的是成熟的11年级学生，他们了解袖章只是教师个人观点的标志，课程没有受到扰乱。再者，该学校董事会持有观点歧视的立场，因为它允许另一个教师展示一条支持美国外交政策的标语，而且解雇詹姆斯是给教室蒙上了“正统观念之柩衣”，直接违反了联邦最高法院在汀克判例中申明的原则。

---

① 777 F. 2d 1046 (5th Cir. 1985), *aff'd*, 479 U. S. 801 (1986).

② 461 F. 2d 566 (2d Cir. 1972).

在一个事实与詹姆斯判例有些相似的案例中，第九巡回法院判决教师败诉。该教师在学校的公告栏上张贴资料以反对“男女同性恋了解月”。学校曾张贴资料促进观察该事件，并且曾允许其他教师张贴有利于学校立场的支持性观点。法院认为，这里没有创造公共论坛，因为校长控制了公告栏（这一点是该案与詹姆斯案区别的关键）。在允许或禁止张贴什么资料方面，学校一直决定着希望说什么而不希望说什么。法院根据黑兹尔伍德判例指出，学校不被要求对其“准许”的有关言论持中立立场。① 如果该教师被禁止在非学校控制的论坛上表达他们的反对观点，如在放学后与其他教师谈话时，那么，这个案子就可能不同了。

9.3 隐私、道德和生活方式

在学校和雇员之间有两种类型的隐私问题可能导致冲突。第一类问题产生于当学校寻求对其雇员个人生活方式的选择和行为的控制时；第二类问题产生于当学校寻求获得雇员的信息而雇员又不愿意学校知道这些信息时。

许多州的成文法授权解雇有“不道德的”或“反职业的”行为的教师（参见 10.4 节）。这些在某种程度上模糊的分类，似乎授权解雇那些社区和学校董事会断定其行为或生活方式选择错误或不适当的教师。然而，某些个人的选择，不论社区可能如何看待它们，都会受到联邦宪法隐私权保 【357】
护。② 这不是指宪法对教师因为生活方式被解雇给予绝对豁免，而是指如果解雇涉及隐私权，学校必须对解雇提出特别充分的理由。

没有确定的释义或规则把受保护和不受保护的生活方式区分开来。有个法院支持学校要求男教师戴领带上课的着装规则。有个教师主张他享有《联邦宪法第一修正案》的言论自由权和《联邦宪法第十四修正案》的自由权，因而他不必戴领带工作。在支持《联邦宪法第一修正案》权利的主张中，该教师指出他拒绝戴领带“做出了有助于其教学的在当前事件上的

① Downs v. Los Angeles Unifed Sch. Dist., 228 F. 3d 1003 (9th Cir. 2000).

② Griswold v. Connecticut 381 U. S. 479 (1965).

表态”。法院认为这一象征性言论是含糊的和无确定目标的。而且，该教师还有一些其他更有效的沟通手段来向他的学生表达他的社会观点。“例如，他能够简单地告诉他们他关于当代美国的看法。如果他以有节制的方式这样做，没有影响他的教学职责，我们会面临一个非常不同的《联邦宪法第一修正案》权利的案件。”在对该教师的《联邦宪法第一修正案》权利与学校董事会“通过要求教师职业化着装行为，在促进尊重权威和传统价值以及课堂纪律方面”的利益之间进行比较权衡之后，法院判定对于促进这些目标，着装规则是一个合理的手段。

对于《联邦宪法第十四修正案》权利的辩称，法院认为不戴领带的自由利益没有多大的宪法重要性。“作为特殊信任职位的公务人员，教师在他们的职业生涯中可能会受到许多限制，而这种限制如果普遍适用则可能无效。”法院指出，该规则不影响教师工作以外时间的外表。① 同样，大多数法院会支持对教师的服装规定，除非这些规定是专横的、不合理的。所以，对拒绝停止穿短裙上课的教师的解雇获得了法院的支持。②

少数法院认识到，教师的发型作为受保护的利益，只有当其具有避免扰乱学校或者促进其他某些极重要的教育目的的需要时，才准许对其进行规范。③ 在一个这类案例中，三个教师在以隐私和平等保护为理由反对学校控制男教师发型及禁止蓄留胡须的规定方面提出了成功的诉讼。④ 不过，大多数法院说，发型和仪容的规定是准许的，除非教师能够证明这些要求对于有关学校的合法目的是不合理的——而这是教师通常不可能做到的举证责任。⑤

联邦最高法院的一系列观点已经建立起了这样一个原则，即作用于家
【358】庭、婚姻和生育的管理政策是不允许的，除非具有达到极重要的国家利益的必要性。根据这一原则，联邦最高法院否决了禁止节育、禁止流产、禁

---

① E. Hartford Educ. Ass'n v. Bd. of Educ. of East Hartford，562 F. 2d 856（2d Cir. 1977）.

② Tardif v. Quinn，545 F. 2d 761（1st Cir. 1976）.

③ Finot v. Pasadena City Bd. of Educ.，58 Cal. Rptr. 520（Ct. App. 1967）.

④ Conard v. Goolsby，350 F. Supp. 713（N. D. Miss. 1972）.

⑤ Domico v. Rapides Parish Sch. Bd.，675 F. 2d 100（5th Cir. 1982）.

止未履行儿童抚养义务人士结婚的法律。[1] 一般而言，学校只有在规定对于学校取得非常重要的教育目的是必要的时候，才可以在这些方面规范教师的行为。在一个案例中，联邦法院判决学区不能因为一个教师离婚而拒绝重新雇用她："有关婚姻和家庭关系事务是涉及受宪法保护的隐私权"。[2]

不过，学校对雇员婚姻关系规定中的某些情况是宪法允许的。在某案例中，联邦法院支持学区不再雇用一个教师的决定，该教师的妻子对他暴力殴打，并冲进教室威胁他的生命。法院否认了婚姻给予该教师"在公立中学的教室里进行家务争吵"的权利，尤其是一种"潜在的、激烈而危险的"争吵。[3] 另一个法院准许了学区调动一个与助理校长结婚的教师。该学区有一项政策，即禁止雇员管理近亲家属。法院做出结论说，这项政策的目的是杜绝"其他教职员感受到偏袒"。[4] 在另一个案例中，学区甚至不与一个中学校长续签合同，因为他与该校的一个女教师结婚。尽管学区避免利益与偏袒的冲突的努力事实上深深地影响了婚姻权利，但法院判决这项政策没有违反宪法。[5]

那么，为什么解雇有婚外性行为的教师是符合宪法的呢？有些法院虽然在社区不同意的情况下也驳回了因婚外性行为的解雇，但是，这基本上不是以宪法为理由。[6] 然而，在霍伦巴克诉卡内基免费图书馆一案[7]中，法院支持对两个公开通奸的图书馆雇员的解雇，而联邦最高法院拒绝重审此案[8]。声名狼藉或者公开通奸，看来似乎确实不是受宪法保护的权利。不过，法院保护未婚母亲不受解雇，驳回了认为该教师出现在课堂中可能会起到坏的"模范"作用并且鼓励学生进行性行为的辩称。[9]

---

① Griswold v. Connecticut, 381 U. S. 479 (1965); Roe v. Wade, 410 U. S. 113 (1973); Zablocki v. Redhail, 434 U. S. 374 (1978).

② Littlejohn v. Rose, 768 F. 2d 765 (6th Cir. 1985).

③ Mescia v. Berry, 406 F. Supp. 1181 (D. S. C. 1974), *aff'd*, 530 F. 2d 969 (4th Cir. 1975).

④ Solomon v. Quinones, 531 N. Y. S. 2d 349 (App. Div. 1988).

⑤ Keckeisen v. Independent Sch. Dist. No. 612, 509 F. 2d 1062 (8th Cir. 1975).

⑥ Erb v. Iowa State Bd. of Pub. Instruction, 216 N. W. 2d 339 (Iowa 1974).

⑦ 439 U. S. 1052 (1978).

⑧ *See also* Johnson v. San Jacinto Junior College, 498 F. Supp. 555 (S. D. Tex. 1980).

⑨ Avery v. Homewood City Bd. of Educ., 674 F. 2d 337 (Former 5th Cir. 1982); Andrews v. Drew Mun. Separate Sch. Dist., 507 F. 2d 611 (5th Cir.), *cert. granted*, 423 U. S. 820 (1975), *cert. dismissed*, 425 U. S. 559 (1976).

【359】 解雇同性恋教师的合宪性问题没有完全解决。有个法院判决宪法准许解雇一个向其他学校雇员透露其同性恋倾向的教师①；另一个法院则判定一项州的成文法过于宽泛，这个法律准许解雇“提倡、请求、强迫、鼓励或促进公开的或私下的同性恋活动”的教师，“这种活动制造了可能引起学童和学校雇员注意的实质性风险”②。有几个案例的判决主张认可了解雇公开参与同性恋活动或者在学校对其他成年人提出同性恋建议的教师的合宪性。③ 然而，俄亥俄州的一个联邦地区法院判决，仅仅因为同性恋性取向而解雇教师，侵犯了其《联邦宪法第十四修正案》法律平等保护的权利。④

在缺乏联邦法院判决控制的情况下，我们只能推论由于同性恋倾向或以非公开的、无恶劣影响的方式实际进行同性性行为而解雇教师的合宪性。我们认为，对有同性恋倾向的教师的解雇很明显是不合宪的。正如在9.1节中所指出的，宪法致力于广泛保护人们的信仰、情感、爱好和愿望。关于因实际参与同性恋性行为而予以解雇的问题尚不很明确，但联邦最高法院2003年判决某州不可以将同性恋性行为列为犯罪行为⑤，这表明解雇也可能不被允许。就最低限度而言，2003年的判决排除了学校以指称同性恋教师犯罪且是恶劣行为榜样为理由对其予以解雇的可能性（参见10.4节）。

一些限制雇员生活方式选择的学区规定受到了以宪法为理由的起诉：第五巡回法院支持学校在学年期间禁止教师校外兼职的政策。法院认为，就学校保证教师把他们的职业精力用于儿童教育方面的有关学校利益来说，该政策是合理的。⑥ 联邦最高法院批准了某学区要求其雇员居住在该学区内的政策。⑦ 有几个法院禁止解雇让其子女到私立种族隔离学校上学

① Rowland v. Mad River Local Sch. Dist., 730 F. 2d 444 (6th Cir. 1984).

② National Gay Task Force v. Bd. of Educ. of Oklahoma City, 729 F. 2d 1270 (10th Cir. 1984), *aff'd by an equally divided Court*, 470 U. S. 903 (1985).

③ Sarac v. State Bd. of Educ., 57 Cal. Rptr. 69 (Ct. App. 1967); Stephens v. Bd. of Educ., Sch. Dist. No. 5, 429 N. W. 2d 722 (Neb. 1988).

④ Glover v. Williamsburg Local Sch. Dist. Bd. of Educ., 20 F. Supp. 2d 1160 (S. D. Ohio 1998).

⑤ Lawrence v. Texas, 123 S. Ct. 2472 (2003).

⑥ Goseny v. Sonora Indep. Sch. Dist., 603 F. 2d 522 (5th Cir. 1979).

⑦ McCarthy v. Philadelphia Civil Serv. Comm'n, 424 U. S. 645 (1976).

的公立学校雇员①，另一个法院则做出了相反的判决②。

《家庭和病假法》③寻求“工作场所要求与家庭需要之间的平衡，并在维护家庭完整方面促进国家利益”。该法“给予雇员由于医疗原因、生育或收养子女、照顾有严重健康问题的子女或者父母等原因请假的权利”。【360】“子女”这个术语包括亲生的、收养的、代养的子女和继子女及法定的受监护人，该法适用于任何雇员超过50人的公立学区或私立学校。一旦雇员工作满一年，离职前每年工作至少1250个小时，则受到该法的保护。在12个月期间内雇员可以请12周不带薪的假。雇员可以在学期中间歇性请假（如一次一天或两天），或者减少每周的工作量。请假安排必须与雇主协商，除非是“医疗必需”。对于缺勤会扰乱学校教学计划的教师和其他雇员，需接受特殊条款规定。当教师请假是“以有计划的医疗为基础而可以预见的”时，并且教师在一个教学周期内请假达20%以上工作日时，学校可以要求其请假不得超过其计划治疗时间的特定时间期限，或者要求雇员暂时调到其他可供选择的岗位。

雇员的调查、监督和搜查

学校可以有各种理由来查找有关其教师的信息。为了保护其学生，并避免在雇用和留任中玩忽职守（参见12.5节），学校可能希望调查现任或准备雇用的教师的行为，尤其是涉及儿童的犯罪、性或其他不良行为。为了评估其是否具备工作所要求的健康标准，学校可以要求了解现任教师或准备雇用的教师的身心健康或药品使用状况（参见9.6节）。为了确定教师没有逃避他们的职责或行为不端，学校可能想要使用公开或隐藏的电子监控技术或者监视教师在学校计算机系统中使用电子邮件或互联网站的情况。调查的需要可能与教师的这样一些行为密切相关：学校有合法理由试图防止诸如种族骚扰或性骚扰等行为（参见9.4节）；诸如侵犯版权等学校要承担法律责任的行为（参见3.7节）和监管学生不力的行为（参见

① Fyfe v. Curlee, 902 F.2d 401 (5th Cir. 1990); Brantely v. Surles, 718 F.2d 1354 (5th Cir. 1983).

② Cook v. Hudson, 511 F.2d 744 (5th Cir. 1975).

③ 29 U.S.C. § 2601.

12.4节）；存在可称为不道德的行为。

无论动机如何，学校收集和披露其雇员信息的做法引发了各种法律争议。《联邦宪法第十四修正案》保护个人隐私，禁止学校调查像婚姻、性等个人行为，除非具有非常有说服力的理由。正如弗拉斯坎普诉德宝公立
【361】学校一案①中那样，保护学生免受雇员不端行为伤害的需要就能够提供必要的理由。在该案中，联邦法院准许该学区调查一位女教师与其一位前学生之间毕业后的关系。在一些类似的案例中，无论是涉及搜集信息，还是涉及向公众披露信息，法院必须协调雇员的隐私利益和学校及公众需要之间的冲突。②

多瑞诉史密斯一案③是有关一名校长被要求接受精神病学检查以作为其继续被雇用的条件。该校长曾经与其他管理者和一个儿童发生过动作激烈的争吵，也曾受到过许多父母的投诉，还曾承认遭受过压力的痛苦。在发现所要求的检查并不侵犯该校长的隐私权后，法院强调学校董事会行为的目的在于保障学生和教师在校内的安全。法院写道："如果学校（董事会）有理由相信教师或管理人员可能使受其指导的学生的利益受到危害，学区就可以无可非议地把强制该教师或管理人员进行精神病学检查作为继续雇用的条件。"法院还指出，精神病学医生的报告没有公开，且该校长获得有利报告后恢复了工作。不过，法院进一步假设，如果学区试图从精神科医生那里获得校长的个人信息的原因与学生利益无关，该校长的隐私权就被侵犯了。除了在多瑞一案中讨论的宪法限制外，1973年《康复法》和《美国身心障碍者法》都写入了对学校要求其应征雇员接受医疗或精神检测的权力进行限制的条款，某些州的成文法中也做了这样的规定。④

所有州都有**公开记录**方面的法律，要求像学区之类的公共事业除有个别例外，都必须公开记录作为公众仔细审查的对象。当一个学区接到依据

---

① 232 F. Supp. 2d 730 (E. D. Mich. 2002); *see also* Hughes v. North Olmsted, 93 F. 3d 238 (6th Cir. 1996).

② Sterling v. Minersville, 232 F. 3d 190 (3d Cir. 2000); Kallstrom v. Columbus, 136 F. 3d 1055 (6th Cir. 1998).

③ 842 F. 2d 9 (1st Cir. 1988); *see also* Lyons v. Sullivan, 602 F. 2d 7 (1st Cir. 1979).

④ Sch. Dist. No. 1 v. Teachers' Retirement Fund Ass'n, 95 P. 2d 720 (Or. 1939); Cude v. State, 377 S. W. 2d 816 (Ark. 1964).

公开记录法律提出的信息索取要求时，该学区也必须遵从法律予以公开或者以特定法律免除条款为由拒绝披露相关信息。有关正在调查的教师错误行为的记录可以是特别例外，这包括与完成的书面信息材料及决定相冲突的初步草稿和建议。某些教师的个人文件也可以包括在“个人隐私”的例外之中。

正如9.1节中所提出的，《联邦宪法第一修正案》保护的结社自由的权利，由联邦最高法院解释为禁止学校董事会要求教师披露他们的社会联系及其成员关系。① 学校不可以对拒绝说出他们是否是特定群体成员的教 【362】
师施以报复。教师也可以行使《联邦宪法第五修正案》中反对自证其罪的权利来拒绝回答雇主提出的可能导致对他们进行刑事起诉的问题。② 一个较早的联邦最高法院判例指出，学校雇主可以以不服从权威作为解雇的理由来应对《联邦宪法第五修正案》的权利行使。③ 然而，联邦最高法院随后的一些判决中虽然明确推翻了该判决，但是却建议学校雇主不可以因为行使《联邦宪法第五修正案》的权利而解雇学校雇员。④ 可是，如果一个教师被授予了刑事起诉的豁免权，那么教师拒绝回答有关学校合法事务的问题就可以以不服从权威来对待（参见10.4节）。

《联邦宪法第四修正案》保护个人免受政府不合理的搜查和扣押。新泽西诉T.L.O.一案确立了公立学校只有在具有合理的怀疑，且搜查将揭露不当行为的情况下才可以搜查学生这一原则（参见5.3节）。然而，这一原则同样适用于教师或其他学校雇员吗？

与这个问题紧密相关的判例是奥康纳诉奥尔特加一案⑤，尽管这个案件发生在医院，而不是公立学校。在该案中，一家公立医院的一个医生抗拒其雇主搜查他的办公室。虽然该判例不是产生于法院的多数意见，而只是不创设判例的相对多数意见，多数法官还是同意将反对不合理搜查和扣

---

① Shelton v. Tucker, 364 U.S. 479 (1960).

② Garrity v. New Jersey, 385 U.S. 493 (1967); Albertson v. Subversive Activities Control Bd., 382 U.S. 70 (1965).

③ Beilan v. Bd. of Educ., 357 U.S. 399 (1958).

④ Gardner v. Broderick, 392 U.S. 273 (1968); Lefkowitz v. Cunningham, 431 U.S. 801 (1977).

⑤ 480 U.S. 709 (1987).

押的《联邦宪法第四修正案》权利扩展用于公共雇员。相对多数意见建议《联邦宪法第四修正案》权利只适用于公共雇员具有合理隐私期望的方面，而判例的做出必须以案件的具体情况为基础。雇员对于个人封闭性容纳物的确具有合理隐私期望，例如手提包、锁闭的行李箱和公文包。然而，一个雇员有关书桌、储物柜、橱柜的隐私期望（程度）“可以因实际的办公室操作和方式，或因立法规定”而降低。有越多的其他雇员或管理人员越能够经常地进入这一领域，隐私的期望就越少。即使一个公共雇员有隐私的合理期望，只要搜查是“合理的”，其雇主还是可以采用搜查（手段）。

> 一般而言，当具有合理的理由怀疑搜查会找到雇员与工作相关不当行为的证据，或者搜查对于诸如重新取得所需的文件等与工作有关
> 【363】的非调查目的是必需的，主管搜查雇员办公室就是“一开始即被证明为合理的”……当“这一手段的采用与搜查对象有合理的关联，基于对（不当行为）性质的考虑而不是过分地侵入”，在其范围之内搜查将被允许。

奥康纳一案中相对多数意见和附和意见表明，大多数法院会接受为了既定的工作相关目的，如寻找必需物品，或者发现渎职的证据，合理地入侵被保护的领域。

由于奥康纳案不是发生在校园内，也由于该案并未形成多数意见，因此它并没有完全解决《联邦宪法第四修正案》对教育者的适用问题。尽管如此，从该案中还是可以清楚地看到学校雇员在他们带到学校的手提包、公文包和其他个人包袋方面具有合理的隐私期望。至于书桌、文件柜、储藏室和储物柜等是与其他雇员共享的，可能就不存在合理的隐私期望。在确实存在合理隐私期望范围才适用《联邦宪法第四修正案》的规定，因而搜查的进行必须只与上述所引的“合理理由”检验保持一致。

学校检查其雇员在校园计算机系统中收发电邮的做法引出了许多法律问题，大多数没有彻底判决。与个人受密码保护的账户相比，从一般学校账户发出和接受的信息可以被认为是“清晰可见”的，因为这时信息可能向广大观众散发或进入聊天室，所以并不受到《联邦宪法第四修正案》保

护。发送给学校管理人员的信息因为已经自愿披露，所以也不受到《联邦宪法第四修正案》的保护。[①] 对于用教师个人账户在个人之间发送的信息，应该像对电话信息那样来对待，只有满足奥康纳判例标准时学校才能检查。[②] 如果教师希望进入校园电子邮件或计算机系统，学校要求他们放弃《联邦宪法第四修正案》的权利是不允许的。[③] 通称为1986年《电子通信隐私法》[④]（ECPA）的联邦成文法基本上禁止窃取通过电话或电子邮件传送的信息。[⑤]

电子监控的使用也提出了《联邦宪法第四修正案》和成文法两方面的问题。在一个案例中，学校在一个“休息”室内隐藏设置了一架摄像机，以检查管理员是否怠工。法院判决这一做法没有违反《联邦宪法第四修正案》，因为管理员在一个对所有人都可用的休息室内不具有合理的隐私期望。法院认为，即使适用《联邦宪法第四修正案》，搜查也是合理的，因 【364】
为学校有证据证明在摄像机工作时间该管理员是懈怠的。[⑥] 雇员对私人休息室或者公共休息室的私人范围具有合法的隐私期望。[⑦] 虽然《电子通信隐私法》涵盖了录音设备，但当其明显置于工作场所时，录音设备就没有违反法规。

学校雇员的**毒品检测**是《联邦宪法第四修正案》所指的一种搜查。如果学校管理者具有合理的证据，怀疑某个学校雇员在学校处于毒品麻醉状态或者拥有毒品或酒精，那么要求进行检测并不违反《联邦宪法第四修正案》。所以，在通过缉毒犬在某教师的车里查到毒品，并在随后的搜查中在其车上的烟灰盒内发现了大麻之后，学校对该教师的检测得到了第十一

① Smyth v. Pillsbury Co., 914 F. Supp. 97 (E. D. Pa. 1996).

② U. S. v. Charbonneau, 979 F. Supp. 1177 (S. D. Ohio 1997); U. S. v. Maxwell, 45 M. J. 406 (C. A. A. F. 1996).

③ *Compare* Wyman v. James, 400 U. S. 309 (1971).

④ 18 U. S. C. § 2510 –2522, *amended by* the Electronics Communication Privacy Act of 1986, Pub. L. No. 99–508, 100 Stat. 1848.

⑤ Steve Jackson Games, Inc. v. U. S. Secret Serv., 36 F. 3d 457 (5th Cir. 1994); U. S. v. Reyes, 922 F. Supp. 818 (S. D. N. Y. 1996).

⑥ Brannen v. Kings Local Sch. Dist. Bd. of Educ., 761 N. E. 2d 84 (Ohio Ct. App. 2001).

⑦ People v. Triggs, 506 P. 2d 232 (Cal. 1973).

巡回法院的支持。[①] 缺乏对具体个人的怀疑而对学校雇员进行随机毒品检测的做法，提出了更为棘手的问题。在塔尔沙县第1独立学区诉洛根一案[②]中，法院认定要求学校校车司机们进行年度"毒物尿检"并非"《联邦宪法第四修正案》所指的不合理……在保持校车司机免受毒品使用的影响方面，学校具有足够的安全利益，可以在并未直接怀疑具体雇员使用毒品的情况下，要求将毒品筛查作为其年度体检的一部分……"[③]

虽然同样合理的推理可能会证明工艺课或驾驶课教师的随机检测是正当的，但是大多数教师担任了"安全攸关"的职位吗？纽约州最高法院归结，学区规定对所有试用期教师进行毒品检测是一种不允许的、侵犯《联邦宪法第四修正案》权利的行为。[④] 而在判定教学是具有较少隐私期望的安全攸关职业之后，第六巡回法院支持了一所学校的教师毒品随机检测计划。[⑤] 第五巡回法院支持了一所学校要求对管理员进行毒品检测的规定。[⑥]

联邦**《学校和社区无毒品法》**1989年修正案[⑦]要求接受联邦资助的学校针对雇员和学生建立预防毒品和酗酒的计划。学校必须每年散发书面资料，专门说明拥有或分售非法毒品与酒精是违法的；说明违反法律的法律惩罚；解释使用毒品和酗酒的健康风险；列举可参加的咨询计划；学校警告将对毒品持有者和使用者提出自己的惩罚措施。虽然该成文法没有要求学区设立毒品测试，但是它却要求对违反毒品和酒精规定的雇员和学生予以惩罚。【365】

9.4 种族、族裔和性别

不利的雇用决定可以引起种族、族裔、性别、身心障碍、年龄或宗教

① Hearn v. Bd. of Pub. Educ., 191 F. 3d 1329, *reh'g denied*, 204 F. 3d 1124 (11th Cir. 1999).

② 789 P. 2d 636 (Okla. Ct. App. 1989).

③ *See also* Skinner v. Railway Labor Executives' Ass'n, 489 U. S. 602 (1989).

④ Patchogue-Medford Congress of Teachers v. Bd of Educ. of Patchogue-Medford, 510 N. E. 2d 325 (N. Y. 1987).

⑤ Knox County Educ. Ass'n v. Knox County Bd. of Educ., 158 F. 3d 361 (6th Cir. 1998).

⑥ Aubrey v. Sch. Bd. of Lafayette Parish, 148 F. 3d 559 (5th Cir. 1998).

⑦ 20 U. S. C. § 1145g.

歧视的起诉。原告可以质疑不平等的工资制度或者不予雇用、晋升、转岗、降职或解雇的决定。这类诉讼可以基于平等保护条款，更经常的是基于一个或更多禁止特定歧视形式以及其他不公平雇用行为的联邦成文法。为了最大限度获得胜诉机会和潜在的赔偿，许多案例援用了宪法和成文法两方面的规定。对成文法的服从通常保证了对宪法权威的服从。但是，在某些情况下，平等保护条款或其他宪法条款制定了更为严格的要求。有些州具有在雇用中提供保护、反对歧视的宪法和法定条款。这些条款偶尔也比联邦法律更为严格。

本节以下部分基于种族、族裔和性别因素分析歧视问题，9.5—9.7节分别分析以宗教、身心障碍和年龄为基础的有关歧视的法律。

1964年《民权法案》第7章禁止在公共和私人雇用中以种族、性别、肤色、宗教或国别出身为基础的歧视。[①] **1991年《民权法案》**以附加性反歧视要求对**1964年《民权法案》**第7章做出补充。[②] 1964年《民权法案》**第6章**[③]也禁止在雇用中的性别歧视。**1978年《怀孕歧视法》**[④] 禁止雇主以怀孕为由的歧视，并且明确指出《民权法案》第7章中禁止性别歧视的规定涵盖以“怀孕、分娩或相关医疗状况”为由的歧视。[⑤]

联邦政府承担实施禁止雇用歧视的联邦法律职责的是**平等雇用机会委员会**（EEOC）。对雇用歧视的申诉必须首先向该委员会或州的相关公平雇用机构提出。如果平等雇用机会委员会最终未能作为或者选择不提起诉讼，雇员就可以到法院提起私法（民法）诉讼。

《民权法案》第7章申明：

> 雇主的下列雇用行为是不合法的：（1）由于其种族、肤色、宗教、性别或出身国别……而未能或拒绝雇用或解雇任何个人，或者在雇用的报酬、期限、条件或权益等方面对任何个人予以歧视……[⑥] 【366】

---

① 42 U. S. C. § 2000 (e).

② 42 U. S. C. § 1981.

③ N. Haven Bd. of Educ. v. Bell, 456 U. S. 512 (1982).

④ 42 U. S. C. § 2000 (e).

⑤ *See* Mitchell v. Bd. of Trustees of Pickens County, 599 F. 2d 582 (4th Cir. 1979).

⑥ 42 U. S. C. § 2000e-2 (a) (1).

至于《民权法案》第7章是否禁止以性取向为理由的歧视则存在不同意见。大多数联邦法院在分析这一问题时主张《民权法案》第7章不禁止。[①]

下列目录列出了主要的案例类别——无论是以种族、肤色、宗教或性别为理由，还是以国别出身为理由——它们都可以在《民权法案》第7章的保护之下。附在提纲下的内容阐释了各个种类或案件，包括法律如何在雇员和雇主之间分配举证责任，以及可能要求双方提出的证据类别。

Ⅰ. 个体的差别待遇

A. 公开的

1. 正当的职业资格

2. 积极性行动

B. 秘密的或隐藏的动机

C. 混合动机

Ⅱ. 典型或惯例

A. 差别待遇

B. 差别影响

Ⅲ. 性别或种族骚扰

A. 交换性（的骚扰）

B. 敌意环境（的骚扰）

个体的差别待遇（DTI）

个体差别待遇的标志性判例是雇主以种族或性别为理由做出故意歧视

① Simonton v. Runyon, 232 F. 3d 33 (2d Cir. 2000) (holding sexual orientation is not covered under Title VII); Bibby v. Philadelphia Coca-Cola Bottling Co., 260 F. 3d 257 (3d Cir. 2001) (same); Spearman v. Ford Motor Co., 231 F. 3d 1080 (7th Cir. 2000) (same); Williamson v. A. G. Edwards & Sons, 876 F. 2d 69 (8th Cir. 1989) (same); Desantis v. Pac. Telephone & Telegraph Co., 608 F. 2d 327 (9th Cir. 1979) (same); U. S. Dept. of Housing & Urban Development v. Federal Labor Relations Authority, 964 F. 2d 1 (D. C. Cir. 1992) (same); *but see* Rene v. MGM Grand Hotel, Inc., 305 F. 3d 1061 (9th Cir. 2002) (en banc) (plurality opinion) (holding sexual orientation is covered under Title VII); Nichols v. Azteca Restaurant Enterprises, Inc., 256 F. 3d 864 (9th Cir. 2001) (same).

的行为。① 个体差别待遇判例可能涉及公开的或不公开的歧视。1991 年《民权法案》修正了第 7 章，允许个体差别待遇案的原告不仅可以寻求推翻歧视性的决定、诉讼费用和律师费，而且可以寻求赔偿损失，以及要求陪审团审讯。②

在**公开的个体差别待遇**判例中，雇主公开地以种族和性别为基础给予不同待遇。例如，某校可能坚持女生的运动教练必须是女性，因此拒绝雇用具有同样资格的男性。像这样的案例中，起诉一方不必证实性别或种族是雇用决定的标准，因为这是被承认的。问题的关键是学校是否有充足的理由使用这一标准。【367】

《民权法案》第 7 章明确允许当性别是**正当职业资格**（BFOQ）时，性别可以成为雇用决定的基础，而种族绝对不可以是正当职业资格。联邦最高法院曾经指出，正当职业资格的例外应当是在严格限制的案例中，雇员的特定性别对“一个特定行业或企业的正常运作是合理、必需的”。③ 有个判例驳回了拒绝女性修理电话线路。法院指出，核心问题是雇主是否“具有事实依据来相信全部或基本上全部女性都不能安全地、充分地完成这项工作所要求的全部职责”。④ 在另一个判例中，法院支持性别作为某大学雇用夜间安全管理者的标准，因为强奸犯罪受害人在向女性顾问报告袭击行为时会自在一些。⑤ 类似的推论是在学校节育诊所中，同样性别的顾问是正当的要求。学校中的少数工作，如管理更衣室和盥洗室的职位可能会使性别成为正当的职业资格。

另一类公开的个体差别待遇的判例对**积极性行动**项目提出了异议。积极性行动项目通过给予特定性别或种族优先考虑以寻求弥补过往歧视造成的损害。对积极性行动项目的反对可以是依据《民权法案》第 7 章或者宪法平等保护条款提出的。在麦克唐纳-道格拉斯公司诉格林一案⑥中，联邦最高法院

① Tex. Dep't of Community Affairs v. Burdine, 450 U. S. 248 (1981).

② 42 U. S. C. § 10201.

③ Dothard v. Rawlinson, 433 U. S. 321 (1977); UAW v. Johnson Controls, Inc., 499 U. S. 187 (1991).

④ Weeks v. Southern Bell & Tel. Co., 408 F. 2d 228 (5th Cir. 1969); *see also* Hayes v. Shelby Mem'l Hosp., 726 F. 2d 1543 (11th Cir. 1984).

⑤ Moteles v. Univ. of Pa., 730 F. 2d 913 (3d Cir. 1984).

⑥ 411 U. S. 792 (1973).

为处理依据《民权法案》第7章提出的案件形成了以下三步骤结构。

1. 起诉人……必须依据法律承担证实表面证据确凿之种族歧视案件的初始责任（提供足够的证据，除非其被其他证据所驳倒）。这可以通过以下几方面做到：（ⅰ）他是少数民族；（ⅱ）对于雇主正在招聘的工作，他提出申请并具有资格；（ⅲ）尽管他具有资格，但是他被拒绝雇用；（ⅳ）他被拒绝后，该职位仍然空缺，而雇主继续从与起诉者同样资格的人中寻找申请人……

2. 然后举证责任转移到雇主，其清楚地表达对受雇者的拒绝是合法的、非歧视性的理由。

3. 一旦雇主提交自己的辩解，受雇者必须证明其辩解是不当故意歧视的借口。

在约翰逊诉交通服务部一案①中，男性原告抱怨道，他比获晋升的女
【368】性更具有资格，但因为他是男性而被拒绝晋升。然而，法院却支持了运输机构为增加作为“熟练工艺工人”的女性雇员数量而明确采取的积极性行动。法院同意在“传统隔离”的职业类别中，女性代表数量过低，存在“明显失调”。法院也指出，性别只是这一雇用决定中的一个因素，而这一计划是暂时的，并且没有配额。

威甘特诉杰克逊教育董事会一案②与约翰逊案大约同时提出，但该案是根据平等保护条款而不是《民权法案》第7章提出的。

（368～371） 在威甘特一案中，一个面临减少教职工规模的学区保留了一些近期雇用的少数族裔教师，同时让一些较年长的白人教师离职，完全根据种族给予了保留职业的优先权，而没有考虑诸如特长等其他标准。下级法院已经赞同学区行为，认为这是以合理的方式促进合法目标的实现，即为少数族裔学生提供模范榜样。但是，联邦最高法院推翻了

① 480 U.S.616（1987）.

② Supreme Court of the United States，1968，476 U.S.267. ——译者注

这一判决。联邦最高法院指出，下级法院采用的“合理性”标准在判决该案时没有做出正确的检验。一个以种族为基础的积极性行动计划，像任何以种族为基础的分类一样，必须依照严格的审查而定。按照联邦宪法规定，种族分类“必须由迫切的政府利益证明是公正的”，并且是“为达到目标做出的有限制的调整”（参见本书第6章）。

对威甘特一案中的事实适用这一标准，联邦最高法院会发现没有政府的迫切利益来证明该积极性行动计划是正当的。学校在保证教职员的种族构成时与保持学生团体的种族构成类似，没有迫切利益。如果这样做是正当的，那么所有的白人学校会证明仅以种族为理由拒绝黑人教学申请人是正当的。如果一所学校具有弥补过去雇用中歧视的责任，那么有利于先前不利种族的积极性行动计划必须经过严格的审查。但这种情况在威甘特案中并不存在。法院进一步指出，该案与其说是给予离职的优先待遇，不如说更像接受与雇用有关的积极性行动计划。在前一案例中，其“责任……是向相当大范围的社会发散”，而在后一案例中，责任只是具有个别“合法个体”的性质。

威甘特案的推理指出，如果约翰逊案根据平等保护条款而不是《民权法案》第7章提出，其结果可能会相反。但是这不具有法律意义，因为法律不能授权政府做出宪法不允许的行为。联邦最高法院在里士满诉J.A.克罗森公司案①中略微厘清了这一情况，判决公共雇主的积极性行动计划只有在以下三种情况时才是合宪的、被允许的：（a）雇主采取的计划是对其以往明显种族歧视的纠正（而非对以往社会种族歧视作用的矫正）；（b）因为种族中立政策的无效，必须纠正以往的歧视；（c）严格限缩适用范围以纠正过往歧视，既不帮助未受歧视对待的人，也不对无辜的人造成不必要的伤害。 【371】

第三巡回法院将这些标准适用于一个根据《民权法案》第7章提出诉讼的案子，判决一个应对财政危机的学区败诉。该学区以种族作为标准，要求一名白人教师离职，而非一名具有同样资历的黑人教师。法院驳回了

① 488 U.S. 469（1989）.

该学区的积极性行动计划，因为该计划并非为弥补过去的歧视而设计，而是作为达到教职工多样性期望的手段，其并未有效限制在适当的时间或范围之内，而其中强加于无辜的白人教师的损害却是实质性的。① 虽然这一案例从未提交到联邦最高法院，因为双方同意和解，但是我们相信，联邦
【372】最高法院会同意第三巡回法院做出的判决，即公共雇主的积极性行动计划只有满足里士满案标准才是《民权法案》第7章所允许的。在任何案例中，公立学校积极性行动计划必须与里士满案标准保持一致，才不致违背平等保护条款。

为使教职员达到期望的多样化水平或纠正整体社会中种族歧视长期历史的目的而设计的学校积极性行动计划，现在看来是违宪的。不过，当学区在过去雇用中存在种族歧视时，积极性行动计划在该有过失学区中是被允许的。学校中，包含以种族为基础的教师在学校之间调动的积极性行动计划也可以被用作法院下令的种族融合计划的一个要素。然而，当已经实现反种族隔离，而且该学区已经被法院认定为“种族融合”时，这个学区就不可以继续采用以种族为基础的雇用决定（参见6.4节）。②

在积极性行动和其他公开的个体差别待遇案件中，起诉人不必证明雇用决定是以种族为依据的，因为这是已经承认的。在**秘密或隐藏动机的个体差别待遇**案件中，虽然起诉人诉称种族和性别考虑影响了雇用、解雇、晋升、薪资或者其他雇用决定，但是没有直接证据，起诉人要承担提供雇主故意歧视证据说服法院的责任。判决使用前述的麦克唐纳-道格拉斯案件的三步骤结构来做出。起诉人承担初始责任，证明其为表面证据确凿的有歧视意图的案件。起诉人只需要证明，他们被某个他们有资格的职位拒绝；他们不必证明他们是最有资格的候选人，或者与被选择的人具有同样的资格。③ 如果起诉人获得成功，雇主要通过为其决定提供非种族歧视的原因，去尝试驳倒该表面证据确凿的案件。雇主无需说服法院其做出决定

① Taxman v. Bd. of Educ. of Piscataway, 91 F. 3d 1547 (3d Cir. 1996), *cert. granted*, 521 U. S. 1117 (1997).

② Kromnick v. Sch. Dist. of Phila., 555 F. Supp. 249 (E. D. Pa. 1983).

③ Mitchell v. Baldrige, 759 F. 2d 80 (D. C. Cir. 1985); Abrams v. Johnson, 534 F. 2d 1226 (6th Cir. 1976).

的动机的确是基于已被提出的原因，而仅需要提出与行为动机相关的真实问题。①

如果雇主这样做了，原告可以尝试表明雇主的理由是证明其故意歧视是公正的借口。在1993年，联邦最高法院对秘密的个体差别待遇案件的应用结构做了如下解释。

> 然后假设雇主承担为其行为提供无歧视理由的责任，其程序的关键……将是陪审团是否可以结合以下方面推断歧视：(1) 原告的表面证据确凿的案件；(2) 原告提供的任何抨击雇主为其行为提供解释的证据；(3) 可能有利于原告的任何其他歧视证据（如雇主方面歧视言论或态度等独立证据），或者任何有利于雇主的相反的证据（如在雇用公平机会方面有明显的过往记录的证据）。②

证明雇主提出的理由是借口的最一般方法是，表明条件相似的不同种族或性别的个人比原告获得了更有利的待遇（例如，如果学区解雇一个不适当地使用了病假的黑人雇员，却不处罚具有类似错误行为的白人雇员③）。如果提出的理由只是一个错误（例如，学区以实际并不存在的预算赤字为由要求西班牙裔教师离职④），那么也可以证实其为借口。视原告案件的整体实力而定，如果能够证明雇主的理由为借口，尽管并非总是，但是通常足以支持认定存在歧视。⑤ 【373】

在理德勒诉奥利维亚第653公立学校一案⑥中，一位男性在申请学校厨师的工作被拒绝后，针对学校提出了性别歧视的诉讼。理德勒通过证明以下内容来初步推论他的初始案件：他是一个被保护群体（性别）的成员，他曾经申请过该工作，并且他受到过厨师培训，有过几次厨师职业经

---

① Tex. Dep't of Community Affairs v. Burdine, 450 U. S. 248 (1981).

② St. Mary's Honor Cent. v. Hicks, 509 U. S. 502 (1993); *see also*, Fisher v. Vassar College, 114 F. 3d 1332 (2d Cir. 1997).

③ *See*, *e. g.*, Abasiekong v. City of Shelby, 744 F. 2d 1055 (4th Cir. 1984).

④ *See*, *e. g.*, Hallquist v. Local 276, Plumbers, 843 F. 2d 18 (1st Cir. 1988), *aff'g*, Hallquist v. Max Fish Plumbing & Heating Co., 46 Fair Empl. Prac. Cases (BNA) 1855 (D. Mass. 1987).

⑤ Reeves v. Sanderson Plumbing Prods., Inc., 530 U. S. 133 (2000).

⑥ 432 N. W. 2d 777 (Minn. Ct. App. 1988).

历（包括在国民警卫队中参与过相关大型烹调）；尽管他具备资格，但他没有获得面试（事实上没有男性申请者获得面试）；该工作给了一位女性；最终受雇的这位女性没有受过正规的烹调训练，而且她的经验只是局限于在一所学校临时工作和在教堂的志愿工作。学校提出的非歧视理由是，其选择该女性基于以下理由：先前作为厨师的经验（尤其是为很多人做饭）；先前在学区的雇用情况；申请者的工作记录及其可信赖程度。学校声称，按照这些条件，该男性申请者缺乏资格。

不过，理德勒能够证明上述解释是故意歧视的借口。记录表明，该学区从未雇用过男性厨师，并且该学区的其他几种职业（工作）基本上是性别隔离的。厨师长在提及某一厨房岗位时将其称为“三明治女孩”。对在该学区工作经历的要求产生了违法歧视的作用，因为该学校从未雇用过男性厨师，在任何情况下，这都是一种将既成事实合理化的行为：申请表中没有有关这一标准的信息要求，一位接受面试的申请者也不具有在该校从事临时烹饪的经验，而另一位的确具备此类经验的申请者却没有获得学区的面试。进一步说，学区要求有关工作记录条件的行为并不一致。尽管理德勒在国民警卫队工作过，但是没有获得面试，而获得面试的一位女性候选人没有家庭以外的工作记录。学区所提出的可靠性条件也不一致，该学区面试的一位女性申请者的工作稳定性记录并不比理德勒好。因此，法院
【374】判决学区对理德勒具有违反《民权法案》第7章的基于性别的歧视，学区要赔偿对他造成的损失并支付律师费。

原告能够采用很多因素作为故意歧视的证据：（a）缺乏一致的雇用申请条件（例如，对女性要求家庭责任对男性则不）；（b）使用主观标准排除一部分人的资格；（c）由单一种族或性别的评价人员做出选择判断；（d）缺少支持主观判断的客观证据；（e）特别调整标准以预先决定某一人事决定的结果；（f）设置的职业条件并非职业必需的要求；（g）原告客观上比所挑选的人具有更好资格的证明；（h）在类似决定中典型的统计证据。

这并不意味着《民权法案》第7章要求雇主必须雇用或晋升客观上最具有资格的雇员。主观条件只要是与工作要求相关的合法的、非歧视的评

价，也可以进入做出决定的程序。① 学校董事会并没有被严格限制必须按照上大学的最高学历和教师考试的最高分数来雇用候选人。

《民权法案》第7章特别禁止因为雇员反对违反《民权法案》第7章的行为，或者雇员起诉控告雇主歧视，或者雇员参与针对雇主歧视的调查或诉讼而对其进行歧视。在**报复性解雇**案件中，原告宣称之所以做出不利雇用决定，是因为原告主张《民权法案》第7章赋予的法律权利。在这一类案件中，法院适用修改后的麦克唐纳-道格拉斯案框架版本。要确认表面证据确凿的案件，原告必须证明他们的行为受到保护（例如主张《民权法案》第7章规定的权利），他们因此而遭受不利对待，并且受保护行为和雇用决定之间存在因果关系。②

在**混合动机的个体差别待遇**案件中，原告需证明雇用决定的做出部分地来源于歧视原因。例如，某学校可能倾向于聘任男性科学教师，女性原告可能比成功受聘的男性申请人缺少资格和经验。根据1991年《民权法案》，"当起诉一方证明种族、肤色、宗教、性别或者国别出身对于任何雇用是动机因素，即使还存在其他动机因素，该雇用行为的违法是成立的"。论证可以通过直接的或间接的证据。③ 不过，证据（例如，贬抑性的种族评论）必须被证明与引起诉讼的决定有联系。④ 如果雇主能够证明在不允许的动机因素不存在的情况下也会做出同样的决定行为，法院仍然不会判决推翻被起诉的决定，而只是判决终止不允许的行为和律师费。【375】

典型或惯例（PP）

在典型或惯例案件中，或是联邦政府提出民事诉讼，指控对特定种族、性别或其他受保护群体具有歧视的雇主，或是受保护的群体成员基于类似的理由发起共同起诉。被指为歧视的内容可以是有计划地对群体成员给予**差别待遇**，也可以是对群体具有**差别影响**的政策。典型或惯例案件采

① McCarthney v. Griffin-Spaulding County Bd. of Educ., 791 F. 2d 1549 (11th Cir. 1986).

② Ruggles v. California Polytechnic State Univ., 797 F. 2d 782 (9th Cir. 1986); Murray v. Sapula, 45 F. 3d 1417 (10th Cir. 1995).

③ Desert Palace, Inc. dba Caesars Palace Hotel & Casino v. Costa, 123 S. Ct. 2148 (2003).

④ Rayl v. Fort Wayne Cmty. Schs., 87 F. Supp. 2d 870 (N. D. Ind. 2000), *citing* Emmel v. Coca-Cola Bottling Co. of Chicago, 95 F. 3d 627 (7th Cir. 1996).

用麦克唐纳-道格拉斯案的结构进行审查。在差别待遇的典型或惯例案件中，原告的表面证据确凿案件通常以统计数据为基础。例如，在指控学区雇佣政策歧视黑人的案件中，起诉人必须“证明在教学职员的种族构成与相关劳务市场中有资格的公立教师人口的种族构成之间存在显著的统计数据的不一致”。① 在一个诉称晋升和薪水歧视类型的案件中，起诉人必须表明，当其他诸如资格和经验等变量保持不变时，在男性与女性之间不同的薪水只能解释为性别歧视。②

差别影响案件所“涉及的雇用行为在表面上中立对待不同群体，但是在事实上对一个群体提出比另一群体更为严苛的要求，并且这种行为不能由行业需要来证明其合理性”。③ 例如，某个种族或族裔可能会对排除大量族裔候选人的测试聘任教师的做法提出起诉。在国外出生的候选人可能对优先雇用说英语没有口音或在美国获得资格证书的教师的倾向提出诉讼。一位女性可能会反对寻求其配偶无工作的主管人员的做法——这在有些学区仍然可见。（不过，即使对某一性别群体具有差别影响，禁止雇用雇员配偶的规则依然是允许的。④）使用成员种族或性别构成不成比例的选拔委员会，也会导致差别影响的诉讼，特别是如果基本使用主观的选拔标准。⑤ 在差别影响案件中，不像差别待遇案件，不必证明故意歧视。差别影响案件不可以依据平等保护条款起诉，因为联邦最高法院认为差别影响本身并不违宪。⑥

【376】 按照《民权法案》第7章，要提出表面证据确凿的差别影响案件，原告必须证明雇主采取了特定的雇用惯例，对受保护的群体产生了有差别的影响，例如，“以显著不同于申请候选人的种族（或性别）模式选择雇用或晋升申请人”⑦ 的雇用前考试。什么算作显著的差别是有待争论的事情，

---

① Hazelwood Sch. Dist. v. U. S., 433 U. S. 299 (1977).

② Craik v. Minnesota State Univ. Bd., 731 F. 2d 465 (8th Cir. 1984).

③ Int'l Brotherhood of Teamsters v. U. S., 431 U. S. 324 (1977).

④ Sine v. Trustees of Cal. State Univ., 11 Fair Empl. Prac. Cases (BNA) 334 (E. D. Cal. 1974), *aff'd*, 526 F. 2d 1112 (9th Cir. 1975).

⑤ *See*, *e. g.*, Rowe v. Cleveland Pneumatic Co., 690 F. 2d 88 (6th Cir. 1982).

⑥ Washington v. Davis, 426 U. S. 229 (1976); Personnel Adm'r of Mass. v. Feeney, 442 U. S. 256 (1979).

⑦ Albermarle Paper Co. v. Moody, 422 U. S. 405 (1975).

但是原告必须证明——经常采用统计数据——依照概率本来不太可能出现的真实差别。当表面证据确凿案件成立时，雇主可以通过证明引起起诉的惯例是“与引起疑问的职位有关和符合工作需要的”来为自己辩护。①

虽然这一用语的准确含义并不清楚，一种看似有道理的解释是，引起诉讼的惯例必须与该职位具有明显的而非只是轻微的关系。例如，某雇主会为要求徒手提拿很重包裹的职业所进行的力量测试进行正当性辩护，即使这一测试排斥了大多数女性候选人的资格。

差别影响案件的第三阶段也是最后阶段，给予原告通过证实借口以胜诉的机会。起诉人必须说服法院引起诉讼的惯例对受保护的群体产生了不必要的不利影响，因为它事实上并未以任何明显的形式有助于雇主的业务。这一点可以通过这种做法来实现：或是表明被起诉的做法并没有选择能够最好地实现雇主合法（非歧视）的工作目的的雇员，或是证明存在其他不过度造成损害的测试或选择手段，同样可以服务于雇主的合法利益而不造成差别影响，但是雇主拒绝采纳。②

以下这个案例就是对一个教师提起的有关教师资格考试具有差别待遇和差别影响诉讼的判决。

理查森诉拉马尔县教育董事会案③是有关一名黑人教师因为没能通过由州教育董事会举行的旨在决定终身任职教师资格认证的考试，而没有被续约雇用获得终身任职教师岗位。该教师认为，在资格考试和教育董事会不重新雇用她的决定中，存在着差别待遇和差别影响。 (376～383)

法院否认了该教师差别待遇的控告，因为教育董事会能够对不雇用该教师提供合法的、非歧视性的理由：他们不愿意雇用一名不能通过州终身任职教师资格认证的教师。尽管如此，该教师却赢得了对差别影响的控告，因为法院发现：（1）运用考试去决定资格的适任和雇用会造成排除比白人教师更多的黑人教师在外的后果；（2）考试本身

① 42 U.S.C. § 2000e-2 (k) (1) (B) (ii).

② Albermarle Paper Co. v. Moody, 422 U.S. 405 (1975).

③ United States District Court, Middle District of Alabama, 1989, 729 F.806, *aff'd*, 935 F.2d 1240 (11th Cir. 1991). ——译者注

以及考核的方式不能显示其与一位成功教师应具备的个人能力充分相关。

【383】 理查森案是几个起诉教师标准化测试的案例之一。在这些案例中，起诉人经常胜诉，因为这类考试是被错误地使用，或者测试本身或最低甄选分数未经适当的有效确认。① 不过，在美国诉南卡罗莱纳州案②中，法院支持了使用全国教师考试确认教师资格并且设置教师薪酬等级。

根据《民权法案》第7章和联邦的另一部成文法——**《平等薪酬法》**③，在报酬方面的性别歧视都是违法的。当"对完成工作要求同样技能、努力和责任，并要求在相似工作条件下完成同等的工作"，却对男性和女性支付不平等的薪酬时，该行为是违反《平等薪酬法》的。然而，薪酬支付方面的差异，可能由四种辩护证明为公正的：根据资历支付的制度、特长支付制度、按工作数量和质量衡量的支付制度或者任何其他不是基于性别产生的因素。在教育领域最常见的平等薪酬问题是对男女教练支付不同的薪水。其解决有赖于有关的实际工作内容，如工作时间总量等，而不是工作说明。④ 诸如健康和退休金计划等附加福利也必须不是基于歧视而提供的。⑤

性别骚扰和种族骚扰

对《民权法案》第7章进行补充的行政规章就性骚扰做了如下规定：

> 当出现以下情况时，不受欢迎的性追求、要求性青睐和其他具有

---

① United States v. Texas, 628 F. Supp. 304 (E. D. Tex. 1985), *rev'd on other grounds*, 793 F. 2d 636 (5th Cir. 1986); York v. Alabama State Bd. of Educ. 581 F. Supp. 779 (M. D. Ala. 1983); United States v. North Carolina, 400 F. Supp. 343 (1975), *vacated*, 425 F. Supp. 789 (E. D. N. C. 1977).

② 445 F. Supp. 1094 (D. S. C. 1977), *aff'd mem.*, 434 U. S. 1026 (1978).

③ 20 U. S. C. § 206 (d).

④ Brock v. Georgia Southwestern College, 765 F. 2d 1026 (11th Cir. 1985); EEOC v. Madison Community Unit Sch. Dist., 818 F. 2d 577 (7th Cir. 1987); Perdue v. City Univ. of N. Y., 13 F. Supp. 2d 326 (E. D. N. Y. 1998).

⑤ Ariz. Governing Comm. for Tax Deferred Annuity & Deferred Compensation Plans v. Norris, 463 U. S. 1073 (1983); Los Angeles v. Manhart, 435 U. S. 702 (1978).

性特征的口头或身体行为[illegible]构成性骚扰：(1) 明确地或含蓄地提出服从这一行为是个人雇用的条件或前提；(2) 个人是否服从或拒绝这一行为成为影响本人雇用决定的基础；(3) 这一行为以无理干扰个人工作表现或者制造威胁的、敌意的或无礼的工作环境为目的或效果。①

正如这一规定所指出的，只有具有性特征的行为才可以被认定为性骚扰。一般性地制造不愉快、令人恼怒的工作氛围或者在全部工作成员中不论性别开与性无关的玩笑不会违反《民权法案》第 7 章的规定。② 界定一个行为是否是性骚扰的条件是，该行为必须是不受欢迎的。被骚扰者必须没有勾引行为，且必须告知骚扰者自己不愿意接受这种行为。对骚扰者的对抗或坚持不对其亲近做回应足以表达不受欢迎的意思。③ 一个人可以欢迎某种性亲近或行为，但这并不意味着所有这类行为都是受欢迎的。不过，有些法院并不认为主管者报复终止两相情愿性关系的雇员是性骚扰。④ 【384】

同一性别人员的行为也包括在《民权法案》第 7 章中，只要其符合性骚扰的定义。⑤ 同样，因为受害者不符合性别的典型特征而做出的骚扰也适用这一标准。⑥ 例如，一个男人在同事看来像是女性化的。不过，正如前文中所指出的，有些法院并不认为《民权法案》第 7 章涵盖了基于性倾向的骚扰。所以，在某些案例中，问题是骚扰者是否真正知道受害者的性倾向。根据《民权法案》第 7 章，同样的行为以性别的典型特征为动机做出可能不被允许，但基于性倾向做出可能不被禁止。⑦

有两种不同的性骚扰形式。在**作为交换条件的骚扰**中，雇员被要求以性交换职业利益、继续雇用或晋升。作为确定表面证据确凿的交换条件骚

---

① 29 C. F. R. § 1604. 11 (a).

② *See*, *e. g.*, Vermett v. Hough, 627 F. Supp. 587 (W. D. Mich. 1986).

③ Lipsett v. Univ. of P. R., 864 F. 2d 881 (1st Cir. 1988).

④ Keppler v. Hinsdale Township Sch. Dist. 86, 715 F. Supp. 862 (N. D. Ill. 1989); Succar v. Dade County Sch. Bd., 229 F. 3d 1343 (11th Cir. 2000).

⑤ Oncale v. Sundowner Offshore Servs. Inc., 523 U. S. 75 (1998).

⑥ Price Waterhouse v. Hopkins, 490 U. S. 228 (1989).

⑦ *See* Dandan v. Radisson Hotel Lisle, No. 97-C-8342 2000 WL 336528 (N. D. Ill. March 28, 2000); Spearman v. Ford Motor Co., 231 F. 3d 1080 (7th Cir. 2000); Carrasco v. Lenox Hill Hosp., No. 99-C-927 2000 WL 520640 (S. D. N. Y. April 28, 2000).

扰案件的一部分，大多数法院要求原告证明被拒绝或失去实际的雇用利益。所以，在某案中，一个教师对校长提出的性骚扰起诉败诉了，因为她没有被解聘、被拒绝晋升或失去其他任何职业利益，而只是在拒绝调到另一所学校后被解雇了。① 那些屈从于不受欢迎的性追求的雇员，必须证明其受到不利后果的威胁，才能提出表面证据确凿的起诉。② 雇主针对交换条件骚扰指控的辩护，可以陈述不利雇用行为的合法理由，或者证明进行骚扰的人与不利决定无关。③ 然后，雇员可以证明雇主的理由是借口，例如，通过证明某主管奖励了服从性骚扰的雇员，而惩罚了那些没有服从的雇员。④

敌意环境骚扰，包括性和种族两方面的，都必须明确证明雇员由于其
【385】 性别或种族而遭受威胁的、敌意的或无礼的环境。虽然无论在社会中，还是在学校中，涉及性骚扰的法律诉讼多于涉及种族骚扰的，但是核实这两种案件的原则是类似的。只有在以下情况中，言辞的和非言辞的行为才会制造敌意环境：(a) 其行为"足以严重或具有弥漫性质地改变受害者的雇用条件，并制造谩骂或诽谤的工作环境"⑤；(b) 其行为对受害者是攻击性的（但不必是心理伤害的⑥）；(c) 一个通情达理的正常人也会被其行为弄得不愉快。

为判定行为是否足以具有弥漫性和严重性进而构成骚扰，法院要考虑行为的特征（身体触碰比言辞谩骂更为恶劣⑦）、行为的经常性和重复性以及行为发生的时间长短。⑧ 所以，个别玩笑、不适当的评论、某个性建议、下流的言论（包括在某案中的说法："我的阴茎从这里伸到了第1区"）通常不足以证明敌意环境。⑨ 然而，重复总体上歧视女性的笑话或评论，或

---

① Trautvetter v. Quick, 916 F. 2d 1140 (7th Cir. 1990).

② Karibian v. Columbia Univ., 14 F. 3d 773 (2d Cir. 1994).

③ Anderson v. Univ. Health Ctr., 623 F. Supp. 795 (W. D. Pa. 1985).

④ Priest v. Rotary, 634 F. Supp. 571 (N. D. Cal. 1986).

⑤ Meritor Savings Bank v. Vinson, 477 U. S. 57 (1986).

⑥ Harris v. Forklift Sys., Inc., 510 U. S. 17 (1993).

⑦ Redman v. Lima City Sch. Dist. Bd. of Educ., 889 F. Supp. 288 (N. D. Ohio 1995).

⑧ Ross v. Double Diamon, Inc., 672 F. Supp. 261 (N. D. Tex. 1987).

⑨ Cohen v. Litt, 906 F. Supp. 957 (S. D. N. Y. 1995); *see also* Clark County Sch. Dist. v. Breeden, 532 U. S. 268 (2001).

者因性别和种族谈论某人的外表和行为则一定会构成敌意环境骚扰。① 有个法院判决对原告臀部用力掌掴一次的行为制造了性别敌意环境。② 另一个法院判决两起在雇员工作岗位上悬挂绞索绳的事件制造了种族敌意环境。③

由于成文法是指向雇主的，而不是任何个人，在工作中受到骚扰的教育工作者可根据《民权法案》第7章对学区提出起诉，而不是对骚扰者本人。这提出了一个问题，即学区或者雇主是否要对雇员受到主管人员或同事的骚扰负责。关于主管人员，联邦最高法院判决道：

> 对于由雇员之上具有直接权限（或依次更高权限）的主管人员制造的可指控的敌意环境，雇主被要求对受害雇员承担替代责任……当主管人员的骚扰最终形成切实的雇用行为，例如解雇、降级或不希望的重新分配时……那么积极抗辩是无用的……（不过，）当没有进行 【386】 明确的雇用行为时，雇主的辩解可以对责任或损害提出积极抗辩，必须通过提出优势证据证明……辩护必须由两个必要因素构成：（a）雇主及时明确适当地注意防止和改正性骚扰行为；（b）对于雇主提供的预防性或改正性机会或避免损害等措施，原告雇员未能合理利用。虽然没有必要在每个作为法律事务的诉讼中证明雇主已经宣布具有投诉程序的反骚扰政策，但是可以在提出第一辩护因素诉讼的任何案件中，适当强调适应雇用环境的明确政策的需要。要证明雇员未能履行相应的合理谨慎义务避免伤害，并不局限于证明雇员未能合理使用雇主提供的任何投诉程序，同时，证实雇员未尽此事通常足以满足雇主依据第二抗辩因素的举证责任。④

---

① Smith v. St. Louis Univ., 109 F. 3d 1261 (8th Cir. 1997); King v. Bd. of Regents of Univ. of Wis. Sys., 898 F. 2d 533 (7th Cir. 1990); *but see* Becker v. Churchville-Chili Cent. Sch., 602 N. Y. S. 2d 497 (N. Y. Sup. Ct. 1993).

② Campbell v. Kansas State Univ., 780 F. Supp. 755 (D. Kan. 1991); *but see* Collins v. Baptist Mem. Geriatric Ctr., 937 F. 2d 190 (5th Cir. 1991).

③ Vance v. Southern Bell Telephone and Telegraph Co., 863 F. 2d 1503 (11th Cir. 1989).

④ Burlington Indus., Inc. v. Ellerth, 118 S. Ct. 2257 (1998); *see also* Faragher v. City of Boca Raton, 118 S. Ct. 2275 (1998).

一个法院判决一个教学实习生具有“确凿的雇用起诉权”，因为她拒绝了校长的性要求，校长将先前提供给她的美术工具收回，并写了一个好坏参半的评价，使她实习不合格。法院判决学区和校长本人两者（参见12.9节）都可以被起诉并强制赔偿损失。①

为了尽可能地使由学区主管岗位的雇员进行的骚扰的责任最小化，学区应该制定、公开宣传和执行反骚扰政策。该政策中具有明确阐明的处理骚扰诉求的投诉程序和计划。学校应该尽可能快地对骚扰诉求做出反应，通常在几小时内，最多也就几天。学区应能正确地采用调查和任何弥补措施，因为低效率的调查或无效果的弥补措施将不会防止承担责任。② 学校管理者还应该仔细地记录他们所采取的及时的、适当的弥补措施，否则的话可能会导致陪审团不相信学区对骚扰起诉做了适当的反应。③

联邦最高法院还没判决过雇主是否以及在什么时候对雇员受到同事的性骚扰或种族骚扰承担责任的案件。因为一个同事不可能使另一个同事承受不利的雇用决定，第五巡回法院曾判决同事的骚扰不适用《民权法案》第7章的骚扰界定。④ 但是，另一些巡回法院已经做出这样的判决：如果主管人员知道并默许或策划骚扰，那么雇主要根据《民权法案》第7章承担其责任。⑤ 由于学校已经被判具有适当的处理前述已知的学生对学生骚
【387】扰的责任（参见6.9节），所以看来大多数法院会对雇员受到同事骚扰的案件采取同样的立场。因为这个原因和道德问题，学校应该在其反骚扰政策中包括用于防止同事骚扰的措施。与此同时，在他们对雇员的性骚扰或种族骚扰起诉的调查和反应中，不管是主管人员造成的还是同事造成的，学校管理者应该小心，不要侵犯被告的宪法权利、法定权利或合同权利。⑥

---

① Molnar v. Booth, 229 F. 3d 593 (7th Cir. 2000).

② Carr v. Allison Gas Turbine Div., 32 F. 3d 1007 (7th Cir. 1994).

③ Hathaway v. Runyon, 132 F. 3d 1214 (8th Cir. 1997).

④ Mattern v. Eastman Kodak Co., 104 F. 3d 702 (5th Cir. 1997).

⑤ Knox v. State of Indiana, 93 F. 3d 1327 (7th Cir. 1996); Gunnell v. Utah Valley State College, 152 F. 3d 1253 (10th Cir. 1998).

⑥ *See, e.g.*, Lyons v. Barrett, 851 F. 2d 406 (D. C. Cir. 1988).

9.5 宗教

教师希望在学校里信奉宗教、穿着宗教服饰或者以其他方式表现其宗教信仰，这会产生困难的宪法问题。如果允许公共财政支付工资的教师穿着宗教服装对具有可塑性、处于受控听众地位的儿童进行教学，会承担违反禁止政府促进宗教的《联邦宪法第一修正案》不得确立国教条款的风险。然而，禁止教师穿宗教服装或做出其他宗教信仰所要求的行为也可能冒侵犯教师信仰宗教自由权利的风险。

在库珀诉尤金第4J学区一案①中，法院支持了禁止公立学校教师"在履行作为教师的职责时穿宗教服装"的州法律，并支持撤销违反该规范的教师的教学资格。一个因为戴了一条穆斯林式的白色头巾作为信奉锡克教的一部分而受到惩罚的中学教师，对这一规范提起了诉讼。该教师诉称，该规范侵犯了她宗教信仰自由的权利。但是，法院认为，该规范对于学校保持宗教中立是合法的手段。库珀案的审理法庭谨慎地指出，不能因为教师并不引人注意地佩戴诸如十字架项链等宗教标志物，或偶尔穿宗教服装而对其进行解雇。只有当教师公开地、反复地展现其宗教服饰或标志，可能会传达一种学校赞成或认可的信息时，法院才会授权解雇。无论如何，人们仍会提出疑问，该案的判决是否正确。儿童真的会认为教师戴头巾或者圆顶小帽②就表明教师的宗教信仰受到学校支持吗？总之，库珀戴白色头巾表达宗教信仰与戴袖章表达政治信仰有何不同呢？

当教师企图在校园散发宗教资料或在学日开始前利用学校设施进行宗教仪式时，相关问题出现了。虽然这类问题没有彻底解决，法院看来倾向于准许禁止任何很可能使学校表现得认可宗教的活动。所以，根据信仰自由条款和《联邦宪法第一修正案》不得确立国教条款可能会要求普遍禁止 【388】
教师散发宗教资料（参见3.3节和3.4节）。至少有一个法院判决，允许教师在到学校之前非正式地讨论他们自己的宗教选择的学校不能禁止教师

① 723 P. 2d 298 (Ore. 1986), *appeal dismissed*, 480 U. S. 942 (1987); *see also* U. S. v. Bd. of Educ. for Sch. Dist. of Philadelphia, 911 F. 2d 882 (3d Cir. 1990).

② 犹太男子在祷告或正式场合戴的。——译者注

的祈祷集会，尤其是当学生和社区并不知道该集会时。[①]

当教师以信仰自由为由寻求免除职业要求时，不同的问题出现了。在某案中，一个教师在对国家宣誓效忠、唱爱国歌曲或假日庆祝活动中拒绝指导她的幼儿园班级。根据威斯康星州诉约德一案[②]（参见2.2节）中制定的框架，第七巡回法院判决，虽然教师的拒绝是基于真诚的宗教信仰，但是她没有权利拒绝学校董事会正式采用的课程。[③] 一般而言，教师基于信仰自由对学校采用的规定或课程提出起诉是不会胜诉的，除非采用该规定和课程的目的是防止教师履行宗教义务。根据联邦最高法院当前意见可以得出这一原则，即信仰自由条款并未免除公民个人遵守普遍适用的有效法律的义务。[④]

有时，庆祝宗教节日的愿望使教师与雇主关系不和。在某个案例中，一个犹太教教师起诉学校侵犯他的宗教自由权利，因为学校要求他为庆祝宗教节日请私人休假，或请不付薪水的休假。相反，基督教教师庆祝他们的节日时，因为学校放假而并无报酬损失。法院驳回了该教师的起诉，认为因为没有工作的时间而损失一天的报酬并未构成改变行为的实质性压力，学校政策不构成对宗教自由的侵犯。[⑤] 在另一个案件中，加利福尼亚州最高法院判决解雇一个为庆祝宗教节日未经允许而缺勤的教师违反了州宪法。法院说，学区被要求以允许每年总共可以请5—10天无薪休假的形式对教师的宗教需要给予便利。[⑥]

除联邦宪法之外，1964年《民权法案》（参见9.4节）也保护教师在雇用中免受宗教歧视。宗教这个术语不仅为《民权法案》第7章所界定，同时法院也对它进行了足够宽泛的界定，不仅包括传统的有神论宗教，也包括发挥与信仰神灵类似作用的虔诚且有意义的信仰。平等雇用机会委员会的行政规章指出：

---

① May v. Evansville-Vanderburgh Sch. Corp., 787 F.2d 1105 (7th Cir. 1986).

② 406 U.S. 205 (1972).

③ Palmer v. Bd. of Educ. of Chicago, 603 F.2d 1271 (7th Cir. 1979).

④ Employment Div., Dep't of Human Resources v. Smith, 494 U.S. 872 (1990).

⑤ Pinsker v. Joint Dist. No. 28J of Adams & Arapahoe Counties, 735 F.2d 388 (10th Cir. 1984).

⑥ Rankins v. Comm'n on Prof'l Competence, 593 P.2d 852 (Cal.), *appeal dismissed*, 444 U.S. 986 (1979).

> 委员会将宗教行为界定为包括关于什么是对、什么是错的道德和伦理行为，这些行为受到传统宗教观念力量的支撑……无论是没有宗教组织拥护此类信仰，还是个人声称皈依的宗教组织可能不接受此类信仰，均不可确定这一信仰是否为雇员或未来雇员的宗教信仰。[1] 【389】

一个法院判决保护雇员的无神论信仰，禁止要求她出席包括宗教庆祝仪式的雇员会议。[2] 不过，如果雇员信仰仅仅只是个人生活方式的偏爱[3]或者雇员未能虔诚地坚持信仰，就不会受到保护了。有个雇员起诉星期天他不应该工作，但没有根据《民权法案》第7章立案，因为有证据证明过去他已经在星期天工作过。[4] 无论如何，法院认识到一个人的宗教承诺随时间而发展，愿意容忍一定程度的前后矛盾。[5]

《民权法案》第7章允许宗教学校在聘用或其他雇用决定中基于宗教的歧视（但不能因种族或性别予以歧视）。[6]《民权法案》第7章认可宗教能够成为正当的职业资格（参见9.4节），这就令人信服地表明了某些私立学校雇用中存在宗教歧视的合理性，但是在公立学校中则绝对不能允许此类歧视，基于宗教的个体差别待遇起诉的案件诉讼采用9.4节探讨的麦克唐纳-道格拉斯案件的框架。

《民权法案》第7章规定："对宗教习俗的遵守、宗教活动以及宗教信仰等所有方面"给予变通，"除非雇主证明对雇员或未来雇员的宗教信仰、活动给予变通将给雇主的事业造成过度的困难"。此外，"雇主不可以允许申请者宗教变通的需要以任何形式作用于是否雇用该申请者的决定，除非能够证明不能合理地变通未对申请者的宗教活动造成过度困难"。联邦最高法院已经对"过度困难"做了界定："雇主的多于最低成本的花费"。[7]

---

① 29 C. F. R. § 1605. 1.

② Young v. Southwestern Savings & Loan Ass'n, 509 F. 2d 140 (5th Cir. 1975).

③ Brown v. Pena, 441 F. Supp. 1382 (S. D. Fla. 1977), *aff'd*, 589 F. 2d 1113 (5th Cir. 1979).

④ Hansard v. Johns-Manville Prod. Corp., 5 Fair Empl. Prac. Cases (BNA) 707 (E. D. Tex. 1973).

⑤ *See, e. g.*, Cooper v. Oak Rubber Co., 15 F. 3d 1375 (6th Cir. 1994).

⑥ Corp. of Presiding Bishop of Church of Jesus Christ of Latter-Day Saints v. Amos, 483 U. S. 327 (1987); Little v. Wuerl, 929 F. 2d 944 (3d Cir. 1991).

⑦ TWA v. Hardison, 432 U. S. 63 (1977).

如果潜在雇员的其他条件均符合资格，雇主询问其宗教变通需要，然后拒绝该申请人，就可以推定为歧视。

安索尼亚教育董事会诉菲尔布鲁克案①是有关一个教师的，他的宗教义务要求他每年大约有6个学日不能到校工作。但学区和教师之间的合同只允许请3天的带薪宗教休假。学区愿意通过允许他多请3天不带薪休假
【390】以变通，但该教师争论道，他应该被允许使用其他种类可以带薪的休假，这样，请假的这几天他就可以获得薪水。联邦最高法院判决，根据《民权法案》第7章的要求，雇主只能对雇员的宗教义务做合理的变通，不必一定做出雇员偏好的变通。另外，联邦最高法院指出，除非不带薪休假适用于除了宗教以外的其他所有目的，无薪休假就可以是合理的变通。法院对这一判决做了如下解释。

> 国会制定《民权法案》第7章的可理解的动机在于，保障个体奉行宗教活动的额外机会的愿望，但是并不要求雇主承担不惜一切予以变通的义务。无薪休假的规定通过允许个体在具有宗教意义的日子完全服务于宗教，并要求他放弃他实际上没有工作的这一天的薪酬，来消除雇佣关系与宗教活动之间的冲突。一般说来，无薪休假的直接作用仅仅限于雇员没有工作期间失去收入，这种排除行为对雇用机会或职业地位不具有直接作用。

9.6 身心障碍

身心障碍雇员同样受到两部保护身心障碍儿童的联邦法律的保护（参见7.2节）。两部法律中较早些的一部是1973年《康复法》（504条款）②。该法规定："除此之外合格的残疾个人"不得"仅仅因为其残疾"而被拒绝参加接受联邦财政资助的项目。该法只适用于接受联邦资助的项目。

但是，后面这部法律，即1990年《美国身心障碍者法》（ADA）③ 没

① 479 U. S. 60 (1986).

② 29 U. S. C. § 701-706.

③ 42 U. S. C. § §12101-12213.

有以这种方式限定资格。《美国身心障碍者法》用“身心障碍”替代了“残疾”这一术语，该法有关雇用的核心规定是，没有雇主“可以由于个体的身心障碍在有关雇员的职业申请程序、雇用或解雇、雇员报酬、职业训练以及其他雇用期限、条件和权益等方面歧视具有身心障碍的个体的资格”。

这两部法律都适用于那些具有“身体和智力的损害对其某项或更多生命活动有实质性限制”、有一项这类损害的纪录或被作为具有这类损害看待的人。法律界定的“主要生命活动”包括“自己照顾自己、操作手工作业、行走、视、听、说、学习和工作”。该法律还进一步阐述：“如果损害显著地限制了相比较之下正常人能够完成的特别重要的生命活动就是实质性限制。”有个法院判决一个髋骨骨折，随后造成跛足，具有爬楼梯困难，如果没有拐杖只能走大约1英里的男子的情况，不是有关行走的重要生命活动的实质性限制。① 【391】

一种身心障碍要算作对身心障碍个人工作能力的实质性限制，该身心障碍必须影响其“与具有类似的训练、技能和能力的正常人相比，完成一类工作或者不同工作的各种职责”的能力。根据这一规定，第十一巡回法院判决一个不能自制的教师因为没有证明她不能完成一类工作或者不同工作的各种职责，而不受《美国身心障碍者法》的保护。② 在对一个由于腕管综合征不能完成其工作的雇员不属于《美国身心障碍者法》保护范围的判决中，联邦最高法院指出，核心问题是起诉人是否不能完成以大多数人日常生活为中心的各种任务，而不是是否不能完成与其专门工作有关的任务。③

只有永久的或长期的损害才算作身心障碍。“具有较少的或非长期的或持续的影响，并且只是暂时性的、非长期性的、短时忍受的损害通常不是身心障碍。这种损害可以包括（但不限于）肢体骨折、关节扭伤、脑震荡、阑尾炎和流行性感冒等。类似的，除了个别情况，肥胖也不算作使人丧失能力的损害。”在一个案例中，起诉人5英尺6英寸高，体重375磅。

① Kelley v. Drexel Univ., 94 F. 3d 102 (3d Cir. 1996).

② Swain v. Hillsborough County Sch. Bd., 146 F. 3d 855 (11th Cir. 1998).

③ Toyota Motor Mfr., Ky., Inc. v. Williams, 534 U. S. 184 (2002).

根据环境温度状况，她能够走500码，医生评估她丧失了50%的能力。尽管如此，法院判决她不足以达到被保护的实质性损害。但是也指出，她依据该定义的另一方面可能符合条件，即将其视作有一项损害。①

联邦最高法院在两个案件判决中探讨了个人是否符合《美国身心障碍者法》对身心障碍的资格要求，法院判定如果是作为使用了诸如眼镜和药物等减轻措施的结果，那么他们的损害就不再是实质性的限制。法院判决即使当减轻措施控制而不是治愈损害时，减轻措施可以用于决定个体是否具有身心障碍。一个人戴眼镜可以正常地视物或其高血压可以由药物控制
【392】就不受《美国身心障碍者法》保护。在另一案件中，雇主错误地以为申请者遭受过特定损害，并且该损害将阻碍申请者从事类似“环球航班机长”这类特定工作，所以雇主未予以聘用。联邦最高法院判定雇主没有违反《美国身心障碍者法》。如果雇主错误地相信申请者具有妨碍其从事某一大类的工作的损害（如申请者具有对工作的重要生命活动产生实质性限制的损害②）时，可能会违反《美国身心障碍者法》。雇主也可以拒绝雇用或拒绝继续雇用身心障碍雇员从事会使其身心障碍加重从而对雇员的健康和安全具有直接威胁的工作。③

如前所述，《美国身心障碍者法》保护那些虽然现在没有重要生命活动损害，但是具有这种损害记录或被视为具有这种损害的人。然而，并不是每个曾经具有暂时性身心障碍或任何曾被认为具有身心障碍的人都受到保护。在一个案例中，联邦地区法院判决一个曾因乳腺癌手术住院治疗的教师根据《美国身心障碍者法》不具有充分的损害记录获得受保护的资格。④ 另一个联邦地区法院判决一个极胖的原告不能证明她自己被视为具有身心障碍，因为她的证据只是由过去流传的孤立评论和一个有关其走路能力的询问构成的。她也不能证明其他人认为她不能从事学校图书馆工作。⑤

---

① Nedder v. Rivier College, 944 F. Supp. 111 (D. N. H. 1996).

② Sutton v. United Airlines, Inc., 527 U. S. 471 (1999); Murphy v. United Parcel Service, Inc., 527 U. S. 516 (1999).

③ Chevron U. S. A., Inc. v. Echazabal, 536 U. S. 73 (2002).

④ Treiber v. Lindbergh Sch. Dist., 199 F. Supp. 2d 949 (E. D. Mo. 2002).

⑤ Ridge v. Cape Elizabeth Sch. Dep't. 77 F. Supp. 2d 149 (D. Me. 1999).

除了禁止歧视自身具有身心障碍的雇员，《美国身心障碍者法》也禁止歧视“与身心障碍个人有已知关系或交往的”雇员。如果雇主认为申请者会请假或较早下班以照顾其身心障碍家庭成员而拒绝雇用他，或者如果雇主由于雇员有一个依赖他的身心障碍者而减少提供健康保险福利，是违反该条款的行为。不过，《美国身心障碍者法》并不要求对无身心障碍的雇员为能够照顾依赖其照顾的身心障碍者而进行合理的变通，例如工作时间的变化。

当前，虽然卷入非法使用药物的人不受504条款和《美国身心障碍者法》保护，但是那些参与药物康复项目的人是受到保护的。那些酒精使用“存在妨碍完成工作职责或其雇用中由于倾向于酒精滥用会直接威胁他人的财产或安全”的酗酒者不受保护。非正统的性倾向或性偏好，如双性恋、异装癖等明确被排除于保护之外。

有关504条款，联邦最高法院已经说过，“残疾人”定义包括患结核病等传染病的人。一个下级法院判决一个携带艾滋病毒但是并未发病的教师属于此类人群。①《美国身心障碍者法》规定，对他人的健康和安全造成“直接威胁”的人不受其保护。“直接威胁”这个术语意指显著的实质性风险，且这一风险不能通过合理变通适当地消除或减小。在判决有艾滋病的教师是否可以被排除于教室之外并重新分配至管理工作岗位时，第九巡回法院考察了四个因素：（a）风险的实质——该病是如何传播的；（b）其携带者已经感染了多久；（c）对第三者的潜在危害；（d）该疾病传播并引起伤害的可能性。检验了科学证据之后，法院认定，对只是面临通过教师工作过程发生的这种类型接触的个体，不存在明显的艾滋病传染的风险，因此判决该教师返回课堂。② 【393】

当然，个人有身心障碍的事实并不意味着必须被雇用。法律只是禁止对“除此之外合格”的身心障碍者的歧视，也就是，除了身心障碍，这些

① Sch. Bd. of Nassau County v. Arline, 480 U. S. 273 (1987); Chalk v. U. S. Dist. Court & Orange County Superintendent of Schs., 840 F. 2d 701 (9th Cir. 1988).

② Chalk v. U. S. Dist. Court & Orange County Superintendent of Sch., 840 F. 2d 701 (9th Cir. 1988).

人具备训练、经验、能力和技术来完成他们所追求或担负的工作的关键要求。[①] 当对申请者面试时，学校管理者可以“询问申请者完成有关工作职能的能力和（或）要求申请者描述或证明其能力如何；申请者为完成工作职能是否具有合理变通（的需要）”。职业申请书不可以询问申请者是否有身心障碍、申请者身心障碍的性质和严重程度、需要请假治疗或由于身心障碍请假的频繁程度。学区也不可以在提供工作机会前要求申请者进行医疗检查，但是在提供工作机会之后可以要求医疗检查。

如果一位除身心障碍之外合格的工作申请者或雇员获得合理变通后能够完成一项工作的基本职能，不能提供合理变通就是违法的，除非学校能够证明该变通会对工作职能的实现造成过度困难。[②] 一项工作的基本职能是与其边际职能相对的根本责任，边际职能的去除不会显著改变雇主对该岗位的定义。例如，能够口头传达信息是大多数教学工作的必备功能，但是能够快速打字通常则不是。过度困难取决于学区的花费计算和所有财政资源，变通对其他雇员的影响，以及变通是否会基本改变教育计划的性质
【394】或实施。合理变通可以包括修改设施、设备或工作日程，调整工作安排或者获得专门的设备。不过，联邦最高法院曾判决，当雇主建立了年资制度时，具有年长资格的雇员对较年轻的身心障碍雇员具有优先权，即使是这一岗位特别适合资历较浅的雇员。[③]

设计合理变通时，法律要求雇主与身心障碍雇员进行“非正式相互沟通程序”，并使变通设计坚持善意努力，使雇员完成工作基本职能成为可能。[④] 第九巡回法院曾经判决相互沟通程序涉及范围必须多于一次提供单个选择。[⑤] 如果有超过一套的能够使雇员完成基本功能的变通方案，雇主保留选择成本最低或最易于提供的变通（方案）的最终权力。根据这一原则，一个联邦地区法院判决，一个因遭受伤害并不能再做有负重要求的工作的管理员没有被拒绝合理变通，当时其学区拒绝给他分配永久轻松的看管责任或给他像饮食服务部经理这样的工作。法院认为，排除性地分配较

---

① *See* Strathie v. Department of Transp., 716 F. 2d 227 (3d Cir. 1983).

② Southeastern Cmty. College v. Davis, 442 U. S. 397 (1979).

③ U. S. Airways, Inc. v. Barnett, 535 U. S. 391 (2002).

④ Taylor v. Phoenixville Sch. Dist., 9 Am. Disabilities Cas. (BNA) 311 (3d Cir. 1999).

⑤ Humphrey v. Mem'l Hosp. Ass'n, 239 F. 3d 1128 (9th Cir. 2001).

轻的工作职责会明显改变工作的基本功能，并产生其他管理员负担更多的影响。有关经理的岗位，法院认为，起诉人早些年的经理经验并不使他具有该职位的资格，尤其是由于他没有饮食服务方面的经验。①

学校可以因为以下情况被指控违反了504条款和《美国身心障碍者法》：以隐藏动机对身心障碍雇员给予差别待遇，对身心障碍雇员采取具有差别影响的政策或措施，未能对其他条件合格的身心障碍雇员提供合理变通，或者涉及报复根据法律行使权利或帮助实施法律调查的雇员等。差别待遇的案件采用9.4节中的麦克唐纳-道格拉斯案件的审理框架。原告承担证明故意歧视的表面证据确凿的初始责任，即原告是一个具有身心障碍、其他条件符合要求的个体，遭遇了不利的雇用决定。学校则可以通过证明拒绝雇用决定的采用是基于合法的、非歧视性的原因来为自己辩护。

被指控采用对身心障碍个体具有差别影响的政策的学校必须证明该政策是与工作有关的，符合工作必需要求，并且不可能合理变通。潘达兹德 【395】
诉弗吉尼亚州教育委员会一案②是有关一个见习期教师的，她由于没能通过她所在州的永久资格要求的标准化考试而没有被重新雇用。该教师争辩道，她是个除此之外合格的人，她不能通过考试是因为她有学习障碍，因此，向她提出标准化考试的要求根据504条款是不允许的。第四巡回法院判决指出，为确定该教师是否符合该法所指“除此之外合格”的含义，有必要考虑除该教师是否满足州教育委员会对教学资格的要求（即通过考试）之外的更多因素。考虑该教师能否完成学校工作的基本功能和这种考试是否实际上“衡量了那些功能”是更为必要的。进一步说，即使确定该教师不能完成全部工作职责，也有必要搞清楚是否可以做合理变通以允许她教学。该案被发回地区法院重审以做必要的查明。

被指控未能进行合理变通的学校可以通过证明它们提供过合理变通但被拒绝了，或者通过证明任何可能有效的变通会对学区造成过度的困难来做自我辩护。要成功地为指控报复的诉讼辩护，学校必须证明拒绝雇用决定是基于合法的理由，而不是报复。

---

① Hinson v. U. S. D. No. 500, 187 F. Supp. 2d 1297 (D. Kan. 2002).

② 946 F. 2d 345 (4th Cir. 1991).

受害于故意歧视的身心障碍者可以向学校起诉损害赔偿。但是，联邦最高法院判决《美国身心障碍者法》和504条款不允许原告为获得惩罚性损害赔偿起诉接受联邦资助的实体（如公立学校）。① 平等雇用机会委员会可以继续受理雇员依据《美国身心障碍者法》提出的权利诉求，即使是仲裁协定禁止雇员个人那样做。②

9.7 年龄

基于年龄故意差别对待雇员提出了宪法和法律两方面的问题。联邦最高法院在马萨诸塞州退休委员会诉穆尔吉亚一案③中处理了强制退休的合宪性问题。由于年龄分类并不启动严格审查，法院驳回了原告的诉求。原告声称强制退休政策违反了平等保护条款，判决理由是这一政策与确保一
【396】支身体健康的警察队伍的目标有合理关联。适用这一方法，第二巡回法院判决强制退休政策在服务于其他事务中，如促进年轻人的雇用中，是被宪法允许的。④ 不过，第七巡回法院则认为退休规定可能违宪。⑤

有关教师退休规定的合宪性具有不确定性，这是1978年**《雇用年龄歧视法》**（ADEA）的一个辩论点。这一联邦成文法保护40岁以上的人在有关雇用、解雇和其他雇用期限及条件方面免受基于年龄的歧视。⑥ 所以，对教师的强制退休是法律禁止的。根据1978年《雇用年龄歧视法》提出的差别待遇诉讼，遵循与其他差别待遇案件同样的（程序）框架。⑦ 虽然1978年《雇用年龄歧视法》认可有时年龄可以成为正当的职业资格，但看起来这一被狭窄地界定的例外似乎并不总是适用于教师职位。所以，一个被指控具有年龄歧视差别待遇的学校必须通过证明拒绝雇用决定是基于其

① Barnes v. Gorman, 536 U. S. 181 (2002).
② EEOC v. Waffle House, 534 U. S. 279 (2002).
③ 427 U. S. 307 (1976).
④ Palmer v. Ticcione, 576 F. 2d 459 (2d Cir. 1978).
⑤ Gault v. Garrison, 569 F. 2d 993 (7th Cir. 1977).
⑥ 29 U. S. C. A. § § 623, 631.
⑦ Western Air Lines v. Criswell, 472 U. S. 400 (1985).

他合法因素而不是年龄来自我辩护。[①] 在1978年《雇用年龄歧视法》是否允许差别影响的诉讼方面，联邦巡回法院是有分歧的。第二、第八、第九巡回法院允许差别影响案件诉讼，而第一、第三、第六、第七、第十、第十一巡回法院则不允许。[②] 在允许起诉的差别影响案件中，原告首先必须证明被指控的行为对受1978年《雇用年龄歧视法》保护的人具有差别影响。然后，学校必须证明其做法作为职业必要性是公正的，这样学校会获得胜诉，除非原告能证明有可选择的做法可以不产生歧视作用地服务于同样的职业目的。该法律也允许学校在进行自我辩护时，表明其遵循的是一项正当的年资制度或者雇用福利计划，而这项制度或计划不是规避法律的伎俩。[③]

这一（程序）框架被一个法院用于判决根据1978年《雇用年龄歧视法》，是否允许学区设置以资历为基础的工资制度。因为这一工资制度使雇用有经验的教师比较昂贵，学区就采用了有利于雇用较少经验教师的雇佣政策。这个政策对较年长的申请者具有歧视影响。尽管如此，法院判决该工资制度是一个真实的基于资历的制度，学区采纳该制度时并没有故意歧视。[④]

根据1978年《雇用年龄歧视法》，提前退休计划和大批减员会引发难以解决的问题。真正自愿的提前退休计划是允许的[⑤]，然而当为提前退休计划提供诱因时，雇主必须证明其计划的合法的、非歧视的理由[⑥]。退休利益也可以根据退休年龄而定，只要利益差别是基于像成本这类无关年龄的理由。[⑦] 与合法的资历制度一致的解雇是允许的，但是为了节约开支而首先解雇年长者则不被允许。[⑧] 【397】

---

① Kaufman v. Kent State Univ., 815 F. Supp. 1077 (N. D. Ohio 1993); Wooden v. Bd. of Educ. of Jefferson County, 931 F. 2d 376 (6th Cir. 1991); Shook v. St. Bede Sch., 74 F. Supp. 2d 1172 (M. D. Ala. 1999).

② Adams v. Fla. Power Corp., 255 F. 3d 1322 (11th Cir.), *cert. granted*, 534 U. S. 1054 (2001), *cert dismissed as improvidently granted*, 535 U. S. 228 (2002).

③ C. F. R. § 1625. 8.

④ U. S. EEOC v. Newport Mesa Unified Sch. Dist., 893 F. Supp. 927 (C. D. Cal. 1995).

⑤ Henn v. National Geographic Soc'y, 819 F. 2d 824 (7th Cir. 1987).

⑥ Cipriano v. Bd. of Educ. of North Tonawanda, 785 F. 2d 51 (2d Cir. 1986).

⑦ Karlen v. City Colleges of Chicago, 837 F. 2d 314 (7th Cir. 1988).

⑧ 29 C. F. R. § 1625. 7 (f).

9.8 小结

学校既有权利又有义务保障其雇员履行他们工作的合法职责。不过，学校对教师和其他雇员的权力是有限的，因为他们保留有与任何公民一样的宪法权利。许多判例要求平衡雇员的宪法权利与学校促进其目标之间的冲突。

言论自由保护教师表达任何政治信仰的权利，教师可以通过诸如佩戴标志这类的言论或口头实际的言论又或者通过党派或组织成员关系来表达。当作为公民个人行为时，教师可以自由地谈论任何公共相关事务，包括教育问题，只要他们的言论没有过分地扰乱其所在学校的教育任务。但是，公开的私人抱怨（如关于主管人员）即使没有引发扰乱也可能会被禁止。即使是公共相关事务，对学校具有实质性扰乱的言论也可以被禁止。

在课堂上，言论自由对教师只有有限的保护作用。中小学教师不像大学教师，他们只有较少的学术自由，学校可以要求他们紧紧遵循学校所选择的课程和教学方法。

隐私权为学校雇员在生活方式、道德等方面提供了某些保护。虽然有些问题如利用这一权利避孕或怀孕方面的问题得到了较好的解决，但其他一些问题则没有。有些法院已经允许由于通奸或同性性取向做出解雇，而其他法院则要求证明该行为与完成工作所需能力之间的关系。教师享有《联邦宪法第四修正案》保护的反对不合理搜查和扣押的权利。对那些会对学生的安全产生直接和明显影响的校车司机及其他雇员进行强制药物检测的规定是允许的。不过，对全体教师进行随机药物检测是会受到质疑的。

虽然学校必须对教师的宗教信仰建立合理变通措施，但是宗教自由权利并不能免除工作基本职责，尤其是教师不可以基于宗教权利要求修改课
【398】程，这样做会违反《联邦宪法第一修正案》不得确立国教条款。在对雇员的宗教信仰做出合理变通时，学校必须避免看起来好像支持雇员的宗教信仰。所以，宗教信仰自由条款没有赋予教师在教室里公开诵念祈祷文的权利，根据某些法院的判决，该条款也没有赋予教师穿着宗教服装的权利。

宗教信仰自由条款保护教师为奉行宗教教义请合理休假天数的权利，不一定带薪，或者戴不显眼的宗教标志的权利。

歧视是雇用法律的一个非常活跃和复杂的领域。平等保护条款和一定数量的联邦成文法，包括 1964 年《民权法案》和 1991 年《民权法案》，保护学校雇员和准雇员免受以种族、性别、宗教、身心障碍或年龄等为理由的歧视。虽然要概括这些法律的要旨是困难的，但雇用决定不得基于任何上述特征做出，除非存在极有说服力的解释。种族永远不能影响雇用决定，除非是特定雇主谨慎地制定用来弥补过去的歧视结果的积极性行动计划才可能以种族作为雇用理由。对少数教育工作，性别有可能成为正当的职业资格，但必须有较强的理由证明其是公正的。学校必须为身心障碍雇员制定合理的变通措施，但是并无雇用不能完成工作基本职责的身心障碍者的义务。直接针对年龄的强制退休、排档工资或福利是违法的。学校不得使雇员遭受种族骚扰或性骚扰。

【399】

10

教师雇用

第9章讨论了联邦宪法和成文法中有关学校与其教师及其他员工之间基本关系的法律。本章将直接探讨教师人事问题：资格认证、雇用、工作分配、调职、评估、不续约和解雇。尽管宪法有相关内容的条文，尤其是《联邦宪法第十四修正案》中的正当程序条款，但对于本章讨论的话题来说，其法律主要来源于50个州的成文法。虽然本章提出的原则和案例与大多数州的法律是一致的，但必须看到有关人事的条款和解释在州与州之间不尽相同，而且有时区别还非常大。因此，实践者还需要在本章中补充其所在州的相关成文法内容。

10.1 雇用资格

要获得公立学校的特定教学职位需持有州政府颁发的资格证书。州证书所包含的要求有：良好的道德品质、大学学位、规定课程和教学实践。除此之外，在超过一半的州，还必须通过一项或多项考试。在安巴克诉诺威奇一案中，联邦最高法院支持纽约州政府的一项行政规章，即拒绝给没有意愿申请公民身份的非美国公民颁发资格证书。①

获得资格证书仅仅表示对教师职业有资格，并不意味着一定被雇用，也并不自动地标志具有从教的能力。学校不可以雇用没有资格证书的候选者，除非州政府授权免除该要求。因此，西弗吉尼亚州的一个法院裁定：
【400】由于某学区雇用了一个拥有通识教育和数学教学资格证书的人担任资优学

① 441 U. S. 68 (1979).

生的教师，而没用雇用具有资优教育资格证书的人，因而该学区被认为滥用了其自由选择权。[①]

由于教学资格证书的重要性，因此法律保护被无端拒绝授予或撤销资格证书的人。正当程序条款禁止政府随意无常地拒绝对一个满足所有条件的候选人授予证书。[②]

然而，获得证书并不能担保可以永久地拥有此项资格认证。因为证书不是合约（参见11.6节），政府可以在不违背宪法的禁止损害合约规定的情况下更改继续持有资格证书的要求。[③] 此外，在遵循州法律规定步骤的前提下，出于合理的原因，教师的认证可以被撤销。例如，佛罗里达州无条件地解除了两名教师的资格证书，因为他们被发现拥有大麻。[④]

然而，很多州要求撤销证书的依据与教学效果相联系；在厄尔布诉艾奥瓦州公共教育董事会一案[⑤]中，该州的最高法院禁止州董事会以通奸为理由撤销一名高中教师的资格证书。法院认为：

> 我们强调董事会所拥有的撤销教育资格证书的权力既不是惩罚性的，也不打算允许董事会成员采用个人道德判断。惩罚是保留给刑法的，不得与董事会成员的个人道德观念有关……董事会持有权力的唯一目的……是提供使学校社区不受侵害的措施……（A）只有向董事会证明，如果该名教师继续留任工作，那么将对学校社区造成不利影响存在合理的可能性，才能撤销资格证书。

通过获得所需的州资格证书而符合教学工作资格的人，还会面临额外的要求，如居住地在学区内或通过体检。面对依据宪法对这些要求提起的

① Johnson v. Cassell, 387 S. E. 2d 553 (W. Va. 1989); *see also* Bradford Cent. Sch. Dist. V. Ambach, 436 N. E. 2d 1256 (N. Y. 1982).

② Commonwealth v. Great Valley Sch. Dist., 352 A. 2d 252 (Pa. Commw. Ct. 1976).

③ State v. Project Principle, Inc., 724 S. W. 2d 387 (Tex. 1987).

④ Adams v. State, 406 So. 2d 1170 (Fla. Dist. Ct. App. 1981).

⑤ 216 N. W. 2d 339 (Iowa 1974).

诉讼，法院都对这些要求予以支持。[①] 继续教育也被视为教师保有工作的一个条件。[②] 然而，纽约州最高法院推翻了某学区要求实习教师通过尿样药检才可转为终身聘用教师的做法。[③]

《不让一个孩子掉队法》要求根据该法接受财政资助的学校保证这些【401】经费所资助的教师是州界定的“高素质的”教师。[④] 该法进一步规定要采取措施以确保“对贫困和少数族裔的儿童教学的教师中没有经验的、不合格的或非本专业的教师比例不得比对其他儿童教学的教师高”。各州被要求上报“紧急招来的或持有临时资格证的教师比例，在各州不是由高素质教师执教的班级比例，并且根据这一条款的目标，在聚集地区和分散地区通过对高度贫困与低度贫困的比较，统计出州内处于贫困顶部的 1/4 和贫困底部的 1/4 的学校”。各地区必须告知父母，他们可以要求了解其子女的教师的某些信息，包括“及时告知其子女被分配给非高素质的教师或是由非高素质的教师连续教授四星期及以上时间”。[⑤] 该法还要求在由《不让一个孩子掉队法》资金资助的项目中工作的辅助人员符合某些条件，如在高等教育机构学习过两年等。[⑥]

10.2 分配、调职和降职

一旦教师被雇用，学区董事会就有很大的决定权将他们分配到具体的学校、班级，并且承担额外任务。然而，就像所有的人事活动一样，分配不可以是歧视性的，不能违反州的年资要求或其他法定要求，不能对合法地行使宪法权利做出报复性行为，不能违反教师资格的要求，也不能违反

---

① Pittsburgh Fed'n of Teachers Local 400 v. Aaron, 417 F. Supp. 94 (W. D. Pa. 1976).

② Harrah Indep. Sch. Dist. v. Martin, 440 U. S. 194 (1979).

③ Congress of Tezchers v. Bd. of Educ. Of Patchogue-Medford Union Free Sch. Dist., 510 N. E. 2d 325 (N. Y. 1987).

④ 20 U. S. C. §6319 (a) (1).

⑤ 20 U. S. C. §6311.

⑥ 20 U. S. C. §6319 (c).

教师合同或集体谈判合同。①

拒绝接受在教师资格范围内的工作分配被认为是解雇的理由。② 同样，拒绝接受工作职责范围内合理地与其工作相关的额外任务也会使教师面临因不服从而被解雇的危险。③ 法院提出从以下几个因素来判断一项额外任务委派的合理性：委派的任务与学校教育职责的相关程度，任务所需的时间，任务与教师专门知识之间的关系，以及额外任务的公平程度。④

然而，额外的任务有可能是与教师的基本职责无关而不能对教师提出的要求，除非有补充合约规定额外报酬。拒绝承担这些有额外报酬的任务，教师是不会被解雇的。⑤ 但是，从事这些额外任务的教师并不能获得相关的工作职位，所以学区可以自由地将教师从诸如教练等岗位上免职。⑥ 【402】

学校也有调动教师的广泛决定权。除非教师能够证明其调动是非法的，不是符合当地的最佳利益的善意举动或者是滥用自主决定权的举动，除此之外，拒绝调动就是不服从。⑦ 将教师调离其终身任职地区是被禁止的，除非教师本人同意。然而，终身教职并不赋予教师对特定班级或者学校享有既得权利。

根据州法律，如果调职涉及收入的减少，地位、名誉、声望的下降，那么就是降职。如同解雇一样，如果降职是按州法律指定的理由而决定的，诸如不服从或是财政的缩减，降职是允许的（参见 10.4 和 10.6 节）。降职可能造成宪法所保护的利益的损失，因而须启动宪法正当程序的保护（参见 10.5 节）。州法律还具体规定了对一位教师降职时必须启动听证或

---

① Gibbons v. New Castle Area Sch. Dist., 500 A. 2d 922 (Pa. Commw. Ct. 1985); Adtlet v. Richmond Sch. Dist., 58 Cal. Rptr. 151 (Ct. App. 1967); Appeal of Santee, 156 A. 2d 830 (Pa. 1959).

② Commonwealth *ex rel.* Wesenberg v. Sch. Dist. of Bethlehem. 24 A. 2d 673 (Pa. Super. Ct. 1942).

③ Harrisburg R – Ⅷ Sch. Dist. v. O'Brian, 540 S. w. 2d 945 (Mo. Ct. App. 1976); Dist. 300 Educ. Ass'n v. Bd. of Educ. of Dundee Cmty., 334 N. E. 2d 165 (Ill. App. Ct. 1975).

④ Bd. of Educ. of Asbury Park v. Asbury Park Educ. Ass'n, 368 A. 2d 396 (N. J. Super. Ct. Ch. Div.), *aff'd in part and appeal dismissed in part*, 382 A. 2d 392 (N. J. Super. Ct. App. Div. 1977).

⑤ Swager v. Bd. of Educ., Unified Sch. Dist. No. 412, 668 P. 2d 270 (Kan Ct. App. 1984).

⑥ Lexington County Sch. Dist. 1 Bd. of Trustees v. Bost, 316 S. E. 2d 677 (S. C. 1984).

⑦ Goodwin v. Bennett County High Sch. Indep. Sch. Dist., 226 N. W. 2d 166 (S. D. 1975).

其他程序。① 降职也必须遵守（劳资间的）集体谈判合同的要求。

10.3 试用期教师的评估、续约和终身任职

虽然宪法没有要求各州创建有关教师试用期和终身任职的制度，但很多州都选择了制定这类制度。在多数州，如果一个教师在同一学区的持续工作期限低于三年，就被认为是试用教师。一旦接到了连续第四年执教的合同，这位教师就结束了试用期或是得到了“永久”身份，这在一些州被称为“终身任职”。各州也许会修改或废除这种终身任职制度②，但必须履行先前所签订的终身任职合约③。在实行终身任职制度的州中，地方学校董事会不可以因为他们反对这种制度而拒绝授予终身教职，或者要求其员工放弃自己获得终身任职的权利。④

某些州对教师的评估提出要求，如教师必须上课的具体课时数以及其
【403】他允许学校董事会自行设计的措施。对试用期教师的评估范围通常比终身任职的教师要广泛得多。有些州要求每个学区在州法律允许范围内制定一套教师评估方案并呈送州教育董事会。许多学区的集体谈判合同对试用期教师和终身任职教师的评估也都做出了规定。

学校董事会每年都面临着是否继续与试用期教师续约以及最终是否准许他们正式获得终身任职的问题。直到最近，对于这些决定的做出并没有提出多少程序上的要求。不过，所有州的成文法在不续约决定和因故解职决定的程序方面设定了明确的区别。这种区别仍在许多州存在。在那些州，学校董事会可以以宪法所允许的任何理由决定不再雇用试用期的教师。成文法基本上只要求那些教师在特定的时限内得到不再续约的通知。州成文法和联邦宪法都没有要求听证和其他正当程序（参见10.5节）。对于如果学校董事会没能在指定的时限内通知一名试用期教师，那么这名教

---

① Candelori v. Bd. of Educ. of New Britain, 428 A.2d 331 (Conn. 1980).

② State *ex rel.* Mckenna v. District No. 8, 10 N.W.2d 155 (Wis. 1943).

③ Indiana *ex rel.* Anderson v. Brand, 303 U.S. 95 (1938).

④ Lambert v. Bd. of Educ. of Middle Country Cent. Sch. Dist., 664 N.Y.S.2d 422 (Sup. Ct. 1997); *see also* Conetta v. Bd. of Educ. of Patchogue, 629 N.Y.S.2d 640 (Sup. Ct. 1995).

师是否可以自动获得终身任职这一问题，各州法院仍存在分歧。① 而现在，几乎一半的州要求，任何教师，无论是否终身任职，不再续签合同都要被告知理由并且给予重要的程序上的保护。② 如果没能遵守这些程序，就会因其未履行义务而使教师自动获得终身任职。③

一项俄亥俄州的成文法阐明了试用期教师现在在很多州都享有的程序权利。在终止续约的前一年，试用期教师必须被评估两次。每次评估都必须以两个30分钟的观察和有关该教师的专业方面预期工作表现的特定评价标准为根据。评估所要求的书面报告必须包含对任何所指出的不足之处的改进意见。学校董事会必须在4月30日以前通知其不打算再续约的教师。教师可要求举行听证会。如果听证会肯定了不续约的决定，教师可向法院起诉这项决定。但法院的审查仅限于判定学校董事会是否遵守了法定程序，法院不能审查不续约的原因。④

因此，即使有些州规定不续约的试用期教师有权要求正当程序，学校董事会仍拥有相当大的决定权。罗得岛州最高法院判决一项规定胜诉，该规定要求，试用期教师如果在三年试用期内任何一年旷工达27天或更多，就不得续约或不得授予终身教职。⑤ 法律甚至允许学校董事会仅仅基于它 【404】认为会找到一位更好的教师的理由而不与试用期教师续约。试用期教师唯一的救济途径是证明其被不续约的决定侵犯了其宪法或法定权利（例如，不续约的发生是因为种族、宗教信仰、年龄或其他歧视原因）。与签约年结束不续约相比，在签约年期间被解雇的试用期教师享有与终身任职教师同样的正当程序保护（参见10.6节）。

① 授予终身任职的判例：Harrodsburg Bd. of Educ. v. Powell, 792 S. W. 2d 376 (ky. Ct. App. 1990); Day v. Prowers County Sch. Dist. RE－1, 725 P. 2d 14 (Colo. Ct. App. 1986); Fucinari v. Dearborn Bd. of Educ., 188 N. W. 2d 229 (Mich. Ct. App. 1971). *Contra*, Bessler v. Bd. of Educ. of Chartered Sch. Dist., 356 N. E. 2d 1253 (I11. App. Ct. 1976), *modified*, 370 N. E. 2d 1050 (I11. 1979); Snell v. Brothers, 527 S. W. 2d 114 (Tenn. 1975).

② State v. Bd. of Educ. of South Point, 339 N. E. 2d 249 (Ohio 1975); Hedrick v. Bd. of Educ., 332 S. E. 2d 109 (W. Va. 1985).

③ Farrington v. Sch. Comm. of Cambridge, 415 N. E. 2d 211 (Mass. 1981).

④ OHIO REV. CODE ANN. § 3319. 111.

⑤ Asadoorian v. Warwick Sch. Comm., 691 A. 2d 573 (R. I. 1997).

10.4 因故解雇

试用期后教师或终身任职教师的合同必须每年续签，除非这位教师被因故解雇。州成文法通过限制解雇理由来保护终身任职教师。终身任职教师不能因从事了宪法或法律保护的行为或因学校董事会认为会找到一位更好的教师甚或已经找到更好的教师的理由而被解雇。当解雇一名终身任职教师时，学校董事会必须承担以实质性证据证明法定解雇理由的举证责任。在某些州，提出解雇的根据是有时间限制的，例如，在纽约州，解雇不能以一项三年前发生的行为为依据，除非该行为是犯罪行为。① 许多州也要求在解雇前应给予教师补救不足的机会。只有补救失败或发现不可补救时，解雇才是被允许的。② 不能维持课堂纪律或不能完成教学任务被认为是可补救的类型，但是如果是会造成持久伤害的严重错误行为，如和学生发生性行为，则被认为是不可补救的。③

尽管州与州之间的表述不同，但解雇的法定理由可分为五类，每一类解雇依据都有一个描述性名称，这些名称可能与州成文法中实际采用的措辞有所不同。这些理由在成文法或判例法中都没有明确的定义，并且每一类在大量诉讼中都曾是争议焦点。

不胜任：与一名教师的专业技能相关的理由。某些“不胜任”的案例在某些州的成文法中被称为“不专业行为”或“低效率”。缺乏学科知识，不能成功教授指定课程，不能与同事、领导、父母有效合作，以及不能维
【405】持良好的纪律或不能管教学生等因素都被认为是不胜任的表现。某法院曾批准解雇一名教师，因为他的学生捣乱、耽于空想甚至未经允许离开课堂。④ 在另一起案例中，法院允许一名教师因其班级教室脏乱、未能备课

---

① DeMichele v. Greenburgh Central Sch. Dist. No. 7, 167 F. 3d 784 (2d Cir. 1999).

② Gilliland v. Bd. of Educ. of Pleasant View, 365 N. E. 2d 322 (Ill. 1977).

③ Grissom v. Bd. of Educ. of Buckley-Loda Cmty. Sch. Dist. No. 8, 388 N. E. 2d 398 (Ill. 1979); Weissman v. Bd. of Educ. of Jefferson County Sch. Dist. No. R-1, 547 P. 2d 1267 (Colo. 1976) (en banc).

④ Bd. of Dir. of Sioux City v. Mroz, 295 N. W. 2d 447 (Iowa 1980).

及不能维持课堂秩序而被解雇。① 康涅狄格州最高法院曾准许解雇一名教师，因为在这名教师教授的两门课程中，她只能胜任其中一门而无法胜任另一门。②

是否可以因学校董事会认为是严重教学错误的单一事件而判定一名教师不胜任工作，这有时会产生争议。例如，南达科他州的一个案件就对因教师坦率地回答了学生有关同性恋问题而被解雇的做法提出质疑。在不准许解雇的判决中，南达科他州最高法院强调，不胜任必须是指行为模式或过程表现出：

> 一贯不能以他人显现出的技能或精确程度完成工作……尽管如此，有时会仅仅因为一件具有如此重大或如此深远后果的事件致使教师完成其工作的能力被永久性削弱，如此认定“不胜任”，才是适当的。

而在这起案例中，没有迹象表明这名教师的教学能力下降或者学生受到了损害性影响。法院还认为该教师不太可能会重复这种被禁止的行为。③

在某些特定情况下，学生的不良表现会被认为是教师不胜任的证据。④ 然而，在一个案件中，一名教师无法与学生建立良好的关系，被法院判定为不属于“不胜任”。⑤ 在有些州，不具有教师资格证被认为是教师不胜任的证据。⑥

学校公民资格：与校内行为和职责而非实际教学活动有关的理由。有些案例在某些州的成文法中可能会被称为“不服从”或“职责疏忽”。“不服从”通常指蓄意地，但有时甚至指无意地，不遵守学校正式规定或主管人的合法指令。在一个案例中，一名教师因为拒绝履行与其工作岗位

---

① Bd. of Educ. of Phila. v. Kudhner, 530 A. 2d 541 (Pa. 1987).

② Sekor v. Bd. of Educ. of Ridgefield, 689 A. 2d 1112 (Conn. 1997).

③ Conllins v. Faith Sch. Dist. No. 46-2, 574 N. W. 2d 889 (S. D. 1998).

④ *In re* Proposed Termination of James E. Johnson, 451 N. W. 2d 343 (Minn. 1990); Whaley v. Anoka-Hennepin Indep. Sch. Dist. No. 11, 325 N. W. 2d 128 (Minn. 1982).

⑤ Powell v. Bd. of Trustees of Crook County Sch. Dist. No. 1, 550 P. 2d 1112 (Wyo, 1976).

⑥ Chambers v. Bd, of Educ, of Lisbon Central Sch. Dist., 391 N. E. 2d 1270 (N. Y. 1979).

有关的常规职责如参加教职工大会、会见（学生）父母等而被解雇，这种情况是法律许可的。①

【406】然而，肯塔基州某法院裁定，当一位教师仅仅被指控不与校长“合作”时，是不能以不服从为理由而被解雇的。为证实不服从，学校必须证明教师拒绝遵守学校的某项具体规定或者指令。② 若学校规定或者指令侵犯了教师的宪法或法定权利，或者指令超出了制定者的权限，则学校不得以不服从为理由解雇教师。因此，联邦最高法院裁决，解雇一名因公开批评学校董事会预算政策的称职教师是对教师言论自由权的侵犯，这是不允许的。③

要查明一名教师的不服从行为，并不需要证明其行为方式，只需要一个事件就足够了。例如，宾夕法尼亚州的一名教师因请病假去度滑雪假日而被解雇。④ 教师通常也会因为不道德地撒谎以使用病假而被解雇。⑤ 拒绝遵守一项新的教学任务也会被视为不服从行为⑥，违反禁止体罚的规定⑦或是违反规定采用某种教材等也是不服从行为⑧。还有学术欺诈行为，诸如帮助学生作弊或者以欺骗手段帮助学生获得毕业文凭等都是解雇的理由。⑨ 不过，有些法院不允许解雇有轻微不服从行为但没有对学校造成损害的教师。⑩

无能力：与教师从事工作的心理或生理方面的无能力相关的理由（参见9.6节雇用身心障碍人士）。在某些例子中，无能力可能被称为“不适合”或“职责疏忽”。某案例中法院批准解雇一名患有严重人格障碍的教师⑪，但在另一起案例中，法院不赞成解雇一名患有暂时性精神疾病的

① Meckley v, Kanawha County Bd. of Educ., 383 S. E. 2d 839 (W. Va. 1989).
② Osborne v. Bullitt County Bd. of Educ., 415 S. W. 2d 607 (Ky. Ct. App. 1967).
③ Pickering v. Bd. of Educ., 391 U S. 563 (1968). (See sec. 9. 1).
④ Riverview Sch. Dist. v. Riverview Educ. Ass'n, 639 A. 2d 974 (Pa. Commw. Ct. 1994).
⑤ Bethel Park Sch. Dist. v. Krall, 445 A. 2d 1377 (Pa. Cmwlth. Ct. 1982).
⑥ Thomas v. Mahan, 886 S. W. 2d 199 (Mo. App. 1994).
⑦ Fisher v. Fairbanks North Star Borough Sch. Dist., 704 P. 2d 213 (Alaska 1985).
⑧ Ware v. Morgan County Sch. Dist. No. RE-3, 748 P. 2d 1295 (Colo. 1988) (en banc).
⑨ Carangelo v. Ambach, 515 N. Y. S. 2d 665 (App. Div. 1987).
⑩ Rust v. Clark County Sch. Dist., 683 P. 2d 23 (Nev. 1984).
⑪ Fitzpatrick v. Bd. of Educ. of Mamaroneck, 465 N. Y. S. 2d 240 (App. Div, 1983).

教师①。

角色榜样：与教师作为学生榜样相关的理由。在某些州的成文法中，可被称为“道德败坏”、“行为不相称”或“不恰当”。这类情况可分为三种类型：被判决或被指控触犯了刑法的教师，有非犯罪的婚外性行为的教师，做出受学校董事会指责的其他非犯罪行为如撒谎的教师。

一般说来，任何严重的犯罪行为都是解雇的理由，尤其是其涉及暴力②或偷窃时。法院已经允许解雇有以下行为的教师：偷窃、福利欺诈、偷逃所得税、信件欺诈甚至到商店行窃。③ 另一些案例支持解雇有下列行为的教师：公开服用兴奋剂、打架、在夜总会斗殴、引起交通事故过失杀人、酒后驾车。④ 一家宾夕法尼亚州法院判决，由于学校里有吸毒和酗酒问题的学生，一个因三次被判定有酒后驾车行为而给学生做出坏榜样的教师可以被解雇。⑤ 教师若被发现藏有违禁药物或种植大麻也会被解雇。⑥ 在密苏里州，一名教师因在一公共洗手间露阴手淫，勾引一名同性便衣警察而被捕，随后该教师被解雇。⑦ 【407】

尽管有这些判例，仍有很多法院不允许因非暴力或有较轻的犯罪行为而解雇教师，除非学校董事会能够在犯罪行为和教学效果之间建立因果关系。西弗吉尼亚州最高法院认为，若解雇一名教师的理由是与工作无关的行为，那么该行为要么确实直接影响到该教师的工作表现，要么该行为产生的恶劣影响确实严重影响到该教师完成教学任务的能力。在后一情况

① Smith v. Bd. of Educ. of Fort Madison, 293 N. W. 2d 221 (Iowa 1980).

② *In re* Thomas, 926 S. W. 2d 163 (Mo. Ct. App. 1996); Skripchuk v. Austin, 379 A. 2d 1142 (Del. Super. Ct. 12977).

③ Bd. of Dir. of Lawton-Bronson v. Davies, 489 N. W. 2d 19 (Iowa 1992); Startzel v. Commonwealth, Dep't of Educ., 562 A. 2d 1005 (Pa. Commw. Ct. 1989); *In re* Shelton, 408 N. W. 2d 594 (Minn. Ct. Warren County Bd. of Educ., 549 F. Supp. 145 (S. D. Ga. 1982).

④ Watson v. State Bd. of Educ., 99 Cal. Rprt. 468 (Ct. App. 1971); Williams v. Sch. Dist. No. 40 of Gila County, 417 P. 2d 376 (Ariz. Ct. App. 1966); Purvis v. Marion County Sch. Bd., 766 So. 2d 492 (Fla. Dist. Ct. App. 2000); Ellis v. Ambach, 124 A. D. 2d 854 (N. Y. 1986); Scott v. Bd. of Educ. of Alton, 156 N. E. 2d 1 (Ill. App, Ct. 1959).

⑤ Zelon v. Lincoln Intermediate Unit 12 Bd. of Dirs., 786 A. 2d 1022 (Pa. Commw. 2001).

⑥ Chicago Bd. of Educ. v. Payne, 430 N E. 2d 310 (Ill. App. Ct. 1981); Adams v. State Prof'l Practices Council, 406 So. 2d 1170 (Fla. App. 1981); Dominy v. Mays, 257 S. E. 2d 317 (Ga. Ct. App. 1979); Gedney v. Bd. of Educ., 703 A. 2d 804 (Conn. App. Ct. 1997).

⑦ C. F. S. v. Mahan, 934 S. W. 2d 615 (Mo. Ct. App. 1996).

下，声名狼藉是由行为本身引起的，而不是源于学校董事会对行为的判定。①

其他法院也采取了与西弗吉尼亚州法院相似的立场。华盛顿州某法院不允许解雇一名因买了一台被偷盗的摩托车而被判有重大盗窃罪的教师，法院指出，“简单地给一名教师贴上重罪犯的标签并不是解雇的正当理由”。② 俄亥俄州某法院保护一名教师免受解雇，尽管该教师被判定逃离交通事故现场。③ 蒙大拿州某法院裁决不能解雇一名因酒后驾车三次被判有罪的教师，因为他的犯罪行为并不“等于道德败坏”，而且没有证据可以显示这种行为将影响到该教师的工作表现。④ 新墨西哥州某法院也做出了
【408】相同的裁决，即使该驾驶培训教师不仅因为酒后驾车而且因为拒捕和斗殴曾被逮捕过。该法院判决该教师的执教能力与他酒后驾车及拒绝与警察合作而被逮捕之间没有关联，法院指出这名教师曾以此为鉴，告诫他的学生和其他驾驶者。⑤

对于因非犯罪的性行为而被解雇的情况，本节涉及的法律和9.3节涉及的宪法都有所提及。俄亥俄州某法院禁止解雇一名副主管，该法院裁决，在缺少证据证明这件事在学校社区引起愤怒和反对，并且对他的专业职责产生恶劣影响的情况下，其与学校已婚雇员通奸的事实根据州法律不能被认为是道德败坏。法院具体反驳了他的同事对他的负面看法的事实和对他是一个“坏榜样”的论据。根据对角色榜样的争论，法院说道，“仅仅因为这名教师不是父母希望其子女得到的角色榜样类型而解雇他，会打开使教师们因种族、宗教、政治信仰和（或者）性取向而被解雇的大门”。⑥

其他法院也采取了类似的方式，拒绝因在持反对意见的社区有两相情

---

① Golden v. Bd. Of Educ., 285 S. E. 2d 665 (W. Va. 1982); *see also* Rogliano v. Fayette County Bd. of Educ., 349 S. E. 2d 220 (W. Va. 1986).

② Hoagland v. Mount Vernon Sch. Dist. No. 320, 623 P. 2d 1156 (Wash. 1981).

③ Hale v. Bd. of Educ. of Lancaster, 234 N. E. 2d 583 (Ohio 1968).

④ Lindgren v. Bd. of Trustees, High Sch. Dist. No. 1, 558 P. 2d 468 (Mont. 1976).

⑤ *In re* Termination of Kibbe, 996 P. 2d 419 (N. M. 1999).

⑥ Bertolini v. Whitehall City Sch. Dist. Bd. of Ed. 774 N. E. 2d 1245 (Ohio Ct. App. 2000).

愿的婚前性行为或声名狼藉的通奸行为而解雇教师或者撤销教师资格证。[1] 主要的例外是在公共场所有亲密性行为。在一起案例中，一名小学终身任职教师因为在一家名为“性开放俱乐部”里公然和三名男士发生性行为而被拘留，随后因其不道德的行为被成功地解雇。[2] 联邦法律不允许以道德败坏或对学生做出坏榜样的理由而解雇未婚母亲。[3]

根据劳伦斯诉得克萨斯州判例[4]，联邦最高法院 2003 年判决禁止各州将同性间的性行为归类为犯罪，以前的一些仅仅因为是同性恋[5]而解雇教师的案件在今天肯定有不同的判决。以具有违反州的鸡奸法律的犯罪行为为理由解雇同性恋教师已经不再可能了。即使在劳伦斯案之前，加利福尼亚州最高法院多年前曾判决该州法律并不允许撤销和一名自愿同意的成年人有同性性行为的教师的资格。法院称，只有在教师给学生或学校同事带来严重危害或者该教师的行为和其教学效果之间被证实有关联的情况下，【409】才能撤销教师的资格。[6]（在某些司法管辖区中，《民权法案》第 7 章也可以保护同性恋免受解雇，参见 9.4 节）。

向学校管理者撒谎有时会被作为道德败坏的证据。在一个案例中，一名终身任职教师私自参加了一次校方没批准的会议，并且一回来就递交了病假条。法院批准解雇这名教师并且指出道德败坏行为并不限于性行为。[7] 然而，在另一个案例中，法院裁决不能解雇一名给刚毕业的学生写了两封信的教师，即使这两封信言辞粗俗、下流和无礼。法院判定这些私人信件和这名教师的执教能力之间没有关联。[8]

---

① Sherboume v. Sch. Bd. of Suwannee County, 455 So. 2d 1057 (Fla. App. 19840; Erb v. Iowa State Bd. of Pub. Instruction, 216 N. W. 2d 339 (Iowa 1974).

② Petti v. State Bd. of Educ., 513 P. 2d 889 (Cal. 1973); *see also* Bd. of Educ. v. Calderon, 110 Cal. Rprt. 916 (Ct. App. 1973); Sarac v. State Bd. of Educ., 57 Cal. Rptr, 69 (Ct. App. 1967); Stephens v. Bd. of Educ., Sch. Dist. No. 5, 429 N. W. 2d 722 (Neb. 1998).

③ Avery v. Homewood City Bd. of Educ., 674 F. 2d 337 (Former 5th Cir. 1982); Andrews v. Drew Mun. Separate Sch. Dist., 507 F. 2d 611 (5th Cir.), *cert. granted*, 423 U. S. 820 (1975), *cert. dismissed*, 425 U. S. 559 (1976).

④ 123 S. Ct. 2472 (2003).

⑤ Gaylord v. Tacoma Sch. Dist. No. 10, 559 P. 2d 1340 (Wash. Ct. App.), *aff'd*, 535 P. 2d 804 (Wash. 1975) (·en banc).

⑥ Morrison v. State Bd. of Educ., 461 P. 2d 375 (Cal. 1969).

⑦ Bethel Park Sch. Dist. V. Krall, 445 A. 2d 1377 (Pa. Commw. Ct. 1982).

⑧ Jarvella v. Willoughby-East Lake City Sch. Dist., 233 N. E. 2d 143 (Ohio 1967).

一般而言，尽管有些案例的判决是相反的，但多数法院坚持：学校董事会想要以道德败坏为理由解雇教师，那么就要证实其所称的道德败坏行为与教学效果之间有关联。如果某位教师犯有涉及暴力或重大偷窃的严重罪行，那么可以认定存在这样一种关联，即该教师在学校内出现会对学校人员或财产造成危害。至于那些不太严重的犯罪行为，也必须证实两者之间确有关联。如果所称的关联是指围绕教师行为产生的狼藉名声导致学校失去学生和社区成员的尊重，那么这种声名狼藉必须是由教师行为本身造成的，而不是由学校董事会公开这一行为造成的。

对学生造成威胁：在某些州的成文法中，教师对学生造成伤害或危害的行为可能被称为"道德败坏"、"不专业的行为"或者"不适合教学"。酗酒、吸毒[①]或者对学生做出违法、危险或轻率的举止都是解雇的理由，对学生进行身体虐待或者言语侮辱也是如此。

教师会因在课内外恶言谩骂学生或对学生进行种族侮辱而被解雇。[②]不恰当的课堂言论也可以是足够危险的正当解雇理由。一名12年级的教师被解雇，因为该教师向学生解释卖淫场所的运作方式，包括准许进入的最小年龄要求，讨论阴茎的大小，并讨论相关性行为的故事。[③] 艾奥瓦州某法院批准解雇一名9年级的英语教师，因为该教师挖苦讽刺他的学生以及对一名写了一篇有关自杀的论文的学生说："为获得额外的学分，你为什么不试一试？"[④]

【410】 解雇与未成年学生发生性行为的教师总是受到法院支持的。相关的未成年学生是否现就读于该教师所执教的学校或者是否与该教师在同一学区都无关紧要。因此，缅因州最高法院准予解雇一名和一个15岁男生有性行为的小学教师，尽管她和这个男生都不住在她所执教的市区。[⑤] 性关系是

---

① Bd. of Educ. of Hopkins County v. Wood, 717 S. W. 2d 837 (Ky. 1986).

② Ware v. Morgan County Sch. Dist., 748 P. 2d 1295 (Colo. 1988); Bovino v. Bd. of Sch. Dir. of the Indiana Area Sch. Dist., 377 A. 2d 1284 (Pa. 1977); Clarke v. Bd. of Educ. of Omaha, 338 N. W. 2d 272 (Neb. 1983).

③ State v. Bd. of Sch. Dir. of Milwaukee, 111 N. W. 2d 198 (Wis. 1961), *appeal dismissed*, 370 U. S. 720 (1962).

④ Sch. Dist. Bd. of Dir. V. Lundblad, 528 N. W. 2d 593 (Iowa 1995).

⑤ Elvin v. City of Waterville, 573 A. 2d 381 (Me. 1990).

否发生在教师接受当前雇用前，这也无关紧要。当一名23岁男子证明多年前他的小学教师对他进行性虐待时，对这名教师的解雇是允许的。① 另一起案例准予解雇一名12年前在另一学区受雇时与一个15岁学生有性关系的教师。② 对于与学生发生合法性关系，即与达到法定同意年龄的学生发生你情我愿的关系，是否构成解雇理由，还存在争论。但如果这个学生就读于教师所执教的学校，其解雇几乎都是受到法院支持的。

在某些案例中，解雇与未成年学生发生性行为的教师，不仅是准许的，而且也是合法审慎的，甚至在有些案件中是强制性的。学区雇用了或留用了曾与未成年学生发生性行为的教师，那么如果这种行为反复发生，学区会因雇用疏忽而被提起诉讼（参见12.5节）。学区若不能对教师和学生之间的性有染采取行动，即便是没有发生性关系的爱恋，根据《民权法案》第9章也可能会被提起诉讼（参见6.9节）。无论如何，学校必须仔细分辨性虐待、骚扰和出于好意的无性接触行为之间的差异（参见扬曼诉德霍夫案）。③

* * *

案例中包含以下因素时，教师被解雇的可能性较大：按照正式的、合适的程序进行评估的教师观察报告文档；证实教师行为与课堂教学效果有关联；有不胜任的证据或其他不止一名学校管理者的主观评价（主观印象可能是适当评估的一部分④）；表明采取了补救的正式步骤并失败了的证据；表明教师的行为阻碍了学校教育目标实现的证据；表明损害或破坏了学校教育任务完成的证据；表明违背了学校成文规定及政策的证据；有攻击性行为方式的证据；对教师进行过提醒或警告的证据；表明教师的行为缺乏任何合理的教育解释的证据；表明教师声名狼藉的行为削弱了学校或教师工作效率的证据（但是这种声名狼藉并不是主要由学校董事会的行为导致的）；教师行为缺乏适当的教育学理由的证据；证实教师继续在学校出现会给对学生造成教育上或身体上的危害的证据。 【411】

① Fisher v. Indep. Sch. Dist. No. 622，357 N. W. 2d 152（Minn. Ct. App. 1984）.

② Toney v. Fairbanks N. Star Borough Sch. Dist.，881 P. 2d 1112（Alaska 1994）.

③ Youngman v. Doerhoff，890 S. W. 2d 330（Mo. App. 1994）.——译者注

④ Iverson v. Wall Bd. of Educ.，522 N. W. 2d 188（S. D. 1994）.

学生的证词和测谎结果都可用于裁决解雇的案例。① 加利福尼亚州某法院裁决，即使非法获取的证据——不能用于起诉教师的刑事程序的证据——也可以用于解雇的程序。② 有些法院可能在解雇听证中排除传闻证据，或者要求给予这些传闻证据极低的考量权重。③

虽然没有什么比教师不能正常教学更能降低学校的工作效率，但是实际上很少有被其主管认为不称职的教师被解雇。产生这种矛盾的原因包括不愿给那些不胜任的人造成伤害，害怕引起诉讼或其他不愉快的后果，或者相信可以通过采用其他更容易的方法比如迫使其辞职来处理那些不胜任的人。最后一种方法——通过制造难以忍受的工作环境以迫使辞职——被称为“推定解雇”。虽然在开始正式程序前给一个不令人满意的员工辞职的机会是可取的，但是法院仍认为推定解雇违反了正当程序。自愿辞职的雇员在试图取消他们的辞职决定时，通常发现法院毫无同情心，除非他们能证明是受到高度胁迫的。

同时，未能解雇一名不胜任的教师很少会引发诉讼，但以宪法或法律不允许的理由解雇教师则会引发诉讼，尤其是当管理者出于对教师的愤怒或个人恩怨，面临社区压力或者教师异类的生活方式而解雇教师时，很容易引发诉讼。如果学校管理者尽力为师生和社区服务，并且以职业准则和法律规定而不是以个人好恶和政治压力为根据，他们会发现在诉讼中他们是很少败诉的一方。

(411～431) 在扬曼诉德霍夫案中，展示了本节所讨论的这些原则。

【431】 10.5 诉讼程序上的正当程序

与学生的情况一样，管理教师行为的规定必须符合基本的正当程序要求，即不得模糊或过于宽泛（参见5.1节）。在某一案例中，内布拉斯加州一名教师因违背了禁止体罚学生的州法律而被学校董事会惩罚，该教师
【432】 认为这条法律有着不被允许的模糊性。该案中，一名学生一直不听他的命

① Libe v. Bd. of Educ. of Twin Cedars, 350 N. W. 2d 748 (Iowa Ct. App. 1984).

② Governing Bd. of Mountain View Sch. Dist. v. Metcalf, 111 Cal. Rptr, 724 (Ct. App. 1974).

③ *See* Youngman v. Doerhoff, 890 S. W. 2d 330 (Mo. App. 1994).

令，该教师沮丧地“轻拍”或“掌击”了该学生的后脑勺。法院援引联邦最高法院的先例说道：“正当程序要求（一条规定）提供（1）要让一个智力正常的人知道什么是禁止的以及（2）什么是适用的明确标准……判断的标准是被告能否合理地理解他的行为是法律所禁止的。”

法院尽管赞成体罚在法律上应有更详细的界定，不过仍然裁决这项条款并没有不清楚到违背了正当程序。法院同意该教师提出的“学校董事会命令的这一部分，即要求（该教师）‘接受足够的专业咨询’是如此模糊以致实际上无法执行。没有一个关于咨询期限、资金提供、强制咨询性质的最低限度的客观标准，以至于命令的这部分给了学校董事会操作上的最大随意性”。①

要提出充分的理由解雇一名教师，学校董事会就必须遵循特定的程序。宪法，作为国家最高法律，规定了所有解雇必须满足的最低要求。州成文法和地方政策应与这些最低要求相一致，然而与宪法要求相比，州和学区通常制定了附加的、更为详细的条款。在教师个人合约、集体谈判合同或地方学校董事会的政策声明中可以发现地方学区有关教师解雇的程序。无论是哪种来源，学区的程序都必须与州的要求相一致。

联邦最高法院同时判决的另两起案件，解决了宪法对教师解雇案件何时要求正当程序的问题。虽然这些是高等教育的案例，但其相同的原则也适用于中小学。第一个案例，即州立大学董事会诉罗思案②，涉及一名在一所公立学院刚完成第一个学年教学后未被继续雇用的教师。学校没有对他举行听证会和告知任何理由，只是简单地通知他将不再续约。第二个案例，佩里诉辛德曼案③，涉及一所州立学院对一名非终身任职的教师没有听证就不再续约，而当时这名教师已经在这所大学工作了十年。这两位教师都提出依据《联邦宪法第十四修正案》的正当程序条款，他们应有权要求举行听证会。

联邦最高法院对这两起案例的判决却全然不同：判决罗思败诉而辛德

① Daily v. Bd. of Educ. of Morrill County Sch. Dist. No. 62－0063, 588 N. W. 2d 813 (Neb. 1999).

② 408 U. S. 564 (1972).

③ 408 U. S. 593 (1972).

曼胜诉。《联邦宪法第十四修正案》规定，只有当政府想要剥夺一个人的财产或自由时才能要求正当程序。但是，学校并没有承诺罗思在合同期满
【433】后仍将雇用他，或者罗思本人也没有任何理由期待他将被继续雇用，并且不续约也没危及罗思的声誉或在别处受聘的前景。因而，这并未使他的财产与自由权益成为问题，他没有要求正当程序的宪法权利。

相反，在辛德曼的学校，有一项只要教师的“教学服务是令人满意的”，就继续雇用教师的成文政策和长期遵循的惯例。此外，虽然辛德曼没有被正式告知不续约的理由，但是该学院发布了一条“公布（他）不服从行为”的新闻稿，因而损害了他作为一名教师的声誉。与罗思不同，继续受雇涉及辛德曼的财产权益，恢复自己声誉涉及他的自由权益，所以，他有要求正当程序的宪法权利。在合同期内，所有教师在持续雇用上都具有财产权益。另外，州终身任职合同和连续合同的成文法合法地赋予了试用期后受雇的教师对继续受雇的合法期望。

然而，罗思和辛德曼的案例表明，并不是对每项人事调整都能行使宪法正当程序权利，除非州成文法明确规定了正当程序，试用期教师合同的终止通常不需要正式的听证会，甚至无须告知理由（参见10.3节）。通过合同、惯例、成文法甚至是释义，试用期教师都没有法定的期望自己继续受雇或再被雇用的权利，试用期教师在合同期限以外没有任何有关工作的财产权益。就像在罗思案中联邦最高法院所说的，“抽象的需要或要求”或是“单方面的期望”不足以证实财产权。除非州法律或学区政策明确授予了他们正当程序的权利，试用期教师只有在合同期间被解雇的情形下，或者如辛德曼一案，存在一项事实上的政策创造了与终身任职相等的情形，才能获得有关雇用的财产权。

正如在罗思案中所讨论的，“无论言论或出版权益是否依据《联邦宪法第一修正案》的实际标准受到明确保护”，针对言论行为做出报复的人事调动需要正当程序。罗思案同时指出，严重到损害教师声誉，导致其无法立足于社区，或是影响其日后雇用前景的行为，也应视为对教师自由权的剥夺，因而要求正当程序保护。因此，无论是否有终身教职，教师有时候能够成功地主张，自己本应该在调职、降级、不能加薪、不能授予终身教职或者短期停职中受到程序保护。基于公众舆论的指责而对教师做出一

项不利的决定时，教师极有可能会要求正当程序的保护。如果酗酒、种族歧视及心理不稳定的指控足以败坏一个人的声誉，那么这些都要求正当程序的保护。[①] 然而，在其他案例中，对诸如不胜任、无能力及不服从等拙劣工作表现的指控则不能要求正当程序保护。[②] 【434】

一旦确定了教师具有权利获得诉讼程序上的正当程序，就会产生这样一个问题：什么样的程序是正当的。在克利夫兰教育董事会诉劳德米尔一案中，[③] 联邦最高法院考虑了这样一个问题，即除了可以通过州法律具体化的正当程序权利以外，联邦宪法是否还要求为诸如教师等公共雇员制定具体的正当程序步骤。虽然联邦最高法院认识到政府"在迅速清除不满意雇员方面"可能具有重大的"利益"，但它仍然判决，终身任职雇员免受无理解雇的利益也重要到至少足以要求解雇前的听证。对听证的最低宪法要求与那些提供给学生的停学前的听证要求类似："终身任职公共雇员被赋予了接到口头或书面的指控通知、听取雇主对证据的解释和陈述自身情况的机会的权利。"

劳德米尔案明确了宪法可以独立于州法律的要求提出正当程序要求。当州法律明确终止雇用后的程序足以"确定解决解雇的恰当性"时，雇用终止前的程序则不必复杂，所需要的只是某些指控的通知、支持的证据和辩解的机会。一项调查无论怎样彻底也不可能取代听证会。因此，一名受到可能虐待学生的调查之后被停职四天，并随后被调职的教师，由于没有举行听证会，成功地起诉他的正当程序权利受到了侵犯。法院裁决，停职和调职都涉及财产权益和自由权益，因而要呈示证据以及交叉诘问反方证人。[④]

劳德米尔案并没有充分说明终止教育雇用合同时要求何种程度的正当程序。在教师解雇的案件中，州成文法一般要求提前做出指控通知，并且

---

① McKnight v. Southeastern Pa. Transp. Auth., 583 F.2d 1229 (3d Cir. 1978); Wellner v. Minnesota State Junior College Bd., 487 F.2d 153 (8th Cir. 1973); Bomhoff v. White, 526 F. Supp. 488 (D. Ariz. 1981).

② Gray v. Union County Intermediate Educ. Dist., 520 F.2d 803 (9th Cir. 1975); Beitzell v. Jeffery, 643 F.2d 870 (1st Cir. 1981).

③ 470 U.S. 532 (1985).

④ Winegar v. Indep. Cmty. Sch. Dist., 20 F.3d 895 (8th Cir. 1994).

接受公正听证委员会的听证。为了满足宪法和成文法的要求，通知必须在听证之前提前足够的时间送达，并且通知的内容必须足够明确地允许被告准备辩护。[①] 有个案件中，一个教师收到一份通知，并被指控“根据你拒绝与你所在的学校校长合作的事实，存在不服从”，这份通知被判定为不充足的。[②] 类似地，仅仅指控教师“无能力”也是不充足的通知。[③] 为了满足正当程序的要求，通知必须以具体的不能接受的行为和缺陷来支持其
【435】指控。仔细书写控告也是很重要的，因为听证会不会考虑未在通知中被列举的指控，也不会考虑与那些指控无关的证据。

正当程序要求由公正的裁决者做出听证结果。如果裁决者出现下列情形，其公正性会受到质疑：与本案有利益冲突，对雇员怀有憎恨之情，对案子有成见，既是裁决者又是“起诉者”，在听证会以外与“起诉人”或与其他同雇员有利益冲突的人会面，或者讨论未在听证会上呈交的证据。以下霍顿维尔第一联合学区诉霍顿维尔教育协会案审视了学校董事会在解雇参与非法罢工的教师时的公正性。

(435 ~ 439) 在霍顿维尔第 1 联合学区诉霍顿维尔教育协会案[④]中，一群教师由于举行非法罢工而被解雇，他们声称，教育董事会侵犯了他们的正当程序权利。为支持其诉称，教师们认为解雇他们的教育董事会的决定不公正，因为教育董事会与教师是罢工的对立双方。联邦最高法院驳回了教师们的观点，指出“教育董事会是（州）法律授予的有权雇用和解雇教师的唯一机构”。联邦最高法院的结论是，如果仅是因为教育董事会在解雇教师前卷入了罢工事件，这并不足以“推翻具有裁定权的政策制定者是诚实和廉正的推定”。

【439】霍顿维尔判例允许解雇决定做出者对构成解雇的充分理由或其他政策

① Staton v. Mayes, 552 F. 2d 908 (10th Cir. 1977); Benton v. Bd. of Educ. of Winnebago. 361 N. W. 2D 515 (Neb. 1985); Hawkins v. Bd. of Pub. Educ. in Wilmigton, 468 F. Supp. 201 (D. del. 1979).

② Osborne v. Bullitt County Bd. of Educ., 415 S. W. 2d 607 (Ky. Ct. App. 1967).

③ Bd. of Educ. of Clarke County v. Oliver, 116 So. 2d 566 (Ala. 1959).

④ Supreme Court of the United States, 1976, 426 U. S. 482. ——译者注

事项具有预先判断，但是对事实或案件的结果做预先判断违背了正当程序。① 当存在确凿的偏见或成见的证据时，法院会剥夺解雇决定做出者的资格。一个听证小组中有一个成员存在偏见，足以破坏整个程序。② 在一个案例中，一个教师解雇听证小组的成员索要并接受了学校董事会额外的报酬。法院判决称，额外的报酬产生了不适当的迹象，足以表明教师获得公正听证的权利被侵犯了。③ 雇员与解雇决定做出者之间过往的激烈争论通常并不足以证明存有偏见。④

有些州允许或要求地方学校董事会举行解雇教师的听证会，而另一些州则要求按照特定程序选择独立的听证官员或小组。例如，纽约州法律规定，听证小组必须由学校董事会和教师从一份州批准的听证官名单中选择三名非本学区的雇员组成。其他州允许教师和学校董事会向三个成员构成的小组各推荐一名成员，然后先入选的两名成员必须联合选出第三名成员。另一个办法是必须由政府提供一份有资格担任听证官的人员名单，这份名单在教师和学校董事会之间来回传阅，双方每次划掉一个人的名字，最后剩下的人就被指派进行案件听证。

在听证程序中，一个潜在的矛盾因素就是起诉人的角色。当指控教师的案件由学校董事会的常任律师来代理时，原告某些时候会质疑学校董事会的公正性，但是法院驳回了这种主张。⑤ 对于法院来说，更为麻烦的情形是牵涉这场官司的辩护律师或其他管理者在其审议过程中加入了学校董事会。当这种情况发生时，起诉人又有第二次机会影响学校董事会，而被告却没有同等的机会。尽管这样的行为存在明显的不公正性，但法院对是否予以允许存在分歧。⑥ 【440】

州成文法可以授予教师在解雇教师的听证会中请律师或其他代理人的权利。没有制定成文法的地方，已经审理过此类案件的几个法院大多判定

① Station v. Mayes, 552 F. 2d 908 (10th Cir. 1977).

② Crump v. Bd. of Educ. of Hickory Admin. Sch. Unit, 392 S. E. 2d 579 (N. C. 1990).

③ Syquia v. Bd. of Educ., 579 N. Y. S. 2d 487 (N. Y. App. Div. 1992).

④ Simard v. Bd. of Educ. of Groton, 473 F. 2d 988 (2d Cir. 1973).

⑤ Niemi v. Bd. of Educ., 303 N. W. 2d 105 (Mich. Ct. App. 1981).

⑥ Kinsella v. Bd. of Educ. of Amherst & Towanda, 378 F. Supp. 54 (W. D. N. Y. 1974), *aff'd*, 542 F. 2d 1165 (2d Cir. 1976); White v. Bd. of Educ., 501 P. 2d 358 (Haw. 1972); Miller v. Bd. of Edc. of Sch. Dist. No. 132, Cook County, 200 N. E. 2d 838 (Ill. App. Ct. 1964).

教师必须有请辩护律师的权利。①

法院也会保障一名被指控的教师有权利对质和交叉诘问证人，包括以书面证词作证的证人，有权利获得听证录音和文本，也有权利获得书面或口头的听证决定理由陈述。② 许多州的法律赋予雇员权利，可以就地方学校董事会或听证小组的裁决向州教育长官或其他行政机构提出申诉。根据具体情况，也可向法院提出起诉。最重要的条件是，除非已经穷尽由州法律或地方政策提供的所有行政救济手段，否则法院通常不会受理这些起诉。

10.6 裁员

裁员（RIF）是指由于财政困难、减少招生或者不再维持特别项目或服务而解雇人员。规范劳动人员重新调整的成文法，包括因经济原因调职及降职，与那些规范试用期教师停止续签合同、因故解雇或惩戒性调职及降职的成文法相比有所不同，许多州的成文法要求裁员的解雇按资历的颠倒次序进行。

另外一些州采取了不同的方法。内布拉斯加州法律规定，在将一名教师作为被裁员的一部分解雇之前，学校董事会必须证明：经济状况的改变导致必须裁员，而且这种经济状况的改变与受到影响的教师尤其相关，没有该教师有资格的空缺职位。③ 西弗吉尼亚州最高法院驳回了认为州法律要求严格按照资历裁减人员的观点。法院判决学校董事会必须考虑教师在指定学科领域的教学经验年限。④ 集体谈判合同也会影响到裁员的政策和程序。

对裁员提出诉讼的指控包括：

---

① Cochran v. Chidester Sch. Dist., 456 F. Supp. 390 (W. S. Ark. 1978); Doe v. Anker, 451 F. Supp. 241 (S. D. N. Y. 1978), *remanded*, 614 F. 2d 1286 (2d Cir. 1979); Frumkin v. Bd. of Trustees, Kent State Univ., 626 F. 2d 19 (6th Cir. 1980).

② McGree v. Draper, 564 Fled 902 (10th Cir. 1977), *appeal after remand*, 639 F. 2d 639 (10th Cir. 1981); McClure v. Indep. Sch. Dist. No. 16, 228 F. 3d 120 (10th Cir. 2000).

③ Nickel v. Saline County Sch. Dist. No. 163, 559 N. W. 2d 480 (Neb. 1997).

④ State *ex rel.* Melchiori v. Bd. of Educ., 425 S. E. 2d 251 (W. Va. 1992).

• 经济状况或减少招生并不是裁员的正当理由。[①] 【441】

• 事实上并没有取消职位，同样的职位仍然保留，只不过是换了一个头衔。[②]

• 裁员妨碍了委托服务或是对教育项目的质量造成了不良影响。[③]

• 解雇的顺序违背了资历规定或其他法定要求。[④]

• 作为裁员计划的降职是武断的并侵犯了资历权利。[⑤]

• 违背了法定的复职或回归的顺序。[⑥]

• 裁员程序违背了法定的正当程序规定。[⑦]

• 裁员程序违背了合同规定。[⑧]

• 裁员政策带有种族歧视。[⑨]

10.7 请假

学校董事会具有批准教师请假的权限，请假的原因可包括：个人原因，如生病；专业原因，如接受附加培训；公共服务，如服兵役或担任陪审员。如果已经满足了教师的正当程序权利，学校董事会还有权强制身体或心理不适的教师非自愿地休假。[⑩] 然而，学校董事会不得将假期作为公共经费之馈赠而准予个人的请假。

有关请假的诉讼可能涉及以下诉称：学校董事会违背了自己的政策、集体谈判合同、州法律、联邦反歧视法或宪法。1974 年，联邦最高法院判决，强行要求怀孕教师及产后教师休假，侵犯了教师的隐私权。[⑪] 联邦反

① Laird v. Indep. Sch. Dist. No. 317, 346 N. W. 2d 251 (W. Va. 1992).

② Baron v. Mackreth, 260 N. E. 2d 554 (N. Y. 1970).

③ Geduldig v. Bd. of Educ. of N. Y., 351 N. Y. S. 2d 167 (N. Y. App. Div. 1974).

④ Peck v. Indep. Sch. Dist. No. 16, 348 N. W. 2d 100 (Minn. Ct. App. 1984).

⑤ Green v. Jenkintown Sch. Dist., 441 A. 2d 816 (Pa. Commw. Ct. 1982).

⑥ Massey v. Argenbright, 683 P. 2d 1332 (Mont. 1984).

⑦ Palone v. Jefferson Parish Sch. Bd., 306 So. 2d 679 (La. 1975).

⑧ Law v. Mandan Pub. Sch. Dist., 411 N. W. 2d 375 (N. D. 1987).

⑨ Taxman v. Bd. of Educ. of Piscataway, 91 F. 3d 1547 (3d Cir. 1996), *cert. granted*, 521 U. S. 1117 (1997).

⑩ Newman v. Bd. of Educ. of N. Y., 594 F. 2d 299 (2d Cir. 1979).

⑪ Cleveland v. Bd. of Educ. v. LaFleru, 414 U. S. 632 (1974).

歧视法律禁止区别对待怀孕的教师和其他身心障碍教师，例如不允许怀孕的教师请病假。[1] 联邦法律同样禁止在管理个人请假的政策中存在宗教歧视（参见9.5节）。

【442】 10.8 人事赔偿

因工作致伤的教师有两条可能的途径向所在学区申请赔偿。如果教师受伤是由学区或者其他雇员粗心、鲁莽及有意过错行为导致的，教师可以起诉学区失职或侵权（参见第12章），然而，只有依据“人事赔偿”制度不得获得赔偿的伤害才能提出此类诉讼。

在多数的但不是所有的州，教师包含在人事赔偿的成文法之中。虽然州与州之间人事赔偿法的内容是不同的，但所有的人事赔偿法都是为因工受伤的雇员提供赔偿而制定的，不管其雇主是否存在疏忽。其指导思想是，雇主应该对在为其工作时受伤的雇员负责。在大多数州，如果雇员的受伤是由雇主或同事的有意不当行为造成的（参见12.1节），这种情况并不适用人事赔偿，但是就雇主而言，如果只是由他的简单过失（参见12.4节）导致雇员受伤，人事赔偿就是对伤者的唯一救济。

要获得赔偿，教师或任何雇员必须证实存在以下三个因素：（a）事故受伤；（b）由雇用引起；（c）在雇用期间。

过去，判断事故的标准是指雇员必须证实突然影响的发生与例行工作之外的某些因素有关。职业病和在例行的负重工作中遭受背伤或疝气，则不是赔偿的范围。如今，对事故这一狭窄概念已经给予了更宽泛的解释，所以现在无论是长期缓慢发展的伤害还是因搬书等常规工作致伤，教师都可以向学区提出赔偿要求。先前存在的病情因工作加重了，教师也可提出赔偿。因此，工作时心脏病发作可要求赔偿，即使心脏病发作的部分原因是多年不健康的生活方式。不过，有些州不要求人事赔偿包含心脏病发作，除非心脏病发作的原因是工作压力比大多数人在日常生活中所承受的压力要大得多。

---

① 42 U.S.C. § 2000（e）.

在某些情况下，因工作而引发的心理疾病甚至包括心理压力是可予以赔偿的。任何类型的骚扰——性的、种族的或仅仅是个人敌意——通常是可赔偿的压力来源。在一个案例中，一名被错误地指控对学生性骚扰的教师成功地获得了人事赔偿。① 不过，除非雇主的行为不合理，因工作过多、惩戒、被拒升职、临时解雇或是解雇引起的压力而诉求赔偿通常会被拒绝。例如，有个法院拒绝了教师提出的以与工作有关的心理压力为由的赔偿，因为没有证据显示索赔人的特定工作环境造成了相当异常的压力（她的工作是监管公共汽车线路和其他相关交通事务）。法院指出，除了她自 【443】
己对工作管理不善外，索赔人没有其他导致压力的证据。②

一旦确认了事故的因素，诉求人事赔偿的教师下一步就必须证实受伤是由教学工作引起的。在多数州，为了满足这一因素，教师必须证明工作的性质增加了受伤的可能性。例如，这一因素可以适用于一个教师遭学生殴打的案例中，因为该教师的教学增加了其被袭击的可能性。

人事赔偿要求的最后要素是证明受伤发生在雇用期间。这个因素集中在受伤在哪里发生以及当时雇员在做什么。所以，教师在上班途中出车祸而受伤不在赔偿范围内，但是，一旦教师进入学校的财产界限，通勤即刻结束，此后发生的受伤则属于赔偿范围。教师因执行学校公务而在校外受伤，也在赔偿范围内。如果一名教师因喝醉酒或不遵守法律及学校规定等蓄意的不当行为而受伤，那么该教师不会得到赔偿。

在大多数州，人事赔偿制度是在常规的法院体系之外运作的。赔偿诉求必须向专门为这一目的成立的特定的行政机构提出。某些州设置了一个专门受理教师等公共雇员赔偿事务的机构。在大多数州，赔偿诉求首先由听证官决定，并且当事双方具有向指定机构提出申诉的选择权。当事人对机构的决定还可以根据程序理由或者实质理由向法院提出上诉。

所有州的人事赔偿制度要求雇员只要受伤就要迅速通知雇主，并确定提出索赔的时间期限和程序。如果不符合这些要求，诉讼主张就会被法院拒绝。成功的诉求可获得如下赔偿：医疗费、康复费、误工费、身心障碍

① Crochiere v. Bd. of Educ., 630 A. 2d 1027 (Conn. 1993).

② King v. Bd. of Educ., 716 A. 2d 1077 (Md. Ct. Spec. App. 1998).

抚恤金、外形受损抚恤金、给幸存的受养人的死亡抚恤金，但是赔偿金有最高限额，而且不准许惩罚性的损失赔偿。如果能成功地提出民事侵权诉讼，那么获得的损害赔偿金额通常将高于人事赔偿制度的额度。[①]

10.9 小结

大部分有关雇用和解雇教师的法律是在州成文法中找到的。各州可按照自己的愿望自行设定教师资格要求，只要条件不是任意的、种族歧视的或侵犯宪法权利的。因为资格不等于合同，各州也可以制定保留资格的新
【444】标准，即使是对于那些有"终生资格"的雇员。

至于学校，对于它们所认定的合格候选人，学校可自由为其提供雇用机会，只要候选人满足了包括资格证书在内的任职条件，并且雇用程序没有违反联邦宪法或成文法的条款。一旦被雇用，教师会被指派到任何学校、年级及他们能胜任的学科，除非教师的合同另有要求。他们也会承担与学校教育目标及其工作合理相关的额外职责和任务，当然这些额外职责和任务也是受合同限制的。

在评估试用期教师和与其续约的问题上，学校同样有很大的决定权。在很多州，一所学校可以以宪法所准许的任何原因在头三年的雇用期间不与一名试用期教师续约，也无须举行听证会或遵循特定的程序，甚至无须告诉该教师不续约的理由。对于不续约一名试用期教师的问题，大约一半的州都有指导原则。一般而言，这些指导原则规定：试用期教师至少接受一次最低要求评估；告诉其不续约的理由；为其提供抗辩的机会。即使在有这些规定的州，只要符合法定程序的要求，学区一般有依据宪法准许的任何原因而不给予试用期教师续约的自由。

对于终身任职教师，情形是相当不同的。每个州的成文法都列出了一个与通过试用期的教师终止合同或不续约的可接受理由的目录。尽管州与州之间的措辞不一样，解雇的可接受理由大致可分为五类：不胜任、违反角色榜样义务、失于履行校园义务、对学生造成威胁、无能力。法律要求

① Dudley v. Victor Lynn Lines，Inc.，161 A. 2d 479（N. J. 1960）.

学校出示证据表明教师的行为属于这五类解雇情形之一，在许多州，学校要通过规定的评估程序承担该举证责任。与试用期教师不同，法律不准许以他人薪水更低或教学效果更好为理由而解雇一名终身任职教师。

对于解雇终身任职教师，除了要有解雇的特定理由外，联邦宪法和州成文法都规定了重要的诉讼程序上的正当程序要求。一般而言，宪法规定应举行一个公正的听证会，包括指控的陈述及正当的答辩机会。大多数州的成文法规定了附加的程序，通常包括有权请辩护律师、有权传唤和交叉诘问证人、有权收到听证会的记录及有权上诉等。因为解雇中存在大量攸关事宜而且引发诉讼的风险很大，所以解雇应严格按照所有相关法律的字面含义和立法精神进行。

裁员——因资金缺乏或项目取消而解雇教师——主要是由州成文法来控制的。大多数具体的裁员诉讼案件通过比较裁员所使用的具体程序和州成文法的相关要求予以解决。这些成文法共同但并不普遍的特征是，与那些资历老的教师相比，雇用不久的教师更容易被解雇。【445】

依据联邦及州法律、学校的政策和合同协议，学校董事会有权批准缺勤假期或者要求非自愿休假。请假政策不能带有种族、宗教歧视或区别对待怀孕者。依据所在州的人事赔偿法，因工作致伤的教师可以获得赔偿。合乎人事赔偿的条件是，教师必须证明受伤是由雇用引发的，并且是在雇用过程中发生的。

【446】

11

集体谈判、工会及教师合同

教育董事会与其教师之间关系的许多方面都受到宪法、联邦和州成文法的规范。在这些法律设定的范围内，教师雇用的条款和条件都必须通过合同协议来设定。对于现今超过 3/4 的教师而言，协议中的大多数条款都是同时代表该区所有教师的工会通过集体谈判来决定的。最终，不论集体谈判是否进行，每位教师都必须与受雇的教育董事会签订合同。本章主要讨论了教育中集体谈判的法定框架以及教育合同的订立。

11.1 教师集体谈判综述

在美国，自 19 世纪末以来，集体谈判在政治上和法律上已经成为一个有争议的问题。直到 20 世纪 30 年代，集体谈判才受到法律的保护。事实上，私人雇主当时能够使用法律压制罢工、纠察队甚至工会的组建。然而，1932 年富兰克林·罗斯福当选总统之后，制定了一系列联邦法律，以
【447】限制联邦法院发布针对工会活动的禁制令，授权组建工会，并且要求雇主承担集体谈判的法律义务。很多州都在它们自己的法律中进行了相似的修改。

由于几方面原因，集体谈判在公共部门的出现相对缓慢。第一，集体谈判被认为与政府至高无上权威的概念以及政府决策必须被民主地控制的原则不相容。第二，集体谈判被认为是政府权力的一种不合法的委托形式。第三，公共部门的集体谈判被批评为歪曲了正常的政治过程，它被指支持某个利益团体而不利于其他团体。甚至在今天，还有人会争论在教育中的集体谈判相对于父母、社区而言，给予了教师太多的权力。

甚至连地方学区参加集体谈判的权限的合法性都受到了质疑。授权学

校参与集体谈判没有法律依据，法院在关于学区是否能在没有法律授权的情况下参与集体谈判的问题上存在分歧。一旦找到授权谈判的法律依据，法院就可以裁定学校董事会被允许参与集体谈判，而不是被要求参加。①

1949 年威斯康星州制定了准许的法律后，公共部门集体谈判才慢慢得到承认。1962 年肯尼迪总统发布了一项行政命令，给予联邦雇员进行集体谈判的某些有限权利。今天，大部分州都有允许教师和学校董事会之间某种集体谈判形式的成文法。在 34 个州中，法律要求成立了教师工会的学区切实举行集体谈判。其他州则只要求学校董事会和代表工会进行接触与协商。而北卡罗来纳州的成文法则禁止教师的集体谈判。②

各州有关公共部门集体谈判的条款有很多重要的区别。例如，在有些州可通过谈判解决的议题范围要比其他州更广一些。一些州允许或要求仲裁，而另外一些州则禁止仲裁。简言之，有些州的立法机关更乐意鼓励或迫使当地的学校董事会与教师工会共享权力。

不过，很多有关集体谈判的州法律都有一些共同的重要特性。公共部门集体谈判法律的核心标准是具体规定授予公共雇员参加工会的权利，并且禁止诸如学校董事会等公共雇主因其员工参加工会活动而调离或者处罚他们。这些法律还要求雇主承担秉持善意与工会谈判的义务。这意味着，在其他事务中，如果工会希望与雇主就特定争议进行协商，雇主就不能采 【448】
取单边行动。

然而，不是每个雇员都能加入集体谈判的组织。州成文法通常排除了主管人员、其他管理人员甚至是为主管或管理人员工作的机要雇员。③ 基于向全体教职人员分派职责的权力，学校方面通过管理上的安排——如在一些特许学校中看到的——具有将一个学校的全部教职人员都变成管理者而禁止他们加入工会的可能。④

① Norwalk Teachers Ass'n v. Bd. of Educ. of Norwalk, 83A. 2d 482 (Conn. 1951); Virginia v. County Bd. of Arlington County, 232 S. E. 2d30 (Va. 1977).

② N. C. GEN. STAT. § § 95-98.

③ Mich. Educ. Ass'n v. Clare-Gladwin Intermediate Sch. Dist, 396N. W. 2d 538 (Mich. Ct. App. 1986); Missouri Nat'l Educ. Ass'n v. Mo. State Bd. of Mediation, 695S. W. 2d 894 (Mo. 1986) (en banc).

④ *See* N. L. R. B. v. Yeshiva Univ., 444U. S. 672 (1980).

要达成实际谈判，以下几个步骤是必须采取的。首先，必须成立谈判组织。不同领域的员工有不同的共同利益，所以在一个学区内也许有必要成立多个组织。州法律规定了一套完整的程序来正式地选定和承认谈判组织。虽然这些法律关于定义适当的谈判组织的标准有所不同，但通常采用的两个标准是：雇员应该尽可能少地分成几个单独的谈判组织，而且一个谈判组织应该只包括共享一个“共同利益”的成员。虽然太多不同的工会使学区承担多次集体谈判的过度负担，但是让不同利益的员工结合在一起，内部统一的工会就会有产生冲突的风险，而且也会损害工会公正地代表其成员的能力。

很多州的法律设立了**公共雇佣关系委员会**（PERB），并授予其解决教育领域与工会代表相关的争议的权力。尽管如此，教育雇员工会构成的争议有时还是在法院中解决的。密歇根州一个案件判定非教学岗位的教练不能成立单独的谈判组织。① 威斯康星州某法院裁决实习教师应该和全职以及兼职专业雇员在同一个组织。② 印第安纳州一个联邦法院驳回了没有取得教师资格证的员工有权通过选举来决定他们是否愿意成立一个独立于该区教师的工会的诉求。③

一旦确定了谈判组织的数量和结构组成，就必须给予雇员非强制的机会来决定是否希望工会集体代表他们，如果愿意，他们会选择哪个工会。学校董事会不能单方面选择工会，而且州成文法为制定这些决定规定了数个有代表性的方法。④ 方法之一是不举行选举，由公共雇佣关系委员做出正式证明，这主要用于对成立工会没有很大争议的时候。然而，如果对于
【449】 员工是否希望成立工会或他们愿意选择哪个工会有疑问，公共雇佣关系委员会就要监督选举。

虽然在这些选举中，学校管理者可能会有所偏爱，但州法律禁止学校董事会对工会组建过程、管理或者雇员工会的事务进行控制、干涉或协

---

① Mich. Coaches Ass'n v. Warren Consol. Sch., 326N. w. 2d 432 (Mich. Ct. App. 1982).

② Arrowhead United Teachers Org. v. Wisconsin Employment Relations Comm., 342N. W. 2d 709 (Wis. 1984).

③ Ind. State Teachers Ass'n v. Bd. of Sch. Comm'rs, 918F. Supp. 266 (S. D. Ind. 1996), *aff'd*, 101 F. 3d 1179 (7th Cir. 1996).

④ Fayette County Educ. Ass'n v. Hardy, 626 S. W. 2d 217 (Ky. Ct. App. 1980).

助。也就是说，一旦一个工会在选举中获得胜利，大多数州的成文法会规定一个延缓期，在延缓期工会的专有代表地位不可被起诉或者取消。延缓期的目的是保证雇员和雇主在一段时间内劳资关系的平和与稳定。

有小部分州允许采取一定的安排去帮助保护那些所谓的“工会安全”。例如，有些州允许工会代理机构①的安排，教师要么是有义务交纳会费的工会成员，要么向工会支付服务费用，这是其获得继续雇用的条件。少数州允许这种工会代理机构的安排，在那里教师必须真正地成为工会的会员才能保住工作。工会代理机构的安排要求潜在雇员在申请雇用时，必须成为工会会员。相反，大约有二十个州已经制定工作权的法律，这些法律禁止雇主和工会强迫雇员变成工会会员或者交纳任何费用。北金斯敦市诉北金斯敦教师联合会案②正是如何处理工会代理机构安排与工作权法律之间关系的案件。

在谈判组织中，为换取成为雇员的唯一代表的特权，州法律要求工会履行公正代表的义务。它必须代表工会的所有雇员、会员或者非会员，而且不能为了会员的利益而牺牲那些不选择加入者的利益。

当谈判开始时，与会双方都有以善意进行谈判的义务。这个很难解释的概念强加给了双方带着期望达成一致的诚意来谈判的义务，但没有责任做出让步。针对其中一方不是以善意进行谈判的情况，州成文法为提出诉讼并解决控告制定了法律机制。

如果双方谈判代表达成了一致，那么合同必须由学校董事会和愿意在该校工作的教师中的多数投票表决通过才行。州法律不允许学校董事会给予谈判代表实际制定合同的权力，所以学校董事会必须采取措施正式批准任何合同。假如批准通过（通常是如此），每位教师都要选择是否接受它。如果有教师不愿意接受该合同，那么唯一的选择就是辞职。任何教师都不能单独和学校董事会签署协议，除非是成文法和集体谈判合同本身认可的附加合同。在集体谈判合同达成一致之后的一段法定时间内，不得处罚辞职的教师。

---

① 一种由工会代表所有雇员而不管会员资格的机构，但要求非工会会员向工会缴费。——译者注

② 297 A. 2d 342 (R. I. 1972).

【450】 在谈判不能产生双方一致同意的合同的情况下，州政府就会采取不同方式来打破僵局。此外，根据各州法律的具体规定，纠纷解决方案包括调停、事实调查或仲裁（也叫“利益仲裁”）。所有这些，需要由州官员或双方联合委任某一个人或者委员会协助创建一份合同。调停人的权力仅限于将双方组织在一起继续会谈，采用人际关系技巧来促进和劝导他们达成一致。

事实调查员可以举行听证会，双方需要提交各自所持的关于合同提议的所有信息。调查员再发布一份报告，内容包括对最终合同的一些建议。大多数情况下，劳动关系专家的意见会公之于众，借此希望会对双方施加压力以接受提出的解决方案，但是，实际上调查员的报告可能会并经常被一方或者双方驳回。

仲裁人具有协调和调查事实两方面的权力，其最重要的区别是仲裁人的调查对双方都有约束力。换句话说，仲裁者有权决定合同，工会或学校董事会任何一方都不能拒绝该合同。在某些方案中，仲裁者仅限于接受一方或者另一方的立场，另一些仲裁方案则允许仲裁者形成妥协方案。对于认为仲裁涉嫌向个人非法授予权力及其拒绝向公共雇员提供正当程序与平等保护的诉求，法院均予驳回并支持仲裁的合法性。①

从政策立场来看，仲裁也是有争议的。因为仲裁取代了学校董事会，而且最终取代了董事会所代表的人民，做出他们将愿意支付给他们所雇用教师多少薪酬的最后决定。由于这个原因，仅有几个州采纳了仲裁制度。在没有成文法专门规定的州，仲裁已经不可以用来作为谈判过程中的一个部分。

很多州的成文法允许学校董事会在无法与教师就合同内容达成一致时单方面制定合同。在这些州，在所有其他程序都失败的情况下，学校董事会将制定一份合同，工会作为一个组织则没有认可或反对的机会。教师个人仍可选择在新合同下任职、辞职或根据前一年的合同继续工作。

州法律中还包含当谈判或者僵持状态持续到先前的合同到期时有关双方义务的条款。某些法院已经命令雇主按照旧的合同履行义务，例如给教

① City of Biddeford v. Biddeford Teachers Ass'n，304 A. 2d 387（Me. 1973）.

师定期增长工资，以便在新合同悬而未决前维持现状。①

总的来说，州法律设定了一系列关于学校雇员的工会代表和集体谈判的权利与义务。违反这些法律的不公正或不正确的劳务行为可能会导致禁止令、解雇或其他对违法方的惩罚。不公正的劳务行为包括：对从事工会活动的雇员予以解雇、调职或者解职；雇主拒绝工会在正当活动中使用设施；在资格选举中工会或雇主强迫雇员按照某种方式投票的企图；反工会的恐吓和骚扰；雇主单方面改变雇用的期限和条件；拒绝谈判或者未能秉持善意进行谈判；工会违反公正代表的义务；拒不执行或实施体现谈判过程结果的书面协议；拒绝采用法定的争端解决程序；从事非法罢工。【451】

11.2 工会成员的权利

在没有州法定授权的情况下，公共雇员是否有加入工会的宪法权利？在1968年的麦克劳克林诉泰尔迪斯案②中，第七巡回法院判决《联邦宪法第一修正案》禁止任何州或学区禁止其教师加入工会或者解雇那些加入工会的教师。法院对其判决解释如下。

> 确实，教师享有自由结社的权利，无理由地干预教师结社自由侵犯了［他们的宪法权利］。公共雇用不应该遭受不合理限制，教师主张《联邦宪法第一修正案》权利通常不会必然导致他们的解雇。除非存在某些非法目的，个人组织和加入工会的权利受到《联邦宪法第一修正案》的保护。

州政府认为，由于工会经常支持和参与诸如集体谈判和教师罢工的活动（当时在该州）是非法的，因此州政府可以禁止工会会员资格甚至禁止支持工会会员资格。这一观点被法院驳回，法院依据的是具有某一组织的

① Ind. Educ. Employment Relations Bd. v. Mill Creek Classroom Teachers Ass'n, 456N. E. 2d 709 (Ind. 1983).

② 398 F. 2d 287 (7th Cir. 1968); *see also* Am. Fed. of State, County & Mun. Employees v. Woodward, 406 F. 2d 137 (8th Cir. 1969).

成员资格和参与该组织支持甚至发起的非法活动之间的重要区别。

> 这一点当然是有可能的，在将来的某个时候，原告会从事与工会相关的、证明其解雇合理性的行为。但是联邦最高法院曾经阐述，“无论是作为公民还是作为公共雇员，加入某一组织但是并不支持其非法目的和并未参加其非法活动的人无疑是不会造成威胁的”。即使
> 【452】记录资料揭露了该组织与非法活动有关，也不能仅仅因为是其成员而以其组织的违法行为来合理地指控其成员。一项矛盾的规则对结社自由的侵害性比对取得州的利益的必要性要深得多，因而违反了《联邦宪法第一修正案》。

在前面对学生和教师的权利的讨论中，我们曾指出结社和集会自由是言论自由的必然结果。通过联合其他有相似思想的人，人们寻求增强自己的呼声和提高自己的影响力。麦克劳克林案的判决认识到，组织和加入工会，如同表达行为，是受到宪法保护的。同样的推理难道不能适用于集体谈判吗？毕竟，集体谈判是一个人群（雇员）以一个声音说话的一种形式。

法院讨论这一问题后认为同样的推理是不能适用的：因为集体谈判还迫使政府（雇主）参与了其过程，它远不止是工会成员的一种表达形式。虽然工会及其会员能自由行使他们的宪法权利以图影响他们的雇主，但是言论自由或其他宪法规定没有要求政府雇主参与与其雇员工会进行的集体谈判（或任何其他沟通形式）。没有任何联邦成文法给予公共部门雇员集体谈判的权利。所以，各州可以禁止公立学校的教师进行集体谈判，在那些成文法不要求公共部门进行集体谈判的州，学校董事会能够自由地拒绝与工会进行协商。① 即使在那些规定必须给予教师集体谈判权利的州，个人也没有选择能代表他们的工会的宪法权利。②

---

① Winston-Salem/Forsyth County Unit of the N. C. Ass'n of Educators v. Phillips, 381 F. Supp. 644 (M. D. N. C 1974).

② Ind. State Teachers Ass'n v. Bd. of Sch. Comm'rs, 918F. Supp. 266 (D. Ind. 1996), *aff'd*, 101 F. 3d 1179 (7th Cir. 1996).

言论自由保护了教师在非教学时间宣传加入工会的权利。某法院说，只要说服其他教职员的努力没有严重地或实质地扰乱学校，学校管理者就不得对其进行限制。[①] 另一个法院则说不能剥夺教师以相同目的使用学校邮件系统和公告栏的权利，但是支持学校限制非学校雇员的工会组织者在上学前和放学后进入学校场地。法院推论学校场地不是公共论坛，因此学校当局能够对学校财产的使用制定合理的规章制度。[②]

《联邦宪法第一修正案》还保护公共雇员就与公共事务相关的工会问题公开批评学校管理者的权利。[③] 尽管罢工纠察享有同等重要程度的自由言论保护[④]，但法院更倾向于允许禁止纠察队使用武力、暴力胁迫或为了非法的目的，如促进非法的罢工。[⑤] 【453】

公共雇员没有罢工的宪法权利。法院驳回了认为禁止教师罢工是一种强制奴役，侵犯了言论自由和集会自由的权利，或者剥夺了正当程序的诉称。[⑥] 在反驳关于禁止公立学校的教师罢工而允许私立学校的教师罢工违背了平等保护的论点中，一个法院引用了教育在促进国家福利方面极其重要的功能。

> 国家具有一种强制利益，即其最有价值的资源之一——其年轻一代——有畅饮知识之泉的机会，以便他们可以被培养或发展成为明天有责任感的公民。任何人都没有权利关掉知识源泉的龙头，使其保持在关闭状态。同样，由《联邦宪法第十四修正案》规定的平等保护并不能保证完全的平等。在私人雇员与公共雇员之间存在差别，作为扮演如此重要角色的教师能够使国家履行宪法责任。预防政府瘫痪的必

---

① Ga Ass'n of Educators v. Gwinnett County Sch. Dist., 856F. 2d 142 (11th Cir. 1988).

② Tex. State Teachers Ass'n v. Bd. of Sch. Dist., 777 F. 2d 1046 (5th Cir. 1985).

③ Hickman v. Valley Local Sch. Dist. Bd. of Educ., 619F. 2d 606 (6th Cir. 1985).

④ Pittsburg Unified Sch. Dist. v. Cal. Sch. Employees Ass'n, 213 Cal. Rptr. 34 (Cal. Ct. App. 1985).

⑤ Teamsters Local 695 v. Vogt, 354U. S. 284 (1957); Bd. of Educ. of Martins Ferry City Sch. Dist. v. Ochio Educ. Ass'n, 235N. E. 2d 538 (Ohio Ct. Common Pleas 1967).

⑥ City of New York v. Delury, 243 N. E. 2d 128, *remitter amended*, 244 N. E. 2d 472 (N. Y. 1968); United Fed. of Postal Clerks v. Blouont, 325 F. Supp. 879 (D. D. C.), *aff'd*, 404 U. S. 802 (1971).

要性证明，我们在劳动大军中对公共雇员与在私立机构中工作的相对应的人员做出“不得罢工”的区分是正当的。①

各州的成文法对罢工有着不同的定义。堪萨斯州将罢工定义为任何“为达到如下目的采取的行动：通过施加压力要求修改条款改变职业服务条件或者权利、特权或责任，所采取的方式是与其他人一致行动而未履行岗位职责，包括但不限于任何停工、怠工或拒绝工作”。② 在适用如此宽泛和模糊的定义的地方，法院可以认为有组织地拒绝履行额外课程责任或按章工作合法怠工的行为是罢工。③

大约半数的州不允许教师做出任何有组织的停工行为。在这些州中，那些触犯该法律的工会或教师个人可能受到各种不同的处罚。这些处罚包括扣减工薪、罚金甚至对罢工雇员予以解雇；对不服从法院复工命令的工会领导者处以罚款和监禁；工会向学校董事会支付替代教师的费用、法律
【454】费用以及由处理罢工而发生的其他费用。④

在那些成文法或普通法授予教师罢工权的州，只要罢工是根据法律做出的行为，学校董事会就不得报复罢工者。大约只有十个州授予教师与私立机构雇员一样的完全罢工权。在其他允许罢工的州，如果学校董事会能出示证据显示罢工对公共安全产生了重大威胁或是严重破坏了公共福利，那么学校董事会就可以请求法院下达强制令，要求罢工教师返回工作岗位。⑤

与以下内容相关的成文法多有不同，包括获取禁制令停止罢工应当遵循的程序，罢工雇员面临的处罚，强制惩罚的程度、提出程序保护权利的范围或减轻惩罚情况的限制，在教师因为非法罢工而可能被解雇或者受到

① Sch. Comm. of Westerly v. Westerly Teachers Ass'n, 299 A. 2d 441 (R. I. 1973).

② KAN. STAT. ANN. § 72-5413.

③ Bd. of Educ. of Asbury Park v. Asbury Park Ass'n, 368 A. 2d 396 (N. J. Super. Ct. Ch. Div. 1976).

④ Passaic Township Bd. of Educ. v. Passaic Teachers Ass'n, 536 A. 2d 1276 (N. J. Super. Ct. App. Div. 1987); Nat'l Educ. Ass'n v. South Bend Cmty. Sch. Corp., 655N. E. 2d 516 (Ind. App. 1995).

⑤ Jeysey Shore Area Sch. Dist. v. Jersey Shore Educ. Ass'n, 548 A. 2d 1202 (Pa. 1988).

其他惩罚前的程序保护权利，可以或必须对工会强制做出的惩罚，如罚款、扣除会费或失去其他特权，法院发出反罢工命令的权力以及对不服从法院命令的强制惩罚等方面。

阿姆斯特朗教育联合会诉阿姆斯特朗学区一案①阐释了执行允许罢工权利的州法律。根据宾夕法尼亚州法律，教师罢工是允许的，但法院可以颁布命令教师复工的禁令，如果继续罢工会构成“清楚的和当前的危险”或“对公众健康、安全或福利的威胁”。学区认为罢工造成了常规学校管理秩序的破坏，包括课外活动和运动的取消，社区的不安，对没有卷入教师罢工中的公共官员的骚扰，以及缺少教学日损失的州补助金。法院驳回了学区的申明，认为罢工不能对公众健康、安全或福利构成清楚的和当前的危险或威胁。因此，法院拒绝颁布限制教师继续罢工的禁令。 (454 ~ 457)

大多数州法院认为，在解雇非法罢工的教师之前举行一个听证会，这不是宪法要求。这些法院通常认为非法罢工的教师已经放弃了其合同，所以放弃了任何与其职业有关的财产权和任何程序性的正当程序的诉称。但是在一个教师声称没有参与罢工的案件中，法院要求在解雇该教师后立刻举行听证会。② 【457】

11.3 非工会成员的权利

是否允许不让拒绝加入工会的教师参与集体谈判过程？是否可以强制非工会会员教师交纳会费及费用？学校是否可以采取能使由官方委任的工会比其他工会或个人更容易与教师进行沟通的规则？这些问题的核心是，如何在不损害工会会员利益或不影响集体谈判的有效性的同时保障非工会会员的权利。

---

① Commonwealth Court of Pennsylvania, 1972, 219 A. 2d 120. ——译者注

② Sanford v. Rockefeller, 324N. E. 2d 113 (N. Y. 1974), *appeal dismissed*, 421U. S. 973 (1975); Farrelly v. Timberlane Reg'l Sch. Dist., 324A. 2d 732 (N. H. 1974).

两个联邦最高法院的案例讨论了这样一个问题，即是否以及在什么情况下学校董事会可以给予教师工会及其会员比非工会会员更多的与学校董事会交流的机会。在麦迪逊联合学区诉威斯康星州雇用委员会案①中，学校董事会在讨论与工会协商的问题的立场的公开会议上，由于允许一位非会员教师发言而受到不公正用工行为的指控。工会主席也被允许发言并且提交了一份工会会员签名的请愿书。联邦最高法院裁定否认非工会教师发言的权利是不允许的。

> 不管公共机构与其雇员之间合法的合同谈判被规定到何种范
【458】围——此时我们不必考虑这个问题——参与对公共事务的公开讨论不能被限定在某一类别的利益相关群体中。允许对公共问题有争议的一方具有向政府表达其意见的垄断权与宪法保障是对立的。无论作为雇主的义务如何，当学校董事会出席公共会议来处理公共事务并倾听市民意见时，不能要求其在发言者之间基于其雇佣关系或其言论内容来区别对待。

明尼苏达州社区学院董事会诉奈特一案②涉及明尼苏达州的一条成文法，该法要求公共雇主举行“会面与协商”的系列会议，与其雇员交换对于集体谈判范围之外的政策问题的看法。该法进一步具体规定，如果机构的专业雇员组成了工会，那么只有工会代表才可以参加与机构管理者进行会面和协商的系列会议。非会员教师认为，允许加入工会的教师向主管人员发表他们的意见，而否认非会员教师在相同的场所发表自己意见的权利，是对他们言论自由权的侵犯。

在讨论这一诉求时，联邦最高法院谨慎地将奈特案与麦迪逊案区分开来。相比较而言，麦迪逊学校董事会会议是一个传统的表达公共意见的场所，而奈特案中的会面与协商系列会议却不是。“这是《联邦宪法第一修正案》法律原则的一项基本原则，即为使政府财产成为公共论坛，必须由

① 429 U.S. 167 (1976).

② 465 U.S. 271 (1984).

长期的传统或由政府确定，充分地向公众集会和演讲开放。”法院解释说，没有人拥有在非公共场所发表言论的宪法权利，即使是那些直接受到所讨论的问题影响的人们。如果主张不同方式，可能需要从国会到学校董事会的每个政府机构修订程序。明尼苏达州的法律没有限制雇员发表言论或限制他们加入其他具有类似思想的人群，它只是限制他们参加与一个机构的大多数专业雇员合法地选出来的代表进行的正式会面与协商系列会议。法院判决道，这既不是违反宪法的，也不是不合理的。

在麦迪逊案中，站在学校董事会的立场需要考虑的问题是，是否应该强制规定非工会会员向工会支付服务费或代理费。有些州不允许强制收取工会代理费，而另一些州则允许。联邦最高法院在四个案件中讨论过有关代理费的合宪性问题。其中第一个案例，即阿布德诉底特律教育董事会 (459~463)
案①，讨论了教师享有不得被迫支持工会政治活动的权利。

在随后的三个案件中，联邦最高法院详细阐述了在阿布德案中确立的 【463】
原则。在埃利斯诉铁路职员案②中，联邦最高法院宣布一个返款计划因违反联邦成文法而无效，该返款计划“允许工会向持反对意见的雇员收取全额会费，该费用部分用于会引起反对意见的目的，并且一年以后退回部分款额”。法院说道，鉴于存在其他替代安排方式，例如事先减少会费或者 【464】
使用第三方计息托管账户，“不能允许工会不适当地使用反对者的资金，即使暂时使用也不行”。审理埃利斯案的法院也认为工会不能向持反对意见的雇员索要组织工会的基本费用、与协商合同无关的费用或解决申诉的费用。但是，工会可以向这些雇员收取参加每四年一次的全体会议、工会出版物和社会活动的费用。联邦最高法院采用以下依据对这些收费做了划分：“有争议的费用是否是雇员的唯一代表在履行职责和雇主就劳动管理问题进行谈判时的必要或合理的支出。”

在芝加哥地方第1教师工会诉赫德森案③中，联邦最高法院一致否决了另一项会费返款计划。该计划因以下三个原因违反宪法：第一，它允许将非工会成员的捐款短期用于与意识形态有关的目的；第二，工会没有向

① Supreme Court of the United States, 1977, 431 U.S. 209. ——译者注

② 466 U.S. 435 (1984).

③ 475 U.S. 292 (1986).

持反对意见的雇员提供足够的信息，以使这些雇员可以判定工会计算强制服务费的适当性；第三，该计划没有由公正的决定做出者向对服务费用有争议的雇员提出合理及时的决定。法院还要求在争议悬而未决前合理地为收取的费用设立一个第三方托管账户。

最近，在莱纳特诉费里斯教师协会一案①中，联邦最高法院为决定哪些费用允许向非工会成员收取宣布了三项原则。在所包括的代理费用中，活动要保证与集体谈判有“密切联系”，必须以劳动秩序的需要或者避免“不劳而获者”来证明其正当性，且尤其不能显著增加已经由代理机构协议规定的自由言论义务。运用这些措施，联邦最高法院裁定可以按比例分担地方工会向政府和地方工会的全国分支组织交纳的费用，并且向雇员收取，包括：支持总工会的常规集体谈判活动；关于职业发展、失业、工作机会、奖励方案和常规教育的工会出版物；派遣代表参加州和全国总工会的会议；用来准备可能会违反州法律的罢工所发生的费用。

工会代理机构的设置可能会伴随一个称为“会费扣除”的管理设计。根据这一设置，工会和雇主同意会费和非会员服务费将由雇主从雇员的薪水中扣除并转给工会。这种设置节省了工会收取会费的时间和花费，并有助于避免雇员逃费。各州对有关会费扣除的规定不同，有些州规定其为强
【465】制性的谈判议题，而有些州只是允许在谈判中对其进行协商，还有一些州则不允许做出这一安排。各州政府在是否能将会费扣除权专门授予现任工会的问题上存在着分歧。

根据前面讨论过的联邦最高法院制定的原则，第九巡回法院支持了一个会费扣除制度，其非会员支付的费用被放在一个独立管理的有利息的第三方托管账户中。该制度要求必须在10月15日之前告知非会员成员如何得到非强制性费用的退款部分。要得到退款的非会员成员必须在11月15日之前递交申请信。他们既可以接受并马上得到由工会计算出来的退款数额，也可以要求由仲裁机构来独立计算，在这种情况下退款可能到2月中旬支付。法院认为这个计划是一种合理的方式，既保护了非会员成员的宪

① 500 U. S. 507 (1986).

法权利，又没有将不适当的管理负担强加给工会。①

除了代理机构和会费扣除之外，现任工会需要寻求针对竞争对手工会的其他保护。有些州允许给予负有责任的工会单独进入学校场地的权利。联邦最高法院在佩里教育协会诉佩里地方教师协会案②中探讨了工会专属进入教师信箱和内部邮件分发体系的合法性。法院从指出学校内部邮件系统不是一个公共论坛开始分析，指出其建立和使用是专门为学校事务管理服务的。法院说道：在非公共论坛的概念中暗含的

> 权利是指可以依据主题事项和发言人身份对其进入（公共论坛）进行区别对待。这些区别在公共论坛中可能是被禁止的，但是在将非公共论坛限于与其财产预定目的相一致的活动的过程中，却是固有的和不可避免的。评估这些区别的检验标准是，对于这些论坛所服务的目的而言它们是否合理。

此外，法院还说道，在这种情况下有差别的进入是合理的。

> 向正式工会［PEA］和竞争工会［PLEA］提供有差别进入是合理的，因为这与学区保有其财产的合法目的……的法定权益是完全相符合的。作为佩里镇区教师的唯一代表，正式工会通过使用学校的邮政资源可以更有效地履行其职责。相反，竞争工会没有任何与学区相联系的正式职责……此外，将竞争工会排除在外被合理地认为是一种在校园内确保劳动秩序的方法。这一政策被用于阻止学区内的学校成【466】
> 为工会之间争论的战场。

最后，法院指出，无论在校内还是在校外，学校都未曾试图采用其他手段防止竞争工会与教师沟通。所以，法院支持正式工会对内部邮政系统拥有唯一的进入权。

① Grunwal v. San Bernardion City United Sch. Dist., 994 F. 2d 1370 (9th Cir. 1993).

② 460 U. S. 37 (1983).

11.4 集体谈判中的权利与义务

谈判范围的问题，即哪些议题必须进行协商，意指教师与学校董事会之间的权力制衡。在大多数州，可提出协商的议题主要被分为三类。第一，强制议题是任何一方希望进行谈判的议题。拒绝协商强制议题即违反了以善意谈判的义务，也是一种不正当的或不公正的劳工程序。第二，如果双方同意，允许提交谈判的议题。有时州法律规定了必须使用某项政策，例如，除非工会和学校董事会同意协商不同的政策，否则必须执行裁员（RIF）政策。① 拒绝就允许议题进行协商没有违反以善意谈判的义务。第三，不得协商不合法议题，学校董事会必须单方面决定这些议题。

各州的法律对认定哪些议题属于强制议题、允许议题及不合法议题有着明显的不同，因此必须参考所在州的法律。通常情况下，关于教师雇用的任期和条件是谈判的强制议题。这些问题包括雇用时间、学年长度、工作量、额外责任、薪水、病假、其他附加福利、申诉程序以及教师安全等问题。②

诸如雇用谁和解雇谁等关于教育政策和学校管理方面的问题（有时称作"管理特权"）通常都是谈判的不合法议题。③ 其他被有些法院判为非谈判议题的，包括晋升、课程、工作年长度、调任和分配、全员规模及学术自由等。④ 为宪法和成文法所规范的诸如雇员终身任职资格一类的议题
【467】也是非谈判议题。⑤ 威斯康星州的一个法院裁定，考虑种族因素的解雇规

① Bd. of Educ. of Cmty. Unit Sch. Dist. No. 201-U v. Crete-Monee Educ. Ass'n, 497N. E. 2d 1348 (Ill. 1986).

② Lorain City Sch. Dist v. State Employment Relations Bd., 533 N. E. 2d 264 (Ohio 1988); *In re* Local 195 v. State. 443 A. 2d 187 (N. J. 1982).

③ Bd. of Educ. of North Bergen v. North Bergen Fed. of Teachers, Local 1060, 357 A. 2d 302 (N. J. Super. Ct. App. Div. 1976).

④ Boston Teacherd Union, Local 66 v. Sch. Comm. of Boston, 434N. E. 2d 1258 (Mass. 1982); Unified Sch. Dist. No. 501 v. Kan. Dept't of Human Resources, 685P. 2d 874 (Kan. 1984).

⑤ Spiewak v. Bd. of Educ. of Rutherford, 447 A. 2d 140 (N. J. 1982).

定是违反宪法的，因此是谈判的不合法议题。①

强制、允许以及不合法的谈判议题之间界线的划分常常并不明确。例如，有些州认为班级规模是强制议题，而在大多数州这是允许议题。即使在那些班级规模不是强制议题的州，班级规模对教师的工作量的影响也可能是强制议题。② 课程最多是受允许的议题，但是董事会采用的课程对工作量的影响却是一个强制议题。在大多数州，对于教师的评估是不能谈判的，但是评估的程序却是强制议题。艾奥瓦州的一个法院裁定，不仅评估程序，就连实际评估标准也是谈判的强制议题。③ 相反，康涅狄格州一个法院裁定即使是评估程序也不是谈判的强制议题。④

大多数州将执行裁员的最初决定置于不能谈判的管理特权地位，但认定裁员的程序和裁员对全体职员的影响是强制议题。然而，伊利诺伊州的一个法院裁定，即使是解雇教师的最初决定也是谈判的强制议题。⑤ 相反，新泽西州的一个法院裁定，裁员的最初决定和该决定的影响都属于谈判的不合法议题。⑥ 新泽西州的另一个法院裁定，学校是否可在休息日补上雪天耽误的课程不是一个强制议题，但是决定产生的影响是可协商的，除非协商结果严重地妨碍了管理特权。该法院称，只有当决定的影响能从基本决定中分离出来，对其影响的谈判才是强制性的。⑦

有些州的成文法通过具体列出每类议题的目录以求避免混乱。无论成文法的具体标准是什么，都可能引起对谈判的具体议题的争议，因为很多教育问题既涉及教师的工作条件，也涉及对政策和学校管理的质疑。更为

① Milwaukee Bd. of Sch. Dir v. Wis. Employment Relations Comm., 472 N. W. 2d 553 (Wis. 1991).

② Decatur Bd. of Educ. No. 61 v. Ill. Educ. Labor Relations Bd., 536 N. E. 2d 743 (Ill. App. Ct. 1989); Beloit Educ. Ass'n v. Wis. Employment Relations Comm., 242 N. W. 2d 231 (Wis. 1976).

③ Aplinton Cmty. Sch. Dist. v. Iowa Pub. Employment Relations Bd., 392 N. W. 2d 495 (Iowa 1986).

④ Wethersfield Bd. of Educ. v. . Conn. State Bd. of Labor Relations, 519 A. 2d 41 (Conn. 1986).

⑤ Cent. City Educ. Ass'n v. Ill. Educ. Labor Relations Bd., 557 N. E. 2d 418 (Ill. App. Ct. 1990), *appeal granted*, 561 N. E. 2d 687 (Ill. 1990), *modified*, 599 N. E. 2d 892 (Ill. 1992).

⑥ Maywood Bd. of Educ. v. Maywood Educ. Ass'n, 401 A. 2d 711 (N. J. Super Ct. App. Div), *appeal denied*, 405 A. 2d 836 (N. J. 1979).

⑦ Piscataway Township Educ. Ass'n v. Piscataway Township Bd. of Educ., 704 A. 2d 981 (N. J. Super. Ct. App. Div. 1998).

复杂的是，界定谈判范围的法律文字必须与州的其他成文法统一，例如那
【468】些规定教师的晋升和评估标准的成文法。①

法院可能被要求解决类似于奇-克劳教师联合会诉克劳福德县第247联合学区案②中出现的关于谈判具体议题的争议。

(468~471)

> 在该案中，法院同意教师工会的以下观点，即某些问题是可以谈判的，包括从未使用过的病假工资，解雇后的保险责任范围，有关工作日的时限和结构的问题，在职教育，以及与工会自身权利相关的一些问题，比如，按薪金名册扣除工会会费，在学日期间工会事务的处理等。尽管如此，法院还是发现许多问题是无法沟通的，包括学术自由，分配和调任，额外课程活动的补偿，教师的解雇，不续签合同和处罚的程序，申诉的仲裁，安息日请假，以及教师个人的合同形式。

【471】州法律要求工会承担**公正代表**的责任。对该责任的一个要求是工会不得成为对于其任何一个成员具有歧视性的合同的订立方。纽约州一个法院对工会的义务做了如下解释。

> 谈判代理机构有责任服务于所有成员的共同利益，不应对任何成员具有敌意或歧视，在行使自由决定权时秉持完全的善意和诚信，并避免武断行为……为了其他目的而考虑故意牺牲特定雇员的利益是工会不得做出的让步行为。③

因此，在纽约州的另一个案例中，法院裁定工会因为没有全力以赴地为女性教练进行谈判而违反了公正代表的义务。因为工会对这些工会成员的代表责任变得异常繁重，所以它代表这些成员勉强接受了不公平的薪

① Bethlehem Township Bd. of Educ. v. Bethlehem Township Educ. Ass'n, 449 A. 2d 1254 (N. J. 1982).

② Supreme Court of Kansas, 1979, 593 P. 2d 406. ——译者注

③ Union Free Sch. Dist. No. 6 Babylon v. N. Y. State Div. of Human Rights, 349 N. Y. S. 2d 757 (N. Y. App. Div. 1973), *appeal dismissed*, 309 N. E. 2d 137 (N. Y. 1979).

酬。工会在提出这一不适当的薪酬时，对这些成员给予了明显的歧视对待。①

以**善意**谈判是法律对学校和教师工会双方的要求，但是善意很难界定。善意的谈判意味着通过诚恳的努力来达成一致。它要求在谈判过程中通过安排好时间以使双方都便于参与会议、实现合作，听取并考虑对方的提议，以及尝试通过双方都能接受的方式来解决双方的分歧。然而，善意并不是要求妥协或者改变某一方原先的立场，虽然作为一种策略和为了公共关系的目的，双方总是都改变了各自原来的立场。善意的谈判还要求言而有信，而不是先向对方提出合同然后又否决。能导致违反这一义务的行为包括：反复延期会议，对有关谈判的强制议题或双方同意的议题单方面采取行动，拒绝安排定期会议，反复对先前在谈判过程中达成一致的条款反悔，不愿提供建议的支持论据及相关信息，使用没有实际权限的谈判人参与谈判。

在蒙哥马利县雇员援助服务委员会诉教育董事会一案②中，法院讨论了判定谈判一方是否简直就是强硬的谈判者或者根本没有在谈判桌上达成一致协议的主观打算的困难。【472】

> 善意的要求是一种主观的估量，这只能根据全部情况来加以运用。这并不要求双方达成一致，也不必做出任何让步……可能有点自相矛盾，这一案件表明“具有达成一致愿望”被判定为善意的谈判，而相反，那些“不愿意达成一致愿望”的则是恶意；“预先决定的不改变其原先立场的解决方案”会受到谴责，但又需要“认真尝试解决分歧达到共同点”。
>
> 其困难……是试图对思维状态进行立法。运用善意标准的任务就是根据每一个案例的事实对现实做出区分：一方是真诚地参与谈判，认真听取并评估对方提出的建议，尝试阐述本方立场，具有说服和被说服的愿望；而另一方只是带着“预先决定的不改变其原先立场的解

① United teachers of Seaford v. N. Y. State Human Rights Appeal Bd., 414N. Y. S. 2d 207 (N. Y. App. Div. 1979).

② 354 A. 2d 781 (Md. 1976).

决方案”，“走过场”。

11.5 申诉程序

州成文法可以为处理对违反集体谈判协议提出的诉称具体规定行政程序。集体谈判合同自身也会规定解决违反合同诉称的申诉程序。大约二十个州的法律允许对教师合同中的争端提交**申诉仲裁**，在仲裁中授权中立的第三方做出双方都必须接受的决定。法院至少对于谈判范围内的议题肯定了申诉仲裁的合法性。

在把争议提交给法院之前，法律通常要求穷尽所有申诉程序，然而，在很多情况下州法律和集体谈判协议会给教师两种独立的选择，对他们认为其雇主做出的合同不允许的行为提出异议。① 例如，一个被解雇的教师可能通过合同中的申诉机制或者通过州法律中规定的程序寻求对其雇主决定的重新审查。法院同意当这些选择存在时，教师可在两者中选择。② 有时但不是总是，选择了一种程序就不能再选择另一种了。③ 纽约州允许一
【473】名教师同时选择申诉程序和法定程序，即使这具有造成不一致的结果的可能性。④ 一旦一个特定程序进行到最后一步并做出了最后决定，那么另一种程序就不能再采用了。⑤

集体谈判合同常常赋予工会决定是否提交申诉的完全权力。⑥ 如果教师被其工会拒绝提交申诉，那么他不能采用这一途径获得救济。在行使决定是否提出申诉的权力上，私营机构工会是按照联邦法定义务进行公平操作的。根据州公共机构谈判法律，州法院裁定一项相似的义务属于工会公

---

① W. Fargo Pub. Sch. Dist. No. 6 of Cass County v. West Fargo Educ. Ass'n, 259 N. W. 2d 612 (N. D. 1977).

② Bd. of Educ. of Huntington v. Associated Teachers, 282 N. E. 2d 109 (N. Y. 1972); Pub. Employees Relations Comm. v. Dist. Sch. Bd. of DeSoto County, 374 So. 2d 1005 (Fla. Ct. App. 1979).

③ Pedersen v. S. Willimsport Area Sch. Dist., 677F. 2d 312 (3d Cir. 1982).

④ *In re* Susquehannna Valley Teachers Ass'n, 429 N. Y. S. 2d 741 (N. Y. App. Div. 1980), *aff'd*, 420 N. E. 2d 400 (N. Y. 1981); *but see* Bd. of Educ. Cattaragus Cent. Sch. v. Cattaraugus Teachers Ass'n, 447 N. Y. S. 2d 51 (N. Y. App. Div, 1981), *aff'd*, 434 N. E. 2d 262 (N. Y. 1982).

⑤ Bd. of Educ. of Huntington v. Associated Teachers, 282N. E. 2d 109 (N. Y. 1972).

⑥ Vaca v. Sipes, 386 U. S. 171 (1967).

正代表义务的一部分。① 依此相同根据，当同属一个工会的两个成员在关于谁应该继续留下、谁应该被解职的问题上发生冲突时，工会不能只为其中一个聘请律师进行辩护。②

一个经常与采用申诉程序一起被提出的问题是，学校董事会是否有权力将特定问题提交仲裁机构。例如，是允许学校董事会将解雇某位教师的决定提交给仲裁机构，抑或是学校董事会自己必须保留最终的决定权。州与州之间根据州成文法对这些问题的回答有所不同。③

假定学校董事会有权向仲裁机构提交某特定问题，学校董事会与教师仍然能够对合同是否要求将该问题提交给仲裁机构持不同意见。换句话说，协商仲裁协议本身的范围也会产生争议。州法院已经采取不同措施来解决这类问题。④

在应当由仲裁方还是法院来决定可以由仲裁决定的问题这一相关争议上，州法院也存在分歧。纽约州的法院坚持它们拥有合同仲裁条款的最高解释权，并认为“在缺乏与反方观点达成清楚、明确的协议，且教育董事会不打算提出可能提交到仲裁委员会的分歧意见时，必须采用仲裁条款”。明尼苏达州的法院采取了在某种程度上对仲裁更有利的立场。⑤ 在该州，如果一个争议的仲裁被认定为需要进行“合理的商讨”，仲裁人必须首先 【474】
做出仲裁决定。仲裁之后，其决定可被起诉至法院，法院将自主地审理仲裁问题。⑥ 威斯康星州的做法对仲裁是最有利的。仲裁人必须首先做出仲裁决定。在上诉中，法院必须遵从仲裁的决定，“只要是在合同表述界限范围之内，无论我们是否根据该表述得出不同的结果，[都应假设该决定]

① Baker v. Bd. of Educ. of W. Irodequoit, 514 N. E. 2d 1109 (N. Y. 1987).

② Jacobs v. Bd. of Educ. of E. Meadow, 405 N. Y. S. 2d 159 (N. Y. Sup. Ct. 1977), *rev'd*, 409 N. Y. S. 2d 234 (N. Y. App. Div. 1978).

③ Acting Super. of Sch. of Liverpool cent. Sth. Dist. v. United Liverpool Faculty Ass'n, 369 N. E. 2d 746 (N. Y. 1977); Sch. Comm. of Danvers v. Tyman, 360 N. E. 2d 877 (Mass. 1977); Bd. of Educ. of Philadelphia v. philadelphia Fed. of Teachers Local No. 3, 346A. 2d 35 (Pa. 1975).

④ Wyandanch Union Free Sch. Dist. v. Wyandanch Teachers Ass'n, 397 N. E. 2d 384 (N. Y. 1979); Sch. Dist. of Erie v. Erie Educ. Ass'n, 447 A. 2d 686 (Pa. Commw. Ct. 1982).

⑤ Acting Super. of Sch. of Livepool Cent. Sch. Dist. v. United Liverpool Faculty Ass'n, 369 N. E. 2d 746 (N. Y. 1977).

⑥ Minn Educ. Ass'n v. Indep. Sch. Dist, No. 495, 290N. W. 2d 627 (Minn. 1980).

没有违反法律”。[1]

当一个申诉通过仲裁已经解决时，大多数法院都会裁定仲裁结果是有效的和有约束性的，一般不会审查或者推翻该决定，除非该决定是完全不合理的[2]或者是违背州或联邦法律或政策的，例如，与学校董事会关于某个不可协商问题的合法决定相矛盾。[3] 仲裁人所批准的对胜诉方的赔偿，比如复职或赔偿金，必须遵照合同并且不能违背州法律。[4]

11.6 教师的个人合同

从本书第9、第10章可以看出，教师与其雇主之间的关系在很多方面是由联邦和州的宪法及成文法调整的。学校董事会和教师——无论是集体还是个人，都不能签署与州法律相矛盾的合同。例如，允许教师做人事决定，而这是法律保留给学校董事会的。[5] 州法律甚至允许学校董事会做出对其与教师之间的合同具有修改作用的决定。例如，通过修正学校课程表来补足因为天气原因而失去的学日。学校董事会可以要求教师按照修改过的课程表上课，即使这一天是合同中专门选定作为假日的。

正如本章前面所讨论的，在进行集体谈判的学区，一个学区所有教师的许多雇用条款都是由教师工会和学校董事会之间的一个协议规定的。该
【475】集体谈判的协议是该学区内每位教师的合同中的强制性部分，因此，即使双方都想签订，也不能签订与集体谈判协议相违背的合同。例如，如果集体谈判协议为所有教师专门制定了个人工资制，那么无论学校董事会认为

---

① Fortney v. Sch. Dist. of West Salem, 321N. W. 2d 225 (Wis. 1982); *see also* Scranton Fed. of Teachers, Local 1147 v. Scranton Sch. Dist., 444 A. 2d 1144 (Pa. 1982); Sch. Dist. of Erie v. Erie Educ. Ass'n, 447 A. 2d 686 (Pa. Commw. Ct. 1982).

② Niagrara Wheatfield Adm' r Ass'n v. Niagara Wheatfield Cent. Sch. Dist., 375N. E. 2d 37 (N. Y. 1978).

③ Matter of Buffalo Council of Supervisors & Adm'r v. City of Buffalo Sch. Dist., 626 N. Y. S. 2d 623 (N. Y. App. Div. 1995).

④ Kennewick Educ. Ass'n v. Kennewick Sch. Dist. No. 17, 666 P. 2d 928 (Wash. App. Ct. 1983).

⑤ *In re* Brighto Cent. Sch. Dist., 505 N. Y. S. 2d 522 (N. Y. Sup. Ct. 1986); Bd. of Educ. v. Round Valley Teachers Ass'n, 914 P. 2d 193 (Cal. 1996); Oak Harbot Sch. Dist. v. Oak Harbot Educ. Ass'n 545 P. 2d 1197 (Wash. 1976).

某位教师是多么的优秀，也不能为其提供高于规定额度的工资。

然而，集体谈判协议自身的特殊性还不足以在学校董事会和任何教师个人之间构成具有强制执行性质的合同。教师必须拥有个人合同，其中要详细列出：他们获得的具体职位、需要工作的小时数和享有的工资与福利。教师还可以就辅导或者其他额外的义务签订单独的或补充性的合同。集体谈判协议可以看作学校董事会和教师之间达成的协议框架，而个人合同则是对细节的补充。

在没有集体谈判的学区，理论上每位教师可以从零开始自由地协商整个合同。但是，实际上学校董事会通常会坚持为全体教师签订几乎完全相似的基本条款，仅有的差异也与集体谈判学区的差异相似。

不管教师个人的合同是否是基于集体谈判协议而签订的，都有一系列广泛而复杂的成文法和普通法来规范其订立和实施。教育雇用合同通常是双边协议，这意味着双方要先向对方做出承诺，并且是表达而非意指，即承诺是由语言而不是通过行动来推断。在法律允许时，教学合同，更多情况下是一些补充合同，可以是口头的。但口头合同很难具有强制力，因为难以证明曾经说了什么。即使没有书面合同，雇员也有权因为按照要求做出了服务且为雇主创造了利益而要求得到合理的补偿。

在教育系统内，一份有法律约束力的教育雇用合同包括五个基本要素：（a）相互同意的证明，（b）对价，（c）双方的能力，（d）议题的合法性，（e）合同订立符合州法定要求。

相互同意的证明是通过一方提出要约及另一方承诺达成的。要约是指由一个人与另一个人进行交流的具有明确条款的建议，该建议使有理性的人在主观上产生同意的邀约感知。要约和接受若缺少明确条款就不能产生具有强制力的合同。法院将不会为合同补充缺失条款或为类似“丰厚的报酬”① 等含糊条款提供界定。

一项经过恰当构想和清楚表达的要约使要约者授予了受要约者承诺的 【476】
权力，直到该要约终止。要约可能因以下原因而终止：超过时效、撤销、

① McCutcheon v. Chicago Principals Ass'n, 513 N. E. 2d 55 (Ill. App. Ct. 1987); Ayer v. Bd. of Educ. of Cent. Sch. Dist. No. 1, 330 N. Y. S. 2d 465 (N. Y. Sup. Ct. 1972); Fairplay Sch. Township v. O'Neal, 26 N. E. 686 (Ind. 1891).

拒绝、对方反提条件、任何一方死亡或精神失常、与要约相关的某个议题遭到破坏或者事后发现要约者盘算的合同类型非法等。要约可以包含做出接受决定的具体截止日期。如果要约中没有做出时间限制，该要约就被认定在合理时间内有效，或者直到该要约被撤销，或者因其他原因而终止。要约、拒绝和反要约在被对方收到时都是有效的。①

受要约者接受要约是某种公开行为，通常以书面或者口头形式明确表达同意接受合同条款的意图。接受必须是肯定的，且不可改变要约的任何条款，因此，反提条件就意味着拒绝原要约。在一个案件中，一名教师从其合同中删除了关于她更新资格证的条件，被判未能执行合同。② 在另一个案件中，一位校长在合同中增加了一个给他一套免费住房的条款，被判定为反提条件而没有产生合同。

超期或不完全承诺要约不能产生合同，但是超期或部分承诺要约则成为新的要约，原要约者可能接受。通常承诺是在发送的时候而不是收到的时候开始生效，除非要约具体规定了其他方式或者受要约者使用了未被许可的沟通方式。许可的沟通方式是一种由要约者表示允许的方式，如果没有允许具体方式，则是要约者使用的方式。所以，如果要约是用邮件寄来的，那么受要约者也应该邮寄，而承诺的有效性从受要约者按适当的邮资和地址寄送接受函时开始。

由于未能正确阅读文件而造成的失误不是免去合同义务的理由。在极少数意外中，双方对其签署内容负责，然而，如果一方在做出要约时包含非常严重的错误（比如在约定的薪水中点错了小数点），另一方明知有误或具有适当理由去怀疑它却仍然接受它，那么不能形成有约束力的合同。

对价是在交换的过程中为得到对方提供的某种事物而给予的任何事物。这要满足两个要求：双方必须是有目的地参与交换谈判，且双方的承诺和履行情况必须达到一定合法效力的检验。交换谈判这个概念意指双方协商并相互同意所需要交换的内容。

合法效力检验是法律细节。要约者或者受要约者一方要给予对方的，

---

① Nelson v. Doland Bd. of Educ., 380 N. W. 2d 665 (S. D. 1986).

② Morton v. Hampton Sch. Dist No. 1, 700 S. W. 2d 373 (Ark. Ct. App. 1985).

要么是对方的一个合法的损失，要么是向对方提供一个合法的利益。**合法的损失**意指承诺人去做或者承诺去做一些不是法律规定义务履行的事情，也可以是不做或者承诺避免去做一些原本可以合法地做的事情。**合法的利益**是指从对方处获得不具有优先法定获得权的事物。这些法律细节上的要求在雇用合同中很容易做到：学校董事会承诺薪水和福利，这不是之前有义务提供的，作为交换得到服务承诺，这也不是教师之前有义务提供的。当学校董事会给予报酬时，它受到了一个合法的损失而教师得到了一个合法的利益。同样，当教师提供服务时也受到了一个合法的损失而学校董事会得到了一个合法的利益。 【477】

合同双方必须达到法定年龄，并且有足够的智力能力来践行合同中的条款。在教育雇用合同中这通常不是问题。

任何雇用合同都不能要求学校董事会做出违法行为或是与公共政策相违背的事情。例如，学校董事会和琼斯先生不能做出这样的交易，即把琼斯先生继续留任高中校长作为换取与琼斯先生的儿子签订学校维修翻新合同的条件。

教育雇用合同必须满足各种**州法定要求**。大多数州的法律规定学校董事会只有以适当召开的会议作为法人团体行事，才能在合同上约束学区。学校董事会不能将制定合同的权力委派给其管理者或者其他雇员，且没有正式批准的合同不得执行。① 超出学校董事会法定权限的合同也不具备执行效力。大多数州还要求学区雇用合同以书面的形式签订。在某些州，如果未能发布不续约的通知，那么自动地构成下一年度继续雇用的提议。②

偶尔会出现这样的问题，即即使没有满足州法定要求，合同是否成立。法院坚持认为必须满足主要的要求，如学校董事会批准，但是，即使没有满足一些小的法律细节要求，合同有时也有效。③ 在任何情况下，董事会可以对不当程序形成的合同在事后进行批准，从而纠正先前的一些

① Big Sandy Sch. Dist. No. 100 – J v. Carroll, 433 P. 2d 325 (Colo. 1967); Bd. of Educ. of D. C. v. Wilson, 290 A. 2d 400 (D. C. 1972).

② Enstand v. N. Cent. of Barnes Pub. Sch. Dist. No. 65, 268 N. W. 2d 126 (N. D. 1978).

③ Sch. Bd. of Leon County v. Goodson, 335 So. 2d 308 (Fla. Dist. Ct. App. 1976); Lynch v. Webb City Sch. Dist. No. 92, 418 S. W. 2d 608 (Mo. Ct. App. 1967).

错误。

合同中的责任和义务是可以**解除**的，所以，有几种方式可以终止协议。对合同义务的准确履行免除了双方进一步的义务。如果一方违反了合同中的重要内容和基本内容，那么另一方的责任将被免除。不严重的违约行为仍然产生了违反合同的行为原因（后面讨论），并为申诉方提供了不履行义务的理由。但是，非实质性违约行为不能解除利益受损方进一步履行在合同中约定应承担的责任。一方的干扰阻止了另一方履行责任被认定为严重违约，可以因此解除合同。

【478】

合同一方事前悔约被视作违约，未悔约一方可以按照违约提起诉讼。双方相互同意则废除合同。对原合同中的义务提出新的履行要求的协议终止原协议。当随后的法律变更造成合同不合法时，履约义务就会被解除。根据合同需要履行个人职责的雇员如果死亡或者患衰竭性疾病，解除其合同义务。这种情况称为**履行不能**，雇主方的义务同样被解除，且该雇员可以离开。履行不能也包括**不可实行**，也就是意味着合同的履行具有极端且不合理的困难、花费昂贵、受伤或者损失。所以，在一个案例中，某教师可能因为其视力下降致其长期请病假、阅读能力下降以及实现正常教学职责的困难加大而被解雇。① 然而，学校董事会在这种情况下做出解雇之前必须考虑关于禁止歧视身心障碍者的联邦法律和州法律（参见9.6节）。

合同可以包含**一般条件**或者**偶发事件**。一般合同条件是指会影响履行合同责任的任何发生或者未发生的事件。在任何待履行职责存在之前，有特定的一般条件须被满足。例如，由学校董事会批准的合同对合同义务的产生是必要的。在其他条件下则可以终止任何责任的履行。例如，一名教师的工作以联邦政府继续拨付经费资助该职位为条件。②

当一方没能遵守合同中的条款时，利益受损方可以对**合同违约**行为提出诉讼。法律会按照假如利益受损方在执行合同后可得到的同样的利益来对其进行补偿。有时，只需要法院颁布一道命令阻止继续违反合同条款，或者要求专门执行合同的某项规定，比如对教师解雇程序的操作。大多数

---

① Oneal v. Colton Consol Sch. Dist. No. 306, 557 P. 2d 11 (Wash. Ct. App. 1976); Fisher v. Church of St. Mary, 497 P. 2d 882 (Wyo. 1972).

② Parliment v. Yukon Flats Sch. Dist. 760 P. 2d 513 (Alaska 1988).

情况下，对违反合同的补偿就是对利益受损方在没有发生违约行为时所能得到的金钱以及由违约造成的其他损失的一种货币补偿。不能履行合同全部条款的雇员可能要对雇主由需另请替代者所造成的损失进行补偿。而利益受损的雇员可能会获得一笔薪金和由于其雇主违约行为而对他造成任何其他损失的赔偿，比如寻找及换一份新工作所需要的花费。①

为了对违约方做到合理公平，法律规定在损害本来可以通过一些合理的努力行为得到避免而无须产生过度的风险、花费或者屈辱时，遭受损失方不可获得赔偿。遭受损失方被期望采取一些合理的措施来**减少损失**，比如寻找一份新工作，但是他却不一定要接受一份比他所失去的工作差一些的工作。在一个案例中，一位校长因为违反合同而被解雇，但他未被要求接受一份薪资与校长薪资相同的教师岗位的工作。② 【479】

在某些雇用合同中，双方同意违约雇员需要赔偿一笔规定数量的钱来代替依照常规方法估定的赔偿金。这种**违约赔偿金**条款在合同双方难以估计违约造成的具体货币价值时是可行的，前提是规定赔偿金额是合理的且不是惩罚性的。③

除非有相反的成文法条款，法律允许教师在没有合同的情况下工作，但是在没有合同时，就会出现有关向教师支付薪水的问题。当成文法能够规范没有合同的情况时，其条款规范了应得的薪资标准；当没有这种成文法时，法院以"保证公平公正的结果"为目标来处理这类问题。④ 法院在一个案例中判决，同意了新合同的教师自其生效之日起按照新合同中的薪资体制获得其薪资，而没有同意新合同的教师则按照前一年的薪资体制的条款获得其薪资，包括在该体制中按资历增加的部分。⑤

正如博蒂尼奥第1公立学区诉柯里案⑥所显示的，有时争论的焦点在

① McBeth v. Bd. of Educ. of DeValls Bluff Sch. Dist. No. 1, 300 F. Supp. 1270 (E. D. Ark. 1969).
② Williams v. Albemarle City Bd. of Educ., 508 F. 2d 1242 (4th Cir. 1974).
③ Bowbells Pub. Sch. Dist. No. 14 v. Walker, 231 N. W. 2d 173 (N. D. 1975).
④ Bradkin v. Leverton, 257 N. E. 2d 643 (N. Y. 1970).
⑤ Davis v. Bd. of Educ. of Aurora Pub. Sch. Dist. No. 131, 312 N. E. 2d 355 (Ill. App. Ct. 1974).
⑥ Supreme Court of North Dakota, 1977, 259 N. W. 2d 650. ——译者注

于教师和学校董事会之间是否已经签订了合同。[1]

(479～483) 在该案中，法院裁决，教师并没有订立可强制实施的教学合同，因为她和学区并没有对具体的雇用条款达成一致。

【483】 博蒂尼奥案表明，在只是声明雇用和受雇的打算而缺乏双方对雇用条款的明确协议时，合同是没有形成的。即使有明确的协议，如果其中一方缺乏签署合同的权力，合同也不能产生。因此，一位教师接受某公立学校校长的雇用要约并不产生合同，因为只有学校董事会才有法定权限和教师签署合同。[2] 如果教师不能在规定的截止日期之前做出承诺[3]或者承诺不是以要求的模式送达（比如学校以书面形式发出要约，要求教师以书面形式承诺，但教师却以口头形式承诺）[4]，那么都会使雇用合同不能签订。

在佛罗里达州的一个案子中，一名教师告诉校长她想继续请假一年，但在她填写请假表格之前且校长已经雇用了一位替代教师之后，该教师告诉校长她改变了主意。法院裁定这名教师尚未放弃她的岗位。[5] 在俄克拉何马州的一个案子中，一名教职员在年度工资确认信上署名并在信上写了"表明异议"字样。法院裁定他的署名是有效的承诺，并不是终止原要约的反提议。所以，形成了可强制执行的合同。[6]

有几个案件已经讨论了这个问题，即具有教练或其他付薪的附加职责的教师是根据一个合同还是两个合同工作。这些案例通常包括，想辞去教练职务但又希望继续教学的教师，或者学校董事会希望解雇一位作为教师拥有终身任职资格的教练。有些州的成文法要求，附加职责协议要与教师的基本合同分开，即使它们被写在同一个合同中。[7] 而在没有这类法律的州，一份合同是否可分割主要取决于双方的意向。有个法院裁决，一个具

---

① *See also* Knipmeyer v. Diocese of Alexandria, 492 So. 2d 550 (La. Ct. App. 1986); Bd. of Educ. of D. C. v. Wilson, 290 A. 2d 400 (D. C. 1972); D'Ulisse-Cupo v. Bd. of Dir. of Notre Dame High Sch., 520 A. 2d 217 (Conn. 1987).

② Brow v. Caldwell Sch. Dist. No. 132, 898 P. 2d 43 (Idaho 1995).

③ Niedbalski v. Bd. of Sch. Dist. No. 24 of Platte Ctr., 418 N. W. 2d 565 (Neb. 1988); Corcoran v. Lyle Sch. Dist. No. 406, 581 P. 2d 185 (Wash. Ct. App. 1978); *but compare* Cal. Teachers Ass'n v. Governing Bd. of Mariposa County Unified Sch. Dist., 139 Cal. Rptr. 155 (Ct. App. 1977).

④ *See* Foster v, Ohio State Univ., 534 N. E. 2d 1220 (Ohio App. 1987).

⑤ Gainey v. Sch. Bd. of Liberty County, 387 So. 2d 1023 (Fla. Dist. Ct. App. 1987).

⑥ Price v. Okla. Coll. of Osteopathic Med. &Surgery, 733 P. 2d 1357 (Okla. App. Ct. 1987).

⑦ Swager v. Bd. of Educ., Unified Sch. Dist. No. 412, 688 P. 2d 270 (Kan. Ct. App. 1984).

有三年教学和教练合同的教师，即使学校不再希望他当教练，他也有权继续教学工作，并且学校还要全额支付双方约定的薪水。①

有时这样的问题会出现，即一份教师合同除了包括双方在文件中签署的内容，是否还包含其他内容。具体而言，这些案件的主要问题涉及校规、教师指导手册或者学校的出版物是否也是合同的一部分。法院认为如果其条款足够具体，并且雇员也知道这些内容，而且这些内容是谈判交换的一部分，那么这些内容就可以作为合同的一部分。② 然而，有几个州的法院裁决道，如果有证据证明雇主单方面保留修改这些手册的权利，那么这些内容就不是合同的一部分。③ 同样，如果教师手册中专门包含的声明不构成合同，那么法院将不会强制其为合同的一部分。④ 【484】

法院一般都认定州法律是合同的一部分。⑤ 通过改变法律来修改合同条款的立法权力可以在合同中暗含或者明确规定。某些州允许学校董事会在紧急情况下单方面改变雇用合同。1991 年，为了应付一场严重的财政危机，巴尔的摩市决定对其教师支付的薪水大约比合同具体规定的少 1%。教师起诉了市政府，指责政府单方面修改合同的行为违反了《联邦宪法》第 1 条第 10 款（合同条款）。该合同条款禁止各州通过任何“损害契约义务”的法律。第四巡回法院在驳回该诉称时指出，合同条款不是绝对禁止州对自己的财政责任的修改。单方面对合同的修改必须“对服务于重要的公共目的是合理的和必需的”。减薪得到了允许，因为巴尔的摩市已经做过试图协调但未成功的努力来寻求可选择的解决措施，减薪仅仅是出于需要，而且该计划在第一次有机会采用时曾被放弃。⑥

有时合同双方通过专门的文档和其他口头或书面的声明来明确表述他

---

① George v. Sch. Dist. No. 8R of Umatilla County, 490 P. 2d 1009 (Or. 1971).

② Law v. Manda Pub. Sch. Dist., 411N. W. 2d 375 (N. D. 1987); Pine River State Bank v. Mettile, 333 N. W. 2d 622 (Minn. 1983).

③ Heideck v. Kent Gen. Hosp., Inc., 446 A. 2d 1095 (Del. 1982); Jakson v. Action for Boston Cmty. Dev., Inc., 525 N. E. 2d 411 (Mass. 1988); Johnson v. McDonnell Douglas Corp., 745 S. W. 2d 661 (Mo. 1988).

④ Castiglione v. Johnes Hopkins Hosp., 517 A. 2d 786 (Md. Ct. Spec. App. 1986).

⑤ Haverland v. Tempe Elementary Sch. Dist. No. 3, 595 P. 2d 1032 (Ariz. Ct. App. 1979); Bump v. Union High Sch. Dist. No. 3, 24 P. 2d 330 (Or. 1933).

⑥ Baltimore Teachers Union v. Mayor of Baltimore, 6 F. 3d 1012 (4th Cir. 1993).

们的想法，这被称作**口头证据**。当这种情况发生时，有几种可能：存在两个分离的合同，由基本的书面文档和其他声明组成一个合同；是由书面文档形成一个完整的唯一的合同，不受其他声明的影响。基本规则是当基本的书面合同是一份完整统一的协议时，将不允许口头证据对其进行任何形式的修改。当双方都很愿意时，书面合同就是一份完整统一的协议。为了表明这个目的，很多合同都包含有一个条款，并以该条款确认该合同构成双方的全部协议。①

即使合同双方都知道构成合同的文字，他们也可能对其含义有分歧。措辞严密的合同就不大会产生这些争议。当产生分歧时，双方可以要求法
【485】院来解释合同。尽管没有能够确保揭示合同的真实含义的程序，某些解释规则也具有指导性。合同的解释要符合双方的目的和意图，只要是可以确定的。普通的用词被赋予常规含义，专业的用词被赋予专业含义。分开协商的条款比标准条款更具分量，专门条款比通用条款更具分量。能使合同及其条款合理、合法、富于意义的解释成为首选。

11.7 小结

在联邦和州法律的范围之内，一位教师的雇用期限和条件在合同中被确定。在多数学区，合同是通过代表学区全体教师的工会和学校董事会之间进行集体谈判形成的。虽然教师具有加入工会的宪法权利，但集体谈判是由各州的法律和法院来决定的。大多数州都必须允许教师采取某种形式的集体谈判。

选举工会的程序，工会与其成员之间、工会与学校董事会之间的关系，以及双方在集体谈判中的责任与义务由州法律来规定。工会必须公正地代表学区内的全体教师，甚至包括那些选择不加入工会的教师。双方都有以善意谈判的义务（例如具有达到双方都满意的协定的打算），必须协商州法律中明确的或暗含的强制议题。一般而言，这些问题有关教师福利和工作条件。某些其他问题可以按照双方的自由决定权来谈判。集体谈判

① *See* Chandler v. Lamar County Bd. of Educ., 528 So. 2d 309 (Ala. 1988).

协议通常包括同意提交某些雇用争议由中立的第三方仲裁。

除了集体谈判协议，每个教师还有详列具体雇用条款的个人合同，为了使其可执行，教师合同必须满足特定条件。其中最重要的是双方必须完全理解各自应承担的责任与义务。虽然如此，双方仍然可能会对合同条款的含义和解释产生法律争议。合同中的用语越清晰和详细，这类争议产生的可能性就越小。

【486】

12

侵权行为

学生扔铅笔击中了另一个学生的眼睛，参观者在学校场地被坑洼绊倒伤了膝盖，非法入侵者逼迫学生进入学校卫生间实施了强奸，学生在工艺课上被锯子割断了手指，学生在上课时间偷偷离开学校被超速司机撞伤，教师因学校主管者评价其业务不够专业而起诉学校，这些案例都属于所谓侵权法的范围。

不同于处理社会犯罪行为的刑法，侵权涉及一方因故意、轻率或疏忽大意而对另一方造成的损害。刑法的主要目的是惩治罪犯，而侵权法是试图对受损害一方提供补偿。侵权法为受害者因他人造成的身体、财产、名誉的损害提供了一种诉诸法律而得到赔偿的途径。法院尽管可以通过发布命令来禁止损害行为的继续，但通常的救济是给予损害赔偿。

典型的侵权诉讼包括个人对因故意或疏忽引起的损害而起诉个人、法人团体、政府人员或政府自身。在诉讼中，学生可以作为原告起诉学校、学区或者教师。在实践中，虽然在起诉年幼孩子的案件中证明各项要素是困难的，尤其是像殴打这类要求证明故意侵害的侵权行为，但在民事侵权诉讼中，学生也可能成为被告。从学生那里获得赔偿金同样可能是困难的，因为他们几乎没有属于自己的财产。因此，当个人遭受由于在校学生的侵权行为而引起的伤害或损害时常常要求学校承担责任（例如，由于学校没能对学生进行充分的监管）。

尽管学校及其雇员根据政府及其官员的豁免权原则曾经享有免受侵权诉讼的保护，但这些豁免权在大多数州已经被大大缩减或排除了。因此，
【487】侵权诉讼可能会向教育者个人、学校董事会、学区甚至有时候向学校董事会的个人成员提出。教师和校长个人可能都要为自己的侵权行为承担个人责任；校长也可能因自己没能适当地教育或管理教师而对教师做出的侵权

行为承担责任；学校董事会和学区可能因未能提供足够数量的教师来监管学校活动或者对学校建筑和场地失于维护等有关事务而承担责任。学区也可能为其雇员或任何被授权代表学区行事的个人的侵权行为承担“替代”责任（参见12.5节）。

因学校从事活动的多样性、其教育对象的不成熟和天生好动特性，学校董事会及其员工在某些侵权诉讼案中显得尤其脆弱。然而，具有相似规模、课程和人口特征的学区面对的侵权诉讼案的数量往往有很大的差别，这表明高比率的侵权诉讼不是不可避免的。对法律原则和监管责任加以注意，发生侵权诉讼的风险就可能大大下降。本章介绍了在学校中最普遍的各类有关侵权责任。本章的主要目的是为理解侵权法的原则做好准备，并以此为基础构成预防性的法律方案。

12.1 故意侵权行为：殴打、威胁、非法监禁和故意施加精神损害

故意是指一个人期望其行为带来有关后果或者相信其行为确会引起该后果。如果X确信自己是独自一人在沙漠，他开了枪，子弹打中并伤害了Y，X是故意开枪但没有故意伤害Y。然而，如果X故意丢炸弹到Y的办公室打算伤害Y，同时知道Z也在那儿并几乎肯定也会受伤，那么X不仅对Y也对Z构成了故意伤害。X的故意伤害行为同样适用于Z。动机不同于故意，动机是引起行为后果的原因。未成年人要对自己的故意行为负责，但是，未成年人的年龄、知识和智力在决定他们是否有能力构成故意伤害时至关重要。

殴打是指为故意使他人遭受接触性痛苦，而对他人身体的故意的、不受欢迎的并且攻击性的或伤害性的触碰。殴打包括直接身体接触，如拳击，或者使用物体，如棍棒击打。如果一种接触会冒犯一个假设有理智的人，那么这种接触就被看作冒犯性的。但是，在那些接触是不可避免的地方，如在拥挤的电梯里的身体接触则被假定为正常情况。

威胁有别于殴打。威胁是指有意使他人合理地忧惧即将到来的身体伤害或攻击性接触的行为。这种忧惧必须是在一个有理性的人的头脑中引起 【488】

的。伴随着行为的言语更能增加这种恐惧。与殴打造成的是身体伤害不同，威胁造成的是精神伤害。因此，在威胁案中，处于即刻身体接触危险中的人一定要意识到这种危险。虽然通常威胁先于殴打出现，但是即使殴打没有发生，威胁仍然是可以诉讼的。殴打和威胁不但能引起侵权行为，也可能引起犯罪，从而都可能导致民事诉讼和独立的刑事诉讼。

非法监禁是指故意将受害者禁闭在某个固定的空间，受害者必须意识到了这种禁闭或者因其受到的伤害。这种监禁可能伴随身体殴打、武力威胁、违法使用法定权力，或者诸如没收钱包以防止其逃跑的间接方法。非法监禁的侵权责任保护人们免受监禁的自由利益。虽然非法监禁在学校很少发生，非法监禁索赔可能会在对学生的不公正禁闭的案件中产生。

故意施加精神损害的侵权责任允许人们因为遭受极端和蛮横的行为对其心灵平静造成损害而提起诉讼。因为日常生活中的冒犯、侮辱、渎神甚至威胁而造成的不适不可予以诉讼，只有具备一般感受能力的个人在这些情况中能够感受到的精神损害才能获得赔偿。在一个案例中，一位教练捉弄一个幼儿园小朋友说，他绞死了小朋友的两个同伴，并让其中的一个躺在地板上装死，当这个小朋友被吓得哭了时，教练承认说这只是个玩笑。随后，这个先前自我调适能力较强的 5 岁大的小朋友开始遭遇各种心理困难：他拒绝独自上卫生间洗漱，害怕这位教师从他面前的镜子里突然跳出，不愿睡在自己的房间里，并变得过度依赖于他的母亲。该案中的学生获得了 10 万美元的赔偿，且其父母以**失去配偶权**，损害父母和小孩之间的关系为由另外获赔了 1 万美元。①

除了上面提到的极端的恶作剧外，反复和严重的语言和身体虐待（包括种族骚扰和性骚扰，参见 6.9 节）可能引起故意造成情感痛苦的诉讼，但这类案件一般很难胜诉。第八巡回法院拒绝了一个指控乐队教师故意造成他人情绪压力的赔偿请求，该乐队教师使用了各种方式当众侮辱这名学生，包括经常当众辱骂她“低能”、“愚蠢”、“愚笨”。教师还因该生书面作业未做好而在全班学生面前贬低她，将其笔记本摔在她脸上，并对她说“因为她太愚笨”而不再让她参加乐队表演。法院判决道，虽然这位教师

① Spears v. Jeffersin Parish Sch. Bd., 646 So. 2d 1104 (La. Ct. App. 1994).

的行为是“违反职业道德的”、“过分的”（加上造成学生抑郁和自杀倾向的事实），但是没有达到故意造成精神伤害的法律要求。法院解释说：“构成故意造成精神伤害，原告必须证明：（1）有故意或不顾后果的行为；（2）这种行为具有非常残暴的特征，在程度上非常极端以致超出了正当行为的界限，并因极其恶劣而为文明社会所完全不能容忍；（3）这种行为引起严重的情感痛苦，以致任何有理性的人都不应该被期望对它加以容忍。”① 【489】

特权辩护

如果被告的行为是法律特许的，那么他将不承担故意侵权的责任。侵权行为法认为某些特定的行为在社会上的重要性使得被告即使伤害了原告也免于承担责任。有关教育案例中最常见的特权是某些成人惩戒学生、同意、自卫和防卫他人的权力。虽然原告承担说服法庭认可侵权行为存在的责任，但是被告具有证明存在以上任一特权的责任。

惩戒特权允许父母、教师使用合理的强制力，包括为了惩戒和控制学生而进行体罚。例如，学校管理者抓住了拒绝遵守合法命令的学生并用武力强迫他们离开。② 然而，对于什么构成合理武力存在限制，而且控告学校工作人员施暴和殴打的侵权诉讼并非不常见。对儿童所使用的武力是否合理，取决于儿童的年龄、性别、体质和精神状况、儿童过错行为的性质、儿童行为的原因、儿童行为范例对其他儿童的影响、迫使学生遵守的武力是否必要、对于儿童冒犯行为的武力是否恰当以及儿童所受到的损害。当儿童遭到持久或长期的伤害，尤其是身体上的伤害，或者教师的行为出于恶意或蓄意时，法院最容易做出滥用惩戒特权的判决结果。当武力使用导致不必要地贬低人格时，法院也会裁定教师有责任，如在一个案件中，教师使用赶牛的刺棒惩罚学生。③

① Costello v. Mitchell Pub. Sch. Dist. 79, 266 F. 3d 916 (8th Cir. 2001); *see also* Stamper v. Charlotte-Mecklenburg Bd. of Ed., 544 S. E. 2d 818 (N. C. Ct. App. 2001).

② People *ex rel.* Hogan v. Newton, 56 N. Y. S. 2d 779 (City Ct. of White Plains 1945).

③ Rolando v. School Dir. of Dist. No. 125, County of LaSalle, 358 N. E. 2d 945 (Ill. App. Ct. 1976).

在那些法律规定体罚不合法的州，教师可以使用合理武力管理学生但不能对学生的错误行为进行体罚。即使是在一些规定体罚合法的州中，体罚的使用也要受到法律规定的目的的限制，而且在当时的具体情况下必须合理。例如，得克萨斯州一个法院裁决，根据该州法律，体罚仅仅在有以下需要时才能使用：“（1）因管理、培养或教育儿童的目的而去强迫儿童
【490】服从合适的命令，或者（2）对做出被禁止行为的学生予以惩戒；而且，在以上的任一情况下，这种强制或者体罚行为必须是合理的并且是与过错行为相称的。”基于以上原则，该法院裁定，足球教练没有特权为了“教育和激励”的目的而“对儿童使用身体上的暴力”。法院说道，即使教练并没有伤害学生的意图，但这种暴力的使用仍可能构成人身侵犯①（参见5.5节）。

原告**同意**被告的侵权行为一般可免除被告的侵权责任。同意可从原告明确或隐含的行为中表达出来。被告可以通过提供显示一个理性人会理解为原告同意的证据证明原告同意。这种特权仅限于原告同意的具体行为范围，而不是任何有关的行为。如果不是原告自愿或者原告缺乏同意的能力，这种同意是无效的。对未成年人何时获得同意能力并不存在特定年龄规定，因此必须根据不同的案例具体评估。一般说来，对未成年人利益的侵犯越严重，未成年人有能力同意的可能性越小。与同意有密切关系的风险承担辩护，将在12.4节中讨论。

自卫和**防卫他人**的特权允许使用合理武力保护自己或他人，以抵抗非惩戒特权的殴打或其他身体上的伤害，这种身体上的伤害被合理地认为是他人故意使其遭受伤害。在某些情况下，即便实际上不存在危险，一个人也可能有理由认为存在危险。原告过去的行为、名誉、言语、姿态在决定对危险的疑惧是否合理的过程中都会被考虑。这里的疑问是，教师是否会认为学生将要故意实施伤害。如果是这样，自卫和防卫的特权将适用，但是防卫行为与威胁必须是相对称的。在一个案例中，一位教师成功地证明了自卫权：该教师在被学生拿着长30英寸、宽4英寸、厚2英寸的木方条

① Hogenson v. Williams, 542 S. W. 2d 456 (Tex. App. 1976); *see also* Tinkham v. Kole, 110 N. W. 2d 258 (Iowa 1961).

追赶时，从汽车仪表盘的贮物箱里拔出了枪并向学生挥舞。①

大多数州允许受到威胁的人站起来反击，即使有可能逃走。当攻击者缴械、挫败、撤退或者放弃时，自卫的特权便随之终止。报复或以牙还牙不属于自卫。② 学生无权使用武力在身体上抵制教师实施的合法命令。例如，教师命令学生离开教室，学生拒绝离开，教师便强行护送学生离开教室，这时学生无权用自卫来违抗教师。一个人只有在受到无惩戒特权的强制时才能使用自卫。③

12.2 诽谤和雇员证明信 【491】

当人们在传播有关教师或学生的流言蜚语，书写证明信或表现评定，在学校报刊或年鉴上发表文章，在公共会议上发表有关学校行政人员的评价，在调查中回答有关他人的问题，或者在学生永久档案中给学生写评语时，都可能导致诽谤的产生。当一个人对另一个人做了错误评价而使其在社区内社会名声或地位受到损害时，诽谤即成立。一般来说，诽谤可以分为**书面诽谤**（libel）和**口头诽谤**（slander），尽管两者的区别在近几年里发生了一些改变。

诽谤的法定证据必须包括确定的一系列具体条件或要素。诽谤的六要素是：虚假事实、损害、公开、清楚地提及、过失标准以及无惩戒特权。尽管有关诽谤的法律在各州之间不尽相同，但是采用的原则在大多数司法管辖区中都是适用的。

诽谤的第一个要素必须是，被告传播了有关原告的**虚假事实**，而且必须是严重的歪曲或偏差，而不仅仅只是一个微小错误或者细节失真。④ 例如，一位校长指证，教师 X 在一年内每星期至少有一次缺课或者一位教师说学生 Y 和 Z 有性行为，如果他们所说的事情并未发生，就满足了这个要素。虚假的事实可通过暗示来传播：例如，前任雇主对未来新雇主说他

① Landry v. Ascension Parish Sch. Bh., 415 So. 2d 473 (La. Ct. App. 1982).

② Thomas v. Bedford, 389 So. 2d 405 (La. Ct. App. 1980).

③ *Compare* Andreozzi v. Rubano, 141 A. 2d 639 (Conn. 1958).

④ Masson v. New Yorker Magazine, Inc., 85 F. 3d 1394 (9th Cir. 1996).

“不能讲”解雇某个员工的理由。这种言论在某种方式上是在暗指这位员工因严重的错误行为而被解雇。①

纯观点性的评价，例如“我不喜欢琼斯老师”不能作为诽谤诉讼的理由，因为其并未陈述能被证明有误的事实。依据真实事实做出的主观判断和从假定大家都知道的事实中得出的结论，如“琼斯是学校最差的教师”，即使是不合情理或不公正的，也不能被认为是诽谤。② 在某个案件中一位校长被指责是种族主义者③，而在另一个案件中，一个学生在其作文中写道，一个教授在课堂上的言论使她相信该教授憎恶同性恋④，法院将这些视作个人意见，所以不是诽谤。同样，口头辱骂、夸张和诙谐因为只是传递意见而不是宣称事实，因而也不是诽谤。因此，在一个案件中，学校年
【492】鉴的搞笑版面中一教师照片下被写有“沙莱克女士，今晚不行，我头痛”的文字，被法院裁定不可据此提出控告。⑤

另一方面，**混合观点**的陈述也可能符合诽谤的第一个要素。混合观点明显是基于没有明确表达的或者也不是假定其存在的事实，这种陈述暗示出演讲者或作者拥有能证明自己观点的事实。像“依我看，教师琼斯是一个酒鬼”这种表述，就可能构成诽谤，因为其论述中暗含了一系列有可能是虚假的事实。因此，像“我觉得教师琼斯没有激发学生”和“我认为琼斯不愿付出更多的努力”这类陈述，可能暗示了在教学中缺乏努力和成就感。⑥

根据案件类型的不同，证明被诉讼的诽谤陈述真实或虚假的举证责任由原告或者被告承担。联邦最高法院规定，如果表述涉及公众关心的事情，原告必须证明它是虚假的。⑦ 在被告不是媒体的情况下，许多州要求被告证明其陈述的真实性。然而，法律关于这一点的规定正在改变，越来越多的司法管辖区要求证明虚假的举证责任由原告承担。

---

① Frank B. Hall & Co. v. Buck, 678 S. W. 2d 612 (Tex. Ct. App. 1984).

② *See* Moyer v. Amador Valley Joint Union High Sch. Dist., 275 Cal. Rptr. 494 (Ct. App. 1990).

③ Stevens v. Tillman, 855 F. 2d 394 (7th Cir. 1988).

④ Lester v. Powers, 596 A. 2d 65 (Me. 1991).

⑤ Salek v. Passaic Collegiate Sch., 605 A. 2d 276 (N. J. 1992).

⑥ True v. Ladner, 513 A. 2d 257 (Me. 1986).

⑦ Milkovich v. Lorain Journal Co., 497 U. S. 1 (1990).

诽谤的第二个要素是被告的陈述对原告在社会上的名誉或地位造成了**损害**。换句话说，就是这种陈述一定具有诽谤性。某些陈述被认为**本质上**是诽谤，意味着假定它们已经造成了损害。对犯罪行为、通奸或者某人患了性传染疾病的谴责，其本身就是诽谤。① 关于错误的指证某人是同性恋者是否本质上就是诽谤，法院在裁定上具有分歧。② 如果被告能证明陈述造成了实际上的伤害，那么即便陈述本质上不是诽谤，也可能被裁定为**实质**诽谤。③ 公共餐桌上的醉酒，教师让学生在走廊上爱抚，教师从学校偷书等谴责都被裁定为属于实质诽谤。④ 由雇主主管对雇员提出在工作中滥用药物或性骚扰的谴责也可能是诽谤。⑤

诽谤的第三个要素是**公开**。言论被被告故意传播给除了原告之外的其他人，如给未来新雇主寄发证明信。在一个案件中，对秘书口授一封解雇信被算作公开。⑥ 一个重复了这个陈述的人，即使是对原文的引用，就已经满足了“公开”的要素。因此，任何人帮助向他人传播该陈述，如某书的出版商或赞助学生报纸的学校，也同样满足该要素。但是，如果有人偷听了被告对原告的陈述或者复制并发散了被告写给原告的信件，被告不承担责任。 【493】

有时雇主为逃避诽谤责任而使用口头方式通知雇员本人被解雇的理由，随后在证明信中除了确认雇用日期以外，拒绝写任何东西。当这些雇员在寻找新工作被问到以前因何原因被前雇主解雇时，便会面临要么撒谎，要么继续重复关于他们的错误的诽谤陈述的两难境地。为了处理这种情况，最近**强制自我公开**的法律原则应运而生。这个法律原则认为，当诽

---

① *See* Baskin v. Rogers. 493 S. E. 2d 728 (Ga. App. 1997).

② *Per se*: Manale v. New Orleans, 673 F. 2d 122 (5th Cir. 1982); Mazaart v. State, 441 N. Y. S. 2d 600 (N. Y. Ct. Cl. 1981). *Contra* Hayes v. Smith, 832 P. 2d 1022 (Colo. Ct. App. 1992); Moricoli v. Schwartz, 361 N. E. 2d 74 (Ill. 1977).

③ *See* Rocci v. Ecole Secondarie Macdonald-Cartier, 755 A. 2d 583 (N. J. 2000).

④ Ford v. Jeane, 106 So. 558 (La. 1925); Larive v. Willitt, 315 P. 2d 732 (Cal. Ct. App. 1957); Angel v. Levittown Sch. Dist. No. 5, 567 N. Y. S. 2d 490 (N. Y. App. Div. 1991).

⑤ Huston Belt & Terminal Ry. v. Wheery, 548 S. W. 2d 743 (Tex. App. 1976), *appeal dismissed*, 434 U. S. 962 (1977); Gonzalez v. CNA Ins. Co., 717 F. Supp. 1087 (E. D. Pa. 1989).

⑥ Frankson v. Desihn Space Int'l, 380 N. W. 2d 560 (Minn. Ct. App.), *rev'd in relevant part*, 394 N. W. 2d 140 (Minn. 1986).

谤性陈述导致雇员被解雇时，就假定其是公开的，因为被解雇的雇员在重新就业时将会被强迫重复他们被解雇的原因。①

诽谤的第四个要素是**清楚提及**，指陈述是关于原告的这一点必须相当明显。原告在陈述中不必被特别具体地指名提到；证据可以通过推理得到，甚至指称仅是虚构小说的一部分，在其中，原告可以认出自己是中间的某一角色。关于一群人的陈述——如“在X学校的所有教师都吸食大麻”——如果原告能证明这些陈述把他们视为这个群体的一部分，那么便满足了这个要素。甚至提及该建筑物中“某些”教师的提法也可满足这个要素，只要原告能证明他们的名声受到了损害。②

第五个要素是**过失标准**，在不同案件中有所不同，其主要取决于原告在社会中的地位、被指控的诽谤传播主题以及州法律的具体规定。如果原告是位公共官员，而主题又是有关官员职责的履行和职务的称职，只有当被告知道其陈述的错误性或不顾事实的随意讲话时，才可以被判定为诽谤。③ 学校报纸因声称学校管理者盗用学区基金而被起诉就属于这种情况。同样的标准，被称为**实际恶意**，也适用于在涉及如电影明星等公众人物以及由自愿卷入公众关注的事务中的个人传播的案件。

另一方面，在与私人相关的案件中，大多数州只要求证明**疏忽**，意指
【494】被告对于陈述的真实性是疏忽的。针对学校报刊刊登学生与许多同伴有性关系的诉讼便属于这一类。虽然对属于各种已确定种类的案件适用的标准仍然存在某些疑问，但总的来说牵涉公共事务的案件采用实际恶意标准，牵涉私人事务则采用略微宽松的过失标准。

公共官员和著名人物比公民个人承担着更为沉重的诽谤举证责任。虽然几个联邦最高法院的判例已界定了这些案件的类型④，但这些界定已被证明很难应用在教育案件中。大多数法院可能同意州或地方学校管理者是

---

① Lewis v. Equitable Life Assurance Soc'y, 389 N. W. 2d 876 (Minn. 1986).

② W. P. KEETON, ED., PROSSER AND KEETON ON TORTS § 111 (5th ed. 1984).

③ N. Y. Times Co. v. Sullivan, 376 U. S. 254 (1964); Harte-Hanks Communications, Inc. v. Connaughton, 491 U. S. 657 (1989).

④ Gertz v. Robert Welch, Inc., 418 U. S. 323 (1974); Time, Inc. v. Firestone, 424 U. S. 448 (1976); Curtis Publ'g Co. v. Butts, 388 U. S. 130 (1976); N. Y. Times Co. v. Sullivan, 376 U. S. 254 (1964).

公共官员。在一个案例中，马里兰州一个法院裁定中学校长是公共官员，多数法院都可能效仿这种分类。① 法院在关于教师与教练的分类上存有分歧：一些法院认为他们是私人个体②，其他法院则将他们归类为公共官员③。

关于什么是公众关心的事情以及公众关心的哪些事情与官员的职责履行或职务称职度有关，甚至有着更多的不确定性。到目前为止，法院还未对这些概念提供清晰的定义。最多只能说，如果某些主题应该被公开以便引起广泛公众讨论，那么这些主题较为可能被判定为公众关心的事情。④

即使诽谤的前五个要素都能够被证明，在一些法律规定的特定情况下仍会出现被告被免于诽谤裁决。第六个即诽谤的最后一个要素是无特权，意指诽谤只有在没有此类豁免权或特权时才能被裁定。

绝对特权可以豁免故意欺骗的诽谤甚至伴随蓄意或故意伤害目的的诽谤陈述的责任。言论的绝对特权存在于：司法或立法程序中的相关陈述；某些政府主管官员做出的陈述，包括某些州的学校管理者在履职过程中的陈述；做出的某人同意被提及的陈述；夫妻间在单独场合所做的陈述。当公共官员候选人在广播中做出诽谤性评论时，播音员将被免予起诉。

有限制的特权，也称为条件性特权，如果讲话者超出了特权的范围， 【495】
使用特权的原因不是其原本被创设的原因，说话者具有造成伤害的故意⑤，或在其他方面滥用特权，这种特权会丧失。通常采用的标准认为，当被告知道诽谤性陈述的错误性或者没有充分理由相信其真实性时，便已经滥用

① Kapiloff v. Dunn, 343 A. 2d 251 (Md. Ct. Spec. App. 1975).

② Moss v. Stockard, 580 A. 2d 1011 (D. C. 1990); Dec v. Auburn Enlarged Sch. Dist., 672 N. Y. S. 2d 591 (N. Y. App. Div. 1998); Nodar v. Galbreath, 462 So. 2d 803 (Fla. 1984); Richmond Newspapers, Inc. v. Lipscomb, 362 S. E. 2d 32 (Va. 1987); Franklin v. Benevolent & Protective Order of Elks, Lodge 1108, 159 Cal. Rptr. 131 (Cal. Ct. App. 1979); Milkovich v. News-Herald, 473 N. E. 2d 1191 (Ohio 1984); True v. Ladner, 513 A. 2d 257 (Me. 1986).

③ Basarich v. Rodeghero, 321 N. E. 2d 739 (Ill. App. Ct. 1974); Grayson v. Curtis Publ'g Co., 436 P. 2d 756 (Wash. 1967); Elstrom v. Indep. Sch. Dist., 533 N. W. 2d 51 (Minn. App. 1995); Johnston v. Corinthian Television Corp., 583 P. 2d 1011 (Okla. 1978).

④ Dun & Bradstreet v. Greenmoss Builders, Inc., 472 U. S. 749 (1985).

⑤ Karnes v. Milo Beauty & Barber Shop Co., 441 N. W. 2d 565 (Minn. Ct. App. 1989); Manguso v. Oceanside Unified Sch. Dist., 200 Cal. Rptr. 535 (Cal. Ct. App. 1984).

了特权。[①] 因此，有限制的特权可能因实际恶意、粗心或漠视真相而失去。[②] 在所有的案件中，被告具有援引特权的举证责任，但原告必须证明其特权的滥用。

在各种有限制的特权中，与教育最相关的是保护和某些可以在公共利益方面采取行动的人对话的特权，保护对公众关心问题的公正评价的特权，保护为第三方利益进行发言的特权。第一类有限制的特权包括一个公共官员对另一个公共官员的有关职责所做的评述，组织内部的雇员评价[③]，以及公民个人对公共官员行为的评述。在一个案件中，一个学校董事会成员因其属于第一类有限制的特权而受到了保护，该学校董事会成员说在某学生的汽车里发现了含大麻的香烟。[④] 属于第一类有限制的特权的另一案例是，一位校长错误地通知指导办公室说原告曾遭受精神崩溃。[⑤] 一位家长在给学校管理者和其他有关各方的报告中指责一名教师的有害行为，属于第一类和第二类有限制的特权。[⑥]

在有些州，普通法在第三类有限制的特权中包括了雇用后的证明信。[⑦] 另外，这些州中大约有一半已采用了针对雇员证明的成文法，明确地将有限制的特权扩展至撰写推荐信的雇主与管理者。[⑧] 这些成文法相互之间有所不同，但总的说来都允许已经接受前雇员要求的雇主为该前雇员的工作表现提供信息文件。如果雇员能提供优势证据证明，雇主具有事实上的恶意或出于对真相的无礼蔑视而传达了错误和诽谤的信息，则该特权丧失。

作为行政官员，管理者可以在工作过程中享有关于错误和诽谤言论的
【496】绝对特权。一个法院裁定，管理者不能对一名教师人事档案中被放置了一封含有诽谤评论的谴责信承担责任。[⑨] 然而，在同一案件中，法院仅扩展

① Gardner v. Hollifield, 549 P. 2d 266 (Idaho 1976).

② Moss v. Stockard, 580 A. 2d 1011 (D. C. 1990).

③ McCone v. New England Tel. & Tel. Co., 471 N. E. 2d 47 (Mass. 1984).

④ Morrison v. Mobile County Bd. of Educ., 495 So. 2d 1086 (Ala. 1986).

⑤ Peter v. Baldwin Union Free Sch. Dist., 320 F. 3d 164 (2d. Cir. 2003).

⑥ Segall v. Piazza, 260 N. Y. S. 2d 543 (N. Y. Sup. Ct. 1965).

⑦ Hett v. Ploetz, 121 N. W. 2d 270 (Wis. 1963); RESTATEMENT (SECOND) OF TORTS § 596 (1977).

⑧ Alex B. Long, *Note: Addressing the Cloud over Enployee references: A survey of recently Enacted State Legislation*, 39 WM. & MARY L. REV. 177 (1997).

⑨ Santavicca v. City of Yonkers, 518 N. Y. S. 2d 29 (N. Y. App. Div. 1987).

了管理者向新闻界发表评论的有限制豁免权。在大多数州，目前的趋势是有限制豁免权仅扩展到地方政府机构和官员，如学校董事会成员和学校管理者。

在某些州，父母在学校董事会会议上公开表达对某位教师的投诉可享受绝对的豁免权。因此，纽约一个法院规定：父母向学校董事会提出请愿要求时，享有免于诽谤诉讼的绝对豁免权。在请愿要求中，父母诉称教师缺课，殴打学生，威胁要伤害一个学生的母亲，毫无理由地指责学生撒谎，用种族贬称侮辱学生。① 但有些州只向父母扩展了有限制的特权。②

有关学校董事会会议和有关教育问题论坛的特权被称为**公正报道**特权。公正报道特权保障对政府行动、官方行为，甚至是处理公众关注事务的非政府活动进行公正和准确的报道。③ 该特权的意义在于它将保护被告在某一行动中重复了具有诽谤性的评论，甚至在知道已报道的论断是错误的情况下，免于承担责任；该特权并不局限于公共官员或公众人物的报道。当被告根据公正报道特权使表面证据确凿案件立案时，证明其特权因实质上的不准确或报道的不公平而具有不可操作性的举证责任就转移到了原告身上。④ 如果该报道在实质上是正确的，这一特权就不会丧失。

在教育领域中最普遍的诽谤诉讼是关于行政管理者写给未来新雇主的证明信。一般说来，原告不可能赢得这些诉讼，除非推荐者具有恶意行为或者滥用有限制特权。⑤ 因此，为避免出现不利的诽谤判决的可能性，推荐者应努力善意地传达准确的相关信息。轻微的不准确，由疏忽造成的事实错误，实事求是地对成绩做出的不利评价，都不能使诽谤证据成立。在一些案例中，如果推荐者故意且恶意歪曲事实来阻止以前的雇员获得新的工作，那么推荐者就要对雇员的名誉损害、收入损失和精神痛苦做出损害性赔偿。在更加严重的案例中，被告可能要进行惩罚性赔偿。因为错误和恶意的推荐而阻止求职者获得工作，也可能导致另一项被称为**故意妨碍预** 【497】

① Weissman v. Mogol, 462 N. Y. S. 2d 383 (N. Y. Sup. Ct. App. 1983).

② Desselle v. Guillory, 407 So. 2d 79 (La. Ct App. 1981).

③ RESTATEMENT (SECOND) OF TORTS, § 611 (1977); Warren v. Pulitzer Publ'g Co., 78 S. W. 2d 404 (Mo. 1934) (church proceeding).

④ RESTATEMENT (SECOND) OF TORTS § § 613 (1) (h), 619 (2) (1977).

⑤ *See* Hett v. Ploetz, 121 N. W. 2d 270 (Wis. 1963).

期合同关系的民事侵权，而且在有些州，可根据反黑名单法来追究其刑事责任。

尽管法律已经为善意的推荐者建立了重要的保护，但很多学区对他们写给以前雇员的推荐信仍显得过度谨慎。有些学校根本就拒绝提供推荐信，另外一些学校则不管是否名副其实只提供肯定性的推荐信。虽然无推荐策略有效地降低了诽谤诉讼的可能性，但是它对于值得肯定的前任雇员和雇用了毫无效率的前任雇员的新雇主而言，都是非常不公平的和有害的。为了制止这种倾向，已经有13个州颁布了“服务信件”法，以授予雇员从前任雇主那里得到书面证明的权利。然而，这些法律中的大多数应用都受到了限制，因为这些法律仅要求提供雇用期及其担任的职务。

前任雇主向雇员，甚至是因严重的能力问题或不正当行为而被解雇的雇员，提供虚假的肯定性推荐信的策略，尽管在教育上和道义上是站不住脚的，但是在大数州似乎无需承担法律风险。纽约一个法院明确驳回针对某学校未能及时披露关于一教师有不正当性行为记录的疏忽起诉（参见12.4节）。[①] 然而，至少在理论上，雇主没能披露关于雇员的不利信息或是以一种肯定的方式不实地表述雇员，都可能被判对**隐瞒过失**或**不实表述过失**承担责任。[②]

加利福尼亚州最高法院已把这个原理实际适用到一个极端的案例中：罗伯特·加德马斯曾经就任的三个学区写了非常肯定的推荐信，包含“我毫不犹豫地推荐加德马斯先生就职任何可能的职位”等评价。没有一封信提到加德马斯在三个学区中与学生有长期不正当性行为的历史。加德马斯被第四个学区雇用，在这里加德马斯又对原告进行了性侵犯。原告对他的前任雇主提起了法律诉讼。法院认为，该信的毫无限制或无条件地推荐加德马斯，“构成了肯定性评价，该信强烈暗示着加德马斯与女学生的相互交往是完全合适和安全的。考虑到原告……知道加德马斯多次不当性行为所受到的指控，这些表述是错误的和误导的”。法院认为，前任雇主已经提供了加德马斯适合作为教师的信息，因此有义务揭发其他实质构成被揭发

---

① Cohen v. Wales, 518 N. Y. S. 2d 633 (1987).

② W. P. KEETON, ED., PROSSER AND KEETON ON TORTS, Chap. 18 (5th ed. 1984).

事实的所有内容："写推荐信的人对于第三方负有不错误描述前任雇员的资格与人格的事实的责任，如果做出这种错误描述，会给第三方带来实际上可预知的身体伤害风险。"① 【498】

12.3 侵犯隐私、学生记录及报告儿童虐待的责任

侵犯隐私是与诽谤密切相关的一项具有多面性的民事侵权行为，能够以四种不同的形式做出：（a）为了获利盗用或使用他人姓名或肖像，例如，未经允许使用电影明星的名字以促销产品；（b）超过合理限度地侵入他人私密范围；（c）无理由地出版有关他人的隐私事实——无理由地出版必须包括暴露隐私的事实，并且被公开的事情必须是遭到具有正常情感的人的高度讨厌和反感的（隐私事实的真实性不可作为辩护理由）；（d）导致他人被公众错误看待的不合理出版物 。

尽管学校的情况不同寻常，但如果学校管理者不是因为正当的教育原因而披露有关教师或学生的性行为、病史、家庭问题、学校表现、滥用药物、社会经济状况或其他私人事件，都有可能产生侵犯隐私。例如，学校管理者应该小心地仅仅告知那些有必要知道某教师或者学生患有艾滋病的人。然而，并不是人们希望保密的每件事都会被法律认为是隐私。在一个案例中，学校管理者在向媒体谈到一个事故时说，有三位教师曾经涉及一场退休聚会后的醉酒事故。俄勒冈州的一个上诉法院推翻了控告学校管理者侵犯隐私的判决，认为这起事件和学区禁酒运动是众所周知的，并且，对于这些教师的惩戒记录也是州法律规定的公共信息。②

对隐私的侵犯也可能因与不正当的搜查相关而被起诉，包括对学生或教师的药物测试。得克萨斯州一个法院裁定，雇主搜查雇员的抽屉以及抽屉里的钱包可能导致承担侵犯隐私的责任。③ 西弗吉尼亚州最高法院裁定：对雇员随机进行药物测试是无正当理由的侵犯隐私的行为，但基于合理怀

① Randi W. v. Muroc Joint Unified Sch. Dist., 929 P. 2d 582 (Cal. 1997).

② Trout v. Umatilla County Sch. Dist., 712 P. 2d 814 (Or. 1985).

③ K-Mart Corp. v. Trotti, 677 S. W. 2d 632 (Tex. Ct. App. 1984).

疑的测试则不是。①没有充分理由的搜查和毒品检查命令也侵犯了学生与教师的宪法权利（参见9.3节）。

在某些情况下，法律把**披露隐私事实的特权**作为对侵犯隐私的抗辩。
【499】这种特权可以是绝对的（例如，当一个人在审判中作为目击证人时）或是有限制的，如雇主在公司内部对某雇员私人信息的透露。②同样，教师基于了解学生的必要，也具有限制性特权将某一学生的私人信息告知另一教师，或者将以往学生的私人信息告知新学校。

学生记录

20世纪60年代至70年代初期，有关隐私和学生记录内容的问题引发了相当多的法律诉讼和州的立法活动。③评论家抱怨道，学校记录经常包括无根据的、错误的或者不相关的信息，而且这些信息对父母和儿童不公开却惯于未经允许地向警察、雇主、债权人以及任何问及的人发布。有几个州和联邦法院认为，在一定条件下，父母拥有普通法或正当程序权利来查阅他们子女的学校记录，并且大约有一半的州通过了法律授予父母查看记录的权利。

1974年，国会制定了**《家庭教育权和隐私权法》**（FERPA），通常称为**巴克利修正案**。④该法旨在保护学生的隐私权以及保障持有和使用学校记录的公正性。学校记录包括与学生直接有关的许多材料，并且由学区保存。然而，有些类型的记录不包括在内：教师个人的教学记录由教师独自持有，只向代课教师出示；法律实施记录以学区为单位持有；医生、精神病学家、心理学家或者其他被认可的健康护理专业人员或助手的记录，其制作、维护或使用仅与学生的治疗有关。联邦最高法院裁定，让学生相互评定测试成绩的做法并没有违反《家庭教育权和隐私权法》。⑤

子女18岁之前，该法将所有权利都赋予父母，18岁之后便赋予子女

---

① Twigg v. Hercules Corp., 406 S. E. 2d 52 (W. Va. 1990).

② Bratt v. Int'l Bus. Mach. Corp., 467 N. E. 2d 126 (Mass. 1984).

③ *See*, *e.g.*, Van Allen v. McCleary, 211 N. Y. S. 2d 501 (Sup. Ct. 1961).

④ 20 U. S. C. § 1232h; 34 C. F. R. § 99.1–99.8.

⑤ Owasso Indep. Sch. Dist. No. I-011 v. Falvo, 534 U. S. 426 (2002).

而不再属于父母。该法赋予父母，包括无监护权的生父母①，在提出要求后不超过45天，应该被给予查阅由学校保存的、有关其子女在一定合适期限内的所有记录的权利。在查阅记录之后，父母有权要求修改其认为虚假、误导或者侵犯其子女隐私权或其他权利的部分。如果学校拒绝修改记录，应该给予父母在公正的听证官面前完全和公正的听证，以做出其记录是否应该改变的决定。在听证会上，各方都由律师代表提交证据、传唤证人以及交叉诘问证人。听证官必须仅根据在听证会上提供的证据及口供做出书面决定，而不得考虑记录之外的任何东西。如果父母获胜，学校必须 【500】依据听证官的判决对记录做出修改。即使学校获胜，父母仍被允许对学校记录加入自己的陈述。

除了父母能查阅其子女的学校记录之外，《家庭教育权和隐私权法》要求，除了某些特定的例外情况，学校记录可以不对任何人公开。如，记录可以对那些在学校系统内有合法教育权益的教师公开，但学校必须保留所有察看过这些记录的人员日志。记录可被送入学生想要入学的学校或回应传票的学校，但在这两种情况下，都必须告知父母。如果这些信息对于保护学生或者其他人的健康或安全是必要的，学校可以对与紧急情况相关的适当组织透露经个人确认的信息。记录也可以提供给州和联邦教育机构用于研究和统计目的。否则，除了学校在愿意的情况下能提供诸如姓名、地址、学习专业、活动以及奖励之类的“目录”信息之外，记录在未得到父母书面许可时不得被透露。

联邦最高法院裁决，《家庭教育权和隐私权法》没有创设隐私诉讼权，意味着个人不可直接或通过使用被称为“1983条款”（参见12.9节）的联邦法律来起诉学校违反《家庭教育权和隐私权法》。② 然而，不能遵循《家庭教育权和隐私权法》的学区可能会遭遇联邦基金被教育部长扣留的情况，而且如果包含在学生记录中的陈述是诽谤性的或侵犯了隐私权，教育者可能要对其承担责任。

① Matter of Unido R., 441 N. Y. S. 2d 325 (N. Y. Fam. Ct. 1981).

② Gonzaga Univ. v. Doe, 536 U. S. 273 (2002).

报告儿童虐待

尽管有关儿童被虐待事件的确切数字无法得到，但据保守估计，每年有超过100万或更多的学生受到虐待。为回应这种社会悲剧，所有50个州都制定了法律，要求必须向各种官方机构报告实际或怀疑儿童受虐待的情况。虽然各州之间的法律不尽相同，但都倾向于对儿童虐待给出宽泛的界定，包含身体和情感的虐待、疏忽及遗弃、乱伦、性骚扰以及包括将儿童用于色情目的等非法的性剥削。

报告被怀疑的儿童受虐待事件的责任，一般扩大到健康工作者以及那些在照看儿童职位工作的人，包括教师、学校管理者以及学校其他员工。除了那些被要求报告儿童受虐待的人以外，任何人只要有合理的理由怀疑儿童受到虐待，都可以进行举报。报告必须明确地提供给专门指定对儿童保护负有责任的政府机构。在有些州，法律还要求学校雇员告知负责管理学校的人或指定的代理人，然后这些人就成为有责任进行报告的人。因
【501】此，法律期望每所学校对处理儿童受虐报告的程序会有一个相对完善的内部系统。法律也强加了一项责任给学校，要求学校向所有现有以及新来的雇员提供有关书面信息解释报告的要求。

如果有了一个最初的口头报告，紧接着应给予书面报告，包括：儿童的姓名和地址；儿童父母或监护人的姓名和地址；儿童的年龄、性别和种族；被怀疑虐待的性质和程度；有关先前伤害或虐待的信息；有关兄弟姊妹受虐待的信息；被推断应对虐待负责任的人的姓名；做出举报的人的姓名和地址；报告方采取的行动。

由于保护儿童免受虐待的重要性和为了减轻对法律报复的恐惧，法律准予对报告儿童受虐待的人免于民事和刑事责任。在有些州豁免权是绝对的，意指即使是故意、恶意地提供虚假的报告也不需要承担责任。① 在其他一些州，豁免权仅给予那些秉持善意的报告。如果报告人是在“履行职责的行为且是在其雇用内容范围之内”，以及如果这个报告不是出于“故

① Storch v. Silverman, 186 Cal. App. 2d 671 (Ct. App. 1986).

意的不当或者明显的疏忽”，可以认定为是具有善意的。①

尽管可享有法定的豁免权，教师常常对做出儿童受虐待的报告犹豫不决。未按法律要求提供报告是一项轻罪，但也会使教师面临刑事起诉的可能性，同时还有承担民事责任的可能性。例如，虐待者对儿童的伤害行为本可以被阻止。因此，这就是说，无论何时只要他们有合理的理由怀疑已经发生儿童受虐，教师提出报告在法律上是必不可少的。除了实际观察到虐待以及虐待结果，诸如无法给予解释的青肿及其他伤害等，对虐待的合理的怀疑可以建立在与儿童、父母、其他被怀疑的虐待者或者该儿童的朋友之间的谈话基础上。学校心理专家对儿童的专业评定也可以提供更多的支持证据，同样，对怀疑虐待者先前的虐待行为的了解也是证据。在报告时，报告人应尽力准确重复该儿童以及其他被访问的人所说的话。

12.4 过失

教育中最普遍的起诉类型是因学生在校受伤而起诉学区以及教师。这些诉讼使过失问题凸现出来。【502】过失被界定为疏于合理的注意而导致他人受到伤害。一般的过失不是犯罪，但有些过失行为可能会使人既因过失被提起民事诉讼，又受到独立的刑事指控。例如，因酒后驾车而严重伤害他人的交通事故就是一个例子了。

过失的裁定要求原告证明下列四个要素中每个要素都存在。如果原告不能证明四个要素中的任何一个要素，那么法院将排除裁定过失。

1. 注意的义务与标准。被告应遵守法律规定的注意标准对原告承担法律义务。

2. 失职行为。被告未能达到注意标准。

3. 法定原因。被告的行为导致原告的伤害。

4. 伤害和赔偿。原告遭受了实际上的伤害，一种可用金钱衡量的伤害。

① N. Y. SOC. SERV. LAW § 419.

注意义务与标准

尽管许多教师都很担忧，但并不是所有的事故或伤害都会产生过失责任。只有“不符合法律为保护他人免受不合理伤害风险而建立的标准的”行为才可能被判为过失。① 成文法或者普通法确认的适当的行为要求通常是，一个理性人根据情况审慎行事。因而，为避免过失的发生，人人都有作为假设的理性人行事的义务。

如果一个人未能符合这个要求而使他人受到了伤害或损害，那么就有可能要承担过失责任。然而，没有人会对无法避免、无法预见或者通过合理的预防而无法阻挡的事故承担责任。因而，校车司机会对其粗心驾驶而引起的伤害承担责任，但一个没有心脏病史的巴士司机不会对因突发的心脏病引起的事故承担责任。

由于其工作的固有职责以及教师被认为具有特殊技能，大多数州的教师具有与普通公民不同的且通常更高的行为标准。② 人们期望教师比正常理性和谨慎的人能更好地保护学生不受伤害。例如，如果学校的一位来访者看见学生在操场上相互扔冰球，对于学生置之不理可能不会被认为未达到所规定的注意标准要求。然而，如果是一位被指派来监管学校操场的教师对学生的冰球战置之不理，那么该教师的行为将不符合要求。③

各州法律要求学校管理者承担的注意义务是不一样的。有些州的侵权法对教师持“适度谨慎的父母”的要求，但是，伊利诺伊州的教师仅对故
【503】意和恶意的不正当行为承担责任。然而，伊利诺伊州对有关学生设施的配备有更有力的标准——“通常的谨慎”。④ 其他有些州与伊利诺伊州一样，适用于学校全体人员的注意义务标准根据雇员所从事的具体岗位或活动而有所不同。密歇根州成文法规定，对学生进行惩戒时，学校管理者仅对严重的虐待以及不顾学生健康和安全的行为负责。⑤ 与此相反，少数州对校

---

① RESTATEMENT (SECOND) OF TORTS § 282 (1965).

② *But see* Albers v. Cmty. Consol. #204 Sch., 508 N. E. 2d 1252 (Ill. App. Ct. 1987).

③ Cioffi v. Bd. of Educ. of N. Y., 278 N. Y. S. 2d 249 (N. Y. App. Div. 1967).

④ Albers v. Cmty. Consol. #204 Sch., 508 N. E. 2d 1252 (Ill. App. Ct. 1987).

⑤ Atkinson v. DeBraber, 446 N. W. 2d 637 (Mich. Ct. App. 1989).

车的运作提出了特别的注意义务。[①] 内布拉斯加州已经将由教练承担的处理受伤足球运动员的义务，确定为“持有内布拉斯加州教师资格证并获批可担任教练的适度审慎的人”应承担的义务。[②] 与学生确立了“特殊关系”的教师，例如承诺保护受威胁的学生，可被认为是要满足一个特殊的高注意标准。[③]

理性以及谨慎的教师是假想中的人，其设定了客观的行为标准。法官或者陪审团根据特定情况下该假设的人应该做出的行为确定一种标准，而控告教师的过失行为便依据这种标准来衡量。如果教师有身体障碍，行为的标准就是具有类似障碍的理性教师的行为标准。其他教师和教育工作者的专业证词也可以帮助确定预期的职业行为准则。[④]

总的来说，教师只有在工作时才被期望接受更高的注意标准。除了学校发起的活动之外，教师在学校外或者上学时间以外一般没有超出普通市民的监管或保护学生的义务。[⑤] 例如，法院一般不会由于第三方在学校附近的非学校场地对学生进行犯罪侵犯而判学校承担责任，除非学校管理者已明确知道即将发生的犯罪活动，或者先前的事件能预测犯罪袭击的发生。[⑥] 然而，路易斯安那州一个法院认为学校应对学校附近发生的枪击事件承担责任，并裁定，当学区聘请了安全顾问在午间驻扎在学校附近时，就应承担在邻近场地保护学生的积极义务。[⑦] 如果学生由于学校监管不力而离开学校，那么学区对学生在校外造成的伤害有责任。[⑧] 但爱达荷州最 【504】
高法院裁决，即使学区在一些道路十字路口提供保护，并且该城市指定某一十字路口作为学生穿越马路的通道，学区也没有义务在所有十字路口对

① Norris v. American Casualty Co., 178 So. 2d 662 (La. 1965).

② Cerny v. Cedar Bluffs Junior/Senior Pub. Sch., 628 N. W. 2d 697 (Neb. 2001).

③ Greene v. City of N. Y., 566 N. Y. S. 2d 875 (N. Y. App. Div. 1991); Gammon v. Edwardsville Cmty. Unit Sch., 403 N. E. 2d; 43 (Ill. App. Ct. 1980); *Compare* Logan v. City of N. Y., 543 N. Y. S. 2d 661 (N. Y. App. Div. 1989); Dickerson v. N. Y. City 258 A. D. 2d 433 (N. Y. 1999).

④ Lehmuth v. Long Beach Unified Sch. Dist., 348 P. 2d 887 (Cal. 1960).

⑤ Bennett v. Bd. of Educ. of N. Y., 226 N. Y. S. 2d 593 (N. Y. App. Div. 1962), *aff'd*, 196 N. E. 2d 268 (N. Y. 1963); Palella v. Ulmer, 518 N. Y. S. 2d 91 (N. Y. Sup. Ct. 1987); Cobb v. Fox, 317 N. W. 2d 583 (Mich. Ct. App. 1982).

⑥ Brownell v. Los Angeles Unified Sch. Dist., 5 Cal. Rptr. 2d 756 (Ct. App. 1992).

⑦ Peterson v. Doe, 647 So. 2d 1288 (La. Ct. App. 1994).

⑧ Hoyem v. Manhattan Beach Sch. Dist., 585 P. 2d 851 (Cal. 1978).

学生提供横穿马路的保护。①

有些法院认为，根据具体情况，教师可能对学生在学校上课时间前后的监管不力承担责任。② 在一个案例中，一个行人被驱车“冲出”学校停车场的学生撞击，加利福尼亚州的一个法院认为学区有义务为非学生人群监管驱车离开停车场的学生。③ 如果教师对早到或晚归的学生自愿进行监管，适用的注意标准应是教师的，而不是一个普通市民的。④

在某种情况下，校长及其他学校行政管理者有确保教师对学生监管适当的责任。在一个案例中，明尼苏达州最高法院裁决，校长对一个因错误地进行体操练习而致四肢瘫痪的学生负有法律责任。当时该生由一位刚刚雇用的体育教师的监管，他也要对其监管疏忽承担相应的法律责任。校长被判承担责任的理由是，他在向没有经验的教师委托体育课程时，没有提供较周全的指导，没能指导该教师遵照州教育部颁布的体育要求，并且既没有要求前任教师为新教师制定具体教学方案，也没有要求新教师自己拟订一个详细的教学方案，故该校长存在过失。⑤

法院一般认为学校没有义务保护教师不受学生的袭击，不过也有一些例外。⑥ 在纽约州的一个案例中，校长把一个具有暴力倾向的学生分配到由一个代课教师任教的班级。该教师被该生殴打后起诉了学校。法院裁定，学校有义务告知教师该生具有暴力倾向。⑦ 如果学区与其教师确立了特殊的关系，那么保护教师的责任也可能存在，例如，学区与工会的合同要求学区建立一套安全制度以保护教师免受学生袭击。学校中大多数对教师的伤害，无论什么原因，都包含在人事赔偿中，一般不用提起过失诉讼

---

① Martin v. Twin Falls Sch. Dist. #411, 59 P. 3d 317 (Idaho 2002); Rife v. Long, 908 P. 2d 143 (Idaho 1996).

② Toure v. Bd. of Educ. of N. Y., 512 N. Y. S. 2d 150 (N. Y. App. Div. 1987).

③ Hoff v. Vacaville Unified Sch. Dist., 68 Cal. Rptr. 2d 920., (Ct. App. 1997).

④ Titus v. Lindberg, 228 A. 2d 65 (N. J. 1967); Barnes v. Bott, 571 So. 2d 183 (La. Ct. App. 1990).

⑤ Larson v. Indep. Sch. Dist. No. 314, 289 N. W. 2d 112 (Minn. 1979).

⑥ Krakower v. City of N. Y., 629 N. Y. S. 2d 435 (N. Y. Sup. Ct. 1995).

⑦ Ferraro v. Bd. of Educ. of N. Y., 212 N. Y. S. 2d 615 (N. Y. App. Div. 1961), *aff'd*, 221 N. Y. S. 2d 279 (N. Y. App. Div. 1961).

（参见 10.8 节）。① 【505】

失职行为

一般来说，决定教师行为是否合乎规定的注意标准的关键在于教师是否应该能够预见伤害结果。仅有伤害存在并不能证明其违反了注意标准。不能期望学校管理者能防止每件可能发生的伤害事件，只能期望他们采取合理的预防措施以防止可预见的伤害。当伤害发生时，教师不在场也不能作为违反职责的证据。学校通常不被要求在学日中的每分钟对每个学生进行监管，尽管学生被单独留下的时间越长，教师被裁定失职的可能性越大。

不同的学校活动会发生不同系列的已知危险，因此学校必须采取相应的预防措施。学生在进行具有潜在危险的活动之前，必须受到适当的指导。如果过去发生的事情已表明危险产生的可能性增加，那么监管与预防也必须加强。学生的年龄、能力以及过往行为也与危险的可预知性有关。如果学校违反了法律、行政规章或者学校自身的政策，那么被裁定为失职的可能性也会增加。然而，从根本上说，可预知性和失职的裁定在不同案件中会有所不同。

下列是在学生受到伤害时教师被裁定为失职的各种案件的例子。

- 常规课堂上教师在讲台上留下了一根燃着的蜡烛，一学生的服装与火焰接触导致其被严重烧伤。②
- 教师撇下智障少年班级达半个小时，其中一学生扔出一根木制教鞭，伤了另一学生的眼睛。③
- 学生被一个入侵者从学校劫持并强奸。学校的门未被锁上，而且附近地区有性骚扰记录以及其他暴力犯罪历史。④
- 在一所种族关系紧张的学校，一个学生被另一个学生从浴室窗户

① Scionti v. Bd. of Educ. of Middle Country Cent. Sch. Dist., 638 N. Y. S. 2d 748 (N. Y. App. Div. 1996).

② Simth v. Archbishop of St. Louis, 632 S. W. 2d 516 (Mo. Ct. App. 1982).

③ Gonzalez v. Mackler, 241 N. Y. S. 2d 254 (N. Y. App. Div. 1963).

④ District of Columbia v. Doe, 524 A. 2d 30 (D. C. 1987).

推出。①

• 学生在学校操场上进行拳击打斗5—10分钟，直到一个学生倒下，颅骨严重骨折。②

【506】• 一个学生在玩立体构架攀缘游戏时被允许戴连指手套而受伤。③

• 几乎没有经验，并且几乎没有接受球技指导的学生被要求在体育馆进行足球比赛，当学生为争球而踢踹时发生了混战，其中一个学生受伤。④

• 在制作室里，一个学生使用钻床受伤，当时指导者没有适当地指导学生使用钻床或者提出安全警告，而是离开了制作室。⑤

• 一个15岁学生雇员从未上锁的化学实验室偷了化学药品放在校外的树林里，这些化学药品被一个8岁小男孩发现，当他用火柴去点燃化学药品时被烧伤。⑥

• 在学校举行的户外旅行中，一名处于无监管状态的儿童在海边游泳时被一块游动的木头所伤。⑦

• 课间，一个学生突然与另一个学生争吵，另一学生以死亡来威胁她。原告告知了教师并从安全办公室寻求帮助，但办公室或学生离校时指定的地方都没有保安人员。当原告和其妹妹在学校教学楼受到袭击时，她们没有获得援助。⑧

• 一个学生在参加学校附近公园里的一项学校活动时，被允许离开到公园附近的比萨店吃午餐。当该生在比萨店时她的班级离开了公园。当她回到公园时没有找到她的同学，便独自一人步行回家，在路上被人诱拐并强奸。⑨

• 一个学生的朋友告知学校的两位顾问，说该生意欲自杀。该生自杀后，法院裁定两位顾问有责任使用合理手段阻止自杀行为的发生，其因未

---

① Lauricella v. Bd. of Educ. of Buffalo, 381 N. Y. S. 2d 566 (N. Y. App. Div. 1976).

② Dailey v. Los angeles Unified Sch. Dist., 470 P. 2d 360 (Cal. 1970) (en banc).

③ Ward v. Newfield Cent. Sch. Dist. No. 1, 412 N. Y. S. 2d 57 (N. Y. App. Div. 1978).

④ Keesee v. Bd. of Educ. of N. Y., 235 N. Y. S. 2d 300 (N. Y. Sup. Ct. 1962).

⑤ Roberts v. Robertson County Bd. of Educ., 692 S. W. 2d 863 (Tenn. Ct. App. 1985).

⑥ Kush v. Buffalo, 449 N. E. 2d 725 (N. Y. 1983).

⑦ Morris v. Douglas County Sch. Dist. No. 9, 403 P. 2d 775 (Or. 1965) (en banc).

⑧ Mirand v. City of N. Y., 637 N. E. 2d 1263 (N. Y. 1994).

⑨ Bell v. Bd. of Educ. of N. Y., 687 N. E. 2d 1325 (N. Y. 1997).

能提醒该学生父母而失职。①

法定原因

在所有州中，法律只对与过失行为有合理的密切联系的损害强制规定了法律责任。一般说来，法定原因的裁定必须满足两个条件。(a) **事实上的因果关系**：伤害是过失方行为的结果。(b) **近因**：行为与伤害的充分联系使之被认为就是其原因。（“近因”这个术语经常作为“法定原因”的同义词使用，包含两方面的要求。）不同的州对法定原因这个概念似乎有不同的解释，即使在同一个州，也不总是易于使所有的案子协调一致。【507】

对于事实上的因果关系，广泛采用的检验方式是**若非原则**要求：若非该行为，伤害就不会发生，那么这个人的行为便是造成伤害的原因。如果不管被告做什么，伤害都会发生，那么其行为或者疏忽便不能构成伤害的若非原则理由。例如，学校没有围绕学校场地建立栅栏，一个卡车司机因车失控冲进学校撞死一名学生。未能建立学校栅栏不是引起死亡的近因，因为即便有栅栏，卡车也会撞倒栅栏冲进去，还是会撞死该学生。

即使达到若非原则的要求，当伤害因时间、空间或者其他干扰事件而与若非原因分离时，法院有时也无法找到公正的理由或者公共政策的近因。想想以下这个例子：约翰手里拿着盛满爆炸性液体的玻璃容器在化学实验室四处行走，教师史密斯小姐在材料储藏间待了半小时，具有爱胡闹倾向的学生吉姆推了约翰一下，约翰手中的玻璃容器掉下并引起了爆炸。爆炸的冲击力穿过大厅，使另一房间的大花瓶从架子上跌落，花瓶摔在地上，摔得粉碎，玻璃碎片飞进了爱伦的眼睛。爱伦以过失罪起诉史密斯。

史密斯的不在场使这起事故的若非原因具有争议性。如果她当时在场，她可能会阻止约翰携带危险液体在实验室内走动，或者她可能会阻止吉姆的胡闹行为。但是，史密斯的行为应该被认为是引起爱伦受伤害的近因吗？作为公共政策和公平的问题，人们必须对其行为可能引发的任何奇怪的连锁反应承担责任吗？一个原因必须有多近？

一般说来，法院不会对像上述的这类案件裁定近因。② 然而，没有固

① Eisel v. Bd. of Educ. of Montgomery County, 597 A. 2d 447 (Md. 1991).

② Palsgraf v. Long Island R. R. Co., 162 N. E. 99 (N. Y. 1928).

定的规则来判定什么时候某一行为足以被认为是与其引起的结果密切相关的近因。法院所采用的判定被告为其行为的若非原则后果承担责任的检验标准是，可预见的伤害，可直接归因的伤害或者事后看来其行为并不是特别不寻常。使用其中任何一个检验标准似乎都可以解除史密斯的疏忽与爱伦的伤害之间的联系。

史密斯的“假设”也引出了**介入原因**的问题。假定被告的粗心导致了他人的伤害，同样，被告行为之后出现的另一个独立原因也导致了伤害发生。例如，被告纵火随后风势使火迅速蔓延。这里的问题是被告是否应该对随后的事件负责。一般说来，如果介入原因是可预见的，法院认为即使面对介入原因，被告仍要承担责任。因此，把燃着的蜡烛留在讲台上的教师应能预见行为不当的学生可能推撞另一学生碰到蜡烛。同样，在高犯罪
【508】率地区，未能履行学校所指派的走廊值日职责的教师，应该能够遇见侵入者可能进入学校进而伤害学生。然而，送学生到操场而没有适当监管的教师不可能预见学生会因地震而受伤。

在以下的案例中，法院认为其法定原因不能被证明：

- 一个14岁学生在上课时间离开学校驾车去兜风。警察的高速追赶导致了严重的交通事故，这个男孩在事故中受伤。该生父母起诉学校失职，因为在各种有关原因中，有一条是学校未能将其儿子旷课的行为通知他们。法院认为，未能告知该生旷课的行为不是引起学生伤害的法定原因。①
- 午休期间，一学生扔出一块小石头撞击地上的大石头，小石头反弹回来击中另一学生的眼睛。在事故发生时，监管教师刚刚经过这群男孩。法院认为：“一个学生对另一个学生伤害行为的时间是如此短暂以致该教师根本没有机会阻止该事件的发生，因此不能认为该教师的过失是引起伤害发生的近因。”②

伤害和赔偿

除了证明违反注意标准的行为和法定原因之外，原告还必须证明伤害

---

① Palella v. Ulmer, 518 N. Y. S. 2d 91 (N. Y. Sup. Ct. 1987).

② Fagan v. Summers, 498 P. 2d 1227 (Wyo. 1972).

的存在以及伤害的金钱价值。如果原告先前的伤害因被告加重，那么被告仅对其额外损失承担责任。原告一般能够获得损失的金钱赔偿，如财产的损坏、身体的伤害（包括过去及以后的医药费用）、失去的收入、疼痛以及精神上的痛苦等。大多数法院不允许对没有伴随身体伤害、疾病或其他身体后果的精神痛苦进行赔偿。

积极的辩护

即使过失的四要素都具备，被告的责任也可能因一个或多个因素的存在而被消除或者减轻。这些辩护中最普遍的是，归责于己的过失、相对过失和自担风险等。提出并证明积极辩护的举证责任在于被告。

归责于己的过失

归责于己的过失是指原告不符合合理注意标准的自我保护行为与被告的行为一起导致了原告的伤害。近因原则适用于归责于己的过失的辩护。从历史上看，至今仍在少数几个州，如果被告能够证明原告方归责于己的过失，那么原告将不可能获得任何损失赔偿。无论原告自身过失轻微或者严重，这一原则均有效。 【509】

儿童对自己的注意标准取决于他们的年龄、经历以及能力。因而，17岁儿童与10岁儿童做出的同样行为可能被认为是不同的，年龄大的可能被判归责于己的过失而年龄小的则不会。在有些州，小于某一年龄的学生，通常是7岁，被法律认为不具有归责于己的过失的能力。归责于己的辩护在这样的情况下是有效的，即当那些年长的学生在制作室使用危险设备或在体育馆进行危险动作时违反明确的指示①，或者年长的学生把化学药品进行混合仅是为了观察会发生什么情况或蓄意打算用其来制造炸弹②。

比较过失

归责于己的过失原则可能产生不幸的后果：原告的小小过失可能让有

① Izard v. Hickory City Sch. Bd. of Educ., 315 S. E. 2d 756 (N. C. Ct. App. 1984).

② Wilhelm v. Bd. of Educ. of N. Y., 227 N. Y. S. 2d 791 (N. Y. App. Div. 1962); Hutchinson v. Toews, 476 P. 2d 811 (Or. Ct. App. 1970).

更大过失的被告逃脱惩罚。因此越来越多的州已经代之以采用比较过失原则。比较过失理论认为由于自身过失导致伤害的原告只能获赔由被告的过失而造成的那部分伤害。比较过失并不是完全阻碍原告挽回损失，但其减少了与原告错误成比例的赔偿。如果原告的过失超过了50%或者比被告的过失更大，有些州已针对这种情况修改了比较过失原则来阻止损失的赔偿。

在一个案例中，比较过失辩护得到了运用，一个7年级学生玩阻挡橄榄球出击游戏时违犯学校规则致腿骨折。教师因没有及时发现并阻止学生的游戏而被认为有过失，但是法院也裁决这些男孩已经大到足以知道这种阻挡可能会引起受伤。因此，法院把教师及学校董事会的过错责任减少到5%。原告只被准许获赔1万美元而不是其要求的20万美元。①

自担风险

原告可通过坦率或含蓄地承认危险以及自愿地承担风险来解除被告的责任。体育竞赛中自愿参与者应当承担体育运动带来的正常风险。坐在比
【510】赛场地边缘的观看者应承担运动员在正常比赛过程中冲撞他们而造成伤害的风险。

为成功地利用自担风险的辩护，被告必须证明原告知晓风险的存在。原告的年龄及经验水平将会被考虑。同时被告也必须证明原告了解其风险的性质并自愿承担风险。如果一个人面对不同危害选择、威迫或者根本无从选择，他是不可能愿意承担风险的。甚至有效的风险承担也被限制于与活动有关的正常风险之内。例如，足球运动员是不会同意其他运动员违犯比赛规则而蓄意施加伤害，或者承担由场地维修不善或设施不合标准而引起的风险的。②

学校通常试图通过让学生父母在表格上签字来表明其了解与活动有关的风险而自愿承担，以保护学校免受潜在的法律诉讼，并解除学校的责任。但这些签了字的表格在法律上有效吗？例如，如果父母赞同并放弃他

---

① Marcantel v. Allen Parish Sch. Bd., 490 So. 2d 1162 (La. Ct. App. 1986).

② *See* Benitez v. N. Y. City Bd. of Educ., 541 N. E. 2d 29 (N. Y. App. 1989).

们的法律责任，让他们的孩子能够参加学校的野外旅行，那么学区可以免于诉讼吗？一个法院裁定，父母签署的免除文件的确能够禁止受伤的学生提出诉讼，即使该生即将达到法定的成年人年龄并且试图否定免除文件。[①] 其他法院则裁决为使责任免除有效，其必须是被自愿地并清醒地执行的，尤其要指出什么错误可以放弃。[②] 甚至当这些条件满足了时，很多法院都裁定，由学童或其父母做出的放弃与公共政策是相矛盾的。[③] 在大量的司法管辖区中，弃权书中的任何含糊其辞都将被解释为对学区不利的证据。[④] 其他法院认为，虽然弃权书对于学生父母是有效的，但却不会阻止受伤学生本人提起的诉讼。[⑤] 因此，免除文件常常并不能免除学校因过失而做出的赔偿，但是学校的确达到了对其有利的目的，即学生父母同意其子女面对那些通常与活动有关的风险。[⑥]

总之，有关过失的法律规定不要求学校保证学生免受所有可能遭受的伤害，也不要求学校时时刻刻不停地警戒和监管。然而，总是要求学校做到的是像一个理性、谨慎的人那样在各种情况下能做到的注意。当存在非同寻常的危险时，例如出现已知的具有暴力倾向的学生，则应特别严密注意。这种责任可延伸到校长、教师、校车司机，以及其他所有处在监管学生职位上的人员。【511】

此外，学校董事会和学校管理者有责任根据具体情况以及学生的年龄、能力，确保足够程度的监管力度。同样，他们也有责任提供安全可靠的制作室、实验室、体育馆设施、恰当的指导，并且在学生操练具有潜在危险项目时提出警告。学校自身的规则和国家的健康与安全法律都必须被执行。在出现事故的过程中，学校应能够提供恰当的医疗服务。如果承担了没有法律要求的监管，学校仍然要满足法定的充分标准。(511 ~ 521)

① Sharon v. City of Newton., 769N. E. 2d (Mass. 2002).
② Whittington v. Sowela Technical Inst., 438 So. 2d 236 (La. Ct. App. 1983).
③ Wagenblast v. Odessa Sch. Dist. No. 105-157-166J, 758 P. 2d 968 (Wash. 1998) (en banc).
④ Doyle v. Bowdoin Coll., 403 A. 2d 1206 (Me. 1979).
⑤ Fedor v. Mauwehu Council, Boy Scouts of Am., 143 A. 2d 466 (Conn. Super. Ct. 1958).
⑥ *See* Hohe v. San Diego Unified Sch. Dist., 274 Cal. Rptr. 647 (Ct. App. 1990).

【521】 12.5 雇用过失和替代责任

当学校雇员有意地伤害学生和学校其他雇员时，其学校或者学区可能根据两个不同的、有区别的法律理论中的一个或两个，即雇用过失和雇主负责原则来承担法律责任。根据雇用过失法律原则，雇主必须对自己在雇用过程中的行为过失或留任伤害其他人的雇员而承担责任。根据雇主负责法律原则，雇主必须为雇员在其工作范围内做出的错误行为承担替代责任。

雇用过失

为了证实学区应该对其雇用过失或留任过失承担责任，受到伤害的原告必须证明以下三点：引起这次伤害的雇员不适合雇用或留任，或者只有在给予比实际提供的更多的监督的情况下才适合这个职位；雇用或留任是
【522】 伤害的法定原因；雇主知道或应该知道雇员的不适任。因为雇主往往没有意识到雇员的不适任，因此，责任通常就转移为雇主是否应该通过对雇员更加仔细地调查、密切地监督而意识到其不适任。例如，在一个不涉及学校的案例中，一个公寓经理的雇主在该经理骚扰一位女房客之后，被判应承担责任。骚扰无疑超出了该经理的工作范围，同时，由于雇主对该经理的背景仅做了一个粗略草率的调查，而且如果进行更加完整的调查就会发现这位经理曾多次被判暴力犯罪的事实，所以雇主也要对此承担责任。法定原因是成立的，因为雇主的过失是该经理出现在该场所并拥有万能钥匙的唯一原因。①

另一方面，如果原告不能证实雇主应该知道雇员有不道德行为的倾向，雇主将不会对此承担责任。在一个案例中，法院裁定学区不可能知道有关一位校长的性虐待史，当校长辞掉他先前的职位时，表面上是因为健康原因，并且该校长的任何证明信中都没有提及其先前的历史。与前雇主

---

① Ponticas v. K. M. S. Inv., 331 N. W. 2d 907 (Minn. 1983); *see also* DiCosala v. Key, 450 A. 2d 508 (N. J. 1982); Garcia v. Duffy, 492 So. 2d 435 (Fla. Ct. App. 1986).

的电话会谈也没有发现任何针对该校长的起诉的历史，同时证明信介绍他为“教育领域内最有希望的人之一”，并且痛惜已“失去了一位非常有价值的教育工作者”①。

有些州针对调查应聘雇员逮捕和定罪历史制定了成文法。加利福尼亚州规定，不需资格证书的学校职位的雇用申请者应该提交地方法律机构准备的指纹记录卡，以便筛选申请者。② 加利福尼亚州法律也禁止在需要资格证书的岗位上招聘曾被判暴力罪或者重刑罪的人。③ 有些州的法律不允许雇主询问未导致定罪的逮捕和拘留，而另外一些州的法律则特别允许这类调查，但做出某些有关在公司中谁有权接触这些记录等限制。④ 伊利诺伊州免除地方政府和学区受其他雇主所受之限制，并允许将判罪用于对雇员的评价。⑤ 纽约州允许雇主以刑事判罪为由拒绝雇用，只要该罪行与争议中的工作有关。⑥ 得克萨斯州的法律规定学区应该“获得犯罪历史记录信息”。联邦行政规章允许在雇用过程中使用那些与职位相关并比较近期的逮捕记录信息，即使对受《民权法案》第 7 章保护的阶层产生差别影响（参见 9.4 节）。⑦ 【523】

替代责任

根据雇主负责原则，学区可能为其雇员的过失有时甚至是故意的过错行为以及其他任何授权代表学区行事的人承担替代责任。雇主负责原则认为，如果侵权行为是在雇用范围内发生的，即便雇主没有过错，最终雇主，而不是管理人员对其“受雇人”的民事侵权行为承担责任。所以，疏于管理操场的教师不仅可能使他们自己承担责任，而且可能使其学区也承担责任。学生和父母志愿者在学校的指导和管理之下为学校服务时有疏忽，即使他们是不接受报酬的，同样也会使学区承担替代责任。

① Medlin v. Bass, 398 S. E. 2d 460 (N. C. 1990).
② CAL. EDUC CODE § § 45125, 33129.
③ CAL. EDUC CODE § 44830. 1.
④ *See*, *e. g.* , CONN. GEN. STAT. § 31-511.
⑤ ILL. REV. STAT. ANN. , ch. 68, § 2-103.
⑥ N. Y. HUMAN RIGHTS LAW § 296 (15).
⑦ *See* Green v. Missouri Pac. R. R. Co. , 523 F. 2d 1290 (8th Cir. 1975)

根据雇主负责法律原则，一个学区是否应该承担责任，取决于各州的许多不同因素。其中，主要的问题是雇员的行为是否发生在雇用范围之内。一个行为是否发生在雇用范围之内取决于具体情况，需考虑时间、地点和行为的目的，与雇员被授权和要求的事务有哪些相似性，以及其他许多因素。但是，学校或其他雇主不能通过预先阻止做什么或者通过命令雇员谨慎行事来避免承担替代责任。

加利福尼亚州一个案件要求法院裁决学校是否应该对一个管理员放学后在门房里对一个11岁学生进行性骚扰承担替代责任。法院说道，要讨论该骚扰是否在管理员的雇用范围之内，有必要明确该行为对其职责是被要求的还是“偶然的”，或者说这个错误行为是否是可以合理地预见的。法院裁定，性骚扰是与“擦洗地板、清扫房间或者学校管理员必须完成的其他任何工作毫无联系的”。该雇员的行为完全是出于个人动机的结果，而不是出于工作目的；仅仅是管理员正在工作，并使用了学校设备这一事实并不是承担责任的依据。如果这次侵权行为与执行分配给他的任务有关的话（例如，一个保安滥用管理学生的权力），那也许会有所不同。法院把可预见性解释为：

> 鉴于在特殊的企业中，雇员的行为并不是如此的与众不同或令人吃惊，这使把由雇员行为所造成的损失包含在雇主业务的其他费用中是不公平的……这个检验不是是否可以预先知道一个或更多的雇员可能会在某个时候做出这种行为……而是根据雇用该雇员所履行的职责来判断该雇员的行为是否可以预见。

【524】 法院不难做出裁定，这种性骚扰行为只是“非常地与众不同与令人吃惊的”，这种行为不像是在学区业务行为中发生的那类行为。因此，法院判决学区不承担替代责任。①

根据雇主负责原则，如果学区有理由不知道存在性虐待，许多法院不会裁定学区为教师对学生的性虐待承担替代责任，因为教师同学生的性关

① Alma W. v. Oakland Unified Sch. Dist., 176 Cal. Rptr. 287 (Ct. App. 1981).

系完全在与教师工作有关的职责范围之外。① 但是，回顾一下，根据《教育修正案》第9章（参见6.9节）、《民权法案》第7章（参见9.4节）以及其他联邦法律，学区也可能要对性骚扰承担责任。

如果学区允许教师具有明显授权以行事，学区可能要为超出教师工作范围之外的行为承担替代责任。所以在一个案件中，法院裁定学区有法律责任，当时一个女孩在常规比赛中场休息时举行的“粉扑”橄榄球比赛中因过失而受伤，即使球赛的主办教师的行为是在其雇用范围之外的，但因为粉扑队使用了学校的场地和储藏间，同时学校帮助宣传了这次赛事，法院推断学校有义务保证给队员提供合适的安全设施。②

父母的替代责任

如果学区能为其雇员的侵权行为承担替代责任，那么父母是否要为子女们的侵权行为承担替代责任呢？绝大多数情况下他们是不能的，尽管大多数州已经通过成文法对父母为其子女故意的或莽撞的侵权行为强制规定了适度水平的责任（不超过几千美元）。父母也可能为其子女的以下侵权行为承担法律责任：经父母指导的、鼓励的子女的侵权行为，或者将某些危险器械如手枪交给孩子，把手枪放在孩子容易接触的地方或未能从孩子手中把枪拿回来等。“更加广泛地说，为了其他人的安全，当父母已经知道一个孩子的危险倾向或偏好时，父母应该对管理孩子做出合理的注意，并且，忽视孩子诸如殴打其他小孩的倾向的父母……可能要为他或她自己疏于管教而承担责任。”然而，父母将不会为“基本上难以改正的毛病、糟糕的教育和教养或者孩子被证实有恶劣的性格的事实”承担责任。父母有责任就其子女的性情向他人做出警告。③

威斯康星州最高法院采用这些原则来裁定，一对父母要为其儿子对教师所造成的伤害承担法律责任。贾森患有注意力不足多动紊乱，其父母却停止向贾森提供医生吩咐服用的药物，而且没有通过咨询医生获悉停药的 【525】

① Godar v. Edwards, 588 N. W. 2d 701 (Iowa 1999); John R. v. Oakland Unified Sch. Dist., 769 P. 2d 948 (Cal. 1989).

② Lynch v. Bd. of Educ. of Collinsville Cmty., 412 N. E. 2d 447 (Ill. 1980).

③ W. P. KEETON, ED., PROSSER AND KEETON ON TORTS § 123 (5th ed. 1984); RESTATEMENT (SECOND) OF TORTS § 316 (1977).

后果，也没有通知学校管理者。几个月后，因为贾森行为不端，一个教师试图将其赶出教室，贾森用力抓住教师的头发致使教师摔倒，造成其颈部椎间盘突出，教师需要动手术并减少工作之外的几乎所有的活动。法院裁定父母有过失，不是因为他们停止向贾森供药，而是因为没有采取合理的措施来管理贾森——没能让自己了解停止用药的后果和可选择的治疗方案，以及没能通知学校管理者贾森的紊乱行为可能复发。法院指出，如果告知了学校管理者，他们对待贾森的方式可能会不同，并且对原告的伤害或许可以避免。①

12.6 对危险建筑物和场地的责任

土地和建筑物的所有者，包括学区，对所有进入其地产的人都具有责任。在传统上或今天，有一半多一点的州，其法律把进入他人地产的人分为三种：非法进入者、允许进入者、受邀进入者。所有者的检查、维修和保养其地产以及警告进入者可能面临的风险的义务，根据进入者的种类而有所不同：对受邀进入者承担最高责任，而对非法进入者则最低。学校建筑责任案例包括许多种类的危险：边缘锯齿形的设备、失修的设备与掉落的天花板、易滑倒的地板、运动场上的坑洞、不安全的电动设备、结冰的人行道、照明太差的过道、有缺陷的运动场与体育设施以及出席学校活动的访问者的袭击。

非法进入者是指未经允许或无特权进入而进入他人地产的人。一个离开经过允许进入的地产部分而未经允许进入另一部分的人，也成了非法进入者。一个夜间闯入学校使用学校体育馆的人是非法进入者，但是某些人很容易地进入学校使用学校的户外场地，且该场地经常用于公众休闲，那么他就不是非法进入者。非法进入者必须小心照顾自己，甚至是在遇到固有危险的情况下，比如说没有围栏或警告标志的敞开的深坑。因此，所有者是不会为其没能采取合理的措施来保证地产的安全，或者没有按照使非法进入者安全的方式来管理地产而对非法进入者承担责任的。然而，法律

① Nieuwendorp v. American Family Ins. Co., 529 N. W. 2d 594 (Wis. 1995).

不允许所有者故意对非法进入者施加伤害，例如，故意设置陷阱。所有者必须节制对非法进入者故意、肆意的损害性行为。尽管法律是关心保护财产权的，但是法律也承认非法进入者的安全利益。 【526】

允许进入者是指任何有特权——默示的或明确同意的——进入地产的人。允许进入者包括社会嘉宾、向私人家庭推销产品的推销员以及同地产所有者或拥有者的雇员有个人事务来往的人。外界群体在学校聚会一般属于允许进入者的种类，雇员的配偶基于合法的理由踏进学校也一样。如果所有者知道非法进入者的进入，那么大多数法院对待非法进入者与对待允许进入者是相似的。对允许进入者的义务就是警告或者保护其免受不合理的、所有者知道的而允许进入者没有意识到的危险。对于所有者不知道的危险，允许进入者必须自担相关风险。

所有者还有义务保护非法进入的儿童和允许进入的儿童以免他们受到地产中对儿童**有吸引力的危险物品**的伤害。有吸引力的危险物品的伤害原则认为，在以下情况中，所有者应该为非法进入的儿童的身体伤害承担法律责任：如果所有者知道或者应该知道儿童可能闯入发生伤害的地方；如果所有者知道或者应该知道地产的状况对儿童存在不合理的危险，由于他们太年轻而不能意识到危险；如果与给儿童所造成的伤害相比所有者保留危险的有用性和清除危险所付出的代价是微不足道的；如果所有者没能采取合理的措施来消除危险以保护儿童。① 有些州做出了另外的规定，只有地产中同一条件吸引并伤害到儿童时，其所有者才有责任。②

因此，学校有责任采取合理的措施使非法进入的儿童离开学校和校园里可能有危险的地方。然而，有些法院裁定，对于儿童可以理解和意识到的诸如从屋顶掉下会造成伤害的危险，学校没有责任。③ 典型的对儿童有吸引力的危险物品是一个无人看守且容易接近的游泳池，不过学校地面上常常还包括其他对儿童有吸引力的危险物品，如电动工具、蹦床、实验仪器以及驾驶教学用车等。

① RESTATEMENT OF TORTS (SECOND) § 339 (1965).

② Ambrose v. Buhl Joint Sch. Dist., 887 P. 2d 1088 (Idaho App. 1994).

③ Barnhizer v. Paradise Valley Unified Sch. Dist., 69, 599 P. 2d 209 (Ariz. 1979) (en banc); *but see* Stahl v. Cocalico Sch. Dist., 543 A. 2d 1141 (Pa. Commw. Ct. 1987).

受邀进入者是指以商业参观者或公众受邀者的身份进入地产。商业参观者包括顾客和商业客户、装运货物的司机、求职者、独立承包商及其在该场所工作的雇员，以及其他受邀请参加工作的人。使用公共操场或出席免费公共讲座的人和其他由于普遍邀请而到达公共场所的人都是公共受邀
【527】进入者。学生、学校雇员，有些时候甚至连公众都是学校的受邀进入者。① 受邀进入者可以合法地期望地产对他们来说是安全的，地产所有者必须保护他们不仅要免于遭受所有者知道的危险，而且还要免于遭受所有者通过小心地检查所有物而发现的危险。

对受邀进入者的义务不是绝对安全的保障，也不是期望地产所有者马上发现所有的危险，所要求的只是在具体情况下的合理的谨慎（例如，采取措施警告人们离开因擦洗过而很滑的地板）。

受邀进入者和允许进入者被期望做到一定小心保护自己避免明显的危险。标准的规则是所有者没有义务保护受邀进入者免受进入者知道的或明显的危险。然而，近几年许多法院发现这个规则在那些受邀进入者合理分心因此不能保护自己免受明显的或知道的危险的案件中不适用。因此，越来越多的司法管辖区现在采纳了一个不同的规则："土地所有者对受邀进入者因在其土地上的任何活动或者其已知的或有明显危险的条件而导致的身体伤害不承担责任，除非尽管这种危险是已知的或是明显的，土地所有者也是应该预见到的。"② 学校操场上的一个坑也许是很明显的，但是学区应当预见跑步的学生可能没有注意到这个坑。

至于受邀进入的儿童，自我照顾的义务取决于儿童的年龄、成熟状态和经验。在有些案例中，学校管理者或许会求助于归责于己的过失、比较过失或自担风险的辩护，但是儿童原告也许会反辩称是由于注意力分散、太年轻而缺乏判断力和能力，或者对危险缺乏足够的警告等。在一个案例中，密苏里州一个法院裁定，一个在跳远比赛中受伤的初中生不对学区制造的危险情况自担风险。③ 如果即使意识到了场地上的危险条件之后比赛

① McIntosh v. Omaha Pub. Sch., 544 N. W. 2d 502 (Neb. 1996).

② Ward v. K-Mart Corp., 554 N. E. 2d 223 (Ill. 1990).

③ Sheppard v. Midway R-1 Sch., 904 S. W. 2d 257 (Mo. Ct. App. 1995).

者仍自愿地继续比赛，他们可能被裁定自己承担风险。①

当土地所有者邀请公众为消遣的目的免费使用其土地时，有些州已经通过了娱乐使用方面的成文法来保护土地所有者免于承担责任。土地所有者只为故意的或肆意的过失承担责任。即使在存在这种成文法的地方，它们也不能适用于学校。②

由学校场地堆积起来的冰块与雪堆所导致的滑倒和摔跤提出了一个尤其棘手的问题。一半以上的州法院，依据普通法或成文法，认为没有义务保护参加者免于自然堆积的冰块与雪堆的伤害，只要堆积不是人为的（由 【528】
人类活动所造成的），危险没有被所有者加重并且所有者是如此疏忽大意，没有主动尝试去处置这些危险。在没有“自然堆积”规则的州里，雪和冰块案要像其他场地责任案件一样处理。在判决这些案件时，法院会考虑若干因素，包括风暴的猛烈性、风暴结束与事故发生之间的间隔时间、危险的明显性、是否可期望原告携带遮蔽视线的物品、做出减轻危险的努力（例如，撒沙子或盐）、光线的充足程度以及是否提供了警告牌。③

有20多个联邦政府机构已经取消了有关地产进入者的传统分类，裁定地产责任案件的方式类似于裁定其他过失案例（参见12.4节）。责任是根据所有者预见到伤害及采取的措施的合理性来决定的。在做这项判决时，法院着眼于各种各样的因素，包括预期的房屋使用、检查、维修、警告的合理性，以及所有者提供充足保护的义务。这些州的学校面临越来越大的场所责任的风险，尤其是对于传统上被称为允许进入者的进入者。例如，在某些州中，一名自愿地利用学校的运动场做夏日训练的学生可能被认为是允许进入者。因此，该生由于学校不知道的运动场中的危险条件而遭受了伤害就不能获得赔偿。然而，在采取了新方法的州，鉴于场地可能被使用，如果学校对场地的检查和维修不足，学生可以获得损害赔偿。

最后，简短补充一下，联邦立法要求公立与私立学校检查和采取适当

① *Compare* Maddox v. City of N. Y., 487 N. E. 2d 553 (N. Y. 1985).

② Rankey v. Arlington Bd. of Educ., 603 N. E. 2d 1151 (Ohio Ct. App. 1992); *Contra* McIntosh v. Omaha Pub. Sch., 544 N. W. 2d 502 (Neb. 1996).

③ Gregory G. Sarno, Ammotation, *Liability for Injuries in Connection With Ice or Snow on Nonresidential Premises*, 95 A. L. R. 3d 1 (1979 & Supp.); Michael J. Polelle, *Is the Natural Accumulation Rule All Wet?* 26 LOYOLA U. CHI. L. REV. 631, 647-648 (1995).

措施从其建筑物中清除石棉材料。没有服从这些要求会使学区和学校管理者难逃罚款的民事惩罚。学校管理者个人将因为不遵守该法律，每天被罚款达2.5万美元。①

12.7 教育渎职

渎职，无论在教育、医学、法律还是其他领域中，都是由职业行为而
【529】引起的一种特定形式的过失。在渎职案件中最基本的诉称是专业工作者由于没能履行提供符合职业标准的服务的义务而引起的伤害。因为渎职是过失的一个种类，过失的所有四个要素都必须被证实。因此，在医疗这个行业渎职诉讼已经非常公开化了。成功地提出诉讼并非简单地因为有令人不满的结果甚或医疗过程中的错误，医疗渎职的裁定要求证明：医生以某种特定举止治疗病人的职业义务；医生没能履行这个义务，因此，置病人于不合理的伤害风险下；没能履行义务是受伤事实的法定原因。

在教育领域，已经出现了两种类型的渎职诉讼。第一种类型，由学习失败学生提出（常常指阅读），诉称学校在提供教学课程中违反职责。这种争论来源于学生的学习失败以及所提供给学生的教育的相关事实，也可能推论出未能恰当教学。有时，原告也提出相关的起诉，认为学校存在疏忽，对实际上并没有发生的学习过程授予合格证书——要么打出合格的分数，要么颁发毕业证。② 第二种类型的渎职案件则诉称因为未能恰当地评估或者分类，而导致提供了不适合的教育或者造成其他伤害。③

法院已经驳回了两种类型的教育渎职案件的起诉，理由是教育工作者

---

① Asbestos Hazard Emergency Response Act of 1986, 15 U. S. C. A. § 2641 -2656; 20 U. S. C. § § 4014, 4021-22; 40 C. F. R. § 763; *see also* Asbestos School Hazard Detection & Control Act of 1980, 20 U. S. C. § 3601 -3611.

② Donohue v. Copiague Union Free Sch. Dist., 391 N. E. 2d 1352 (N. Y. 1979); Peter W. v. San Fransciso Unified Sch. Dist., 131 Cal. Rptr. 854 (Cal Ct. App. 1976).

③ Snow v. State, 475 N. E. 2d 454 (N. Y. 1984); Doe v. Bd. of Educ. of Montgomery County, 453 A. 2d 814 (Md. 1982); Hoffman v. Bd. of Educ. of N. Y., 400 N. E. 2d 317 (N. Y. 1979); B. M. v. State 649 P. 2d 425 (Momt. 1982); Rick v. Kentucky Day, Inc., 793 S. W. 2d 832 (Ky. App. 1990).

对其学生的学业表现达到专业水准并不承担成文法或者普通法的法定义务，且在任何情况下，出于公共政策的考虑并不认可将教育渎职作为法律诉讼的理由之一。然而，一些错误教育行为的例子——例如，一个教师故意地和恶意地为父母提供子女身心障碍的虚假信息①，或者一个指导顾问错误地告知学生关于大学运动员的适合标准②——根据其他法律理论是可以提起诉讼的。

12.8 政府豁免和影响侵权诉讼案件的成文法

在旧的普通法中，**君主豁免**原则可以使州政府免于侵权诉讼。政府做出的这个禁止利用政府的法律和法院反对政府自身的决定是从“国王不为非”的英国法律原则遗传下来的。君主侵权责任豁免的法律原则已经从州 【530】
政府自身扩展到市政当局和学区。它们作为州的创造物，被认为分享了州的主权。地方政府免受诉讼的豁免权常常也称为“政府豁免”或“市政豁免”。

政府豁免从未使政府完全免于所有侵权诉讼。一个最常见的允许承担责任的例外是政府以所有者身份做出的**所有权**的活动，而非**政府性**的活动。然而，用来区分地方政府所有权的活动和政府性活动的标准并不十分准确，以致分类中出现了许多困难。有些州认为所有学区的活动都是政府性的，而其他有些州把诸如足球赛之类的某些收费的活动归类为所有权活动。

另一个传统的普通法差异是**自由裁量行为**与**执行行为**之间的差异。自由裁量行为包括规划、目标设定、评价以及评价的实施；执行行为是按照一种不需要评估的指定的方式进行的。在一些司法管辖范围之中，政府或许可以免除自由裁量行为的责任，但不能免除执行行为的责任。例如，根据这些法律原则，学区不会对有关学校除雪政策的制定负责任，但是要为

① Hunter v Bd. of Educ. of Montgomery County, 425 A. 2d 681 (Md. Ct. App. 1981), *aff'd in part and rev'd in part on other grounds*, 439 A. 2d 582 (Md. Ct. App. 1982).

② Sain v. Cedar Rapids Comty Sch. Dist., 626 N. W. 2d 115 (Iowa, 2001).

执行这项政策的过失承担责任。①

无论如何，因为立法和司法行为两方面的原因，政府豁免法律原则已经经历了显著的改变。历史的曲折性和这些改变的性质在各州之间是不同的。例如，在密歇根州，政府豁免先是被司法行为废除了，而随后又被成文法恢复了，但是成文法又以程序性原因被裁定为不合宪。最终成文法被重新制定了。新制定的法律只是取消了涉及所有权职能以及引起与实施妨害行为造成财产和个人伤害的豁免。政府性职能的豁免被保留了下来。

今天，关于政府豁免问题在州法律中已经出现了相当大的差异。有几个州中，政府豁免保护学区免于承担雇用或留任过失的责任。有些州只允许关于非自由裁量职能的诉讼案件，其他州则限制索赔金额。另外还有一些州允许仅关于个人受伤或死亡，或者关于所有物的危险条件的诉讼案件。② 伊利诺伊州通常只是允许针对教师“恶意或肆意”的错误行为的侵权诉讼案件，但是这一规则附属于使学校易受某些其他类型诉讼的特例。尽管有这些差异，其趋势是限制政府豁免，因此增加了学区为侵权行为承担责任的可能性。③

【531】 ## 政府官员豁免

除了政府豁免，第二类型豁免保护政府官员免负侵权责任。法官与立法者在有关司法或立法行为中，即使其以蓄意不当意图或腐败动机进行，都享有免于侵权诉讼的绝对豁免。学校董事会成员作为个人，传统上享有绝对的官员豁免。④

根据传统普通法，学校管理者和雇员也对无恶意的行为以及仅对自由裁量行为而不是执行行为享有限制性的豁免。这个差别对法院来说很难连贯执行下去。佐治亚州一个法院裁定，在学校门口放置一块蹭鞋垫是自由裁量行为。⑤ 明尼苏达州一个法院认为，指导顾问免于受到一个自杀学生的父母提起的诉讼；法院裁定是否告知父母学生的自杀意图，是专业上自

---

① Lostumbo v. Bd. of Educ. of Norwalk, 418 A. 2d 949 (Conn. Super. Ct. 1980).

② *See* Stahlv. Cocalico Sch. Dist., 543 A. 2d 1141 (Pa. Commw. Ct. 1987).

③ Ayala v. Philadelphia Bd. of Pub. Educ., 305 A. 2d 877 (Pa. 1973).

④ Holloway v. Dougherty County Sch. Sys., 277 S. E. 2d 251 (Ga. Ct. App. 1981).

⑤ Hennessy v. Webb, 264 S. E. 2d 878 (Ga. 1980).

主裁量的事情，因此应给予豁免。[①] 但是明尼苏达州另一个法院裁决，一个校长对一名体育馆教师的体能训练课的监督是执行行为。法院说道，判断力的运用不能使之成为自由裁量行为。[②] 对于关乎预防学校暴力的事务，判例法的趋势似乎一般是将与学生监管、安保人员雇用与分配、学校安全相关的学校政策，作为享有豁免的自由裁量事务。[③] 学校管理者仍然可能要对学校安全政策的执行过失承担责任。

近段时间以来，许多州已经制定了修订普通法官员豁免法律原则的成文法。这些成文法可能在以下方面做出了区分：自由裁量行为的豁免的范围与执行行为的豁免的范围、雇用范围内的行为与雇用范围外的行为、课程功能与非课程功能以及其他事务。[④]

康涅狄格州的成文法规定，有限制豁免的法律原则将不保护一个处于这一情况下的官员，即官员没能采取措施会使一个明确的个人马上受到伤害这一点很明确。根据上述例外，康涅狄格州最高法院在一个案件中裁定，一个主管人不能享受诉讼豁免，该案是由一个踩到一片冰以致滑倒并摔伤肘的儿童提出的，因为这位主管人未在冰上撒沙或盐，也没有树立警告牌。[⑤]

诉讼时效的成文法和请求损害赔偿的通知 【532】

原告未能遵从诉讼时效的成文法和请求损害赔偿通知，能够有效地阻止侵权诉讼案件。诉讼时效的成文法规定了案件起诉的截止时间，通常从发现伤害的那天开始。请求损害赔偿通知的成文法要求原告在规定的时间期限内，在有些州中仅为 3 个月，给被告一个书面通知。通知的目的在于告知被告发生的事故，从而使被告有机会去调查、准备辩护、采取措施以避免事故的再次发生。[⑥]

---

① Killen v. Indep. Sch. Dist. No. 706, 547 N. W. 2d 113 (Minn. App. 1996).

② Larson v. Indep. Sch. Dist. No. 314, 289 N. W. 2d 112 (Minn. 1979).

③ Mosley v. Portland Sch. Dist. No. IJ, 843 P. 2d 415 (Or. 1992); Coyle v. Harper, 622 So. 2d 302 (Ala. 1993).

④ *See*, *e. g.*, Kimpton School Dist. of New Lisbon, 405 N. W. 2d 740 (Wis. Ct. App. 1987).

⑤ Burns v. Bd. of Educ. of Stamford, 638 A. 2d 1 (Conn. 1994).

⑥ Plumeau v. Yamhill County Sch. Dist., 907 F. Supp. 1423 (D. Or. 1995).

赔偿

许多州的成文法不是授权就是委托学区为其雇员承担其工作范围之内所做的侵权行为的个人金钱赔偿。虽然教师仍可能因侵权行为而被控告，但是学校对支付任何损害赔偿是有责任的。这些法律通常用于对自由裁量行为和执行行为的赔偿，但是恶意的和非授权的行为除外。

12.9 “1983条款”和违反联邦法律的侵权行为

本章的其他节专注于州的侵权行为法在教育中的适用。在这一节中，我们讨论被称为“1983条款”的联邦法律给予个人就侵犯其宪法和成文法权利的行为向学校和教师寻求赔偿的根据。在有些案例中，“1983条款”可能被用来补充侵权责任诉求，但是在另外一些案例中，这个联邦成文法可能是要求为不当行为进行金钱赔偿的唯一合法依据。“1983条款”规定：

> 任何个人，以任何州、属地或哥伦比亚特区之成文法、条例、行政规章、习俗或习惯法的名义，促使或者导致美国公民或其他在司法管辖内的个人的由宪法与法律保障的任何权利、特权或豁免被剥夺，将在任何普通法诉讼、衡平法诉讼或其他适当救济程序中，对受损害方承担责任。①

“1983条款”本身不创造任何实质性的权利，它只授权对侵犯其他实
【533】体法规定的权利的行为提起金钱赔偿诉讼。许多学生和教师诉称侵犯他们的宪法权利的案件（例如，言论自由、免受不合理的搜查、程序性的正当法律或平等保护等），都依赖“1983条款”。例如，根据“1983条款”，有个教师成功地从侵犯其正当程序权利和言论自由权利的主管人和校长那里获得了赔偿。行政管理人员捏造了关于原告的错误、消极评价，推迟了原告要求的反驳指责的听证，以及部分地因为原告为另一个已经被解雇的教

① 42 U.S.C. § 1983.

师辩护而解雇他。①

"1983 条款"也已被用来对侵犯了法院称为"身体的完整性"的权利——一种被正当程序条款所保护的自由利益——寻求金钱损害赔偿。②大多数涉及学校的身体完整性案件是有关性骚扰的③，过度的体罚也可能涉及这项权利④。故意导致学生受伤害的教师，例如，一个用金属物体敲打学生致使该生眼睛失明的教练，可以根据"1983 条款"以侵犯正当程序而被起诉⑤，但是由教师故意地殴打学生所致的轻伤⑥，由教师疏忽或故意冷漠所造成的重伤⑦，都没有违反正当程序条款。有个法院判决一个教师反复地羞辱学生没有违反正当程序⑧，而另一个法院则认为当教师故意采取了"震惊良心"的行动并增加了对学生的危险时，可能就违反了正当程序。在该案中，学校管理者在没有告知父母的情况下，将一名先前威胁要自杀的接受特殊教育的 16 岁儿童遣送回家。⑨

"1983 条款"也适用于由反歧视的联邦法和其他成文法保护的权利被侵犯的行为。⑩ 但是，有些联邦成文法自身包含了排除采用"1983 条款"的救济体系。⑪

学校管理者的责任 【534】

"1983 条款"只能适用于向那些行为"可合法地归因于"政府的人提

① Burnaman v. Bay City Indep. Sch. Dist., 445 F. Supp. 927 (S. D. Tex. 1978).

② Pllumeau v. Yamhill County Sch. Dist., 907 F. Supp. 1423 (D. Or. 1995).

③ Doe v. Taylor Indep. Sch. Dist., 15 F. 3d 443 (5th Cir. 1994); Black v. Ind. Area Sch. Dist., 985 F. 2d 707 (3d Cir. 1993); Stoneking v. Bradford Area Sch. Dist., 882 F. 2d 720 (3d Cir. 1989).

④ Ingraham v. Wright, 430 U. S. 651 (1977).

⑤ Neal *ex rel.* Neal v. Fulton County Bd of Educ., 229 F. 3d 1069 (11th Cir. 2000).

⑥ Gonzales v. Passino, 222 F. Supp. 2d 1277 (D. N. M. 2002); *see also* Gottlieb *ex rel.* Calabria v. Laural Highlands Sch. Dist., 272 F. 3d 168 (3d Cir. 2001); Johnson v. Newburgh Enlarged Sch. Dist., 239 F. 3d 246 (2d Cir. 2001); P. B. v. Koch, 96 F. 3d 1298 (9th Cir. 1996).

⑦ Nix v. Franklin County Sch. Dist., 311 F. 3d 1373 (11th Cir. 2002).

⑧ Costello v. Mitchell Pub. Sch. Dist. 79, 266 F. 3d 916 (8th Cir. 2001).

⑨ Armijo v. Wagon Mound Pub. Schs., 159 F. 3d 1253 (10th Cir. 1998).

⑩ Seamons v. Snow, 84 F. 3d 1226 (10th Cir. 1996); Lillard v. Shelby County Bd. of Educ., 76 F. 3d 716 (6th Cir. 1996); Williams v. School Dist. of Bethlehem, 998 F. 3d 168 (3d Cir. 1993).

⑪ Owasso Indep. Sch. Dist. No. I-011 v. Falvo, 534 U. S. 426 (2002).

起诉讼。这就意味着这个法律不能用来反对一个犯错的个人，例如虐待子女的父母①，或者对其他人进行种族骚扰或性骚扰的学生，即使骚扰者恰好正在享有政府的利益②。那么，对于侵犯学生或其他雇员权利的教师或其他学校雇员来说情况是怎样的呢？有违法行为的雇员是被看作政府行为主体而根据“1983条款”受到诉讼，还是被看作个人？根据成文法的表述，在何种情况下，一个学校管理者的行为才会被看作是以政府“名义”做出的呢？

这些问题的答案尚未完全得出。有一点是很清楚的，即学校雇员在履行其与工作有关的义务或实现学校目标时是以政府的名义来行动的。因此，校长在没有对某个特定学生持有毒品的合理怀疑的情况下（为达到保持学校安全的目的），对一个班级的学生进行脱衣搜查，就会被依据“1983条款”受到指控。但是如果学校雇员出于与学校目的无关的私人目的做出某些行为，例如教师骚扰儿童（回顾以上法院曾说过的，雇主负责原则不能适用于雇员骚扰学生，因为这种行为发生在工作范围之外），情况会怎么样呢？第五巡回法院裁定准予对强奸学生的管理员根据“1983条款”提出诉讼，因为事故发生在学校场地并且是在管理员“正在工作”时。③ 根据“1983条款”针对一个学校雇员提出诉讼的案件，如果违法行为远离学校且雇员不是处于给付报酬期间，成功的可能性就很小。

即使学校雇员是以政府的名义采取行动，根据“1983条款”，他们只能为其真正导致的权利损害承担责任，因此，第二巡回法院裁定，根据“1983条款”一个校长将不会为由于种族歧视而解雇教师承担责任，因为该解雇命令是由其他学校管理者做出的。④

根据联邦最高法院的先例，公共官员，包括学校董事会成员和学校雇员，根据“1983条款”，都有对审判的限制性豁免。⑤ 只要官员以善意采

---

① DeShaney v. Winnebago County Dep't of Social Serv., 489 U.S. 189 (1989).

② Mentavlos v. Anderson, 249 F.3d 301 (4th Cir. 2011).

③ Doe v. Hillsboro Indep. Sch. Dist., 81 F.3d 1395 (5th Cir. 1996); *compare* Doe v. Rains County Indep. Sch. Dist., 66 F.3d 1402 (5th Cir. 1995); *but See* Doe v. Hillsboro Indep. Sch. Dist., 81 F.3d 1395 (5th Cir. 1966) (Garza J., dissenting); Doe v. Taylor Indep. Sch. Dist., 15 F.3d 443 (5th Cir. 1994) (Garwood J., dissenting).

④ Taylor v. Brentwood Union Free Sch. Dist., 143 F.3d 679 (2d Cir. 1998).

⑤ Wood v. Strickland, 420 U.S. 308 (1975); Scheuer v. Rhodes, 416 U.S. 232 (1974).

取行动而且不违反法律或宪法明确规定的权利，并且这种权利是处于该地位的正常人都应该知道的，那么豁免就可以适用。① 在“1983 条款”诉讼案件中，对限制性豁免的任何要求都必须通过官员主张保护而提出②，同时，官员要承担最终的举证责任，证明可以适用豁免③。 【535】

显然，特定的法律要点是否足够清楚地使学校管理者本该熟知，将经常受到争论。在一个案件中，一个学校管理者为了寻找一双被盗的鞋子，在没有具体怀疑个体的情况下，对一个班全部 19 岁的学生进行了搜查。地区法院裁决，根据《联邦宪法第四修正案》，该搜查是不允许的，并且侵犯了原告的宪法权利。当时原告因为拒绝同意搜查而被停学。不过，法院指出，虽然曾有 T. L. O. 案（参见 5.3 节），但是无具体怀疑搜查的合法性没有由联邦最高法院或该地区法院所隶属的第四巡回法院做出明确判决。因此，该法院判决，一个理智的学校管理者可能不知道搜查侵犯了明确规定的权利，所以被告校长免于金钱赔偿。④ 相反，第十一巡回法院裁定，理智的学校管理者不可能相信《联邦宪法第四修正案》会允许为找到被盗的钱财对两个 8 年级学生脱衣搜查两次。学校管理者被拒绝享有限制性豁免权。⑤

以下这个适用“1983 条款”法律原则的杰斐逊诉伊斯莱塔独立学区案⑥是涉及教师处理学生措施的案件。其观点表明了教育者了解其学生的权利的重要性。

在杰斐逊诉伊斯莱塔独立学区案中，法院讨论了一名将一个 2 年级学生捆绑在椅子上几乎整整两个学日的教师是否应该根据“1983 条款”免予诉讼。处罚的强制实施不是基于先例，而是“学校政策规定的教育技术部分”。换句话说，教师的行为是由雇主授权的。尽管如此，法院指出根据“1983 条款”，如果该教师“侵犯了他人的法律明 （535～536）

---

① Harlow v. Fitzgerald, 420 U. S. 800 (1982).
② Gomez v. Toledo, 446 U. S. 635 (1980).
③ Harlow v. Fitzgerald, 420 U. S. 800 (1982).
④ Des Roches v. Caprio, 947 F. Supp. 542 (E. D. Va. 1997).
⑤ Jenkins v. Talladega City Bd. of Educ., 95 F. 3d 1036 (11th Cir. 1996).
⑥ 817 F. 2d 303 (5th Cir. 1978). ——译者注

确规定的或宪法的，或者理性人知道或应该知道的权利”，那么她不能免于承担责任，因为法院同意学生的宪法权利被侵犯了（一个人身体上完整不受他人侵犯的权利是由《联邦宪法第四修正案》正当程序条款保障的），其结果取决于教师是否已意识到这个宪法原则。法院判决如下：

在1985年11月我们被说服，一个称职的教师知道或应该知道，作为教育行为，将一名2年级学生捆绑于椅子上一整个学日与相当大部分的第二个学日，不能被证明为正当行为，这种惩罚或惩戒是宪法所不允许的。一个被不适当惩罚或惩戒的年幼学生，具有不被捆绑于椅子上的宪法权利，且在其他事务方面，也具有当需要时不得被剥夺出入卫生间的基本自由的宪法权利。

这一结果表明教师了解教育法的基本原理，尤其是学生的权利是非常重要的。

【537】 除了“1983条款”，另外一个联邦成文法——“1985条款”也可以用来起诉学校管理者预谋剥夺他人平等受到法律保护的权利。[①] 这种情况发生在一个学校管理者群体身上，他们一起努力以阻止父母们对其女儿所受到的性骚扰提出诉讼。他们通过向父母撒谎，误导父母认为提出指控会让其陷入诽谤的官司中，并告诉父母起诉那件案子会对他们的其他子女造成影响。[②] 根据另一项联邦成文法——“1986条款”，那些有权力防止“1985条款”所禁止的预谋的学校管理者，如果因故意或过失而没能阻止这场预谋，可能要为所造成的损害承担责任。[③]

主管人的责任

前述杰斐逊案清楚地表明，贾丁·杰斐逊不仅控告教师虐待她，而且控告了校长和学区本身。在什么情况下，原告依据“1983条款”对侵犯他们宪法权利的个体的主管人或雇主提起诉讼才能胜诉呢？

---

① 42 U. S. C. § 1985 (3).

② Larson v. Miller, 55 F. 3d 1343 (8th Cir. 1995).

③ 42 U. S. C. § 1986.

联邦最高法院认为，根据“1983 条款”，主管人是应该被要求负责任的，但并不仅仅因为他们是不当行为人的主管人，更重要的是，因为主管人也做了违法的事情，他以某种方式协助、鼓励或者许可侵犯权利的行为。① 当必要的条件已具备时，主管人要么为管理不力承担责任，要么为没有教育好下属承担责任。②

然而，根据“1983 条款”，对于主管人是否应承担责任的标准，下级法院有不同的意见。许多巡回法院要求证明主管人对不当行为“故意冷漠”，尽管这个标准的含义在巡回法院之间各不相同。③ 相反的是，第一巡回法院认为，要有“主管人的鼓励、宽容或默认，或者十分明显的疏忽”的证据，才能认定主管人的责任。④ 第二巡回法院运用明显的疏忽的标准。⑤ 不管标准是怎样表达的，主管人在具有以下情况时被判承担责任的可能性会增加：先前发生的类似事件和主管人知道先前事件的证据，先前事件的新近程度和事件传播的最短时间，主管人对先前类似事故的反应不足，主管人对事故的这种反应不足是当前诉讼的争议，主管人为掩盖或压制抱怨所做的努力，以及主管人的反应不足与原告的伤害之间有因果联系的这一证据的力度。⑥ 【538】

学区的责任

在莫内尔诉纽约社会服务部案⑦和欧文独立城市案⑧中，联邦最高法院裁定“1983 条款”可以用于对像学区等地方政府机构提起诉讼，且政府

① Monell v. Department of Social Serv., 436 U. S. 658 (1978); Rizzo v. Goode, 423 U. S. 362 (1975).

② Oona R.-S. v. Santa Rosa City Sch., 890 F. Supp. 1452 (N. D. Cal. 1995), *aff'd*, 122 F. 3d 1207 (9th Cir. 1997).

③ Larson v. Miller, 55 F. 3d 1343 (8th Cir. 1995); Doe v. Taylor Indep. Sch. Disst., 15 F. 3d 443 (5th Cir. 1994); Gates v. Unified Sch. Dist. No. 449, 996 F. 2d 1035 (10th Cir. 1993); Stoneking v. Bradford Area Sch. Dist., 882 F. 2d 720 (3d Cir. 1989).

④ Hegarty v. Somerset County, 53 F. 3d 1367 (1st Cir. 1995).

⑤ Black v. Coughlin, 76 F. 3d 72 (2d Cir. 1996).

⑥ Kit Kinports, *The Buck Does Not Stop Here: Supervisory Liability in Section 1983 Cases*, 1997 U. ULL. L. REV. 147 (1997).

⑦ 436 U. S. 658 (1978).

⑧ 445 U. S. 622 (1980).

豁免不能阻止诉讼。然而，联邦最高法院在莫内尔案中认为地方政府机构不能仅仅因为它雇用了一个不当行为人而承担责任。雇主负责原则不是根据“1983条款”来运作的。因此，除非雇员的不当行为符合随后列举的条件之一，否则学区将不会承担责任。政府机构不会因为其没有采取积极的措施来保护个人免受其他个体不当行为的不良影响而被认为应该承担责任，这也是一贯的主张。例如，当学生侵犯了其他学生的权利时，学区不需承担责任，除非这个案件满足了下面列举的条件之一。

如果满足以下任一条件，依据“1983条款”，学区可能会对在其管理和支持下发生的违法行为承担责任。

1. 其中任一（a）违法行为的做出是依据习惯或者学区的正式政策，（b）被指控有违法行为的个人是具有最终决定权的官员，或者（c）具有最终决定权的官员认可下级的违法行为。① 这里所说的观点是，如果这些情况中的任何一个能够被证明，违法行为可明确地被认为是由学区政策引起的。

没有正式的政策来处理性骚扰可能使学区面临“1983条款”所规定的责任，因为正式政策的缺失意味着容忍性骚扰已成为习惯。②（回顾前述的根据《教育修正案》第9章，学区被期望有一个能处理性骚扰的政策。）在一个案例中，一位校长与一位校长助理在长达四年里劝阻儿童不要控告其教师的性骚扰行为，并对已报告事件的真实性表示怀疑，也没有采取任何针对该教师行为的措施，且只是对指控记录保密而不是将其放入该教师档案中。第三巡回法院认为，像这样的证据对于陪审团来说是可充分证明
【539】校长和助理校长已经确立对教师做出的性虐待漠不关心的习惯或政策，而且这种氛围便是原告被其教师性骚扰的原因所在。③ 根据“1983条款”，校长和助理校长不仅使自己而且使该学区承担责任。

2. 拥有采取补救行动权力的学校管理者对已经注意到根据“1983条

---

① Gillette v. Delmore, 979 F. 2d 1342 (9th Cir. 1992); *see also* Jett v. Dallas Indep. Sch. Dist., 491 U. S. 701 (1989); St. Louis v. Praprotnik, 485 U. S. 112 (1988); Pembaur v. Cincinnati, 475 U. S. 469 (1986).

② Doe v. Estes, 926 F. Supp. 979 (D. Nev. 1996).

③ Stoneking v. Bradford Area Sch. Dist., 882 F. 2d 720 (3d Cir. 1989).

款”可提起诉讼的违法行为故意冷漠置之。这个标准是最近由联邦最高法院在判决学区根据《教育修正案》第9章是否有责任的案件①中提出的，并且也适用于“1983条款”的案件。不完善的雇佣政策②或者不完善的雇员教育可被认为是漠不关心的形式。③ 与故意放任管理相联系的不完善的教育是学区要承担责任的强有力的准则。学区被判定对脱衣搜查学生承担责任，因为先前广泛公开的脱衣搜查学生不仅没有促使学区制定反对如此搜查的政策，也没有加强对学校雇员的教育。④

3. 学区的肯定行为会使原告面临在其他情况下不会面临的危险，或者增大先前存在的危险的风险。⑤ 仅仅有学生的权利在学校受到侵犯或者侵权者是教师的事实并不意味着“官方引起的危险”。⑥ 原告必须进一步证明学区使原告处于具有明显伤害原告倾向的人面前，或者给这样的人提供手段或增加原告受伤害的机会。⑦ 分配已知具有暴力倾向的学生到未获足够培训的教师的班上就属于这种可能导致承担责任的肯定行为。⑧

4. 作为由政府资助的救济设施或者其他非自愿监护安排的一部分，学校未能保护学生免受其他学生或第三方的伤害。⑨ 有几个联邦法院认为这种“特殊关系”条件不适用于普通公立学校。⑩

---

① Gebser v. Lago Vista Indep. Sch. Dist., 524 U. S. 274 (1998).

② Doe v. Hillsboro Indep. Sch. Dist., 81 F. 3d 1395 (5th Cir. 1996); Benavides v. County of Wilson, 955 F. 2d 968 (5th Cir. 1992).

③ City of Canton v. Harris, 489 U. S. 378 (1989); Doe v. Estes, 926 F. Supp. 979 (D. New. 1996).

④ Kennedy v. Dexter Consol. Sch., 955 P. 2d 693 (N. M. App. 1998).

⑤ Johnson v. Dallas Indep. Sch. Dist., 38 F. 3d 198 (5th Cir. 1994); Leffall v. Dallas Indep. Sch. Dist., 28 F. 3d 521 (5th Cir. 1994).

⑥ D. R. v. Middle Bucks Area Vocational Technical Sch., 972 F. 2d 1364 (3d Cir. 1992) (en banc).

⑦ Plumeau v. Yamhill County Sch. Dist., 907 F. Supp. 1423 (D. Or. 1995).

⑧ *Compare* Cormelius v. Town of Highland Lake, 880 F. 2d 348 (11th Cir. 1989).

⑨ DeShamey v. Winnebago County Dep't of Social Serv., 489 U. S. 189 (1989); Griffith v. Johnson, 899 F. 2d 1427 (5th Cir. 1990); *compare* Walton v. Alexander, 44 F. 3d 1297 (5th Cir. 1995).

⑩ Sargi v. Kent City Bd. of Educ., 70 F. 3d 907 (6th Cir. 1995) (citing supporting cases from the 3d, 7th, and 10th Circuits).

【540】 **损害赔偿金**

根据“1983条款”提起诉讼的原告仅有权利获得象征性损害赔偿，除非其能够证明实际损失。损害的赔偿并不是基于被侵犯的权利的价值或者重要性，而只是基于实际受到的伤害。如果被告的行为具有恶意，原告也能够获得惩罚性损害赔偿。① 针对学区本身的惩罚性损害赔偿是不允许的，因为联邦最高法院推论称，针对政府的惩罚性损害赔偿完全可能只是惩罚纳税者，而且只有个人而不是政府实体才能做出恶意行为。② 即使具有这样的限制，赢得“1983条款”诉讼的个人有时也能得到大额赔偿。

12.10 小结

侵权法允许个人通过诉讼获得由他人故意或过失引起的伤害的赔偿。伤害可能是个人的身体、财富、名誉或精神安宁。取决于具体情况，学区、学校董事会成员、管理者以及教师都可能要对侵权行为承担责任。然而，对于针对政府及其雇员的侵权诉讼，可以适用多种普通法和成文法规定的豁免以及其他限制。如同侵权法的许多方面，这些豁免以及限制在各州之间有相当大的区别。

故意侵权行为既是有意造成伤害的行为，也是行为者认识到可能会对他人引起伤害的行为。在教育中，它们是：殴打、威胁、非法拘禁以及故意进行精神伤害。教育者可使用合理的武力来自卫或者实施合法的命令或校规。除了法律禁止的以外，教育者也具有普通法所赋予的对学生实施体罚的特权。但是，如果体罚具有过分的或其他不合理的行为，那么学生仍然可以以殴打和攻击为由提起诉讼。

诽谤是指错误传播损害个人名誉以及名声的行为，诽谤可分为书面诽谤和口头诽谤两种。诽谤法律的差别取决于传播是否涉及公众关心的事情以及被诽谤者是否是公共官员、公众人物或者个人。学校管理者以及学校

① Carey v. Piphus, 435 U.S. 247 (1978); Memphis Cmty. Sch. Dist. v. Stachura, 477 U.S. 299 (1986).

② City of Newport v. Fact Concerts, Inc., 453 U.S. 247 (1981)

董事会可能对学校报刊上的诽谤性言论承担责任。教育者也可能承担责任，如果他们故意书写虚假的损害性的推荐信。

隐私侵犯规定保护学生、教师等的个人私事免受不合理的公开。学生 【541】 记录和私密性隐私受到联邦法、《家庭教育权和隐私权法》（也被称为巴克利修正案）的进一步保护。该法规定：父母可以查看其子女的教育记录；如果父母要求修改其子女的学校记录，必须遵循特定的程序；在某些特殊情况下，学校只有征得父母同意后才能把子女的记录授权给学校以外的个人查看。

过失是对他人造成伤害的粗心或鲁莽行为，它是教育中存在的最普遍的侵权行为。如果学区以及教育者个人具有法律认可的履行达到注意标准的义务，而他们未能履行这一义务，他人由于其未能履行义务而受到伤害，且伤害的范围和价值是可度量的，那么就会被判对学生、雇员或者学校来访者造成的伤害有过失。教师具有在所有情况下像一个理性的、谨慎的、受过类似培训和具有类似身体能力的教师那样举止得体的义务。在特定情况下所要求的管理与注意的确切程度取决于具体情况，但不能期望学校保证不发生任何意外事故。

学区也可能对由其地产范围中的危险而引起的伤害承担责任，这种案件一般取决于建筑物设施和维护的完善性以及各种条件是否符合地方建筑规范。在大多数州，与对非法进入者相比，所有者对受邀进入者承担的责任更大。但是，如果非法进入儿童因对儿童有吸引力的危险物品而受到伤害，如因进入无人看管而易于进入的游泳池而受伤，那么学校仍可能要承担责任。

渎职是职业的过失。已经出现过两类教育渎职起诉：由不合适的教育而引起的学习失败以及由分类不当而引起的伤害。实际上，还没有原告在这类案件中胜诉。法院因不能证明过失要件以及公共政策原因而驳回了教育渎职起诉。

根据被称为“1983 条款”的联邦法律，个人可以为其联邦宪法或法定权利受到侵犯而向政府机构及其工作人员和雇员提起诉讼。具有侵犯父母、雇员、儿童的宪法权利的相关政策的学区易于遭受这类起诉。如果教育者个人侵犯了他人的民事权利，或者在某种情况下，如果他们允许其下属去侵犯别人的权利，他们个人也可能会被控告并要求支付损害赔偿。

【543】

附　录

美利坚合众国宪法[①]

(有关教育条款节选)[②]

我们合众国人民，为建立一个更完善的联邦，树立正义，保障国内安宁，规划共同防务，促进公共福利，使我们自己和后代得享自由之赐福，特为美利坚合众国制定和确立本宪法。

第一条

第一款　本宪法所授予的全部立法权，均属于由参议院和众议院组成的合众国国会。

第八款　国会有权

(一) 赋课并征收直接税、间接税、关税与国产税，以偿付国债和规划合众国共同防务与公共福利……

(八) 保障著作家和发明家对各自著作和发明在一定期限内的专有权利，以促进科学和实用艺术之进步；

(十八) 制定为执行上述各项权力和由本宪法授予合众国政府或其任何部门或官员的一切其他权力所必要而适当的各项法律。

第十款　任何州都不得通过任何……损害契约义务的法律……

第二条

第一款　行政权属于美利坚合众国总统。

① 也称美国联邦宪法。——译者注

② 采用［美］杰罗姆·巴伦、托马斯·迪恩斯著《美国宪法概论》(刘瑞祥等译) 一书附录译法。该书中文版由社会科学出版社于1995年出版。——译者注

第三条

第一款　合众国的司法权，属于最高法院和国会可不时规定和设立的下级法院。最高法院和下级法院的法官如行为端正，得继续任职，并应在规定时间得到服务报酬，此项报酬在他们继续任职期间不得减少。

第二款

（一）司法权的适用范围包括：由于本宪法、合众国法律和根据合众国的权力已缔结或将缔结的条约而产生的有关普通法和衡平法的一切案件；涉及大使、公使和领事的一切案件；关于海事法和海事管辖权的一切案件；合众国为一方当事人的诉讼；一州和他州国民之间的诉讼①；不同州公民之间的诉讼；同州公民之间对不同州转让与土地的所有权的诉讼；一州或其公民同外国或外国公民或臣民之间的诉讼。

（二）涉及大使、公使和领事以及一州为一方当事人的一切案件，最高法院有初审管辖权。对上述所有其他案件，不论法律方面还是事实方面，最高法院有上诉管辖权，但必须依照国会所规定的例外和规章。

第六条

（二）本宪法和依本宪法所制定的合众国法律，以及根据合众国的权力已缔结或将缔结的一切条约，都是全国的最高法律；每个州的法官都应受其约束，即使州的宪法和法律中有与之相抵触的内容。

按照宪法第五条②，由国会提出并经各州批准的增添和修改美利坚合众国宪法的条款。

第一修正案（1791） 【544】

国会不得制定关于下列事项的法律：确立国教或禁止宗教活动自由；限制言论自由或出版自由；或剥夺人民和平集会和向政府请愿申冤的权利。

① 已由第十一条修正案修正。——译者注
② 第五条是有关宪法修改的条件和程序规定。——译者注

第四修正案（1791）

人民的人身、住宅、文件和财产不受无理搜查和扣押的权利，不得侵犯。除依照合理根据，以宣誓或代誓宣言保证，并具体说明搜查地点和扣押的人或物，不得发出搜查和扣押状。

第五修正案（1791）

无论何人，除非根据大陪审团的报告或起诉，不得受判死罪或其他不名誉罪行之审判，惟发生在陆、海军中或发生在战时或出现公共危险时服现役的民兵的案件，不在此限。任何人不得因同一罪行而两次遭受生命或身体的危害；不得在任何刑事案件中被迫自证其罪；不经正当法律程序，不得被剥夺生命、自由或财产。不给予公平赔偿，私有财产不得充作公用。

第六修正案（1791）

在一切刑事诉讼中，被告享有下列权利：

由犯罪行为发生地的州和地区的公正陪审团予以迅速而公开的审判，该地区应事先已由法律确定；

得知被控告的性质和理由；

同原告证人对质；

以强制程序取得对其有利的证人；取得律师帮助为其辩护。

第七修正案（1791）

在普通法的诉讼中，其争执价值超过20元，由陪审团审判的权利应受到保护。由陪审团裁决的事实，合众国的任何法院除非按照普通法规则，不得重新审查。

第八修正案（1791）

不得要求过多的保释金，不得处以过重的罚金，不得施加残酷和非常的惩罚。

第九修正案（1791）

本宪法对某些权利的列举，不得被解释为否定或忽视由人民保留的其他权利。

第十修正案（1791）

本宪法未授予合众国、也未禁止各州行使的权利，保留给各州行使，或保留给人民行使之。

第十一修正案（1798）

合众国的司法权，不得被解释为可以扩展到受理由他州公民或任何外国公民或臣民对合众国一州提出或起诉的任何普通法或衡平法的诉讼。

第十四修正案（1868）

第一款 凡在合众国出生或归化合众国并受其管辖的人，均为合众国的和他们居住州的公民。任何一州，都不得制定或实施限制合众国公民的特权或豁免权的任何法律；不经正当法律程序，不得剥夺任何人的生命、自由和财产；对于在其管辖下的任何人，亦不得拒绝给予平等法律保护。

第十五修正案（1870） 【545】

第一款 合众国公民的投票权，不得因种族、肤色或曾被强迫服劳役而被合众国或任何一州加以剥夺或限制。

第二款 国会有权以适当立法实施本条。

第十九修正案（1920）

第一款 合众国公民的选举权，不得因性别而被合众国任何一州加以剥夺或限制。

第二款 国会有权以适当立法实施本条。

第二十六修正案（1971）

第一款　年满18岁或18岁以上的合众国公民的选举权，不得因为年龄而被合众国任何一州加以剥夺或限制。

第二款　国会有权以适当立法实施本条。

案例表①

① 案例表中的页码为原书页码，即本书边码。所列的案例包括书中讨论过或脚注中引证过的。——译者注

G

H

J

K

L

索　引①

① 索引中的页码为原书页码，即本书边码。——译者注

D

S

U

译后记

翻译并出版一本美国教育法方面的专著，是我在20世纪90年代读博士期间就已萌生的念头。2003年，国家留学基金委给了我一个去美国访学的机会，由此我结识了美国堪萨斯大学的米基·英伯教授，并接触到他和泰尔·范·吉尔教授合著的《美国教育法》的最新版本。在读完这本书后，我更是深深感到翻译出版一本美国教育法方面的专著，使中国读者了解美国教育法研究的"原生态"的必要性。当然，这次机遇给我提供了使这个念头转化为实际行动的动力和条件。

2007年5月，在英伯教授来中国访问之后，我与中国人民大学的申素平教授谈起翻译出版《美国教育法》一书之事，可谓一拍即合，她不仅同意为本书进行校译，且与教育科学出版社取得联系，并很快得到教育科学出版社的支持，该社的版权部与美方出版社协商后签订了版权合同，使本书的翻译出版成为指日可待的事实。

2004年我从美国回来以后，英伯教授就将本书电子版传给了我。此后，我曾让我的学生对该书的一些章节做过初步的翻译，我自己也断断续续地做了一些修改工作。但是，直到版权事宜尘埃落定，我才真正有了紧迫感。

接下来的一年多里，可以说在日常教学工作之外，我的主要精力都用在了本书的翻译或译稿的修改之中。好在互联网的发达，缩短了中国和美国的距离，使我们与英伯教授的联系和沟通非常便利，当对某些生僻的或有异议的术语的翻译难以定夺时，我们随时都可交换意见，力图使译文表达准确。其中有几点值得在此一提。

一是作者的名字。Michael这个名字通常会译为"迈克尔"，但有一次和Mickey（作者昵称）谈起其名字的读法，他告知Michael这个名字在美国有两种读法，而他的读法与其昵称一样，因此，从其昵称，译为了“米基”。

二是关于 Affirmative Action。这个词组的译法有好几个，有“肯定性行动”、“积极性行动”等，我也一度想译为“赞助性行动”。后来与英伯教授进行了沟通，他说，虽然“赞助性行动”的理解也不错，但其提出的原意是指应该积极地做些什么来解决过去由种族歧视导致的不良后果，而不是消极等待，因此，从申素平的译法，译为了“积极性行动”。

三是关于 Disability。这个词通常会译为“残疾”或者“残障”，但是，了解了美国关于残疾人的教育立法历史之后，我发现其先是采用的 Handicapped Children，后来才改为 Individuals with Disabilities，这两种提法应该是有所不同的。分析了书中的内容之后，我认为 Disability 所包含的内容比 Handicap 更为广泛，不仅包含残疾，还可包含除残疾之外的其他各种影响学习的因素——或可称为“障碍”，因此，与申素平商量后，译为了“身心障碍”，这样，可能对其理解更加贴切些。

本书的内容基本上与原书保持了一致，只是对原书中收录的一些案例的法律文书请英伯教授进行了删节或简写。这些法律文书主要是判决书、起诉书或辩护词，内容冗长烦琐，且重复之处较多，经与英伯教授商量之后，他也同意并亲自做了删节或简写。可以说，本书的出版是中美教育法研究同行精诚合作的典范。

本书由李晓燕主译，申素平、陈蔚做了大量的改译工作，申素平和王俊校。另外，姜国平、洪星、吕珩、杨旸、张黎娜、田贤国、余汉章、王红林等为本书的翻译做了前期准备工作。

感谢教育科学出版社为本书提供出版机会并为本书的出版做了大量工作。还要感谢全国教育科学规划办公室对翻译本书的支持，本书也是全国教育科学“十一五”规划 2009 年度教育部重点课题的成果之一，课题批准号 DDA090358。

李晓燕

2009 年 12 月识于武昌桂子山

出 版 人　所广一
责任编辑　何　艺
版式设计　杨玲玲
责任校对　贾静芳
责任印制　曲凤玲

图书在版编目（CIP）数据

美国教育法：第3版／（美）英伯，（美）吉尔著；李晓燕，申素平，陈蔚译．—北京：教育科学出版社，2011.4

ISBN 978-7-5041-5617-4

Ⅰ．①美…　Ⅱ．①英…　②吉…　③李…　④申…　⑤陈…　Ⅲ．①教育法—美国　Ⅳ．①D971.221

中国版本图书馆CIP数据核字(2011)第003156号

北京市版权局著作权合同登记　图字：01-2008-5538号

美国教育法（第3版）

MEIGUO JIAOYUFA

出版发行	教育科学出版社		
社　址	北京·朝阳区安慧北里安园甲9号	**市场部电话**	010-64989009
邮　编	100101	**编辑部电话**	010-64981167
传　真	010-64891796	**网　址**	http://www.esph.com.cn
经　销	各地新华书店		
制　作	北京鑫华印前科技有限公司		
印　刷	北京中科印刷有限公司	**版　次**	2011年4月第1版
开　本	169毫米×239毫米　16开	**印　次**	2011年4月第1次印刷
印　张	33.5	**印　数**	1—3 000册
字　数	521千	**定　价**	76.00元

如有印装质量问题，请到所购图书销售部门联系调换。

EDUCATION LAW 3rd Edition / by Micheal Imber and Tyll van Geel
ISBN 0-8058-4653-0